Kultur-Reiseführer in der Reihe DuMont Dokumente

Zur schnellen Orientierung – die wichtigsten Orte und Sehenswürdigkeiten Kenyas auf einen Blick:

(Auszug aus dem ausführlichen Ortsregister S. 336)

Vordere Umschlagklappe: Nördlicher Teil Kenyas

Hintere Umschlagklappe: Südlicher Teil Kenyas

LOSURU TYOCHO
SABA
TURKANA

Helmtraut Sheikh-Dilthey

Kenya

Kunst, Kultur und Geschichte am Eingangstor zu Innerafrika

DuMont Buchverlag Köln

Umschlagvorderseite: Der urweltliche Baobab gilt bei den Swahili als Sitz der Geister (Foto: Lindenburger)
Umschlagrückseite: Im Tsavo National Park (Foto: Prenzel)
Vordere Umschlaginnenklappe: Maasai beim Mbao-Spiel (Foto: Spiegel)
Frontispiz: Turkana-Ältester. Ethnographisches Gemälde von Joy Adamson

Für Semira Nasreen –
das ›wilde Röschen‹

© 1981 DuMont Buchverlag, Köln
7., überarbeitete und erweiterte Auflage 1991
Alle Rechte vorbehalten
Satz, Druck und buchbinderische Verarbeitung: Boss-Druck, Kleve

Printed in Germany   ISBN 3-7701-1170-2

Inhalt

Völker und Kulturen in Kenya

Städte und Stätten in Kenya

Der Naturraum Kenya

Auf S. 289 ff. werden kunsthistorische und landesspezifische Fachbegriffe erläutert, die verschiedenen Ethnien und Kulturgruppen kurz vorgestellt. Exkursionsvorschläge finden Sie auf S. 320 ff.

Vorwort

Das zweite betrifft das Reisen
Das einen einsichtsvollen Menschen verlangt,
Der aus Mond (und Sternen) erkennt,
wo er (hingehn und) bleiben kann.

(aus einem Swahili-Gedicht, 19. Jh.)

Wenn man von Kenya spricht, meint man im allgemeinen den jungen ostafrikanischen Staat am Äquator – auch Schweiz Schwarzafrikas genannt –, von dem wir Kaffee und Tee, Früchte, Gemüse und Blumen beziehen und der uns seit mehr als zwei Jahrzehnten auf Reiseprospekten sonnige Badefreuden mitten in unserer Winterzeit verheißt, zusammen mit ›Schnappschuß‹ – oder anderen Safaris in die ›letzten unberührten‹ Wild- und Naturräume dieser Erde. Sehr viel mehr weiß der Normaltourist zumeist nicht von diesem afrikanischen Land, das vor nicht einmal einem Jahrhundert im politischen Machtstreit der Großmächte in willkürliche Grenzen gezwungen wurde, Grenzen, die Wüsten und Korallenriffe, alpine Berglandschaften und Trockensavannen sowie Ackerfluren und tropischen Regenwald umschließen. Nicht weniger vielfältig sind all die Völker und Kulturen, die durch diese Grenzführung zusammengewürfelt wurden. Von den Maasai und den Kikuyu hat fast jeder Reisende aus Abenteuerromanen oder der Presse schon einmal gehört; daß es aber daneben noch etwa 40 weitere Völkergruppen mit eigenständiger Sprache und Kultur gibt, ist nur wenigen bekannt.

Kenya ist in vielerlei Hinsicht interessant. Einzigartig aber rollt sich hier Erd- und Menschheitsgeschichte vor dem Betrachter auf: Steinzeit, Mittelalter und technologische Ära reichen sich hier die Hand. Ihr Neben- und Miteinander können demjenigen zum Erlebnis werden, der ausgezogen ist, ein Stück seines Selbst zu suchen.

Damit Sie sich an Ort und Stelle leichter zurechtfinden, wurden geographische Eigennamen sowie sonstige Swahili-Ausdrücke in der ortsüblichen englischen Schreibweise belassen. Das ›j‹ in ›Kilimanjaro‹ – eine weich klingende Verbindung von ›d‹ und ›j‹ – wird beispielsweise in der deutschen Transkription meist mit ›dsch‹ wiedergegeben und wirkt daher oft zu hart. – So behält auch ›Kenya‹ sein ›y‹ und ›Zanzibar‹ zur Umschreibung des stimmhaften ›s‹ das ›z‹.

Dem DuMont Buchverlag möchte ich an dieser Stelle für sein großzügiges Entgegenkommen danken. Ebenso sei all jenen Dank gesagt, die zur Entstehung dieses Buches beigetragen haben. Gemeint sind in erster Linie die Kenyaner der verschiedensten Volksgruppen selbst – Freunde und Bekannte, denen ich im Laufe der Jahre begegnet bin. Darüber hinaus möchte ich meiner Familie in Kenya, Italien und Deutschland danken sowie Freunden und Kollegen, die mich während der Arbeit am Manuskript unterstützt haben: insbesondere Herrn Prof. E. Böhm, Freiburg, Dr. J. de V. Allen und Prof. A. I. Salim, beide Nairobi, und Herrn R. Burckhardt, Heidelberg.

Heidelberg, Januar 1981   Helmtraut Sheikh-Dilthey

Kleine Landeskunde

Erdgeschichte: Vulkanismus und Spaltenbildung

Beim Anblick ostafrikanischer Landschaft schwindet menschliche Geschichte schnell zu einem kurzen Atemzug. Erstarrung und endlose Weite beherrschen die Bühne der Natur, deren Szenerie nur von den reizvollen, sich immer wandelnden Wolkengebilden und ihren Schattenspielen auf der Erde belebt wird. Unwillkürlich stellt man sich so die Illustration zum ersten Satz der Schöpfungsgeschichte vor: Im Anfang schuf Gott Himmel und Erde.

Zu den ältesten Gesteinszügen der Erdgeschichte zählen die Ebenen und Hochebenen mit den vereinzelt aufragenden Bergen des in Nord-Süd-Richtung verlaufenden Mozambique-Faltengürtels. Sie werden dem Tertiär zugerechnet und verdanken ihre heutige Form der Oberflächenerosion. Geologisch relativ jung ist dagegen die tektonische und vulkanische Tätigkeit in diesem Gebiet, die erst gegen Ende des Tertiärs ihren Anfang nahm.

Wenn man von der Küste aus über das stufenförmig ansteigende Land reist und die ostafrikanische Hochebene erreicht, die zwischen 900 und 1500 m über dem Meeresspiegel liegt, so steht man plötzlich und unvermittelt am Rand des Ostafrikanischen Grabenbruchs. Man wird ähnlich überwältigt sein wie der Geologe J. Walter Gregory, der 1893 nach Ostafrika kam, um den gigantischen Riß der Erdkruste, den er Rift Valley, Spaltental, nannte, zu erforschen. Als ob sich ein gewaltiger Fluß von Nord nach Süd gewälzt und hie und da ein paar Berginseln mitzunehmen vergessen hätte, so wirkt das Rift Valley auf den Betrachter. Fast senkrecht, an manchen Stellen bis zu 1000 m tief, fällt am östlichen Rand die Hochebene ab, und wie aus der Vogelperspektive blickt man auf den gelblich versengten Grabengrund hinab, auf dem die Maasai-Krale und Viehherden wie Spielzeug wirken. Das gegenüberliegende westliche Ufer des mächtigen Tales steigt in einer Entfernung von etwa 50–80 km ebenso steil aus Dürre und Trockenheit empor. Dieses überwältigende Naturpanorama läßt sich sehr gut unweit von Nairobi, von den Hängen der Ngong-Berge aus, erleben, desgleichen am Elgeyo Escarpment im Westen Kenyas, wo Gregory seine ersten wissenschaftlichen Beobachtungen machte.

Das Rift Valley gehört zu einem Grabensystem, das sich vom Zambezi durch ganz Ostafrika und das Rote Meer bis zum Jordan-Tal hinzieht. Gregory kam zu dem Schluß, daß das weite Tal nicht etwa durch einen Fluß ausgewaschen worden war, sondern sich auf zwei parallele Verwerfungen zurückführen ließ, zwischen denen weichere Gesteinsmassen in die Tiefe abgesunken waren. Von den zahlreichen Spalttälern unserer Erde ist es eines der längsten: allein auf dem afrikanischen Kontinent mißt es mehr als 4000 km.

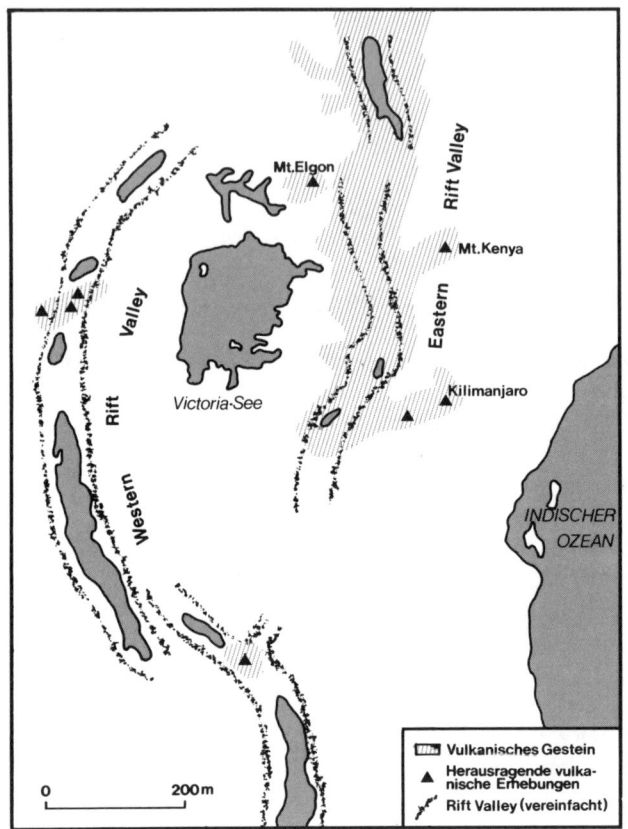

Die Rifttäler und Vulkane
Ostafrikas

Schon Ende des letzten Jahrhunderts vermuteten Wissenschaftler, darunter der Wiener Geologe Eduard Sueß, daß die Seenkette, die sich durch Ostafrika zieht, auf einen Riß in der Erdkruste hindeute und man sich eventuell in dieser Weise die allmähliche Trennung von Kontinenten vorzustellen habe. Jedenfalls war für Sueß der Ostafrikanische Grabenbruch schon vor der Kontinentalverschiebungstheorie Wegeners ein Indiz dafür, daß große Landmassen auseinanderbrechen und zu selbständigen Kontinenten werden können. So nimmt man heute beispielsweise an, daß sich auch der Atlantische Ozean einst aus einem Rift entwickelt hat. Und nicht anders erklärt man auch die Entstehung des Roten Meeres, das an der Nahtstelle zweier Erdplatten liegt und Arabien von Afrika trennt. Ob der Prozeß der Riftbildung jedoch auf afrikanischem Boden je einen Ozean hervorbringen wird, ist fraglich, da die Grabenränder in vielen Millionen Jahren nur einige Kilometer weit auseinandergedriftet sind.

Von der erheblichen vulkanischen Aktivität, die mit der Grabenbildung einherging, zeugen im und um den Ostafrikanischen Grabenbruch viele erloschene oder schlummernde Vulkane und deren Ablagerungen, ebenso die Kette von sodahaltigen Kraterseen, die den östlichen Teil des Rift durchzieht. Einen besonderen landschaftlichen Reiz bieten die mächtigen Vulkane, so z. B. der höchste Berg Afrikas, der von ewigem Eis bedeckte Kilimanjaro (5895 m). Er befindet sich zwar auf tanzanischem Gebiet, rechnet aber durchaus auch zur Landschaftskulisse Kenyas, da man ihn weithin – bei guter Fernsicht sogar von Nairobi aus – sehen kann.

Zu den älteren Vulkanen außerhalb des Rift Valley gehören der Kenya (5199 m) im Kikuyu-Land und der Elgon (4321 m) an der Grenze zu Uganda. Das lavahaltige Umland der Berge, deren Kegel teilweise abgetragen sind, wird ackerbaulich intensiv genutzt. Feuerrot ist die Erde an manchen Stellen und berühmt für ihre Fruchtbarkeit, die nur noch von jener der schwarzen *black cotton soil* übertroffen wird. Auch am Rand des Rift Valley befinden sich Vulkangebiete, etwa die Aberdares (3994 m), in deren abgelegenen Gegenden Zeitungsmeldungen zufolge auch heute noch Menschen verlorengehen, und das ›Hausgebirge‹ Nairobis, die Ngong Hills im Grenzgebiet der Maasai und Kikuyu. Von den Vulkanen auf dem Boden des Rift Valley schlafen mehrere noch nicht allzu lange, beispielsweise Longonot (2886 m), Suswa (2357 m) und Menengai (2278 m). Das Maasai-Wort *menengai* bedeutet übrigens ›Ort der Leichen‹, denn an diesem Berg fand im letzten Jahrhundert die berühmte Schlacht zwischen den Naivasha-Maasai und den Laikipia-Maasai statt.

In enger Verbindung mit der vulkanischen Tätigkeit stehen die reichen Sodaablagerungen der Rift-Seen, von denen der Magadhi-See der wirtschaftlich ergiebigste ist. Der durch unterirdische

Blick vom Longonot über mehrere kleinere Vulkane zum Naivasha-See

Gewässer gespeiste, abflußlose See befindet sich an einem der tiefsten Punkte des Rift Valley. An mehreren Stellen sprudeln heiße Quellen aus ihm hervor. Es verwundert, daß an dem brackigen, stinkenden See so viele Vogelarten, darunter auch die schönen Flamingos, leben. Seit der Jahrhundertwende wird am Magadhi-See Soda abgebaut; die kleine Arbeitersiedlung am Ufer wirkt auf den Besucher wie jede andere Bergbausiedlung der Welt.

Soda und Sodaasche gehören zu den ältesten Exportgütern des Landes. Weitere wichtige mineralische Rohstoffe liefern die Diatomitvorkommen um die Seen Naivasha, Elmenteita und Nakuru sowie die Flußspatvorkommen im Kerio Valley. Von geringerer Bedeutung für Kenyas Wirtschaft sind Edelsteine; so werden etwa Saphire bei Garba Tula, Grossular-Granate am Mganu und Rubine im Tsavo National Park gefunden.

Geographische Lage

Kenya gehört neben Uganda und Tanzania zu den Staaten, die den geographischen Raum Ostafrika im engeren Sinne bilden. Es erstreckt sich bei einer Gesamtfläche von 582 646 km² (davon 13 396 km² Wasserfläche) zwischen 4° 40′ nördlicher und 4° 20′ südlicher Breite und reicht vom 34. bis zum 42. Längengrad. Vom Äquator wird es also in zwei fast gleich große Hälften geteilt. Im Osten hat Kenya den Zugang zum Indischen Ozean mit einer Küstenlänge von 402 km, im Westen stößt es an den Victoria-See, den größten Binnensee Afrikas. Die historisch bedingten Grenzen machen Tanzania im Süden, Uganda im Westen, Sudan und Äthiopien im Norden und Somalia im Nordosten zu seinen unmittelbaren Nachbarn.

Klima und Vegetationszonen

Klimatisch gesehen weist Kenya eine für die Tropen seltene Variationsbreite auf, aus der die sehr unterschiedlich gearteten Landschaftstypen und die Ballung von Wirtschafts- und Siedlungsräumen resultieren. Durch die ungleiche Verteilung der Niederschlagsmengen drängen sich nämlich auf nur 17–18% des Landes fast 90% der 25 Mio. Einwohner. Das kenyanische Hochland mit seinem tropischen Höhenklima und mehr als 600 mm Regenmenge pro Jahr weist denn auch den höchsten wirtschaftlichen Nutzungsgrad und die dichteste Besiedlung auf. Hier liegen die Temperaturen im Jahresmittel zwischen 23 und 30 °C. Auf dem Gipfel des Mount Kenya steigt die Quecksilbersäule selten über den Gefrierpunkt; Niederschlag fällt dort meist als Schnee. Die höchsten Temperaturen weisen die nördlichen Tiefländer und die tiefsten Stellen im Rift – vor allem in der Gegend des Magadhi-Sees – auf. An der Küste sind die Temperaturen nicht wesentlich niedriger, zudem herrscht eine höhere Luftfeuchtigkeit. Kühlung bringen hier nur die Monsunwinde. Von November bis März sorgt der Nordostwind *(kaskazi)* für eine frische Brise, die andere Jahreshälfte hindurch weht der Südostwind *(kusi)*.

Savanne und Wüste

Die Weite der Savanne beherrscht zum größten Teil das Landschaftsbild Kenyas. Büschelgräser verschiedenster Art (z. B. die zu den Futtergräsern zählenden Hyparrhenia und Themeda u. a.) können Mannshöhe erreichen und überziehen weite Flächen des Landes. Nur das Kikuyugras (Pennisetum clandestinum), das im Gebirge heimisch ist, bildet Rasen und wird deshalb gern in Gartenanlagen angepflanzt.

Grundwassernahe Grasfluren findet man überall in Senken und an Wasserläufen, bis hin zu den Papyrussümpfen, die großflächig vor allem im Westen Kenyas in der Nähe des Victoria-Sees auftreten. Sie treiben sogar als freischwimmende Inseln auf dem afrikanischen Binnenmeer und können Uferanlagen und Schiffahrt gefährden. Je nach Boden- und Wasserverhältnissen sind die Grasfluren von einzelnen Bäumen oder Baum- und Strauchgruppen durchsetzt.

Die Trockensavanne, die vorwiegend die südliche und östliche Hälfte des Landes charakterisiert, beheimatet vor allem Akazien sowie Dornbüsche verschiedenster Art, die ihre Dornen als Wasserspeicher benutzen. Entlang periodischer Wasserläufe verdichten sich die Gehölzgruppen zu schmalen Galeriewäldern oder aber zu Hainen, wie z. B. die schirmkronige Acacia xantophloea im Bereich der Rift Valley-Seen. Die Ebenen, die von der schwarzbraunen, lehmigen Schicht der *black cotton soil* gebildet werden, wie die Athi Plains in der Nähe von

Savannenlandschaft mit Termitenhügel

13

Nairobi etwa, sind die Heimat der Flötenakazie (Acacia drepanolobium) und des *red oats grass* (Themeda triandra). Neben den Akazienarten sind für die Trockensavanne auch Kandelaber-Euphorbien, die Riesenkakteen gleichen, und der urweltliche Baobab (Adansonia digitata) oder Affenbrotbaum typisch. Die kleinen Kugelblüten der Akazie verbreiten einen süßlich herben Duft, den der frische Wind während der Blütezeit über die ganze Savanne verbreiten kann. In ihren Zweigen siedeln sich oft Webervögel in großen Kolonien an und lassen den Baum laut und geschwätzig erscheinen. Giraffen mit ihren langen Hälsen äsen ihre zarten Blätter gern, und die weiche Rinde des Stammes erfreut sich als Zahnbürste großer Beliebtheit beim Säuberungsritual der Maasai.

Eine vertraute Erscheinung in der Savanne sind auch die vielgestaltigen, bis zu 3 m hohen Termitenhügel. Je nach Farbe und Erdbeschaffenheit präsentieren sie sich in immer neuen Burgformationen. In einigen Gegenden nun, in denen es jahreszeitlich zu einem Wasserstau kommt – wie beispielsweise südlich von Kisii – siedeln sich Bäume auf den Termitenhügeln an, und ihre Wurzeln benutzen die tiefen Gänge als Luft- und Wasserbahnen. Man bezeichnet diese Regionen als Termitensavanne.

Da ein großer Baum in der Trockensavanne selten ist und sein Schatten kostbar, findet man den Platz um ihn herum in der Regel auch belegt. Und das Sprichwort der Maasai mag für denjenigen gelten, der auf der Suche nach einem schattigen Plätzchen ist: »Unter einem Baum bist du nie der erste.« Gazellen, Zebras und Gnus suchen in seinem Schatten Zuflucht vor der sengenden Mittagshitze, Hirten lassen ihre Herde dort ruhen. In der Nähe menschlicher Behausungen mag der luftig-schattige Platz für Palaver und Versammlungen dienen, und Schulunterricht oder Siesta werden in seinem Schutz abgehalten.

Im Norden und nach Osten zur somalischen Grenze hin wird die Vegetation immer spärlicher. Abweisend wirkt das weite, karge Land. Verwittertes dunkles Lavagestein, im Nordwesten gebirgig, beherrscht die Szenerie und leitet nach Osten in eine monotone Ebene über. Dornbuschsavanne wechselt mit wüstenartigen Gebieten ab – wie Chalbi- und Karoli-Wüste östlich des Turkana-Sees, die Kaisut-Wüste südlich von Marsabit oder die Sabena-Wüste im Osten.

Eingebettet in die zeitlose Landschaft Nordkenyas liegt der größte sodahaltige See der Welt (6000 km² Wasserfläche), der 230 km lange Turkana-See, der an seiner nördlichen Spitze das Nachbarland Äthiopien berührt. Graf Teleki, der zusammen mit Ludwig von Höhnel 1888 den Basso Narok-See als erster Europäer erreichte, nannte ihn Rudolf-See, zu Ehren des gleichnamigen österreichischen Prinzen. Im Rahmen der Nationalisierung wurde er 1975 in Turkana-See umbenannt – nach dem Volk der Turkana, das im Süden und Westen des Gewässers lebt. Der See wird im wesentlichen vom Omo-Fluß im Norden gespeist, verfügt jedoch über keinen Abfluß, und sein einstiger natürlicher Verbindungskanal zum Nil liegt mehr als 200 m über dem Wasserspiegel. Was von der Verbindung zum größten Strom Afrikas geblieben ist, sind die Nilbarsche, die zusammen mit einer Unzahl von Krokodilen den See bevölkern.

Der Norden Kenyas, der heute auch oft noch unter seinem alten Verwaltungsnamen Northern Frontier District bekannt ist, zählt zu den bevölkerungsärmsten Gebieten der Erde. Hier leben auf einer Fläche, die größer ist als Italien, schätzungsweise 800 000 Menschen, die

Afroalpine Zone des Mount Kenya, in ca. 4200 m Höhe. In der charakteristischen Tussockgras-Landschaft wachsen Riesensenecien (hier: Senecio brassica)

einem Dutzend verschiedener Völkergruppen angehören und ihr Leben als Nomaden oder als Jäger und Sammler fristen. Ihre Wege werden ganz wesentlich von der Suche nach Wasser bestimmt, und seit den 60er Jahren ist ihr Land wiederholt von Hungersnöten heimgesucht worden.

Gebirge und Küste

Tropische Feuchtwälder gibt es in Kenya wenig, abgesehen von einigen größeren Beständen in küstennahen Gebieten, aber selbst hier ist der Artenreichtum durch Brandrodung und Holzgewinnung bereits stark dezimiert. Auch die Feuchtwaldgebiete um Kakamega und im Nandi-Gebiet im Westen Kenyas oder jene des Lower Imenti Forest nordöstlich des Mount Kenya weisen nicht die Pflanzenvielfalt auf, die in west- und zentralafrikanischen Regenwäldern anzutreffen ist. Den immergrünen tropischen Regenwald findet man vor allem im Bereich der hohen Gebirgszüge, besonders an deren Ostseite. Er zeichnet sich durch starken Lianen- und Epiphytenbewuchs aus; zwei der wichtigsten vorkommenden Baumarten sind Olea welwitschii und Croton megalocarpus. In den trockeneren Gebirgswäldern über 1900 m, die artenärmer als der feuchte Bergwald sind, überwiegen Koniferen und Juniperus procera, die

Mangrovendickicht am
Ufer eines kleinen
Küstenflusses

pencil cedar. An Mount Kenya und Mount Elgon sowie in den Aberdares mischt sich unter die Bergwaldbäume gelegentlich auch Bambus (Arundinaria alpina), der mitunter eigene Wälder im Höhenbereich von 2200–3300 m bilden kann. Die oberste Waldgrenze, durch *giant heath*, Baumheide (verschiedene Vertreter der Gattung Ericaceae), charakterisiert, erstreckt sich bis in das afroalpine Grasland, die Moorlands. Dem extremen Klima angepaßt, wachsen hier vor allem Tussockgräser, Proteen, Senecien und Lobelien (Farbabb. 60).

Der Küstenstreifen ist, bedingt durch die häufigen Niederschläge, sehr fruchtbar, er reicht jedoch nur 10–16 km landeinwärts. Kokospalmen beherrschen hier das Landschaftsbild. In den sumpfigen Buchten, Flußmündungen und Hinterwasserbereichen wachsen Mangroven verschiedenster Art, deren hartes Holz außer im Inland vor allem in den holzarmen Ländern des Arabischen Golfs als Baumaterial Verwendung findet.

Der kenyanischen Küste ist an vielen Stellen ein Korallenriff vorgelagert, das den Strand vor dem unmittelbaren Aufprall der Brandung schützt. Der blendendweiße Sand, der vielen Stränden eine besondere Schönheit verleiht, geht auf den schneeweißen Korallenkalk zurück, den die Brandung stellenweise mehlfein zerrieben hat. Um das Riff und in den seichten Lagunengewässern entfaltet sich eine faszinierende Unterwasserwelt mit verschiedenen Korallenarten, Muscheln, Schnecken, Krebsen, Seeigeln und vielfarbigen Fischen.

Geschichte und kulturelle Entwicklung Kenyas

Paläontologische Forschung

Kenya und seine Nachbarländer werden oft als Wiege der Menschheit bezeichnet, seit dort in den letzten Jahrzehnten aufsehenerregende Funde des frühen Menschen und menschenähnlicher Typen gemacht worden sind. In den weiten Savannengebieten spielte sich ein Großteil der menschlichen Entwicklungsgeschichte ab. Die geologischen Verhältnisse im Rift Valley tragen entscheidend dazu bei, daß die Wissenschaftler hier ein ideales Betätigungsfeld vorfinden. Einerseits wurden in den aufeinanderfolgenden Schichten vulkanischer Asche und Sedimente Fossilien und Artefakte gut konserviert, andererseits gaben Erdbewegungen und Erosion sie dem neugierigen Forscherblick wieder frei. Durch Erdrisse entstanden über die Jahrmillionen Seen, deren Wasserspiegel sich mit den Regenfällen hob oder senkte; einige von ihnen wurden durch weitere Verwerfungen vertieft und durch nachfolgende Lavaströme wieder

Zeugen der Evolutionsgeschichte – die weiten Savannengebiete Kenyas

Fundplätze hominider
Fossilien in Ostafrika

aufgefüllt. Während die einen Seen auf diese Weise verschwanden, schuf die Unruhe der Erde an anderer Stelle neue.

Die vulkanischen Aktivitäten in Ostafrika geben den Wissenschaftlern entscheidende Datierungshilfen, denn die Asche jeder Eruption ist aufgrund ihrer individuellen chemischen Zusammensetzung eindeutig identifizierbar. Vor allem im Rift Valley wechseln Ascheschichten mit fossilführenden Horizonten ab und setzen Zeitmarken innerhalb der Entwicklungsgeschichte. In vielen anderen Gegenden, vor allem im Bereich des Turkana-Sees, erweisen sich Datierungen oft als schwierig, weil die Objekte Oberflächenfunde sind.

Der Prozeß der Fossilierung ist noch weitgehend unerforscht, hängt aber von der chemischen Zusammensetzung des Bodens und den vorhandenen Mineralien ab, die fähig sein müssen, die Mineralien im Knochenmaterial zu ersetzen. Mit der Entdeckung von Resten fossiler Säugetiere (1911) durch den deutschen Entomologen Kattwinkel und mit den Funden menschenähnlicher Knochen durch den deutschen Geologen und Vulkanologen Hans Reck (1913) in der Olduvai-Schlucht begann die Suche nach dem Urmenschen, die seit den 30er Jahren eng mit den Namen des kenyanisch-englischen Gelehrten L. S. B. Leakey und seiner Frau Mary verknüpft ist. Aufgrund der zahlreichen Funde aus ihrer langjährigen Grabungstätigkeit wurde Kenya – und

Ostafrika im allgemeinen – zu einem der wichtigsten Dokumentationszentren menschlicher Ur- und Frühgeschichte und damit zu einem Pilgerziel von Paläontologen und Prähistorikern der ganzen Welt.

Noch Anfang dieses Jahrhunderts vermutete man, auf die Funde von Java (1891) und auf jene des Pekingmenschen von Chouchoutien (1927) gestützt, daß die Wiege der Menschheit in Zentralasien zu suchen sei. Das Alter dieser später als Homo erectus bezeichneten Knochenfunde schätzte man auf eine halbe Million Jahre. Sie waren jedoch bei weitem jünger als all jene paläontologischen Funde, die man ab 1924 auf dem afrikanischen Kontinent machte und die nach dem ersten Fundort von Taung in Südafrika als Australopithecinen, Mitglieder der Südaffen-Gruppe, bezeichnet wurden. Ihr Alter: geschätzte 2–4 Mio. Jahre!

Mit der wachsenden Zahl fossiler Zeugnisse von Hominiden gelang es den Wissenschaftlern, vier Australopithecus-Arten zu unterscheiden, die alle einen aufrechten Gang hatten. Man nimmt an, daß es eine Klimaveränderung war, aufgrund der sich der Lebensraum der Menschenartigen allmählich aus dem Urwald in die offene Savanne verlagerte, mit deren neuen Lebensbedingungen die einzelnen Hominidentypen sich allerdings sehr unterschiedlich auseinandersetzten.

Die Vor- und Frühgeschichte Kenyas

vor 6–2 Mio. Jahren	Verschiedene Formen des Australopithecus (= Hominiden, Menschenartige); frühe Formen der Steinbearbeitung (Geröllgeräte des Oldowan-Komplexes)
vor 2–1 Mio. Jahren	Homo erectus (Vorfahr des heutigen Menschen)
vor 1 Mio. bis 500 000 Jahren	Kulturstufe des Acheulean innerhalb der jüngeren Altsteinzeit; gekennzeichnet durch verfeinerte Steinwerkzeugbearbeitung (Faustkeile)
vor 200 000 Jahren	Homo sapiens (derzeit älteste Knochenfunde am Lake Baringo); Mittlere Steinzeit
vor 20 000 Jahren	Jungsteinzeit
vor 9000 Jahren	Keramikherstellung ist belegt; die ältesten Funde der Welt stammen vom Lake Turkana
3. Jt. v. Chr.	Die Ausbreitung der Wüste in die Gebiete südlich der Sahara führt zu einer gewaltigen Völkerwanderung. Erste Zeugnisse von Viehhaltung im Rift Valley und in den angrenzenden Hochländern
1. Jt. v. Chr.	Anbau von Getreide, vor allem Hirsesorten
500 v. Chr.	Jungsteinzeitliche Jäger und Sammler. Keramik der Urewe-Kultur und früheste Zeugnisse der Eisengewinnung und -verarbeitung (Victoria-See).
1. Jt. n. Chr.	Die Eisenzeit prägt nach und nach die Kultur des ostafrikanischen Raumes

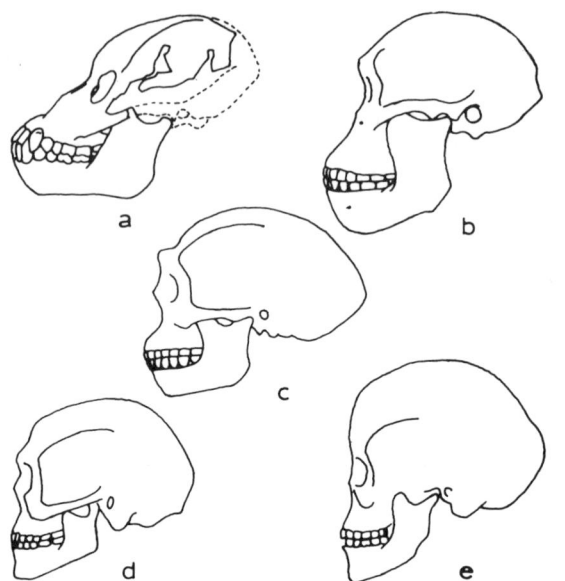

Die Entwicklung der Schädelprofile
von Ramapithecus bis zum heutigen
Menschen:
a) Ramapithecus
b) Australopithecus
c) Altsteinzeitlicher Mensch
d) Mittelsteinzeitlicher Mensch
e) Heutiger Mensch

Der frühe Vertreter der Gattung war Australopithecus afarensis (6–2,7 Mio. Jahre alt; Fundorte: Laetoli, Omo und Hadar), der nach Afar, der äthiopischen Gegend um Hadar, benannt wurde. Die Art war kleinwüchsig.

Vor 3–2 Mio. Jahren dann existierten neben dem feingliedrigen Australopithecus africanus, dessen Gehirnvolumen ca. 450 cm³ betrug, der Fleisch- und Pflanzenkost zu sich nahm und bereits Artefakte (des Oldowan-Komplexes) benutzte, zwei andere Arten, die sich rein pflanzlich ernährten: Australopithecus boisei, ein großer, schwerer und O-beiniger Hominide, und Australopithecus robustus mit relativ geraden Beinen.

Anfang der 60er Jahre fand L. S. B. Leakey in Olduvai ein Unterkieferstück und einen zertrümmerten Schädel. Von Größe und Form her mußten dies Knochenreste eines fortgeschrittenen Vertreters der Hominidengruppe sein: Sein Hirnvolumen wurde auf 650 cm³ geschätzt. Diese ersten Funde des sogenannten Homo habilis (›der geschickte Mensch‹; gelegentlich auch als Australopithecus habilis bezeichnet) waren deshalb von so großer Bedeutung, weil sie *neben* Funden des Australopithecus auftraten und darauf hinwiesen, daß der frühe Mensch nicht, wie bisher angenommen, unbedingt vom Australopithecinen abstammen mußte, sondern wahrscheinlich eher ihr Zeitgenosse gewesen war. Mit diesem Schlüsselfund paläontologischer Forschung begann sich eine neue Theorie zur menschlichen Evolution herauszubilden, die allerdings noch vieler Belege bedurfte.

In den folgenden Jahrzehnten verlagerte sich der Schauplatz ur- und frühgeschichtlicher Ausgrabungstätigkeit an das Ostufer des Turkana-Sees und nach Äthiopien, wo fossile Reste verschiedener Hominiden gefunden wurden. 1972 war dann das Jahr, in dem die Forscher um

R. Leakey, den Sohn L. S. B. Leakeys, einen sensationellen Fund machten: In der Nähe von Koobi Fora im Nordosten des Turkana-Sees entdeckten sie einen Schädel – nach seiner Inventarnummer ›1470‹ benannt –, der zwar stark zerbrochen, aber sonst erstaunlich vollständig erhalten war. Lediglich der Unterkiefer fehlte. Schon vor seiner Rekonstruktion mutmaßte man, ein neues wichtiges Belegstück des Homo habilis entdeckt zu haben. Sein hervorstechendstes Merkmal war ein relativ großes Hirnvolumen von 800 cm³ – das ist mehr als die Hälfte von dem des modernen Menschen. Seine Datierung ergab außerdem, daß die Abstammungslinie des Menschen um mindestens 1 Mio. Jahre früher anzusetzen war als bisher angenommen. Der Schädel ›1470‹ bewies die Theorie von der Koexistenz verschiedener Hominidentypen, die in früheren Zeiten von der Forschung als entwicklungsmäßig aufeinanderfolgende Arten klassifiziert worden waren.

In den 70er und 80er Jahren wurden viele weitere fossile Hominidenreste in Ostäthiopien und in der Nähe von Olduvai/Nordtanzania gefunden, die über 4 Mio. Jahre alte Spuren des Menschen andeuten.

An den Grabungsstellen östlich des Turkana-Sees hingegen fand man wichtige Fossilien, die zur Gruppe des Homo erectus gehören und das Bild vom unmittelbaren Vorfahren des heutigen Menschen recht vollständig wiedergeben. Sein Gehirnvolumen betrug ungefähr 900 cm³, sein Alter wird auf 1,5 Mio. Jahre geschätzt. Das bisher vollständigste und besterhaltene fossile Skelett eines Homo erectus entdeckte man 1984 am Westufer des Turkana-Sees; sein Alter: 1,6 Mio. Jahre. Das *in situ* gefundene, 1,60 m lange Skelett mit der Inventarnummer KNM-WT 15 000 soll das eines etwa zwölfjährigen Jungen sein. Der Fund gewährt zum ersten Mal Einblick in Wachstum und körperliche Entwicklung des frühen Menschen und widerspricht der These, daß der Mensch über die Jahrtausende an Größe zugenommen habe.

Folgt man den Überlegungen R. Leakeys und seines Teams, so stünde am Anfang der menschlichen Evolution die Gruppe der Ramapithecinen, die durch fossile Reste in Afrika, Europa

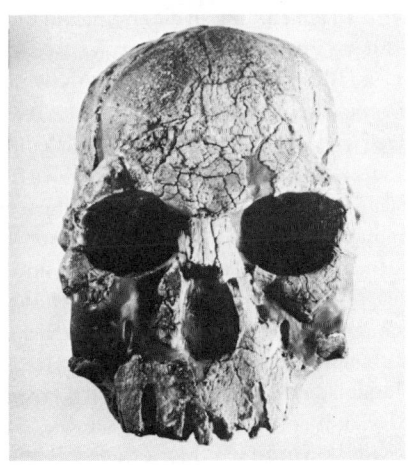

Der von R. Leakey am nördlichen Turkana-See gefundene Schädel ›1470‹

und Asien belegt ist und zu der auch die spärlichen Funde des Kenyapithecus aus dem ostafrikanischen Miozän (vor 12–9 Mio. Jahren) sowie ein relativ vollständiges Skelett aus Äthiopien zählen. Es mutet rätselhaft an, daß über einen Zeitraum von Jahrmillionen Ramapithecus der einzige Vertreter gewesen zu sein scheint, neben dem keine andere Form von frühmenschlichen oder menschenähnlichen Lebewesen nachweisbar ist. Reichliche Funde, die ein Nebeneinander aller Australopithecus-Arten und des frühen Homo (H. habilis) dokumentieren, gibt es erst für die Zeit von vor 3–2 Mio. Jahren.

Verfolgt man die menschliche Evolution weiter bis in die Zeit von vor 750 000 Jahren, so findet man die Gattung abermals auf einen einzigen Typus geschrumpft, der diesmal Homo erectus heißt. Einzigartig ist dabei die bis jetzt nur in Ostafrika durch Ausgrabungen dokumentierte Koexistenz früher hominider Formen, wobei die Gründe, die einerseits zu einer Mannigfaltigkeit von unterschiedlichen Typen und andererseits wieder zu der Einschränkung auf nur einen Typus führten, nicht bekannt sind.

Für die folgende halbe Million Jahre gibt es bis jetzt zwar eine große Menge Steinwerkzeugfunde als Beleg für das Wirken der Spezies, aber keine fossilen Knochenreste. Der die Menschheitsgeschichte fortschreibende Fund ist also rund 500 000 Jahre jünger – und ein Sprung zu einem neuen Typus, dem Homo sapiens. Die ältesten Knochenreste, die man bisher entdeckte, sind etwa 200 000 Jahre alt und stammen aus der Nähe von Nakuru am Lake Baringo.

Alt- und Mittelsteinzeit (Early Stone Age/Middle Stone Age)

Altsteinzeit. Vor der sensationellen Entdeckung verschiedener fossiler Hominidentypen in Olduvai hatten L.S.B. und Mary Leakey in dieser Gegend, ebenso wie an anderen Fundplätzen, reiche Vorkommen von Steinwerkzeugen studiert, deren Alter auf 1–2 Mio. Jahre geschätzt wird. In Anlehnung an die erstmals in Olduvai entdeckten steinernen Artefakte nannte man die früheste Phase steinzeitlicher Werkzeugherstellung allgemein Oldowan. Charakteristisch für diese Hilfsmittel aus der älteren Altsteinzeit sind grob behauene Feld- und Kieselsteine von der Größe eines Tennisballs, von denen meist nur ein Ende bearbeitet war. Daneben gab es aber auch zu Werkzeugen weiterverarbeitete Abschläge. Anhand des reichen archäologischen Materials glaubt man in der langen Zeitspanne des Oldowan eine allmähliche Verfeinerung und Standardisierung der Steinwerkzeuge feststellen zu können, die vermutlich auch andere, archäologisch nicht mehr faßbare Entwicklungen des Menschen reflektiert.

In der Zeit zwischen etwa 1 Mio. und 500 000 Jahren vor heute wurden dann andere Werkzeugtypen üblich, die man vor allem in Kenya in großer Zahl fand. Diese neuen Hilfsmittel basieren auf der Grundform des mandelförmigen Faustkeils und charakterisieren die Kulturstufe des Acheulean innerhalb der jüngeren Altsteinzeit. Zu den bedeutendsten Acheulean-Fundplätzen gehören Olorgesailie im Maasai-Land (südlich von Nairobi, an der Straße nach Magadhi) und Kariandusi mit seiner großen Zahl von schwarzen Obsidianwerkzeugen (östlich von Nakuru, an der Straße nach Gilgil). Beide sind der Öffentlichkeit zugänglich.

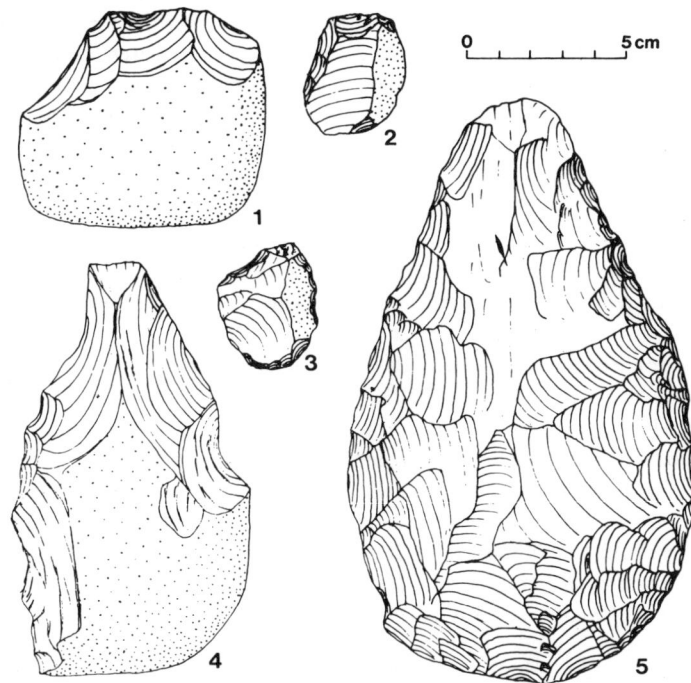

Werkzeuge der
Altsteinzeit:
1 Oldowan-Schlag-
  werkzeug
2/3 Abschlagwerkzeuge
  des Oldowan
4/5 Acheulean-Beile

Aus der Lage der Acheulean-Fundplätze ergibt sich, daß der Mensch der jüngeren Altsteinzeit sein Lager am Ufer von Gewässern oder in ausgetrockneten Flußbetten errichtete. Vor allem Olorgesailie bietet eine gute Gelegenheit, die Lebensbedingungen des frühen Menschen zu rekonstruieren: Der Platz liegt im Rift Valley, inmitten einer heißen und wilden Landschaft, die – wie von Zyklopenhand geformt – im Gefolge enormer vulkanischer Tätigkeit entstand. Erstarrte Lavaströme, heute von spärlicher Vegetation überwachsen, herausgeschleuderte Felsbrocken und tiefgefurchte, steinig-düstere Täler muten an wie eine altsteinzeitliche Kulisse, die von erloschenen oder schlafenden Vulkanen, den Ngong Hills, Mount Suswa und Mount Olorgesailie, bewacht wird. Bevor Erdbewegungen den Lauf des Ol Keju Nyiro ablenkten, muß dieser Fluß an der Stelle von Olorgesailie einen See gespeist haben, der inmitten einer flachen, weiten Ebene lag. An einem Ende dieses prähistorischen Gewässers wurden mehrere Lagerstätten festgestellt, die aus der mittleren und jüngeren Phase der Altsteinzeit stammen und unter einer mehr als 30 m dicken Schicht von Schlickablagerungen und vulkanischer Asche verborgen lagen.

Die ersten erodierten Oberflächenfunde machte der Geologe J. W. Gregory im Jahre 1919. Da der Seeschlick einen hohen Diatomit-Anteil aufwies, maß Gregory den Steinwerkzeugen keine besondere Bedeutung zu, sondern nahm an, daß sie zum Abbau der weißen Erde für die Farbgewinnung gedient haben müßten. (Weiße Erde spielt heute beispielsweise bei der rituellen

Bemalung der Maasai eine Rolle; sie symbolisiert die Milch.) Erst 1942 begannen systematische Grabungen unter der Leitung des Ehepaars Leakey, in deren Verlauf es sich zeigte, daß Olorgesailie mehrere Lagerplätze aus der Altsteinzeit barg, die zu den reichhaltigsten der Welt zählen. Hunderte von Werkzeugen kamen zum Vorschein; und mit Hilfe neuerer archäologischer Methoden wurde es sogar möglich, die Grundrisse jener frühen Lagerstellen zu ermitteln und so Rückschlüsse auf Größe und Aktivitäten der nomadisierenden Jäger- und Sammlergruppen zu ziehen. Tierische Knochenfunde gaben Aufschluß über die Nahrung: So fand man an einer Stelle inmitten von Faustkeilen, Spaltmessern und Steinkugeln zerbrochene Knochen des Simopithecus, einer ausgestorbenen Riesenpavianart, und in kleineren Mengen Knochen von Flußpferden, Elefanten, Antilopen und einer inzwischen ausgestorbenen Zebraart.

Über die Entwicklung oder Einführung neuer Techniken der Werkzeugherstellung in der **Mittleren Steinzeit** (vor etwa 200 000–50 000 Jahren) ist weniger bekannt als über die entsprechenden Prozesse in den Perioden vorher und nachher. Die Mittlere Steinzeit präsentiert jedoch eine größere Vielfalt kleinerer und feiner gearbeiteter Werkzeuge, die oftmals aus jenem schwarzen, vulkanischen Obsidian hergestellt waren, das im zentralen Rift Valley reichlich vorkommt.

Der Mensch der Mittleren Steinzeit war in seiner äußeren Erscheinung dem modernen Menschen sehr ähnlich, was z.B. Skelettfunde aus Zambia beweisen. Er war Jäger und Sammler und kannte den Gebrauch des Feuers. Den Rückgang großer Steinwerkzeuge zugunsten kleinerer Formen erklärt man allgemein mit einem allmählichen Wandel der Umweltbedingungen, in dessen Verlauf sich die Menschen in die Wälder zurückzogen und statt des Großwilds der weiten Ebenen die Kleintiere der Wälder jagten.

Jungsteinzeit und Eisenzeit (Later Stone Age/Iron Age)

Die Menschen der **Jungsteinzeit** (ab ca. 20 000 Jahre vor heute) wohnten in Höhlen und unter Felsvorsprüngen im Hochland sowie an den Seen und Flußufern der Niederungen. Von ihnen haben wir erstmals archäologische Belege, daß sie ihre Toten in Höhlen oder unter Steinhaufen beisetzten. Allem Anschein nach waren sie noch nicht seßhaft und lebten vornehmlich als Jäger und Sammler. Jedoch kam eine neue Tätigkeit hinzu, der Fischfang, über den Funde aus Nordkenya am besten Auskunft geben. Feine Steinwerkzeuge gab es jetzt, z.B. kleine Sichelklingen, die meist nicht einzeln verwendet wurden, sondern, reihenweise in verschieden geformte Holz- oder Beinschäfte eingesetzt, als Sägezähne oder als Widerhaken an Speeren dienten. Daneben benutzten die Menschen auch Artefakte aus Muscheln und Knochen, etwa beinerne Harpunen, die man sehr zahlreich im nördlichen Kenya gefunden hat.

Der Norden Kenyas war nicht immer so trocken und wüstenhaft abweisend wie heute. Ein großer Süßwassersee erstreckte sich mehr als 400 km lang vom Omo-Tal in Äthiopien bis zum heutigen Baringo District in Kenya; ein westlicher Abfluß verband ihn mit dem Nil. Er muß sehr fischreich gewesen sein und viel Wild an seine Ufer angezogen haben. Der geschrumpfte

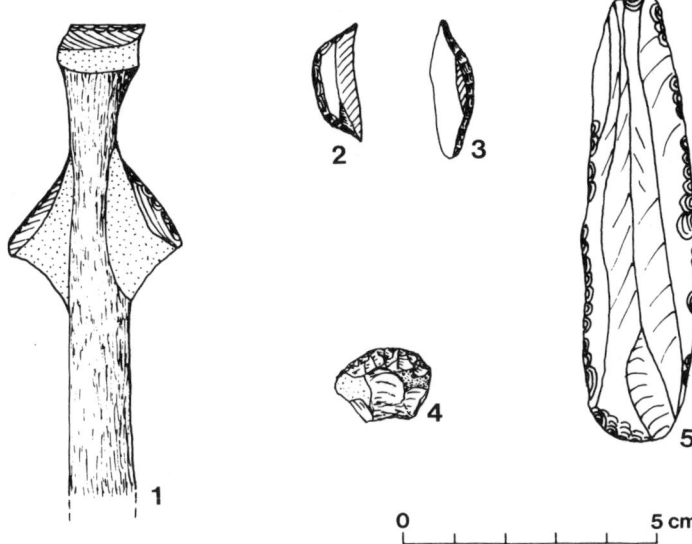

Jungsteinzeitliche
Werkzeuge:
  1 Pfeil oder
     Harpune mit
     Widerhaken
2/3 Sichelklinge
  4 Schaber
  5 Messerklinge

Nachfahr des riesigen Gewässers ist der heute salzhaltige Turkana-See. Weiter im Osten lag ein zweiter großer See, dessen trockene Niederungen die heutige Chalbi-Wüste bilden, die sich nach schweren Regenfällen in einen unpassierbaren Morast verwandelt. Wälder, die heute nur die östlichen Hänge von Mount Kulal und Mount Marsabit bedecken, nahmen früher ungleich größere Flächen ein.

An den alten Seeufern fanden die Archäologen eine Reihe von Lagerstätten kleiner jungsteinzeitlicher Fischergruppen. Die Rastplätze hatten oftmals nur einen Durchmesser von ca. 30 m. Neben Knochenanhäufungen von Flußpferden, Krokodilen und Schildkröten sowie Skelettresten von Fischen fand man auch Stein- und Knochenwerkzeuge, Keramik und jene Perlen aus Straußeneierschalen, die noch heute in einigen Gebieten Kenyas gefertigt werden. Die Tonscherben von Lowasera (Turkana-See) mit einem Alter von ca. 9000 Jahren gehören zu den derzeit ältesten Keramikfunden der Welt.

Zwischen 3000 und 2000 v. Chr. schob sich die Wüste stetig in die Gebiete südlich der Sahara vor. Seen und Flüsse trockneten allmählich aus, und die veränderten Lebensbedingungen zwangen die Menschen zu neuen ökonomischen Formen. Ob die Viehhaltung in Ostafrika von Hirten aus dem Norden, die der vorrückenden Wüste auswichen, übernommen oder eingeführt wurde, ist eine offene Frage. Auf jeden Fall stammen die ältesten Zeugnisse von Hirtenvölkern aus dem Bereich des Rift und den angrenzenden Hochländern. Nach den Knochenfunden von Ileret (am Ostufer des Turkana-Sees) umfaßte die Viehhaltung Ziegen, Schafe und Rinder.

Die frühen Hirtenvölker der späten Jungsteinzeit stellten Gefäße aus Ton sowie Schüsseln und Teller aus Stein her. Ihre Messer und Pfeilspitzen aus schwarzem Obsidian ähneln zum Verwechseln denen aus früheren Perioden. Metallgewinnung und -bearbeitung war ihnen noch unbekannt. Möglicherweise aber waren die Hirten der Jungsteinzeit die ersten Pflanzer Ostafrikas. Ausgrabungen zufolge scheinen sich die ersten ackerbaulichen Aktivitäten (Anbau von Sorghum und Hirse) in Äthiopien und dem südlichen Sudan entwickelt zu haben.

Ein sehr interessanter archäologischer Fundplatz mit den bisher frühesten Hinweisen auf jungsteinzeitliche Pflanzer ist **Hyrax Hill**. Die Stätte liegt östlich von Nakuru und kann besichtigt werden. Als L. S. B. Leakey 1926 den Begräbnisplatz von Nakuru freilegte, wurde er auf den nahen Hyrax Hill aufmerksam, einen Lavakamm, der etwa 50 m hoch aus der Savanne aufragt und seinen Namen den kaninchenähnlichen Klippschliefern (Hyracoidea) verdankt, die dort in großer Zahl die Felsspalten bevölkern. Vom Hügel selbst kann man Nakuru und den gleichnamigen See, der in der Jungsteinzeit bis an Hyrax Hill heranreichte, überblicken. Nordwestlich davon befindet sich der Menengai-Krater (das Maa-Wort *menengai* bedeutet ›Ort der Leichen‹), wo im letzten Jahrhundert die berühmte Schlacht zwischen den Naivasha-Maasai und den Laikipia-Maasai stattfand.

Mit den Ausgrabungen in Hyrax Hill begann Mary Leakey 1937. Auf einer Seite des Hügels wurden eisenzeitliche Steinkreise und Grabhügel gefunden; darunter entdeckte man einen Wohnplatz und einen Friedhof aus der Jungsteinzeit. Auf der anderen Hügelseite befinden sich 13 Erdgruben, von denen man annimmt, daß sie einst den Boden von Behausungen darstellten und überdacht waren. Der aus der Eisenzeit stammende steinerne Festungswall auf der Hügelkuppe diente vermutlich als Beobachtungsposten.

Die 13 Erdgrubenhäuser variieren in Größe und Tiefe, weisen jedoch eine Gemeinsamkeit auf: den vom Hügel abgewandten Eingang. Sie ähneln stark den heutigen Grubenhäusern der Mbulu im nördlichen Tanzania und dienten vermutlich wie jene als Unterkunft für Mensch und Vieh. Zu jeder Erdgrube gehörte ein großer Erd- und Abfallhaufen, der durch die ausgeschach-

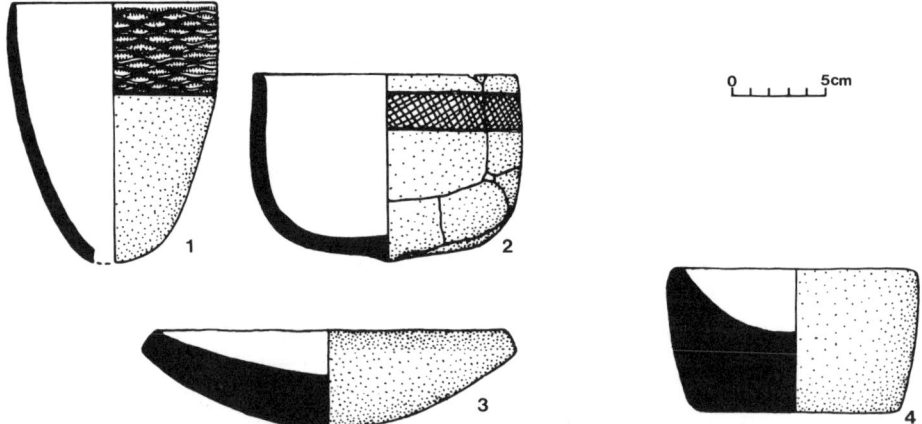

Ton- (1, 2) und Steingefäße (3, 4) der Jungsteinzeit (Hyrax Hill)

tete Erde entstand, auf die man den Abfall warf – Knochen, Asche und Scherben. In großer Zahl wurden hier Tonscherben gefunden. Viele ließen sich zu Gefäßen rekonstruieren, die man heute in dem zum Museum umgebauten nahen Farmhaus neben Stein- und Obsidianwerkzeugen, Perlen, Mahlsteinen u. a. sehen kann.

In den steinernen Grabhügeln des jungsteinzeitlichen Friedhofs lagen die Skelette zumeist in gekrümmter Haltung – sie erinnern an die Funde aus der Gamble-Höhle (Gamble's Cave) bei Elmenteita, deren Alter man auf 5000 Jahre schätzt. Grabbeigaben, vor allem flache Steinteller oder Schüsseln und Stößel, fand man nur in den Frauengräbern. Die Männer wurden allem Augenschein nach ohne jegliche Beigaben beerdigt.

Überall in Hyrax Hill sieht man in den Fels geschnittene Lochreihen, sogenannte Mbau-Spielbretter. Mbau ist ein uraltes Spiel, das die Menschen bereits in der Mittleren Steinzeit kannten und das sich noch heute in Afrika und Arabien großer Beliebtheit erfreut. Die zeitliche Einordnung der Lochreihen von Hyrax Hill ist kaum möglich; man hat sie mit den Erbauern der Erdgrubenhäuser in Verbindung gebracht, genausogut aber könnten sie auch zu der eisenzeitlichen Siedlung gehört haben (Abb. 75).

Wie fast überall in Afrika, mit Ausnahme der ans Mittelmeer grenzenden Gebiete, folgte die **Eisenzeit** auch in Ostafrika unmittelbar auf die Jungsteinzeit oder überschnitt sich mit ihr. Bis jetzt fand man keinen Hinweis auf die Bearbeitung anderer Metalle wie Kupfer, Gold und Silber, die in anderen Teilen der Welt vor dem härteren Eisen als Werkzeugmaterialien verwendet wurden. Die frühesten Zeugnisse der Eisengewinnung und -bearbeitung in Ostafrika konzentrieren sich um den Victoria-See. Sie treten gemeinhin zusammen mit einer Keramik auf, deren Gefäße durch ein Grübchen am Boden charakterisiert sind. Man datiert diese Keramik in die letzten Jahrhunderte vor Christi Geburt und bezeichnet die Entwicklungsstufe nach einem Fundort in Südwestkenya als Urewe-Kultur. Zwischen 100 und 300 n. Chr. finden sich dann erste eisenzeitliche Spuren auch im östlichen und zentralen Kenya, archäologisch gut belegt durch die Fundstücke aus der Kwale-Kultur (benannt nach dem südostkenyanischen Ort).

Im 1. Jt. unserer Zeitrechnung prägte die Eisenzeit nach und nach die Kultur in ganz Ostafrika. Der Anbau von Getreide – vor allem Hirsesorten – wurde ebenso wie die Viehhaltung zu einem lebensbestimmenden Faktor des Menschen. Sprachwissenschaftler nehmen an, daß die Träger der frühen Eisenzeit, die in Kenya vor allem im Südwesten um den Winam-Golf und im Südosten im Hinterland von Mombasa siedelten, der Bantu-Sprachenfamilie angehörten. Erst später sollen sie nach Westen durch Ukambani bis zum Mount Kenya vorgestoßen sein.

Mit dem Ende des 1. Jt. bricht die Kontinuität früheisenzeitlicher Keramikfunde ab, und andere Töpferwaren (die der heutigen Kikuyu- und Kamba-Keramik ähneln) sowie neue Techniken der Eisengewinnung und -bearbeitung breiteten sich aus. Damit beginnt die späte Eisenzeit, deren Einsetzen die Sprachwissenschaftler mit neu einwandernden Bantu-Sprachgruppen in Verbindung bringen. Insbesondere werden zwischen 700 und 900 n. Chr. die städtischen Kulturen an der ostafrikanischen Küste (Shanga und Manda im Lamu-Archipel) archäologisch faßbar.

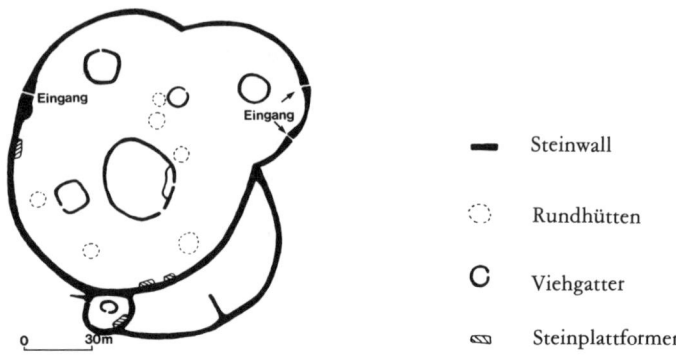

▬	Steinwall
⟨⟩	Rundhütten
C	Viehgatter
⌇	Steinplattformen

Grundriß eines Steinwalls in Südnyanza

Aus dieser zweiten Phase der Eisenzeit stammen die Feldterrassen im Gebiet der Western Highlands und auch das großartige Irrigationssystem nahe Tot im Norden, das sich mehrere Kilometer lang am Cherangani Escarpment erstreckt. Beide baulichen Leistungen ordnet man Völkern der südkuschitischen Sprachfamilie zu, die aus Äthiopien in die Hochländer Kenyas eingewandert waren.

Bekannter noch sind die Sirikwa-Löcher im Rift, die Überlieferungen der Kalenjin zufolge vom legendären Volksstamm der Sirikwa hergestellt wurden. Es handelt sich um annähernd runde Vertiefungen im Boden, mit einem Durchmesser von 10–20 m, die nach außen hin oft durch Steinmauern zusätzlich befestigt waren und in den meisten Fällen als Viehkral dienten.

In Südnyanza, nahe dem Victoria-See, entdeckte man runde und halbrunde Steinwälle aus dieser Zeit. Sie weisen ein oder zwei Durchlässe ins Innere auf, wo sich steinerne Einfriedungen für Vieh, Hausfundamente und plattformartige Erhöhungen befinden. Mündlicher Überlieferung nach wurden sie von den Vorfahren der Luo und Basuba, die heute das Gebiet bewohnen, gebaut. Es gibt in Südnyanza auch noch alte Feldterrassen und Feldmauern, von denen die meisten leider nicht geschützt und daher Verfall und Steinplünderung preisgegeben sind.

Die Geschichte Kenyas seit der Zeitenwende

1. Jt. n. Chr.	Eisenzeit, die im Landesinneren zum Teil noch länger andauert
1. Jh. n. Chr.	Ein alexandrinischer Kaufmann verfaßt die ›Küstenschiffahrt des Erythräischen Meeres‹, die erste schriftliche Quelle zur Geographie der ostafrikanischen Küste
ca. 8.–11. Jh.	An der Küste entstehen Städte und Moscheen aus Stein; die ältesten sind vermutlich Shanga (8 Jh.?) und Manda (9. Jh.)
9./10. Jh.	Die Araber intensivieren den Überseehandel; Elfenbein, Mangrovenhölzer und Eisen sind begehrte Güter Ostafrikas. Der Hafen von Manda an der nordkenyanischen Küste wird in dieser Zeit bedeutend
12.–15. Jh.	Blütezeit der Stadtkulturen an der Swahili-Küste
1331	Der arabische Reisende Ibn Battuta besucht Mogadishu, Mombasa und Kilwa
15. Jh.	Niedergang Kilwas an der südlichen Swahili-Küste; Aufstieg der Stadtstaaten Mombasa und Pate. Es entstehen Bauten aus feiner behauenem Stein, z. B. in Gedi
1415	Malindi vertieft seine Handelsbeziehungen mit Peking und schenkt dem chinesischen Kaiser eine Giraffe
1417–21	Eine chinesische Delegation besucht Benadir und die kenyanische Küste
Ende 15. Jh.	Erste Handelskontakte mit Europa. 1498 gelangt der portugiesische Seefahrer Vasco da Gama nach Mombasa und nach Malindi. Dort weist ihm ein arabischer Steuermann den Seeweg nach Indien
1498–1698	Portugiesen in Ostafrika
1585 und 1589	Die Stadtstaaten der Swahili erheben sich gegen die Portugiesen. Der türkische Befehlshaber Ali Bey unterstützt sie mit seiner Flotte
1592	Die Portugiesen erobern Mombasa endgültig und beginnen mit dem Bau von Fort Jesus
1698	Nachdem die Portugiesen ihren Einfluß an der Swahili-Küste verloren und sich in ihre mozambikanischen Stützpunkte zurückgezogen haben, nehmen die Omani-Araber Mombasa ein
18. Jh.	Erneute Blütezeit von Handel und Kunst an der Swahili-Küste, besonders in Lamu
1806	Im ostarabischen Sultanat Oman kommt Sayyid Said an die Macht. Er errichtet ein Handelsimperium im westlichen Indischen Ozean, das die Swahili-Küste mit einschließt. Zu den wichtigsten Exportgütern gehören Elfenbein, Gewürznelken und Sklaven
1824–26	Unter dem Vorwand, den Sklavenhandel zu unterbinden, konkretisiert Großbritannien sein Interesse an der ostafrikanischen Küste durch ein erstes Protektorat in Mombasa
1840	Sayyid Said verlegt seinen Hofstaat nach Zanzibar, übersiedelt selbst dorthin und intensiviert den Karawanenhandel

Mitte 19. Jh.	Forscher und Missionare folgen den Karawanenrouten bis nach Uganda. 1846 gründen Krapf und Rebmann Kenyas erste Missionsstation in Rabai. 12 Jahre später erreichen Burton und Speke den Victoria-See
1873	Barghash bin Said, Sultan von Zanzibar, verbietet den Sklavenhandel in seinem Hoheitsgebiet
1884/85	Auf der Berliner Konferenz beginnen Großbritannien und Deutschland, ihre kolonialen Ansprüche in Ostafrika abzuklären. Das Gebiet der heutigen Staaten Uganda und Kenya wird zur britischen Einflußsphäre. Innerhalb der nächsten fünf Jahre ist die Aufteilung Ostafrikas durch Verträge festgelegt
1895	Die Kolonialzeit Ostafrikas beginnt. Kenya wird als British East Africa zum Protektorat
1896–1901	Bau der Uganda-Eisenbahn durch die Briten. Nairobi wird als Eisenbahnercamp gegründet
1920	Das britisch-ostafrikanische Protektorat wird zur Kolonie Kenya erklärt, der Küstenstreifen, der dem Sultan von Zanzibar gehört, als kenyanisches Protektorat der Schutzherrschaft der Briten unterstellt
1952–56	›Mau Mau‹-Aufstand
1963	Kenya wird unabhängig
1964	Kenya wird Republik; der erste Präsident ist Jomo Kenyatta
1978	Nach dem Tod Kenyattas wird Daniel arap Moi kenyanischer Präsident
1982	Ein Putschversuch der Luftwaffe wird vereitelt
1984	Verheerende Dürre im Norden des Landes

Die vor- und frühislamische Zeit

Bis ins vorige Jahrhundert existierte im Bewußtsein abendländischer Geschichtsschreibung nur ein kleiner Teil von Ostafrika, nämlich die Küste. Die im Westen unmittelbar anschließende Landschaft, eine Dornbuschsavanne mit vorherrschendem Commiphora-Akazienbestand (*nyika* genannt), bildete jahrhundertelang eine schier unüberwindliche natürliche Barriere und verhinderte den Zugang zum Binnenland. Der ostafrikanische Küstenstreifen hingegen nahm seit etwa dem 9. Jh. eine bedeutende Rolle im Handelsnetz des Indischen Ozeans ein, und seine Bewohner teilten zahlreiche zivilisatorische Errungenschaften mit den Völkern jenseits des Meeres. Araber, Perser und Inder ließen sich an der Küste nieder. Und die Städte, die dort entstanden, wurden reich durch den Handel mit Gold, das aus dem Süden des heutigen Zimbabwe kam.

Handelskontakte zwischen den Anrainerländern des Indischen Ozeans und des Roten Meeres müssen schon im Altertum bestanden haben, doch besitzen wir keine gesicherte Kunde darüber. Vielleicht war Ostafrika das sagenhafte Land Punt, in das die Ägypter seit dem 3. Jt. v. Chr. Handelsfahrten unternahmen. Und auch Ophir mag dort gelegen haben, das Land, aus dem die Königin von Saba unvorstellbare Schätze herbeischaffen ließ. Ferner wird im Buch der Könige berichtet, daß alle drei Jahre Schiffe von den levantinischen Hafenstädten Tharsis und Hiram nach Ophir fuhren und Gold, Silber, Elfenbein, Affen und Pfauen heimbrachten. Aus diesen Überlieferungen nährten sich bis in die Neuzeit die spekulativen Vorstellungen der Europäer über den sagenhaften Reichtum Ostafrikas. Auch noch Miltons monumentales Epos ›Paradise Lost‹ (1667) erwähnt die Städte Mombasa, Kilwa, Malindi und Sofala in diesem Sinne. Dort spricht der Engel Michael zu Adam:

> »nor could his eye not ken
> The empire of Negus to its utmost port;
> Ercoco and the less maritime kings,
> Mombasa and Qiloa and Melind,
> And Sofala, thought Ophir, to the realm
> of Congo and Angola further south.«

Die erste schriftliche Quelle zur Geographie Ostafrikas stammt aus dem 1. Jh. n. Chr. Es ist der Bericht eines griechischen Kaufmanns aus Alexandria über die Küstenschiffahrt des Erythräischen Meeres, ›Periplus maris erythraei‹, kurz Periplus (griech.: Umsegelung) genannt. Dort finden sich die Handelswege von den Häfen des Roten Meeres in den Indischen Ozean bis nach Zanzibar beschrieben. Schon damals existierten, wie der Kaufmann berichtet, entlang der Küste kleine, selbständige Stadtstaaten. So nennt er etwa die Pyralen-Inseln, die vielleicht mit dem Lamu-Archipel an der nordkenyanischen Küste identisch sind, oder eine Insel namens Menouthias, womit wahrscheinlich Zanzibar gemeint ist. Bereits in diesem Handbuch werden arabische Händler erwähnt, die von Südwestarabien nach Azanien – wie die Griechen Ostafrika damals nannten – kamen und sich dort niederließen.

Als Ptolemaeus von Alexandria im 2. Jh. n. Chr. seine Geographie der Welt verfaßte, bezog er sich in den Kapiteln über Ostafrika zum Teil auf den Periplus. In seinem Werk, das in den folgenden Jahrhunderten erweitert wurde und das Wissen der Spätantike über Ostafrika kompiliert, findet sich zum ersten Mal die arabische Bezeichnung *ranjabar*, Küste der Schwarzen. Diesen Namen verwendeten die arabischen Geographen bis ins Mittelalter für die Küste Ostafrikas.

Über den Besuch indonesischer Seefahrer in den ersten nachchristlichen Jahrhunderten besitzen wir keine schriftlichen Zeugnisse, doch sollen sie von Madagaskar aus zum ostafrikanischen Festland übergesetzt haben. Auf sie führt man das Auslegerboot zurück, das an der Küste südlich von Mombasa *ngalawa* genannt wird.

Da aus dem 1. Jt. unserer Zeitrechnung nur wenige schriftliche Dokumente über Ostafrika und seine Handelsbeziehungen im Indischen Ozean vorhanden sind und vor allem bis jetzt fast jegliche archäologische Spur dieser Periode im Küstenbereich fehlt, liegt der Schluß nahe, daß der Handel jener Zeit räumlich nicht allzu ausgedehnt war. Erst mit dem Beginn der Späten

Kilwa, eines der ältesten Handelszentren der ostafrikanischen Küste (Stich, 16. Jh.)

Eisenzeit Ende des 1. Jt. gibt es archäologische Zeugnisse und schriftliche Quellen, die auf den Goldabbau in Zimbabwe und auf Beziehungen zwischen dieser Region und der Küste hinweisen sowie auch überseeische Kontakte dokumentieren.

Mehr über Ostafrika erfahren wir von den arabischen Geschichtsschreibern des 9./10. Jh., der Zeit, in der sich die arabische Seeherrschaft im Indischen Ozean festigte. Elfenbein, Schildpatt, Leopardenfelle und vor allem Eisen sowie Mangrovenhölzer waren die Güter, die arabische Händler im Tausch gegen heimisches Glas und Baumwollstoffe aus Indien erwarben. Indirekte Handelsbeziehungen mit China – über arabische Kaufleute – sind seit dem 9. Jh. belegt. Zwar gab es nie chinesische Handelsniederlassungen in Ostafrika, doch gelangte in großer Menge Porzellan ins Land, wo es gegen das in China begehrte Elfenbein eingetauscht wurde. Das älteste Stück Porzellan, in Manda gefunden, stammt aus der Zeit der Tang-Dynastie (618–906 n. Chr.). Bis Ende des 15. Jh. sollte der China-Handel nicht abreißen, ja, er wurde sogar durch diplomatische Missionen intensiviert. So erfahren wir aus den Archiven des chinesischen Kaiserreichs, daß im Jahre 1415 Abgesandte vom Hofe Malindis ins Reich der Mitte kamen und dem Kaiser eine Giraffe mitbrachten.

Im Jahre 943 n. Chr. verfaßte der arabische Historiker und Reisende Al Masudi aus Baghdad einen Bericht über seine Fahrt in das Land der *zanj*, der Schwarzen, beschrieb die Handelszentren Zanzibar, Pemba und Kilwa und nannte als ihre Tauschgüter Elfenbein, Eisen und Sklaven. Der arabische Geograph Al Idrisi (1100–66) bereiste auch die weiter nördlich gelegenen

Städte Manisa (Mombasa) und Malindi, deren Reichtum er vor allem auf den blühenden Eisenhandel zurückführte.

Zunehmend geriet die ostafrikanische Küste in den Handelskreislauf des Indischen Ozeans. Bei Al Idrisi und im 13. Jh. bei Jakut, einem Reisenden griechischer Herkunft, lesen wir von den »Muslimen gemischten Blutes«, womit wohl die Swahili (›Küstenbewohner‹) gemeint waren. Vor allem Araber ließen sich im Laufe der folgenden Jahrhunderte an der Küste Ostafrikas nieder, und viele von ihnen heirateten Frauen des Landes. So entwickelte sich eine afrikanische Mischkultur, die bis heute von arabischen, aber auch persischen und indischen Elementen stark durchsetzt ist. Das Swahili, eine Bantu-Sprache mit großem arabischen Wortschatz, das zunächst in den Küstenstädten verwendet wurde und sich im 19. Jh. als Handelssprache auch entlang der Karawanenrouten im Binnenland verbreitete, ist wohl das anschaulichste Ergebnis jener Integration.

Bereits in den ersten aus Stein gebauten Städten gab es Moscheen. Sie dokumentieren, daß die Küstenbewohner sich zunehmend als Teil der *umma* verstanden, der umfassenden Gemeinde der islamischen Welt. Die frühesten Steinstädte, die man bisher kennt, sind Manda und Shanga im Lamu-Archipel. Ins 9. Jh. datiert man die Ruinen von Manda, die Neville Chittick 1966 ausgrub; Shanga auf Pate hingegen, das Marc Horton von 1980–87 freilegte, soll sogar bereits im 8. Jh. entstanden sein.

Die Blütezeit der Küstenkultur

Ihren Höhepunkt erreichte die Küstenkultur zwischen dem 12. und 15. Jh. Hier blühten reiche Stadtkulturen, die etwa Ibn Battuta Anfang des 14. Jh. beschrieb und die uns heute durch eine stetig zunehmende archäologische Dokumentation vor Augen geführt werden. Es waren jene drei Jahrhunderte vor dem Auftauchen der Portugiesen, in denen sich die arabisch-islamische Macht im Indischen Ozean vom Irak über Indien bis Indonesien hin gefestigt hatte und den Aufstieg der ostafrikanischen Städte zu Stadtstaaten begünstigte. Diese konnten bis zu 20 000 Einwohner zählen und eine Macht auf das unmittelbare Umland ausüben, die natürlich auch die Kontrolle der Handelswege mit einschloß.

Alle Stadtbewohner wurden verbunden durch die gemeinsame Religion, den Islam, und eine gemeinsame Sprache, das Swahili, das überall entlang der Küste in verschiedenen Dialekten gesprochen wurde. Die führende Bürgerschicht war auch des Arabischen mächtig. Arabisch als Sprache des Glaubens erfuhr stets besondere Zuwendung, und seine Beherrschung verlieh Prestige. Es spielte in den islamisierten Staaten jene Rolle, die das Latein im christianisierten Europa während des Mittelalters als Universalsprache innehatte.

Die Lebensmittel für den täglichen Bedarf – wie Sorghum, Hirse, Reis und Bananen – wurden in der Umgebung angepflanzt oder von Nachbarvölkern importiert. Der Reichtum der Küstenstädte jedoch basierte auf dem Handel, der zugleich ihre Existenzgrundlage bildete. Elfenbein, Amber und Sklaven – sowohl für die reichen Stadtbewohner als auch für den Export

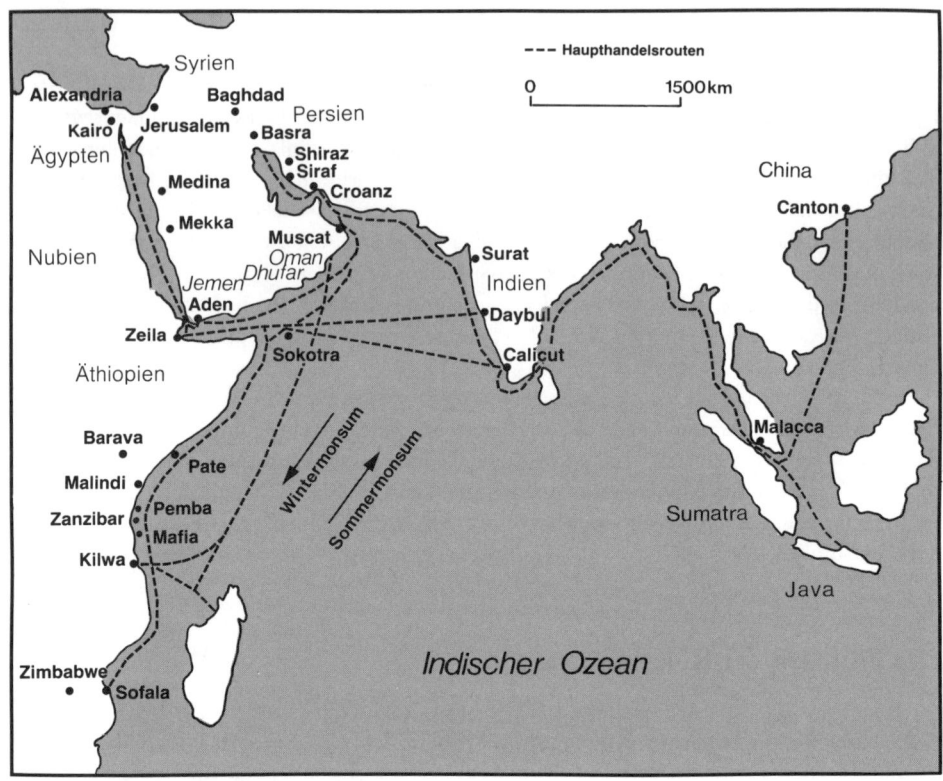

Handelswege im Indischen Ozean um 1200 n. Chr.

bestimmt – waren die Haupthandelsgüter; eingeführt wurden vor allem Gebrauchsgüter. Im 15. Jh. übertraf die Importmenge chinesischen Porzellans die des einfacheren persischen Geschirrs. Die edle Ware kam allerdings nicht auf direktem Weg aus China, sondern wurde in den Häfen der indischen Küste oder des Arabischen Golfs umgeladen. Zu den wichtigsten Zwischenhäfen zählte Cambay im heutigen indischen Bundesstaat Gujarat. Neben Glasperlen und Kaurimuscheln, die beide als Zahlungsmittel im Inneren Afrikas eine Rolle spielten, wurden vor allem Baumwoll- und Seidenstoffe importiert.

Mit der Zerstörung Baghdads durch die Mongolen (1258) verloren die Beziehungen Ostafrikas zu den Ländern am Arabischen Golf allmählich an Bedeutung. Und mit dem zunehmenden Einfluß Kairos orientierten sich die Küstenstädte mehr und mehr nach Süd- und Südwestarabien hin, nach den Ländern im Bereich der Handelsroute durch das Rote Meer. Diese Verbindungen aus der vorportugiesischen Zeit haben sich bis heute erhalten, was man am Kulturbestand wie auch an der ethnischen Struktur der Küstenstädte ablesen kann.

Die Architektur der frühen Swahili-Städte

Die knappen Berichte des Reisenden Ibn Battuta aus dem 14. Jh. über die Küstenstädte Mogadishu und Kilwa sowie die Beschreibungen der ersten Portugiesen, die an die Gestade Ostafrikas kamen, finden Bestätigung durch die archäologischen Zeugnisse aus jener Zeit: In den Bauten und Gebrauchsgegenständen der Küstenstädte manifestiert sich der Reichtum und luxuriöse Lebensstil, den vor allem die obere Gesellschaftsschicht genoß. Gewöhnliche Stadtbewohner lebten in Häusern aus Holz und Lehm, die mit Gras oder Palmblättern *(makuti)* gedeckt waren. Häuser und Paläste der Reichen aber, öffentliche Gebäude – wie Moscheen und Festungen – oder auch die Grabmale der Vornehmen wurden aus behauenem Korallenstein erbaut und mit Mörtel verfugt, den man aus gebranntem Korallenstein gewann. Manche Gebäude wiesen verputzte, mit Stukkaturen geschmückte Wände auf. Die Häuser der Oberschicht besaßen Fenster- und Wandnischen aus Korallenstein. Man nimmt an, daß persische und chinesische Vasen und Teller jene Nischen zierten.

In der Regel waren die Dächer der Gebäude flach. Die Dachbalken fertigte man aus dem für seine Härte bekannten Mangrovenholz und dichtete die Konstruktion von oben mit einer Lage Korallensteinen ab, über denen man Steinmörtel verstrich. Gelegentlich hob man die Bedeutung eines Gebäudes durch Gewölbe oder Kuppeln hervor, so etwa bei der Großen Moschee in Kilwa oder der Kongo-Moschee. Meistens jedoch verwandte man auch bei den Moscheen Flachdächer, die von einer oder mehreren Pfeilerreihen gestützt wurden. Neben der Jamia-Moschee (auch Große oder Freitagsmoschee genannt) gab es in den Städten eine Anzahl von kleineren Gebetshäusern, die reiche Familien aus Frömmigkeit stifteten.

Vielerorts an der Küste kann man alte Steingräber von unterschiedlichster Form sehen. Manchmal bestehen die Aufbauten aus einfachen Ummauerungen, die nach den Ecken zu treppenförmig ansteigen; andere haben über dem Grab ein Steinhäuschen mit Pyramidendach oder sargähnlicher, treppenförmiger Überbauung. Oft findet man an Grabmauerwerk oder Verputz Flächenornamente, die den Kerbschnitzarbeiten aus Holz sehr ähnlich sehen.

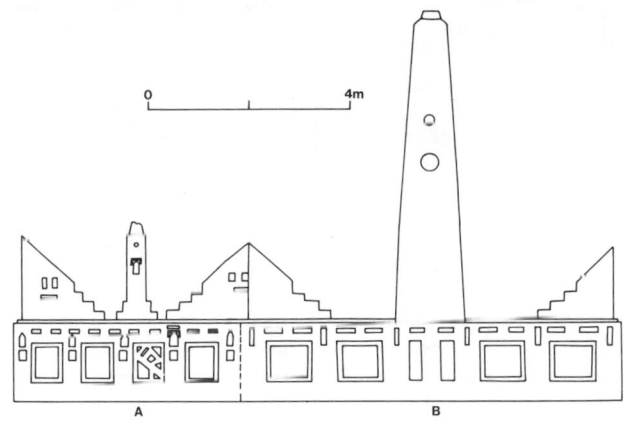

Großes und kleines
Säulengrab von Ishakani,
15./16. Jh.

Eine architektonische Besonderheit an der Nordküste Ostafrikas sind die Säulengrabmale des 14./15. Jh., die meist in der Nähe einer Moschee stehen. Die aus Bruchstein und Mörtel erbauten Stelen weisen einen runden oder polygonalen Querschnitt auf. Oft waren chinesische Porzellanteller als Schmuck in die äußere Putzschicht eingelassen. Die unterschiedliche Höhe der Säulen mag in Beziehung zum Ansehen des Grabinhabers und seiner Familie gestanden haben; einige Exemplare sind 8 m hoch.

Steingräber wie auch Stelen gehörten zu den Privilegien der reichen Bevölkerungsschichten; die Mehrzahl der Toten wurden in Erdlöchern bestattet, die lediglich durch ein Stück Holz oder einen Steinhaufen gekennzeichnet waren. Oft sind die Säulengräber mit den nichtislamischen Grabmalen der Konso in Südäthiopien in Beziehung gesetzt worden. Doch bestehen deren Grabpfosten stets aus Holz und überschreiten selten eine Höhe von 2 m. Andererseits war es von der späten Abbasiden-Zeit an durchaus üblich, über einem Grab säulen- oder pfeilerartige Gebilde zu errichten, und so erscheint das ostafrikanische Säulengrab nicht weniger islamisch als die gesamte Swahili-Architektur. Kleinere Exemplare aus dem 18. und 19. Jh. findet man übrigens noch auf alten Friedhöfen entlang der Küste.

In der Ruinenstadt
Gedi

Während Geisterglaube und Frömmigkeit verhinderten, daß Steine von zerfallenen Moscheen und alten Gräbern weggeschleppt und anderweitig verwendet wurden, sind die Mauern verlassener Siedlungen stark geplündert worden. Übrig blieben meist nur die Grundmauern. Eine sehenswerte Ausnahme ist Gedi, die Stadt aus dem 15. Jh. Zwar hat der wuchernde Urwald das Seine zur Zerstörung des Mauerwerks getan, doch haben die Steinräuber genügend übriggelassen, so daß der Besucher den Plan der Gesamtanlage noch optisch nachvollziehen kann.

In jenem Jahrhundert, das der Ankunft der Portugiesen vorausging, stieg die Zahl der steinernen Wohnhäuser sprunghaft an, was auf eine starke Bevölkerungszunahme schließen läßt. Ende des 15. Jh., als die Portugiesen an der ostafrikanischen Küste auftauchten, waren die wichtigsten städtischen Zentren Mombasa, Malindi und Lamu. Mombasa beispielsweise, noch 1331 von dem arabischen Reisenden Ibn Battuta als kleiner, unbedeutender Ort geschildert, hatte sich zu einer wichtigen Hafenstadt der Swahili-Küste entwickelt.

Viele Städte wurden von dynastischen Herrschern regiert, die arabische oder Bantu-Titel führten. In anderen wiederum – Lamu zum Beispiel – oblagen die Amtsgeschäfte einem Ältestenrat *(yumbe)*, von dessen Mitgliedern ein oder zwei den Titel *sheikh* trugen, gleichbedeutend mit der Würde des Stadtoberhaupts. Zu den wichtigsten Herrschaftsattributen zählten ein besonderer Stuhl und ein bis zu 2 m langes Zeremonialhorn, das von der Seite geblasen wurde. Die beiden wertvollsten erhaltenen *siwas,* ein Horn aus Elfenbein von Pate und ein Messingexemplar aus Lamu, stammen vom Ende des 17. oder Anfang des 18. Jh. Obwohl die ostafrikanischen Küstenstädte weitreichende wirtschaftliche, religiöse und kulturelle Bindungen mit anderen Staaten des westlichen Indischen Ozeans eingingen, waren sie von keiner fremden Macht abhängig, bis die Portugiesen kamen.

Die Portugiesen in Ostafrika (1498–1698)

Die Ankunft der Portugiesen an der ostafrikanischen Küste und im indischen Malabar brachte nachhaltige Veränderungen im gesamten Bereich des Indischen Ozeans. Die Portugiesen waren entschlossen, direkte Handelsbeziehungen mit Indien und dem Fernen Osten aufzunehmen und die Türkei, die den gesamten Handel aus dem Osten in die Mittelmeerländer kontrollierte, zu umgehen. Nach Umsegelung des Kaps der Guten Hoffnung gelang es ihnen, von Süden her an der ostafrikanischen Küste zu landen. Vasco da Gama war es, der am Hofe von Malindi willkommen geheißen wurde und hier jene unschätzbaren Informationen über den Seeweg nach Indien erhielt, durch die die Portugiesen endlich Calicut an der Westküste des Subkontinents (im Jahre 1498) erreichen konnten. Der arabische Steuermann, dem sie ihre sichere Landung in Indien verdankten, war kein anderer als der berühmte Ahmed bin Majid, dessen nautische Schriften uns bis auf den heutigen Tag überliefert sind. Vasco da Gamas Empfang in Malindi veranschaulicht folgender Bericht aus seinem Tagebuch:

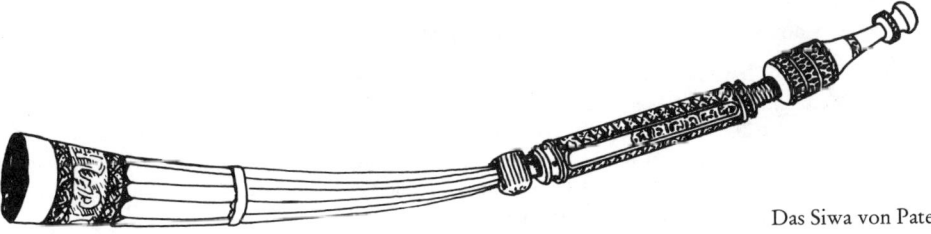

Das Siwa von Pate

37

Karavellenbau im portugiesischen Sagres. Die schnellen Segler gehörten zu den Grundlagen für Portugals Aufstieg zur Welthandelsmacht im 16. Jh.

»Der König war mit einem Kaftan aus roter Seide bekleidet, der grün gefüttert war. Er trug einen Turban. Ein alter würdiger Neger trug sein Schwert mit silberner Scheide. Der Stuhl, auf dem er saß, war mit Messing in schöner Arbeit verziert und mit seidenen Kissen bedeckt und von einem Schirm von roter Seide mit vergoldeter Stange beschattet. Zusammen mit dem König kamen zwanzig gutgekleidete junge Männer und dazu Musikanten, die auf Trompeten und mannsgroßen Elefantenzähnen ein Konzert machten, die das Mundloch in der Mitte hatten.«

Und über Malindi weiß das Tagebuch zu berichten:

»Wohlgebaute Häuser aus Stein, teilweise aus behauenem Stein, mit flachen Dächern und mit an der Längsseite vorgebauten, palmbedeckten Veranden lagen an regelmäßig gezogenen Straßen. Innen waren die Häuser hübsch bemalt. Der überwiegende Teil der Bevölkerung bestand aus Negern. Diese gingen nur mit einem schmalen Hüfttuch aus Baumwollstoff bekleidet. Unter ihnen wohnten als herrschende Klasse die Araber, von denen die Vornehmen viel Gewicht auf Äußerlichkeiten legten. Einen anderen Teil der Bevölkerung bildeten die Guseraten aus Kambaja in Indien, die besonders dem Handel nachgingen und

Gold aus Sofala, Amber, Elfenbein, Harz, Kopal und Wachs gegen Baumwollstoffe und anderes einhandelten und beim Kauf und Verkauf ihren Verdienst machten. Reichlich war die Stadt mit Getreide, Groß- und Kleinvieh, Hühnern und Wild versorgt.«

Dank ihrer Feuerwaffen und manövrierfähigen Segelschiffe beherrschten die Portugiesen bald die Gewässer des Indischen Ozeans. Sie besetzten Handelshäfen wie Diu (an der indischen West-küste) und eroberten strategisch wichtige Punkte wie Hormuz am Eingang zum Arabischen Golf oder die Insel Sokotra am Eingang zum Golf von Aden. Nichtportugiesische Schiffe mußten fortan Handelslizenzen erwerben und Zollabgaben leisten, wodurch die Portugiesen hofften, den arabischen Seehandel völlig zum Erliegen zu bringen. Dies gelang ihnen jedoch nie vollständig. Oftmals konnten die Kapitäne der arabischen *dhows* (Segelschiffe) sogar allen Formalitäten aus dem Wege gehen: So erreichten beispielsweise fernöstliche Gewürze Europa nicht nur über portugiesische, sondern auch arabische Händler.

Die Portugiesen überfielen die Städte entlang der Küste in unregelmäßigen Zeitabständen – und zwar vom Zambezi bis zur Benadir-Küste im heutigen Somalia. Sie forderten Verpflegung für ihre Mannschaft und Tribute im Namen der portugiesischen Krone. Zögerten die Stadt-bewohner oder weigerten sie sich, so wurde die ganze Siedlung verwüstet und gebrandschatzt. Neben vielen kleineren und unbedeutenden Städten fiel auf diese Weise Kilwa 1505 den Portugiesen zum Opfer; 1505 und 1528 sank Mombasa in Schutt und Asche. Hans Mayr, ein deutscher Reisender, der die portugiesische Flotte begleitete, berichtet folgendes darüber: »Die Stadt [Mombasa] wurde geplündert, Häuser durchsucht und die Türen mit Äxten aufgehauen. Eine Menge Baumwolltuch fand sich in der Stadt, das für Sofala bestimmt war, denn die ganze Küste bekommt Baumwolltuch von hier. Auch seidene und goldbestickte Stoffe und Teppiche erbeuteten die Portugiesen.« Wer nicht fliehen konnte, wurde niedergemetzelt.

Zwei Jahrhunderte politischer und militärischer Auseinandersetzungen folgten. Die Vielzahl von Stadtstaaten machte es den Portugiesen leicht, einen gegen den andern auszuspielen und sie gegeneinander aufzuhetzen. So nutzte etwa Francisco d'Almeida die Zwistigkeiten zwischen Mombasa und Malindi, um Mombasa einzunehmen, während Malindi zum Vasall der portu-giesischen Herren wurde – ganz nach dem Sprichwort jener Zeiten: »Jeder Feind Mombasas ist der Freund von Malindi.« Zweimal, 1585 und 1589, eilte der Türke Ali Bey mit einer kleinen Flotte von Südarabien aus den Muslimstaaten in ihrem Kampf gegen die ›Ungläubigen‹ zu Hilfe, doch blieben seine Versuche ohne Erfolg.

Im Lauf der nächsten Jahre errichteten die Portugiesen zahlreiche Stützpunkte an der Küste, um ihre Einflußsphäre zu festigen und den Seeweg nach Indien abzusichern. Zu den bedeutend-sten Festungen nördlich von Cap Delgado gehört Fort Jesus in Mombasa. Das Bollwerk wurde Ende des 16. Jh. im italienischen Stil errichtet, nach Plänen des italienischen Architekten und Ingenieurs J. Batista Cairato, dem zu jener Zeit führenden Baumeister der Portugiesen.

Die Anwesenheit der Portugiesen hatte einen allmählichen Verarmungsprozeß der Küsten-stadtstaaten zur Folge, hauptsächlich weil der gesamte Handel mit der Mozambique-Küste – man denke vor allem an das begehrte Gold vom Zambezi – nicht mehr seinen Weg die ost-afrikanische Küste entlang nach Norden nahm, sondern von den Portugiesen nach Europa umdirigiert wurde. Außerdem bedrohten im Norden die Galla und Segeju die Küstenstädte;

und vom Zambezi bis nach Malindi waren die Einfälle der Zimba von verheerender Wirkung. Erst bei Malindi konnten die Segeju die vordringenden Zimba aufhalten.

Eine regelrechte Kolonisierung seitens der Portugiesen hat nördlich von Mozambique jedoch niemals stattgefunden. Selbst die Garnison ihrer bedeutendsten Festung, Fort Jesus, war nicht sonderlich groß. Meist unterhielten sie kleine Agenturen in den größeren Handelszentren wie Mombasa oder Malindi oder setzten Verwaltungsposten ein, die Handelslizenzen für nichtportugiesische Kaufleute ausstellten. Trotz der militärischen Präsenz der Portugiesen und ihrer Kontrollmaßnahmen rissen die altgeknüpften Handelsbeziehungen der Swahili mit Arabien und Indien nie ganz ab; chinesisches Porzellan und indische Stoffe erreichten wie eh und je auf arabischen oder indischen Schiffen die ostafrikanische Küste, und auch die Einwanderer aus Südarabien scheinen von den portugiesischen Restriktionen nicht sonderlich beeindruckt gewesen zu sein. Ein wesentlicher Grund für die mangelnde Durchsetzungskraft der Hegemonialmacht dürfte darin gelegen haben, daß das mächtige Mogadishu in Somalia nie den Portugiesen untertan war und die ›Ungläubigen aus dem Süden‹ in Schach zu halten wußte.

Ebenso gering wie der politische war auch der kulturelle Einfluß der Portugiesen auf die Küstenregion; viel eher trugen sie kulturelle Isolation und wirtschaftliche Stagnation in die

Francisco d'Almeida

Vasco da Gama

besetzten Städte. Nach zahlreichen militärischen Auseinandersetzungen, vornehmlich mit den Omani, wurden die Portugiesen 1729 endgültig von der Swahili-Küste vertrieben und zogen sich auf ihre Stützpunkte in Mozambique zurück.

Der Aufstieg der Omani an der Swahili-Küste (18. Jahrhundert)

Mit dem Auftreten der Holländer und Engländer in der zweiten Hälfte des 17. Jh. nahm Portugals Vormachtstellung im Indischen Ozean allmählich ab. Und durch die aufstrebende Yarubi-Dynastie in Oman verlor es vollends die Kontrolle im nordwestlichen Teil des Indischen Ozeans. Die Omani unterstützten die Revolte gegen die Portugiesen an der ostafrikanischen Küste nach Kräften; Pate wurde zum Zentrum der Opposition. Doch der Versuch Omans, Garnisonen und Statthalter *(liwali)* entlang der Küste einzusetzen, stieß auf den erbitterten Widerstand der Swahili-Städte, die, wie auch schon während der Portugiesenzeit, ihre Unabhängigkeit meist erfolgreich zu verteidigen wußten. Nur in eingeschränktem Maße gelang es Oman daher zunächst, politischen Einfluß auszuüben, vor allem mittelbar über die in Mombasa ansässige Familie der Mazrui, die ursprünglich selbst aus Oman stammte.

Unter der Herrschaft der mächtigen Mazrui dominierte Mombasa bis Ende des 18. Jh. die meisten Städte der nördlichen Küste. Im Jahre 1746, unmittelbar nach dem Sturz der Yarubi-Dynastie, erklärten die Mazrui ihre Unabhängigkeit von Oman, und Mombasa stieg zur mächtigsten Stadt der Swahili-Küste auf. Es verbündete sich mit seinem langjährigen Rivalen, Pate – eine Allianz, die erst 1812 zerbrechen sollte, als die Streitkräfte beider Städte die Schlacht gegen Lamu und dessen mächtigen Protektor Sayyid Said verloren.

Mit Beginn des 18. Jh. lebten die alten Traditionen wieder auf, vor allem in den Gebieten, in denen der Widerstand gegen die Portugiesen erfolgreich gewesen war. Dies traf besonders auf den nördlichen Teil der ostafrikanischen Küste zu, der heute zu Kenya gehört. In Mombasa, Pate und ganz besonders in Lamu erlebte die Swahili-Kultur und -Sprache eine Renaissance. Die Lage der Städte an den Kreuzungspunkten von Binnen- und Seehandel wirkte sich überaus günstig auf deren Handelsaktivitäten aus und verhalf ihnen zu neuem Wohlstand und Wachstum. Zahlreiche Inschriften an den steinernen Häusern und Palästen von Pate, Takwa, Faza, Siyu und Kitao bestätigen diese Entwicklung, und der Reichtum Pates war schon sprichwörtlich: So erzählt man sich, daß die Vornehmen der Stadt auf silbernen Leitern in Betten aus Elfenbein gestiegen sein sollen.

Auch kulturell gesehen war das 18. Jh. eine Blütezeit, in der die Schnitzkunst und vor allem die Swahili-Lyrik zu neuen, verfeinerten Formen gelangten. Zahlreiche neue Bauten entstanden in dieser Epoche; zu den berühmtesten gehört der Palast in Pate. Zerfallene Moscheen wurden restauriert, neue gebaut und ein Teil jener Steingräber, die man oft in der Nähe vorportugiesischer Moscheen und Friedhöfe findet, instand gesetzt. Die Erweiterung und Restauration der alten Städte ging mit einer Vielzahl von Neugründungen einher, ein Prozeß, der bis ins folgende Jahrhundert anhalten sollte.

Die Blütezeit der Swahili-Lyrik

Maßgebliche Impulse auf die Dichtkunst des beginnenden 18. Jh. gingen von Lamu aus. Lebensgeschichten von Heiligen und Helden wurden in Versform gefaßt, die kriegerischen Taten der Herrscher verherrlicht. Äußerst beliebt waren damals bereits die *maulidi* (wörtlich: Geburtstag), Gedichte, die heute noch am Geburtstag des Propheten rezitiert werden und die gesamte Lebensgeschichte von Mohammed erzählen. Maulidi-Rezitationen finden meist am Abend im Freien statt und haben Volksfestcharakter; sie können aber auch in einer Moschee abgehalten werden. Zum bekanntesten Maulidi-Fest, dem von Lamu, strömen alljährlich Tausende von Menschen aus dem gesamten Küstenbereich zusammen.

Eines der berühmtesten Epen der Swahili-Dichtkunst ist das 80 Verse umfassende Heldengedicht ›Inkishafi‹, das zwischen 1810 und 1820 in Pate von einem Dichter namens Sayid Abdallah geschrieben wurde. Der verblaßte Glanz Pates wird hier zum Anlaß genommen, den Hörer an die Vergänglichkeit irdischer Güter zu erinnern und ihn zu ermahnen, nach den ewigen Werten des rechten Glaubens zu streben:

Nyumba zao mbake zikinawiri
kwa taa za kowa na za sufuri'
makiku yakele kama nahari
haiba na jaha iwazingiye

Wapa, biye sini ya kuteuwa
na kula kikombe kinakishiwa
kati watiziye kuzi na kowa
katika mapambo yanawiriye . . .

Ukwasi ungapo na tafakhuri
wakanakiliwa ili safari
washukiye nyumba zu makaburi
fusi na fusize liwafusiye

Nyumba zao mbaka ziwele tame
makinda ya popo iyu wengeme
husikii hisi wala ukeme
zitanda matandu walitandiye

Madaka ya nyumba ya zisahani
sasa walaliye wana wa nyuni
bumu hukoromoa kati numbani
zisije na kotwe waikaliye.

Inhaltsangabe:
»Kristall- und Messinglampen erhellten ihre Häuser und machten die Nächte zum Tag. Sie schmückten ihre Häuser mit erlesenem Porzellan, und inmitten von gravierten Trinkgefäßen standen kristallene Krüge.

> Obwohl Reichtum sich rühmen kann, hat alles ein Ende. In reichen Gräbern wurden sie bestattet und wurden doch zu Erde.
> Ihre erleuchteten Häuser sind heute unbewohnt. Fledermäuse hängen von der Decke, man hört weder Flüstern noch lautes Rufen, und die Spinnen krabbeln über ihre Schlafstellen.
> Wo einst Porzellan in den Nischen stand, bauen jetzt Vögel ihre Nester. Eulen schreien in den Gemäuern, und Vögel sind ihre Gäste.«
>
> Wann die Swahili den Gebrauch der arabischen Schrift für ihre eigene Sprache eingeführt haben, ist nicht bekannt. Aber wahrscheinlich geschah dies schon vor Ankunft der Portugiesen, als der Islam festen Fuß gefaßt hatte. Das früheste überlieferte Beispiel für Swahili-Literatur ist das ›Utendi wa Tambuka‹, das 1728 für den König von Pate verfaßt wurde (Abb. 59).

Noch zu Beginn des 19. Jh. unterhielten die Küstenstädte so gut wie keine Beziehungen zu den Völkern des Landesinnern, obwohl die meisten Handelsgüter von dort stammten. Die Küstenkultur übte bis dahin auch keinen nennenswerten Einfluß auf die Entwicklung des Hinterlandes aus. Dies sollte sich erst ändern, als die Busaidi-Dynastie in Ostafrika Fuß faßte und unter ihrer Herrschaft arabische und Swahili-Kaufleute ihre Handelsbeziehungen mit dem Hinterland ausbauten und festigten.

Sayyid Said und das 19. Jahrhundert

1806 kam in Oman Sayyid Said bin Sultan – damals erst 15jährig – an die Macht, nachdem er seinen Vetter Badr bin Seif, der ihm die Thronfolge streitig machen wollte, hatte ermorden lassen. Said gehörte dem Clan der Busaidi an und war *imam* von Muscat und Oman. Während seiner langen Regentschaft entstand ein neues Handelsimperium im westlichen Indischen Ozean, das auf dem Höhepunkt seiner Macht die gesamte Küste des heutigen Kenya und Tanzania mit einschloß. Sklaven – vor allem aus dem südöstlichen Afrika – und Gewürznelken von Zanzibar bildeten neben Elfenbein die wichtigsten Exportguter. Die Gewürznelken hatte Sayyid Said erstmals von den Molukken nach Ostafrika eingeführt und große Plantagen, hauptsächlich auf Zanzibar und Pemba, angelegt. Der planvolle Anbau hatte zur Folge, daß die Gewürznelken bald zum drittwichtigsten Ausfuhrgut des Sultanats wurden.

Für die steigende Zahl von Plantagen benötigten die Küstenstädte in erhöhtem Maße Arbeitskräfte, die das Umland allein nicht stellen konnte. Und so wurden immer mehr Sklaven aus dem Inneren Afrikas auch in des Sultans Hoheitsgebieten eingesetzt. Bei allem Ungemach stellte es für diese Sklaven immer noch das kleinste Übel dar, wenn sie an der Küste gekauft und

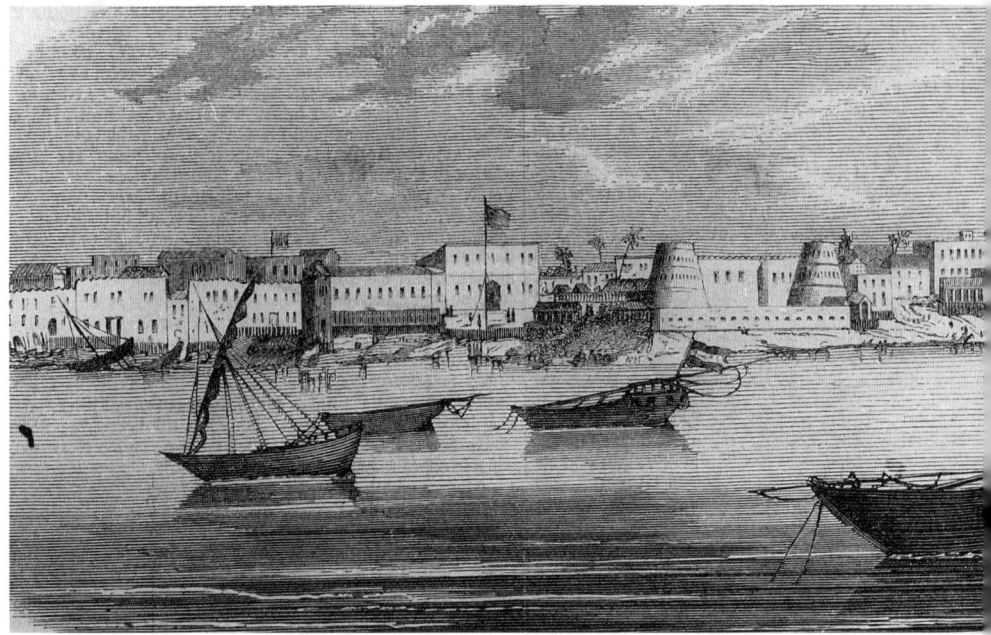

Die Stadt Zanzibar um 1860. Stich von Quaas

im Haushalt oder auf den Plantagen beschäftigt wurden. Dort waren sie nicht ohne Rechte; sie durften ihre eigenen Hütten bauen und erhielten ein Stück Land, das sie für den Eigenbedarf bestellten. Anderenfalls – und dies war das Schicksal von zwei Dritteln der aus dem Inland herangeschafften Sklaven – stand ihnen eine qualvolle und entbehrungsreiche Fahrt auf überfüllten Schiffen ins Unbekannte bevor.

1840, 16 Jahre vor seinem Tode, übersiedelte Sayyid Said mit seinem ganzen Hofstaat endgültig nach Zanzibar. Einerseits wollte er dadurch die Kontrolle über die Küste verstärken, andererseits dürften aber auch das milde Klima und die Fruchtbarkeit des Küstenstreifens zu seiner Entscheidung beigetragen haben. Sayyid Said hatte im Lauf der Jahre viele indische Händler zu sich geholt und auch die Niederlassung indischer Siedler in Ostafrika gefördert. Die Inder sollten den wirtschaftlichen Aufschwung des arabischen Handelsimperiums maßgeblich prägen. Sie gaben Kredite für Sklaven- und Elfenbeinexpeditionen und kontrollierten Export und Import des Sultanats. Die uneinheitlichen Zollsysteme der Swahili-Städte hatte Sayyid Said abgeschafft. Außerdem verbot er den Zoll auf Exportgüter – ausgenommen auf Sklaven – und ordnete eine einheitliche Einfuhrabgabe von 5% des Warenwerts an.

Zu den damals gültigen Zahlungsmitteln gehörte der Maria-Theresien-Taler, die stempelgleiche Nachahmung eines Geldstücks, das im Jahre 1780 in der Münzstätte Günzburg erstmals geprägt worden war (Abb. 13). Die Silbermünze hieß in Österreich auch Levantiner, da sie vor-

nehmlich für den österreichischen Levante-Handel bestimmt war. Im gesamten Raum des westlichen Indischen Ozeans und in den Ländern am Roten Meer erfreute sich der Taler großer Beliebtheit wegen seines hohen Silbergehalts und wurde bis in die jüngste Zeit hinein, speziell für südarabische Staaten, in Österreich geprägt. An der ostafrikanischen Küste wird der Maria-Theresien-Taler heute noch oft als Schmuckstück getragen.

1828 erbrachten die Zolleinnahmen in Sayyid Saids ostafrikanischen Besitzungen 35 000 Maria-Theresien-Taler; 1833 hatte sich diese Summe schon mehr als verdoppelt. Die Handelsbeziehungen nahmen im Lauf der Zeit immer mehr zu, und Schiffe vieler Nationalitäten liefen den Hafen von Zanzibar an. 1867 exportierte das Sultanat Elfenbein im Wert von 663 500, Nelken im Wert von 321 000 und Kopal, Kaurimuscheln und Sesam im Wert von 100 000 Theresien-Talern; hinzu kamen hohe Einnahmen aus dem Verkauf von Sklaven. Allein aus dem Zoll auf den Menschenhandel flossen riesige Summen in die Kasse des Sultans; 1845 waren es etwa 10 000 englische Pfund, 1871 bereits das Doppelte. Wenngleich sich Sayyid Saids direkte Macht auf Zanzibar und den gegenüberliegenden Küstenstreifen beschränkte, so reichte sein Einfluß, zumindest nach 1830, bis weit ins Landesinnere – daher die Redensart: »Wenn du in Zanzibar pfeifst, tanzen sie an den Seen.«

Solange die Küstenstädte die Oberhoheit Sayyid Saids anerkannten, belohnte er sie mit weitgehenden Autonomiezugeständnissen; Auflehnung hingegen unterdrückte er mit militärischer Gewalt, etwa im Falle Mombasas. Die Stadt kämpfte lange und verbissen um ihre Unabhängigkeit, bat auch um Protektion bei der britischen Regierung in Bombay (die vorübergehend gewährt wurde und von 1824–26 das erste britische Protektorat in Ostafrika bewirkte), mußte sich jedoch 1828 Sayyid Said ergeben; Fort Jesus wurde unblutig eingenommen.

Mombasa entwickelte sich vor allem in den 40er Jahren des letzten Jahrhunderts zu einem wichtigen Umschlagplatz für den Elfenbeinhandel. Man kaufte das ›weiße Gold‹ von den Kamba und Chagga, die als Zwischenhändler zu den entlegenen Teilen des Landesinneren fungierten. Umgekehrt brachten sie Baumwollstoff, Messingdraht und Perlen von Mombasa ins Landesinnere. Aus dem unmittelbaren Küstenhinterland *(nyika)* exportierte die Stadt auch Rhinozeroshorn und Kopal, der wichtigste Ausfuhrartikel jedoch waren Elefantenstoßzähne, deren Menge Mitte des 19. Jh. bei 70 t jährlich lag.

Die Herrscher der Busaidi-Periode

Sultane von Zanzibar:

Sayyid Said bin Sultan	1806–56
Sayyid Majid bin Said	1856–70
Sayyid Barghash bin Said	1870–88
Sayyid Khalifa bin Said	1888–90
Sayyid Ali bin Said	1890–93
Sayyid Hamid bin Thuwain	1893–96
Sayyid Khalid bin Barghash	1896 (nur drei Tage)
Sayyid Hamoud bin Muhammad	1896–1902
Sayyid Ali bin Hamoud	1902–11 (abgedankt)
Sayyid Khalifa bin Harub bin Thuwain	1911–59
Sayyid Jamshid bin Abdullah bin Khalifa	1959–64

Liwalis (Statthalter) in Mombasa:

Ali bin Nassor (1)	1837–45 (in Siwi ermordet)
Ali bin Nassor (2)	1870–72
Rashid bin Ali al Mandhry	1872
Salim bin Khalfan	1874–1920
Sir Ali bin Salim	1920–22
(auch *liwali* der Küste von 1922–31)	
Mohamed bin Ali	1931–36
Sir Mbarak bin Ali Hinawy	1936–41
(auch *liwali* der Küste von 1941–59)	
Salim bin Mohamed Muhashamy	1959–64
(auch *liwali* der Küste von 1959–64)	

Zur Verwaltung der Städte pflegte Sayyid Said für gewöhnlich einen Statthalter zu entsenden, der mit einigen Beamten und einer kleinen Garnison die Interessen Zanzibars wahrte. Die Soldaten, die vor allem zum Schutz des Statthalters und der Beamten eingesetzt waren, kamen größtenteils aus Baluchistan, und bis heute bewohnen ihre Nachfahren noch vorwiegend jene Stadtteile, die der ehemaligen Garnison am nächsten liegen.

Nördlich von Pate besaß der Sultan von Zanzibar keinen nennenswerten Einfluß mehr, ja, Siyu auf der Pate-Insel gelang es sogar, während der Busaidi-Herrschaft unabhängig zu bleiben. Auch Brava und Mogadishu, die beiden größten Städte der Benadir-Küste, lagen außerhalb des Omani-Handelsnetzes. Hier befanden sich die letzten großen Baumwollspinnereien und -webereien Ostafrikas, die indische Rohbaumwolle verspannen und das Tuch bis nach Kairo und Zanzibar verkauften. Selbst 1850, als billige, maschinell gefertigte Ware aus Massachusetts den lokalen Tuchhandel zu zerstören begann, fertigte Mogadishu noch 300 000 Längen Stoff. Doch immer mehr eroberte das amerikanische Tuch die Märkte im Landesinneren. Die Swahili nannten es *merikani*, und noch heute hört man gelegentlich diese Bezeichnung, wenn von Baumwolltuch die Rede ist.

Außenpolitisch hatte Sayyid Said in den ersten Jahren seiner Regentschaft einen Zickzackkurs zwischen den beiden rivalisierenden Seemächten im Indischen Ozean, Großbritannien und Frankreich, verfolgt, den er erst nach der Schlacht von Waterloo (1815) zugunsten Großbritanniens aufgab. Frankreich blieb jedoch noch lange Zanzibars bedeutendster Handelspartner für Sklaven, die es in großer Zahl für seine Kolonien im Indischen Ozean kaufte. Erst in der zweiten Hälfte des 19. Jh. begannen sich die Briten ernsthaft für Ostafrika zu interessieren, nachdem es mehr und mehr durch Forscher und Missionare bekannt geworden war.

Sultan Sayyid Said

Der Karawanenhandel

Mit dem vorkolonialen Ostafrika verbindet man zum einen die Küstenstädte, die jahrhundertelang zu den Stadtkulturen der islamischen Welt zählten und eine wichtige Rolle im Handelsnetz des Indischen Ozeans spielten, und zum anderen den Westen des Landes mit den nomadisierenden Viehzüchtern der großen, offenen Grasländer und mit den fruchtbaren Landstrichen, die mächtige Königreiche hervorbrachten. Auch hat man die Bilder langer Karawanen vor Augen, die über Hunderte von Kilometern Stoffballen, Säcke voller Perlen oder andere begehrte Güter ins Landesinnere transportierten oder umgekehrt Elfenbein an die Küste brachten und so zu Mittlern zwischen den orientalisierten Städten und dem ländlichen Innerafrika wurden. Dieser jahrhundertealte Karawanenhandel der Araber und Swahili ging Hand in Hand mit dem Lokalhandel des Binnenlandes. Dieser wiederum bestand aus kleineren Handelsnetzen, über die vornehmlich Vieh, Nahrungsmittel, Eisen und Salz zwischen den einzelnen Stämmen getauscht wurden. Vor allem von den Yao im Süden Ostafrikas weiß man, daß sie das Handelsmonopol für Elfenbein und Sklaven spätestens seit dem 17. Jh. innehatten und sowohl die Portugiesen in Mozambique als auch die Swahili-Herrscher von Kilwa belieferten. An der nördlichen Swahili-

Elfenbeinträger

Küste hingegen beschränkten sich die Handelsverbindungen zum Hinterland lange Zeit auf das unmittelbare Umland der Küstenstädte, da zum einen die wenigen Flüsse schlecht schiffbar waren und zum zweiten Sümpfe oder Wüste dem Erkundungsdrang natürliche Grenzen setzten.

Bis Ende des 18./Anfang des 19. Jh. änderte sich an der althergebrachten Handelssituation so gut wie nichts, und ein direkter Kontakt der Hafenstädte des heutigen Tanzania und Kenya mit Innerafrika kam nicht zustande. Elfenbein und andere Güter – auch Sklaven – wurden nachweislich seit dem 9. Jh. in den Arabischen Golf exportiert; doch verglichen mit dem 19. Jh. nahmen sich die Zahlen gering aus. Das große Geschäft mit dem ›schwarzen und weißen Elfenbein‹ begann erst mit der Ankunft Sayyid Saids in Ostafrika und dem Aufstieg des Sultanats Zanzibar zu einer Handelsmacht. Ein neuer Abschnitt der ostafrikanischen Geschichte wurde damit eingeleitet, in dessen Verlauf auch das Landesinnere allmählich in das Welthandelsnetz integriert wurde.

Der politischen Bedeutung Zanzibars trugen als erste die Amerikaner Rechnung, indem sie 1836 ein Konsulat auf der Insel einrichteten. 1840 folgten die Briten ihrem Beispiel. Der ständig wachsende weltweite Bedarf an Elfenbein und die steigende Nachfrage arabischer und europäischer Sklavenhändler nach Menschenware gaben Anreiz zur Ausbeutung bislang unbekannter Regionen. Allein auf dem Sklavenmarkt von Zanzibar sollen 1840 zwischen 40 000 und 45 000 Menschen pro Jahr gehandelt worden sein; 1860 war ihre Zahl auf schätzungsweise 60 000 pro Jahr angestiegen! Am meisten hatten die Völker der südlichen Landesteile unter den Folgen der Versklavung zu leiden: Ihre Dörfer wurden zerstört, die alten und kranken Bewohner ermordet, die Arbeitsfähigen an die Küste verschleppt. Wer den strapaziösen Marsch lebend überstand, auf den wartete meist die Verschiffung in den überfüllten *dhows* der Händler – eine Prozedur, die ebenfalls viele Menschen nicht überlebten.

Gegenüber von Zanzibar auf dem Festland entstanden neue Ortschaften wie Bagamoyo oder Daressalaam, von denen aus sich die Karawanen in Marsch setzten. Araber und Swahili dehnten nun selbst ihre Handelswege ins Landesinnere aus und tauschten Elfenbein gegen Perlen, Kaurimuscheln, indische und amerikanische Stoffe oder gegen Feuerwaffen und andere Fertigprodukte. Durch das Pangani-Tal gelangten sie zu den Chagga am Kilimanjaro, und um 1830 waren sie – jeden Widerstand mit ihren überlegenen Feuerwaffen brechend – bis zum Tanganyika-See vorgedrungen. Die Karawanenroute wurde von Stützpunkten gesichert, von denen manche, wie Dodoma, Tabora oder Ujiji, zu größeren Handelsniederlassungen aufstiegen. Die

1 Blick ins Rift Valley von den Ngong Hills

2 Galeriewald an einem Wasserlauf im Nairobi National Park

3 Kandelaber-Euphorbie

4 Fourteen Falls am Athi River

5 Dhows am Alten Hafen von Mombasa

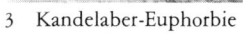

6 Mbaraki Pillar in Mombasa
8 Innenraum einer Swahili-Moschee, 19. Jh. (Bwana
   Hemed Wa Shehe-Moschee, Mombasa)

7 Portikus mit Tropfenbogen, 16. Jh. (Mandhry-
   Moschee, Mombasa)
9 Tangana-Moschee, Mombasa (spätes 16. Jh.)

10 Arabischer Segler (Boom) am Alten Hafen von Mombasa

11 Blick auf die Altstadt von Mombasa (um 1900)

12 Sayyid Barghash bin Said, Sultan von Zanzibar (1870–88)

13 Maria-Theresien-Taler, einst Zahlungsmittel, heute Schmuckstück

14 Maske der vornehmen Araberin (2. Hälfte 19. Jh.)

15 Vornehme Swahili (2. Hälfte 19. Jh.)

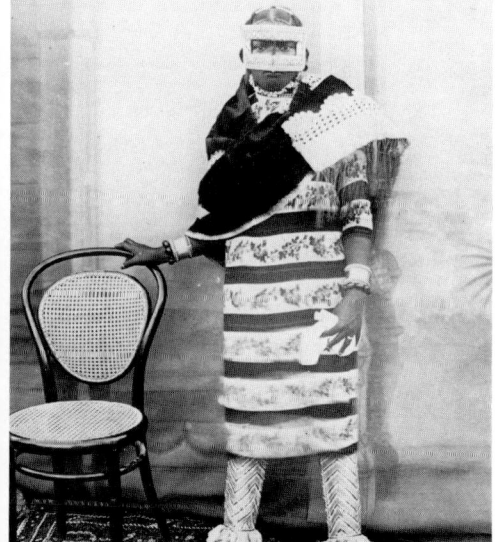

16 Statthalter des Sultans von Zanzibar in typischer Omani-Kleidung (2. Hälfte 19. Jh.)

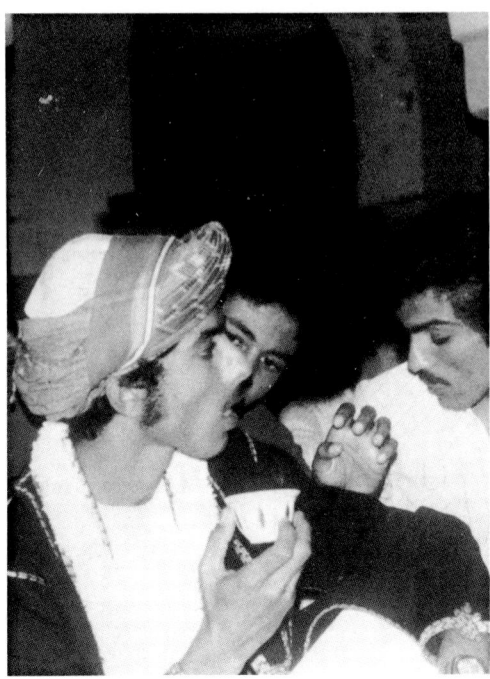

17, 18 Swahili-Hochzeit in Mombasa: Schwertübergabe an den Bräutigam; Kaffeeumtrunk nach Unterzeichnung des Hochzeitsvertrages
19 Umzug der Frauen an Maulidi, dem Geburtstag des Propheten

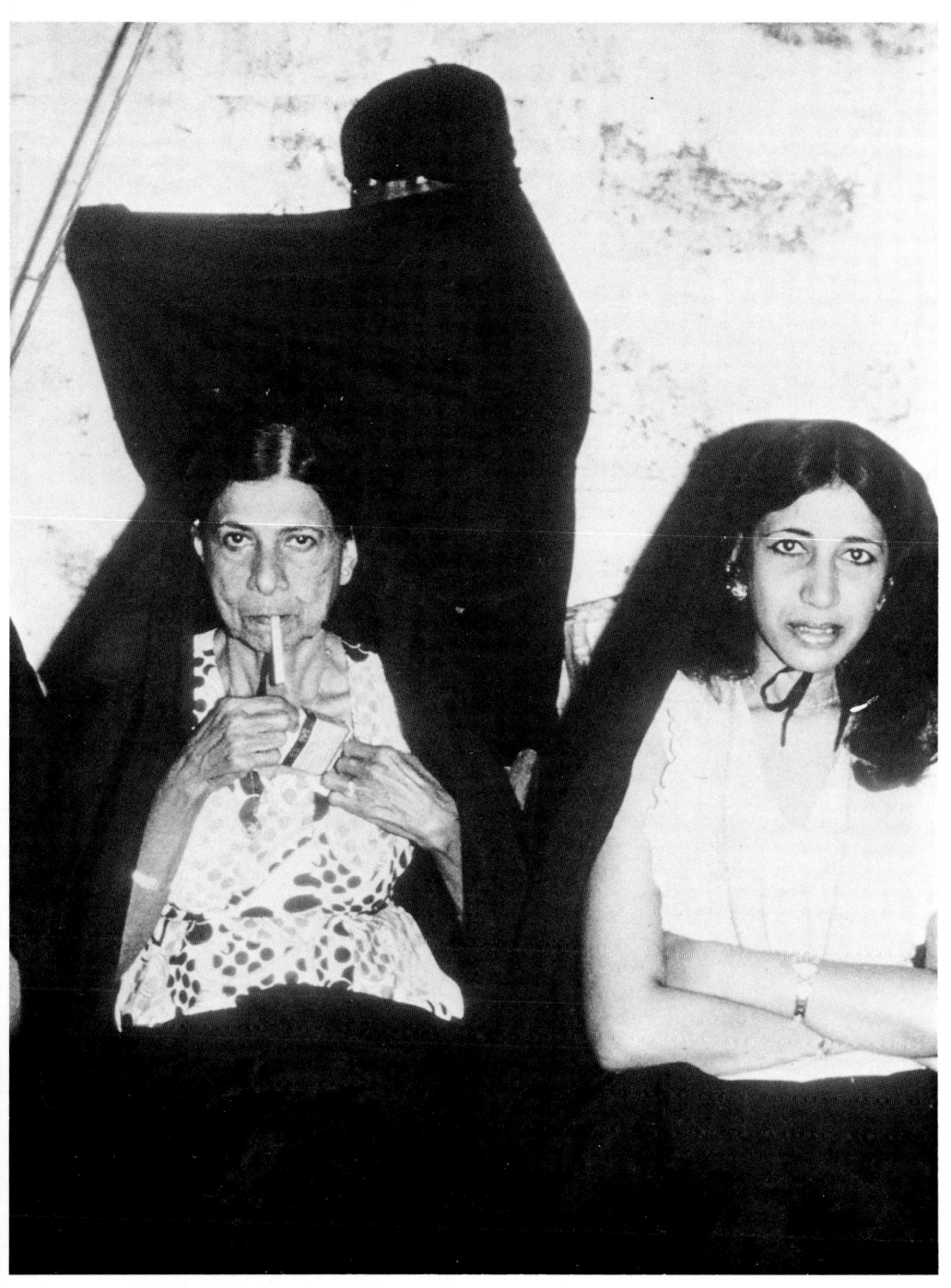

20 Frauengesellschaft einer Hochzeitsveranstaltung (Mombasa)

21 Eingangstor zum Fort Jesus (Mombasa)   22 Wachtturm (Fort Jesus)

23 Gouverneurshaus (Fort Jesus)

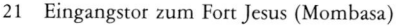

24 Beobachtungsturm, von dem aus die Residenz des
   Sheikh im Auge behalten werden konnte
26 Holzvorbauten im Zanzibar-Stil (Mombasa)

25 Portugiesisches Brunnenhäuschen gegenüber
   der Mandhry-Moschee (Mombasa)
27 Fadenkreuz gegen böse Geister

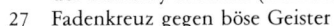

28 In der Altstadt von Mombasa

29 Bohra-Gräber in der Nähe des Alten Hafens von Mombasa

30 Alter Friedhof von Gandini (Mombasa)

31   Limonen an Deck einer persischen Dhow

32   Hängendes Plumpsklo am Heck der großen Segler

33 Polytechnikum im sogenannten arabischen Stil (Mombasa)

34 Eingangstor zu einer Schule, Mitte 20. Jh. (Mombasa)

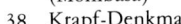

35 Hindu-Tempel (Mombasa)

36 Holztür mit halbkreisförmiger Supraporte
    (Mombasa)

37 Das Grab von Frau Krapf und ihrer Tochter

38 Krapf-Denkmal

Kunde von wohlhabenden Königreichen im Landesinneren, wie Karagwe oder Buganda, ließ die Händler ins Unbekannte vorstoßen. Noch weiter nach Westen, bis in den Kongo hinein, reichte das Handelsreich des berühmten Tippu Tip, dessen Raubzüge ihren Ausgang von Ujiji nahmen. Mombasa und die nördliche Swahili-Küste mit ihren Karawanenrouten durch Unyamwezi, Maasai- und Kamba-Land dienten mehr als Umschlagplatz für das begehrte Elfenbein, obwohl auch Sklaven, vornehmlich aus dem Pangani-Tal, für den heimischen Bedarf, etwa Haus- und Plantagenbewirtschaftung, oder zum Weiterverkauf im Nyika-Land gehandelt wurden.

Bei dem weitreichenden Karawanenhandel mit dem Landesinneren bedienten sich die Küstenbewohner auch der Mithilfe ortsansässiger Völker. So nahmen im kenyanischen Raum beispielsweise die Kamba eine wichtige Mittlerolle ein und schafften als Großwildjäger, Träger oder Händler Elfenbein herbei, das sie an die Mijikenda weiterverkauften. Erst durch letztere gelangte es dann für gewöhnlich nach Mombasa in die Hände der Araber.

Die Handelswege von Mombasa und Malindi ins Landesinnere erlangten jedoch nie die Bedeutung der südlicher gelegenen Karawanenrouten durch Tanzania. Dies lag teilweise an der schweren Passierbarkeit des Nyika-Landes, aber auch an den häufigen kriegerischen Auseinandersetzungen mit den Maasai, die selbst keinen Handel trieben, jedoch die Karawanenwege vom Landesinneren nach Mombasa kontrollierten und Wegzoll verlangten. Es entstanden

Sklavenmarkt in Zanzibar

kleine Karawanenzentren wie Kitui im Kamba-Gebiet oder Mumias im Westen Kenyas, das damals zum Einflußbereich Bugandas gehörte. Beide Orte hatten geographisch wichtige Schlüsselpositionen inne, denn von hier gingen die Elfenbeinexpeditionen nach Norden aus, und Mumias lag überdies an der Westroute zu den Königreichen Ugandas. Doch besaßen sie längst nicht die Macht von Tabora oder Ujiji, die im Laufe des 19. Jh. zu regelrechten Stützpunkten des Binnenhandels ausgebaut worden waren.

Der wachsende Karawanenhandel blieb nicht ohne Auswirkungen auf die wirtschaftlichen, sozialen und politischen Organisationen der Inlandbewohner. Da sich die Träger einer Karawane über große Entfernungen hinweg selbst verpflegen mußten, handelten sie gewöhnlich auch lokale Erzeugnisse von Stammesgebiet zu Stammesgebiet, um dadurch ihren Proviant zu sichern. Auf diese Weise wurden alte Formen des Tausches intensiviert und wichtige Güter wie Eisen und Salz verstärkt in Handelsumlauf gebracht. Auch gelangten durch den Karawanenhandel neue Getreidearten wie Mais, Reis und Kassawa zu Völkern, die bislang vor allem von Hirse gelebt hatten. Neue Anbaugebiete wurden erschlossen, und es bildeten sich größere Siedlungen. Entlang der Handelswege breitete sich das Swahili landeinwärts aus, drang als Handelssprache sogar bis in den Kongo vor und avancierte in ganz Ostafrika zur *lingua franca*. Allerdings brachten die Karawanen auch die Feuerwaffen ins Landesinnere, die in steigendem Maße

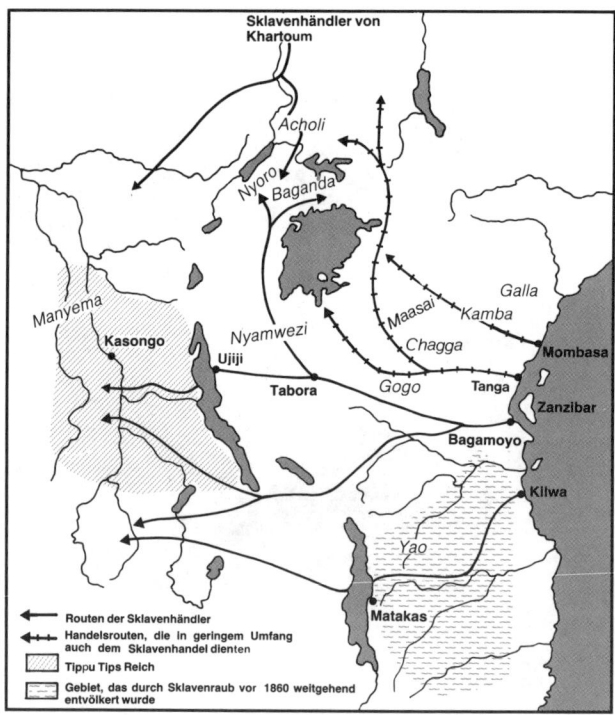

Sklavenhandel in Ostafrika um 1870

bei Stammesfehden verwendet wurden und neue Akzente im politischen und militärischen Machtgefüge Innerafrikas setzten.

Die Wege von der ostafrikanischen Küste aus waren jedoch nicht die einzigen, über die Kaufleute in die fruchtbaren Länder Innerafrikas gelangten. Auch von Khartoum aus versuchten Händler – und in ihrem Gefolge politische Agenten der Großmächte –, sich ihren Weg durch das sumpfige Gebiet am Obernil zu bahnen. Und für kurze Zeit sah es so aus, als ob Ägypten sich – nach dem Sudan – auch die Königreiche Bunyoro und Buganda einverleiben würde. Diese Expansionsbestrebungen beendete der Mahdi-Aufstand (1881–85).

Anwalt der politischen und wirtschaftlichen Interessen Europas war Zanzibar, das seit der Eröffnung des Suez-Kanals im Jahre 1869 wesentlich leichter von Europa aus zu erreichen war, allerdings von jenem Zeitpunkt an auch immer mehr in britische Abhängigkeit geriet. Die zunehmende Machtkonsolidierung Englands im Indischen Ozean wurde durch die Präsenz der britischen Flotte unterstrichen, die mit Einverständnis des Sultans zu dessen Unterstützung in Zanzibars Gewässern kreuzte – angeblich nur mit dem hehren Ziel der endgültigen Unterbindung des Sklavenhandels betraut. Antisklaverei-Kampagnen in England selbst förderten andererseits Reisen in den schwarzen Kontinent: Immer mehr Missionare und Forscher begaben sich nach Ostafrika und benutzten dabei die alten Handelswege ins Landesinnere.

Missionare und Forscher im 19. Jahrhundert

Schon zu Zeiten der Portugiesen waren Missionare an die ostafrikanische Küste gekommen, doch blieb ihrer Tätigkeit ein nachhaltiger Erfolg versagt, und von dem Augustinerkloster, das in Mombasa auf Anregung des heiligen Franz Xaver (1567) errichtet wurde und genau an der Stelle des Zollgebäudes am Alten Hafen stand, ist heute nichts mehr vorhanden. Unmittelbar an der Küste versuchten später die deutschen Missionare Krapf und Rebmann, die christliche Lehre zu verbreiten, doch gelang es auch ihnen nicht.

Während viele Forscher und Missionare Zanzibar und das gegenüberliegende Festland als Ausgangspunkt für ihre Inlandsexpeditionen wählten, begab sich Johann Ludwig Krapf (1810–81), der 1844 im Namen der Church Missionary Society (CMS) nach Zanzibar gekommen war, bald weiter nach Mombasa. Er bewohnte für kurze Zeit das Leven-Haus am Alten Hafen, in dem Leutnant James Barker Emery als Gouverneur während des britischen Protektorat-Intermezzos von 1824–26 gelebt hatte. Doch bald starben Frau und Kind am Malariafieber, das zur damaligen Zeit eine gefürchtete Plage für alle Tropenreisenden darstellte. Ihre Gräber (Abb. 37) sind heute noch auf dem nördlichen Festland gegenüber dem Alten Hafen zu besichtigen, in ihrer unmittelbaren Nähe wurde später das Krapf-Denkmal errichtet (Abb. 38).

1846 kam Johann Rebmann – ebenfalls von der Church Missionary Society – zur Unterstützung Krapfs nach Mombasa. Da das Klima im höher gelegenen Nyika-Land günstiger schien, zogen die beiden landeinwärts und gründeten in Rabai, etwa 20 km von Mombasa entfernt,

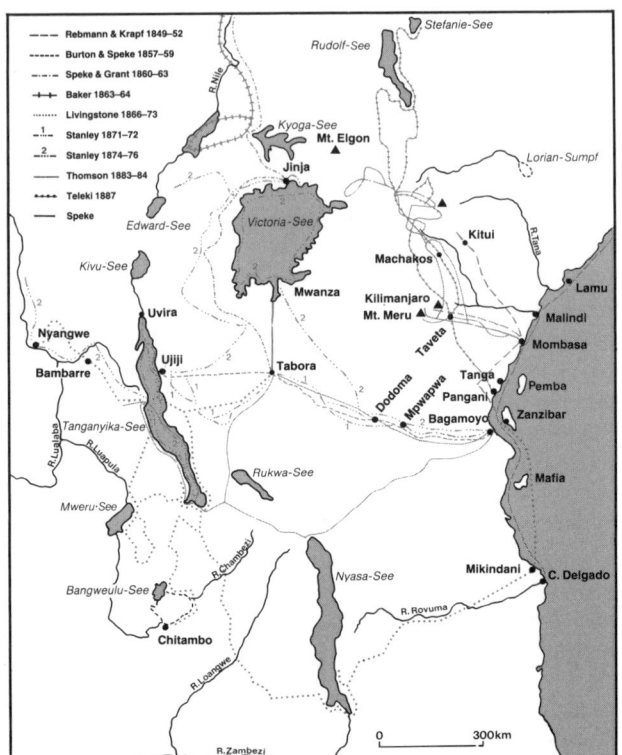

Die Routen der Afrikaforscher und Missionare ins Landesinnere

Kenyas erste Missionsstation. Von dieser ist heute zwar nichts mehr zu sehen, aber die 1879 dort errichtete St. Pauls Church, wohl die älteste Kirche Kenyas, in der noch Gottesdienste abgehalten werden, steht noch. In Rabai begannen beide Missionare mit der Bibelübersetzung in das Kimvita, den Swahili-Dialekt Mombasas. Krapf übersetzte zudem Teile des Lukasevangeliums in die Mijikenda-Sprache, Rebmann Teile des Markusevangeliums in die Kamba-Sprache. Da Krapf die Missionierung an der Küste für wenig aussichtsreich hielt, wollte er seine Tätigkeit mehr ins Inland verlegen, doch die Church Missionary Society versagte ihm ihre Unterstützung. Erst 1862 kehrte er mit vier Predigern nach Ostafrika zurück und gründete, diesmal mit finanzieller Hilfe der Methodistenkirche, seine erste Inlandsmission in Ribe, nicht weit von Rabai entfernt. – Die geplante Missionierung der Galla/Oromo kam indessen nicht zustande, da Malariaverseuchung und die Raubüberfälle der Galla das Vordringen am Tana vereitelten.

Krapfs Gedanke jedoch, nach dem Vorbild Sierra Leones eine Kolonie für befreite Sklaven an der Küste zu errichten, wurde Anfang der 70er Jahre von Sir Bartle Frere aufgegriffen. Die britische Regierung hatte ihn, den Gouverneur von Bombay, 1873 nach Zanzibar geschickt, um die Verträge zur Abschaffung des Sklavenhandels zu unterzeichnen. Nach ihm wurde die

1874 errichtete Siedlung für befreite Sklaven benannt. Freretown, das auf dem Festland nördlich von Mombasa entstand, beherbergte schon 1875 mehr als 500 ehemalige Sklaven, die entweder der Verschiffung entronnen oder vor ihren Herren in und um Mombasa geflohen waren. In der Emmanuel-Kirche von Freretown, die die Nachkommen entlaufener Sklaven errichteten, finden heute noch Gottesdienste statt. Zum Gebet ruft noch immer jene alte Glocke, die Ende letzten Jahrhunderts, als noch Sklavenschiffe in Mombasa anlegten, mit ihrem nächtlichen Geläut die Möglichkeit einer Zuflucht verkündete (Farbabb. 15).

Von Freretown aus entstanden weitere Siedlungen für entlaufene Sklaven, in denen Schulunterricht und Berufsausbildung nach europäischem Muster aufgezogen wurden und sich die ersten christlich-afrikanischen Gemeinden etablierten. In den 80er Jahren gründete die Church Missionary Society ihre erste Inlandsmission in Sagalla im Taita-Gebiet, die unter Bischof Hannington Sitz der ersten anglikanischen Diözese Ostafrikas wurde. Mit der Konsolidierung der Kolonialmächte setzte auch die Missionierung im Landesinneren ein, verbunden mit einer neuen Welle des Kirchenbaus an der Küste. Als erster nachportugiesischer katholischer Sakralbau gilt die Kirche des Paters le Roy in Mombasa (s. S. 210).

Ebenso wie die Antisklaverei-Bewegung regten die immer zahlreicher werdenden Missionarsberichte Mitte des letzten Jahrhunderts das wissenschaftliche Interesse zur Erforschung Ost- und Innerafrikas an. Johann Rebmann hatte 1848 bei seinem Besuch des Chagga-Landes die Schneekappe des Kilimanjaro gesehen; ein Jahr später berichtete auch Krapf von den schneebedeckten Bergen Kilimanjaro und Kenya, die er auf dem Weg ins Land der Kamba sogar zusammen gesichtet hatte. In Europa lösten die Nachrichten eine heftige Diskussion aus und spalteten die Wissenschaftler in zwei Lager: Die einen – zu ihnen zählten Alexander von Humboldt und seine Anhänger – hielten die Existenz von Schneebergen in Äquatornähe für möglich, die anderen, eine Gruppe um den Geographen Cooley, bestritten diese These auf das heftigste.

Die Missionare
Johann Rebmann
und Johann Ludwig
Krapf

Über die Nilquellen wußte man gar nichts: Sie blieben viele Jahrhunderte hindurch ein ungelöstes Rätsel, und die Karte des Ptolemaeus wurde als Kuriosum betrachtet. Nach dieser Karte entsprang der Nil zwei runden Seen im Inneren Afrikas, die von Zuflüssen aus hohen Bergen, den Lunae Montes (›Mondgebirge‹), gespeist wurden. Ptolemaeus' Karte stützte sich auf einen Bericht des alexandrinischen Kaufmanns Diogenes aus dem ersten nachchristlichen Jahrhundert, der von der Ostküste Afrikas eine 25-Tagereise landeinwärts unternahm und »in der Nähe zweier großer Seen schneebedeckte Berge« sah, »durch die die Wasser des Nil gespeist« würden. (Diogenes' Bericht ist von dem syrischen Geographen Marinus von Tyros überliefert.) Weitere frühe Versuche, von der Ostküste aus die Nilquellen zu entdecken, sind nicht bekannt. Auch Vorstöße nilaufwärts endeten spätestens in der Nähe von Juba, da weiter südlich Katarakte und große, malariaverseuchte Papyrussümpfe unüberwindbare Hindernisse darstellten.

Die Route durch das östliche Afrika wurde erst wieder bekannt, als Berichte von den Karawanenwegen der Elfenbein- und Sklavenhändler nach Europa drangen. Zusätzlich intensivierte die Veröffentlichung der ›Skizze einer Karte eines Teils von Ost- und Central-Afrika‹ durch Jakob Erhardt und Johann Rebmann im Jahre 1856 das Interesse. Diese Karte veranlaßte Richard Burton und John Hanning Speke, im Namen der Royal Geographical Society nach Ostafrika zu reisen. Von Bagamoyo aus gelangten sie 1857 bis an den Tanganyika-See, und Burton – wie schon vor ihm David Livingstone – glaubte sich hier an den Quellen des Nils.

Speke hingegen folgte arabischen Berichten über einen großen See im Norden und gelangte 1858 an das Binnenmeer, das der britischen Königin zu Ehren Victoria-See genannt wurde. Wenige Jahre später kehrte er mit seinem Freund James Grant nach Ostafrika zurück und erreichte 1862 jene Stelle des Victoria-Sees, die er für den Austritt des Nils hielt. Er nannte sie Ripon Falls. (Tatsächlich bilden die Wasserfälle nur eine der beiden Quellen des Weißen Nils.) Die beiden Forscher konnten des sumpfigen Geländes wegen dem Fluß nur bis Afuddu nordwärts folgen. Bei Gondokoro trafen sie auf Samuel Baker und dessen Frau, die nilaufwärts unterwegs waren, um die Quellen zu finden. Das 1960 erschienene Buch ›The White Nile‹ von Alan Moorehead schildert anhand von Dokumenten, Tagebuchaufzeichnungen und Skizzen sehr eindringlich, wieviele politische und persönliche Intrigen das Wettrennen um die Findung der Nilquellen begleiteten.

Das Gebiet des heutigen Kenya wurde etwa zehn Jahre später intensiv bereist: Hier sind die Namen von Dr. Fischer zu nennen, der 1872 seine Reise zum Naivasha-See beschrieb, oder Joseph Thomson, der durch Maasai-Land bis zum Mount Kenya vorstieß und 1883/84 den Baringo-See, Mount Elgon und die nordöstliche Ecke des Victoria-Sees erreichte, oder Samuel Graf Teleki, der 1888 an den Turkana-See kam.

Wissenschaftliches und politisches Interesse an Ostafrika begannen sich sehr schnell zu vermengen, und bald bestand kein Zweifel mehr an den imperialistischen Bestrebungen der europäischen Großmächte. Durch die Berliner Konferenz 1884/85 und das deutsch-englische Abkommen 1886 kam das Gebiet des heutigen Uganda und Kenya unter britischen Einfluß. Das Sprachrohr der englischen Interessen stellte die 1887 von Sir William Mackinnon gegründete Imperial British East Africa Company dar, die aber schon 1895 das von ihr verwaltete Territorium an die britische Regierung übergeben mußte. Deutschland wurde Tanganyika zuerkannt,

Die Afrikaforscher Joseph
Thomson, Samuel Teleki
von Szék und Dr. Fischer

das bis zum Ersten Weltkrieg Deutsch-Ostafrika hieß. Im Helgoland-Abkommen von 1890 überließ es Zanzibar dem Einfluß Großbritanniens und trat das Gebiet von Witu im Norden der Swahili-Küste an England ab. Witu war nur fünf Jahre zuvor vom jüngeren der Denhardt-Brüder – die zusammen die Swahili-Küste in der Gegend des Tana-Flusses erforscht hatten – nach Absprache mit dem herrschenden Sultan zum Deutschen Protektorat Witu erklärt worden und besaß, nebenbei bemerkt, das erste deutsche Postamt in Ostafrika, das 1888 aus verkehrstechnischen Gründen auf Lamu eingerichtet worden war.

Die Berliner Konferenz leitete die Kolonialzeit für Ostafrika ein, und damit begann ein buntes Stelldichein von Verwaltungsbeamten, Forschern, Abenteurern, Söldnern und Missionaren. Zu der Gruppe der Abenteurer zählten auch jene, die sich um den Wiener Journalisten Theodor Hertzka geschart hatten und nach dessen Devise »Freiland, ein sociales Zukunftsbild« in Ostafrika siedeln wollten. Ohne jedwede Unterstützung politischer oder finanzieller Art kamen die ›Freiländer‹, wie man sie nannte, 1894 nach Lamu, wo die Frau des Wiener Anarchisten Salner bei der Landung gleich zur Königin von Freiland ausgerufen wurde. Bald zog die Schar, der verschiedene Nationalitäten angehörten, ins Mündungsgebiet des Tana weiter, um dort ihre Kolonie Freiland zu gründen. Doch die britischen Behörden verwehrten ihnen, auf englischem Hoheitsgebiet zu siedeln, und so kehrten die meisten nach Europa zurück. Die Idee ›Freiland‹ jedoch wurde von dem Begründer der zionistischen Bewegung, Theodor Herzl, aufgegriffen und wirkte in seinem Buch ›Der Judenstaat‹ (1896) fort. Erst 1903 sollten sich seine Vorstellungen von zionistischen Kolonien in Ostafrika, ›dem Wartesaal auf Zion‹, endgültig zerschlagen.

Die britische Kolonialherrschaft und die Uganda-Eisenbahn

Kommt man mit dem Flugzeug in Mombasa an, so erinnern der Name der Bucht und eines Vorortes, Port Reitz (Rietz ausgesprochen), an den ersten Repräsentanten Großbritanniens, den Marineleutnant John James Reitz. Der 23jährige war 1824 mit W. F. W. Owen, dem Kapitän des im Indischen Ozean operierenden britischen Forschungsschiffs ›Leven‹, nach Mombasa gekommen und hatte dem Protektionsgesuch, das die gegen Oman kämpfenden Mazrui-Herrscher an den britischen Gouverneur in Bombay gerichtet hatten, stattgegeben. Das englische Ein-Mann-Protektorat währte jedoch nicht lange, da Reitz ein paar Monate nach Amtsantritt an Malaria starb. Die britische Regierung zögerte ohnehin, die Schutzherrschaft über Mombasa offiziell zu erklären, und lehnte sie aus Rücksicht auf Oman schließlich ab. Lediglich zwei Kanonen in Fort Jesus erinnern noch an die kurze britische Präsenz in Mombasa, Geschenke der Schiffskapitäne der ›Leven‹ und eines anderen Forschungsschiffes, ›Barracouta‹, an die Mazrui-Herrscher. Die Schüsse der Leven-Kanone verkünden übrigens noch heute das Ende des islamischen Fastenmonats Ramadhan.

Erst lange nach diesem Intermezzo britischer Schutzherrschaft wurde im Jahr 1895 das Gebiet zwischen Victoria-See und Indischem Ozean bis auf einen schmalen Küstenstreifen zum

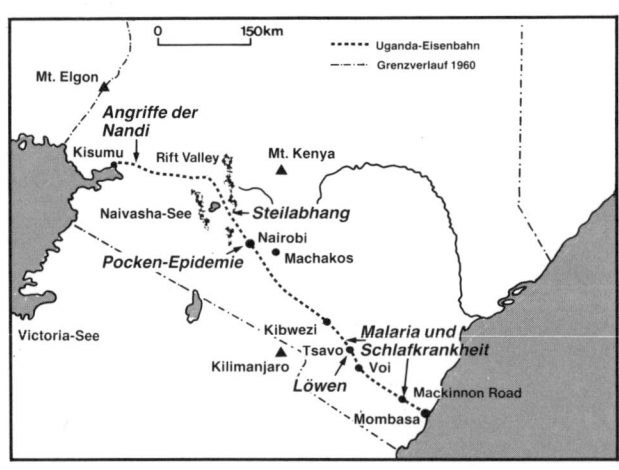

Die Streckenführung der Uganda-Eisenbahn

britisch-ostafrikanischen Protektorat erklärt. Zunächst diente es nur als Durchmarschgebiet zu den Nilquellen und dem Reich Buganda. Der Küstenstreifen, der eigentlich dem Sultan von Zanzibar gehörte, wurde 1920 als ›Protektorat von Kenya‹ unter britische Schutzherrschaft gestellt, während das britisch-ostafrikanische Protektorat in ›Kolonie von Kenya‹ umbenannt wurde.

Den permanenten Zugang zu den fruchtbaren Hochländern Innerafrikas und deren Anbindung an das damalige Welthandelsnetz erschloß der Bau der schon fast legendären Uganda-Eisenbahn, der von 1896–1901 dauerte. Vorausgegangen waren den Bauarbeiten zahlreiche Expeditionen ins Hinterland von Mombasa, die das Land politisch – vor allem gegen die Interessen der Deutschen – abgrenzen sollten. Ziel der Briten war es, das Vertrauen der einheimischen Häuptlinge zu gewinnen und Verträge mit ihnen zu schließen. 1890/92 war von vielen Staaten in Brüssel die Übereinkunft zur Abschaffung des Sklavenhandels unterschrieben worden, und auf der Grundlage dieser Akte vertrat die Imperial British East Africa Company ihr Anliegen, eine Eisenbahn ins Landesinnere zu bauen, das Telegrafenwesen zu organisieren und den Victoria-See mit dem Indischen Ozean zu verbinden. Als wichtigste Verkehrsader durch Britisch-Ostafrika bestimmte der Schienenstrang von Mombasa nach Port Florence (dem heutigen Kisumu) viele Jahre lang das Schicksal des Landes.

Die Strecke, deren Verlauf Erkundungstrupps britischer und indischer Ingenieure, Techniker und Soldaten in den Jahren 1891/92 festgelegt hatten, folgte bis Ukambani im wesentlichen der alten Karawanenroute. Da zur Ausführung der Bauarbeiten geschulte, billige Arbeitskräfte benötigt wurden, die weder Großbritannien noch die ostafrikanischen Gebiete stellen konnten, wandte man sich an Indien, das genau jenes Potential bot. Der Bau forderte viele Opfer; Unbilden des Klimas und die Unwegsamkeit des Küstenhinterlandes, aber auch Krankheiten, wilde Tiere und militärische Auseinandersetzungen mit der einheimischen Bevölkerung setzten schier unüberwindliche Hindernisse. Zwei menschenfressende Löwen, die innerhalb von neun Monaten 27 Inder und mehrere Afrikaner getötet hatten, brachten die Bauarbeiten im Dezember 1898 vorübergehend zum Erliegen. Über ihre Bezwingung schrieb der Ingenieur J. H. Patterson ein spannendes Buch: ›The Man-Eaters of Tsavo‹ (1907).

Im Gegensatz zur individuellen Immigration indischer Händler, Seefahrer und Kaufleute in den vorangegangenen Jahrhunderten setzte Ende des 19./Anfang des 20. Jh. eine kontinuierliche Einwanderung aus dem Indischen Subkontinent ein, die auf ausdrücklichen Zuspruch der britischen Schutzmacht erfolgte und überdies innerhalb des British Empire stattfand. Nicht nur Fachkräfte und ungelernte Arbeiter wurden in Indien angeheuert, sondern auch Soldaten, die man gegen afrikanische Rebellen und zum Schutz des Eisenbahnbaus einsetzte. Da die frühen Rekrutierungen vornehmlich im Punjab erfolgten, waren unter den nahezu 6000 am Eisenbahnbau beteiligten Indern über 5000 Punjabi-Muslime. Die meisten kehrten nach Beendigung der Bauarbeiten wieder nach Indien zurück, und nur ein Fünftel von ihnen blieb in Ostafrika, vorwiegend im Dienst der Eisenbahngesellschaft.

Mit Beginn dieses Jahrhunderts jedoch kamen immer mehr indische Einwanderer aus Goa, Kutch und vor allem Gujarat, die im Verwaltungsapparat der Kolonialregierung tätig waren oder sich als Händler und kleine Geschäftsleute entlang der Eisenbahnlinie und in der Nähe

Im Dienst der Kolonial-
regierung: Indische
Ortsverwaltung im
britischen Posten Fort
Hall, dem heutigen
Murang'a (um 1910)

neu errichteter Verwaltungsposten niederließen. Diese kleinen Geschäftsleute waren es weitgehend, die die alten Handelsnetze der einheimischen Stämme ablösten und in den entlegenen
Gebieten mit reiner Subsistenzwirtschaft ein monetäres Wirtschaftssystem einführten. Ohne
die indischen Pioniere der ersten Kolonialperiode wäre es Großbritannien nicht ohne weiteres
gelungen, Ostafrika zu erschließen – eine Tatsache, die schon Churchill in seinem Buch
›My African Journey‹ (1908) klar hervorgehoben hat.

Durch den Eisenbahnbau faßte auch der sunnitische Islam im kenyanischen Hinterland Fuß,
und die Punjabi-Muslime errichteten zahlreiche Moscheen im Landesinneren, die wesentlich
zum Gesamtbild islamischer Architektur in Kenya beitrugen. Man findet diese Bauten vor
allem entlang der Eisenbahnlinie, wo sich die größten Punjabi-Muslimgemeinden niedergelassen haben. Zu den architektonischen Elementen, die auf die alte Moghul-Tradition im Punjab
zurückzuführen sind, gehören die Zwiebelform im Kuppelbau, die häufigen Kioskaufbauten,
Galerien und Türmchenverzierungen und der von der Moschee getrennte Portalvorbau. Hingegen fehlt der Marmordekor fast völlig, denn Marmor ist in Ostafrika selten, seine Beschaffung
sehr kostspielig.

Eine der ersten Moscheen, noch im Pionierstil aus Holz und Wellblech erstellt, ist die 1902
begonnene Landhies-Moschee in Nairobi, die die Punjabi-Muslime in einem der Eisenbahn-
viertel – *landhies* genannt – bauten. An dieser frühen Moschee finden sich nur wenige persisch-
indische Elemente, wie man sie bei späteren Steinbauten antrifft. Lediglich die kleinen Zwiebel-
turmverzierungen und Kioskaufsätze, die Schmuckverse im Innenraum und das Eingangsschild
in Urdu geben Aufschluß über die Erbauer. Ähnliche Moscheebauten entstanden in der
Pionierzeit auch in Mombasa und Kisumu, den wichtigsten Stationen der Uganda-Eisenbahn.

Der erste steinerne Moscheebau indischen Stils im kenyanischen Hinterland war die Jamia-
Moschee in Kisumu am Victoria-See. Die Grundsteinlegung fand 1919 statt, und bald begann

man auch in den anderen Städten mit dem Bau von Versammlungsmoscheen: in Nairobi 1925, in Nakuru 1934 und in Naivasha 1938. Die wohl am besten ausgestattete Jamia-Moschee ist jene von Nairobi, zu deren Gemeinschaftseinrichtungen Bibliothek, Koran- und arabische Sprachschule sowie eine Ambulanzklinik gehören.

Die Entscheidung, Kenya nicht nur als Durchgangsgebiet nach Uganda zu nutzen, sondern zum europäischen Siedlungsgebiet zu erklären, fiel 1904. Zuwanderer, vornehmlich aus Großbritannien und Südafrika, gründeten landwirtschaftliche Betriebe, züchteten Vieh oder legten Kaffee-, Tee- und Sisalplantagen an. Am Widerstand dieser Kolonisatoren scheiterte denn auch der jüdische Besiedlungsplan des Uasin-Gishu-Gebiets, das erst durch die Grenzziehung von 1902 von Uganda abgetrennt und Kenya zugeschlagen worden war.

Auf friedlichem Wege erhielten die neuen Machthaber allerdings selten das von ihnen als herrenlos betrachtete Land. Überall setzte sich die einheimische Bevölkerung zur Wehr und wich erst dann, wenn man ihr Grund und Boden weggenommen hatte. Nur unter Einsatz von Militär bezwangen die Briten so zum Beispiel die Nandi Anfang dieses Jahrhunderts; mit Gewalt nahmen sie das Land der Kipsigis, der Gusii und der Luo und Luyia im Westen. Auch die Kikuyu, Maasai und andere Stämme leisteten erbitterten Widerstand, mußten sich aber früher oder später ergeben und große Gebiete ihres Landes abtreten. Vor allem das Volk der Maasai verlor durch mehrere zweifelhafte Verträge große Weidegebiete an die weißen Siedler; der Verlust machte sie zu einem innerlich wie äußerlich zerrissenen Volk.

Die meisten britischen Siedler ließen sich – ähnlich wie die Inder – zunächst längs der Eisenbahnlinie nieder, am Rande des Kikuyu-Gebiets, im Ostafrikanischen Graben und später, vor allem nach dem Ersten Weltkrieg, im klimatisch begünstigten Hochland. Dieses fruchtbare Land reservierten sie für ihre eigenen Interessen, womit die Ansätze für ein zweites Südafrika gegeben waren.

In dieser Zeit verschärften sich auch die Konflikte zwischen der indischen Minderheit und den weißen Siedlern mit ihrem Wortführer Lord Delamere. Im Tauziehen um die politischen Kräfteverhältnisse wurden 1923 mit dem Devonshire Paper die Weichen für Kenyas Zukunft gestellt und die Grundlage für eine Rassenpolitik geschaffen, die unter vorgeblicher Wahrung afrikanischer Interessen – deren Verwaltung die Kolonialregierung übernehmen wollte – die politischen, wirtschaftlichen und Siedlungsrechte der Inder beschnitt. Die hauptsächlich vom Lande stammende indische Bevölkerung wurde zwangsweise urbanisiert und beruflich wie politisch isoliert. Ungleich mehr litten freilich die Afrikaner unter der rassistischen Reglementierung. Man hatte ihnen nicht nur große Teile ihres fruchtbaren Landes weggenommen und sie je nach Stammeszugehörigkeit in Reservate gepfercht, sondern zwang sie obendrein durch jährliche Kopf- und Hüttensteuer, sich auf den Farmen der Weißen zu verdingen und sich in eine Geldwirtschaft einzufügen, die ihnen vordem unbekannt gewesen war.

Der Widerstand der geknechteten Afrikaner erwuchs nicht nur aus ihrer materiellen Not. Hinzu kam die Beraubung um ideelle Werte: So etwa bedeutete für sie Land *(shamba)* neben Versorgung und sozialer Geborgenheit auch mythische Zugehörigkeit zu einem Stammesverband. Ein anderes Beispiel war die Abschaffung zahlreicher religiöser Bräuche und alter Stammestraditionen, darunter das heftig umstrittene Verbot der Frauenbeschneidung, das zu einem Politikum geriet. Besonders unter den Kikuyu, die Nairobi und dem fruchtbaren Hochland am nächsten leben, formierte sich der Widerstand und nahm Anfang der 20er Jahre erste politische Gestalt in der Kikuyu Association an.

›Mau Mau‹ und der Weg in die Unabhängigkeit

»Kenya hat seine Freiheit *(uhuru)* nicht geschenkt bekommen; es hat dafür gekämpft.« Diesen Satz hört man auch heutzutage noch, wenn es um die Frage geht, was eigentlich ›Mau Mau‹ wirklich gewesen sei. Die Tatsache, daß die Frage immer noch gestellt wird, bedeutet aber auch, daß gewisse Mythen, die sich im Laufe der Zeit um den Begriff rankten, zäh fortbestehen und die Deutung des Begriffs erschweren. Unter ›Mau Mau‹ verstand die Mehrheit der weißen Siedler und Administratoren eine emotionale, irrationale und atavistische Reaktion der Kikuyu auf den schnellen sozialen Wandel. Unterstützt wurde diese Auffassung dadurch, daß sich die Kikuyu-Politik jener Tage auch religiöser Symbole und Gesänge aus der Stammeskultur bediente, die als Rückfall in das Heidentum interpretiert wurden. Die antieuropäische Gesinnung, so sagten die Weißen, diene zu nichts anderem, als die Gewalt gegen die Kolonialherren und die Terrorisierung der eigenen Bevölkerung ideologisch zu rechtfertigen und letztendlich die Herrschaft der Kikuyu in ganz Kenya zu etablieren. Für die Kikuyu selbst aber war ›Mau Mau‹ Inbegriff des Willens zu nationaler Befreiung und politischer Selbstbestimmung.

Offiziell gebraucht wurde der Terminus ›Mau Mau‹, der sich auf kein einheimisches Wort noch auf eine Kolonialsprache zurückführen läßt, erstmals im Jahre 1948, als der District Commissioner von Nakuru im Raum von Naivasha und Ol Kalou eine politisch-religiöse Sekte auszumachen glaubte, die Parallelen und Verbindungen zur Kikuyu Central Association aufwies, einer politischen Organisation, die 1939 wegen subversiver Tätigkeit und verbotener Eidespraktiken für illegal erklärt worden war und sich seitdem im Untergrund bewegte.

Wie kam es überhaupt zur ›Mau Mau‹-Bewegung? Im Gegensatz zu den anderen beiden ostafrikanischen Staaten Uganda und Tanzania begannen sich in Kenya schon nach dem Ersten Weltkrieg politische Kräfte zu formieren, die die Belange der einheimischen Bevölkerung gegen weiße Siedler und die Kolonialregierung formulierten und vertraten. Die erste politische Organisation entstand im Kikuyu-Land, das wegen der unmittelbaren Nähe zu Nairobi und dem weißen Siedlungsgebiet die kolonialherrschaftlichen Unterdrückungsmechanismen am stärksten zu spüren bekam. Sie nannte sich Kikuyu Association. Ihr folgte sehr bald die East African Association, gegründet und geführt von Harry Thuku – dem Vorläufer Kenyattas –, der erstmals über die Grenzen des eigenen Stammesgebietes hinaus die Völker Kenyas und ganz Ostafrikas zu gemeinsamem Handeln bewegen wollte. Von der Kolonialregierung wurde diese Organisation jedoch bald verboten und Harry Thuku verhaftet. Als seine Anhänger am 16. März 1922 vor dem Gefängnis von Nairobi für seine Freilassung demonstrierten, schossen Polizisten wahllos in die Menge. Hunderte von Menschen wurden verwundet; die Zahl der Toten ist unbekannt.

Nairobi 1953: Verhaftung verdächtiger Kikuyu auf offener Straße

Die Geschehnisse zu Beginn der 20er Jahre bereiteten den Boden für den entschlossenen Widerstand der Kikuyu, der ab 1924 in der neu gegründeten Kikuyu Central Association sein politisches Sprachrohr fand. Der Bewegung gehörte auch Jomo Kenyatta an, der Kenyas erster Präsident werden sollte.

Als die Kikuyu Central Association 1939 Kontakte zu politischen Organisationen benachbarter Völker knüpfte, wurde sie verboten. Die neue Kenya African Union, die die Kolonialregierung Mitte der 40er Jahre widerwillig zulassen mußte, trat jedoch in gewisser Weise die Nachfolge der regionalen Kikuyu Central Association an und bemühte sich unter ihrem 1947 gewählten Präsidenten Kenyatta gezielt um die Einbeziehung der anderen Ethnien Kenyas, vor allem der Luo und Luyia, den größten Volksgruppen des Landes. Die Anhängerschaft der Kenya African Union wuchs landesweit und zählte 1951 bereits mehr als 150 000 Mitglieder.

Noch während sich eine politisch handlungsfähige Basis zu konsolidieren begann, schlossen sich radikalere Kräfte im Kikuyu-Land zusammen, um die brennenden Probleme ihres Volkes gewaltsam zu lösen. Sie schufen Unruheherde im Hochland sowie in der Hauptstadt und zwangen die Kolonialregierung, Stellung zu beziehen. Die Kolonialregierung ihrerseits setzte die Kenya African Union mit der als ›Mau Mau‹ bekannten radikalen Bewegung gleich. Und so kam es, daß im Oktober 1952 der Ausnahmezustand über das gesamte Land verhängt wurde und die politisch führenden Afrikaner – auch Jomo Kenyatta – verhaftet wurden. Trotz mangelnder Beweise beschuldigte man Kenyatta, der eigentliche Kopf der ›Mau Mau‹-Bewegung zu sein, und machte ihm in Kapenguria den Prozeß; das Urteil lautete auf sieben Jahre Zwangsarbeit im heißen Norden Kenyas und anschließende Verbannung.

Ein pro-britischer Kikuyu-Führer spricht zu seinen Stammesgenossen

Anfang der 50er Jahre verschrieben sich viele Afrikaner – in der Mehrzahl Kikuyu – der militanten ›Mau Mau‹-Bewegung und schlugen ihre Lager in den schwer zugänglichen Wäldern der Aberdares und des Mount Kenya auf. Von hier aus führten sie Operationen gegen die Kolonialregierung und die sie unterstützenden Afrikaner durch. Wer Mitglied der ›Mau Mau‹ wurde – freiwillig oder auch oft gezwungenermaßen –, mußte einen Beitrag von 62 Shilling oder einen Ziegenbock (das übliche Opfertier der Kikuyu) für die geheimen Zusammenkünfte stiften, bei denen Neulinge in Anlehnung an alte Riten vereidigt wurden.

Angeführt wurden die Freiheitskämpfer *(freedom fighters)* meist von ehemaligen Soldaten *(askaris)* des Zweiten Weltkriegs (z. B. Stanley Mathengé, Dedan Kimathi, Paul Mahehu oder Waruhiu Itote, unter dem Pseudonym ›General China‹ bekannt). Sie hatten in Burma gekämpft und unterwiesen die ›Mau Mau‹-Rekruten in Dschungelkampftaktiken, doch die Bewaffnung der Krieger war äußerst mangelhaft und bestand aus alten oder selbstgebastelten Gewehren und *pangas* (Buschmessern). Der geringe militärische Erfolg der ›Mau Mau‹ war jedoch nicht nur in der unzulänglichen Ausrüstung der Krieger zu suchen, sondern ebenso in organisatorischen Schwächen der Operationskoordination und im Fehlen einer stringenten Ideologie.

Trotz der offensichtlichen Mängel zog in den ersten Jahren des Ausnahmezustands eine große Zahl junger Männer in die Wälder, um sich gegen die starken Repressionen der Kolonialregierung zur Wehr zu setzen. Fast das gesamte Kikuyu-Volk wurde in bewachte Wehrdörfer umgesiedelt, um den Nachschub an Freiheitskämpfern abzuschneiden und ihre Versorgung, die vorwiegend den Frauen oblag, zu unterbinden. Überdies verschwand ein Großteil der männlichen Bevölkerung hinter dem Stacheldraht der Konzentrationslager, die über das ganze Land verteilt lagen, und in den Gefängnissen, die mit politischen Häftlingen überfüllt waren.

Durch die Zwangsumsiedlung der Bevölkerung und die Nachstellungen der Kolonialarmee gerieten die ›Mau Mau‹-Krieger bald in Versorgungsschwierigkeiten, die sie immer häufiger durch Raubüberfälle auf Farmen, Banken und Geschäfte zu lösen versuchten. Jedoch wurden von den Greueltaten der ›Mau Mau‹ weit weniger Europäer betroffen als Afrikaner: Sogenannte Loyalisten unter den Kikuyu, etwa schwarze Polizei- und Verwaltungsbeamte oder von der Kolonialregierung eingesetzte Stammesführer wurden als Verräter verfolgt und ermordet. Bald wuchsen sich die ›Mau Mau‹-Unruhen zu einem bürgerkriegsähnlichen Zustand aus, dem nicht mehr nur regierungstreue Afrikaner, sondern ein jeder zum Opfer fallen konnte. Das Massaker von Lari im März 1953 ist eines jener traurigen Beispiele, die bis heute unvergessen sind.

Trotzdem zeigt die Bilanz des ›Mau Mau‹-Aufstandes, der mit Gefangennahme und Hinrichtung des ›Mau Mau‹-Generals Dedan Kimathi im Oktober 1956 zum Erliegen kam, auf seiten der ›Mau Mau‹-Kämpfer ungleich höhere Opfer als im Regierungslager: Einer Zahl von etwa 11 500 Toten unter den ›Mau Mau‹ stand der Verlust von 93 Europäern und 2000 afrikanischen Zivilisten samt etwa 200 Angehörigen der Sicherheitskräfte gegenüber. Nicht genug damit: 90 000 Kenyaner füllten in den Wirren der 50er Jahre die Gefängnisse, und der Ausnahmezustand währte bis November 1959. Jede überregionale politische Betätigung war den Afrikanern verboten, ihre Wortführer befanden sich in Haft.

Trotz vieler Mißerfolge und Leiden zwang die ›Mau Mau‹-Zeit die verantwortlichen Stellen – insbesondere die britische Regierung in London – zum Umdenken: Nach ihrer Ansicht waren

Gefangene ›Mau Mau‹ Kämpfer im Konzentrationslager von Nyeri (1959)

Der ›große alte Mann‹: Jomo Kenyatta

Jomo Kenyatta war zweifelsohne der bedeutendste kenyanische Politiker. Seine Inhaftierung gegen Ende der Kolonialzeit machte ihn landesweit zur Integrationsfigur der nationalen Befreiungsbewegung. Zum Zeitpunkt der Unabhängigkeit, 1963, war er bereits ein alter Mann; 70 Jahre zählte er, und doch war es ihm vergönnt, den jungen Staat noch fast 15 Jahre lang bis zu seinem Tod am 22. August 1978 als unangefochtener Präsident zu leiten. Unter seiner staatsmännischen Führung, die, von seiner starken, rednerisch begabten Persönlichkeit geprägt, oft als väterlich-autoritär bezeichnet worden ist, gelangte Kenya zu wirtschaftlicher und politischer Stabilität, die die großen regionalen und sozialen Gegensätze des Landes zu überbrücken vermochte. Das tätige Streben nach friedlichem Aufbau, das die Integration der zahlreichen Völker zum Ziel hatte, stand unter dem Motto *harambee*

(›alle zusammen‹), eine Formel, die Kenyatta gern gebrauchte und die in seinen Reden geradezu beschwörend anmutete.

Mzee, der große alte Mann, wie man ihn liebevoll und ehrfürchtig seit den frühen 70er Jahren nannte, wurde als Kamau, Sohn des Ngengi, um 1894 in Ichaweri, einem Hochlandort südwestlich des Mount Kenya, geboren. Wie alle Kikuyu-Jungen hütete er die Ziegen seines Vaters. Über die traditionelle Erziehung seines Volkes hinaus erhielt er von seinem Großvater, einem angesehenen Medizinmann, Unterweisung in spirituellen Praktiken und Kräuterheilkunde. Seinen ersten Kontakt mit Europäern hatte er in einem Missionshospital der Church of Scotland. Er lief von zu Hause fort, wurde Schüler der Missionsschule, wo er in christlicher Religion, Englisch sowie Mathematik unterrichtet wurde und das Tischlerhandwerk erlernte. Das Geld für die Schulgebühren verdiente er sich als Koch bei einem europäischen Siedler.

1914 ließ er sich taufen und nahm den Namen Johnstone Kamau an. Er ging nach Nairobi, wo er zunächst als kleiner Regierungsangestellter arbeitete. Bald lernte er die erste afrikanisch-politische Bewegung Kenyas, die Kikuyu Central Association Harry Thukus, kennen und avancierte 1928 zu deren Generalsekretär. 1929 ging er zusammen mit einer Delegation der Vereinigung nach London, um gegen den britischen Vorschlag eines engeren Zusammenschlusses von Kenya, Uganda und Tanzania zu protestieren. Gleichzeitig legte er eine Petition vor, die vor allem die Rückgabe des Kikuyu-Landes, eine afrikanische Vertretung in der Gesetzgebenden Versammlung und den Schutz der überlieferten Kultur forderte.

Wenig Erfolg war ihm bei dieser ersten Londonreise beschieden. Bald darauf – im Jahre 1931 – kam er jedoch wieder in die Stadt und blieb ganze 15 Jahre dort. Er besuchte u. a. die Sowjetunion und Osteuropa und studierte an der London School of Economics Sozialanthropologie. Seine Doktorarbeit ›Facing Mount Kenya‹ war das erste Buch eines Kikuyu über die traditionelle Gesellschaft und Kultur des eigenen Volkes. Es erschien unter seinem fortan üblichen Namen: Jomo (›Brennender Speer‹) Kenyatta.

Nach dem Zweiten Weltkrieg kehrte Kenyatta in sein Heimatland zurück, wo man ihn mit Freude und Stolz empfing und ihn bald zum Präsidenten der Kenya African Union (KAU) wählte. Jedoch sollte sich in der folgenden Zeit bewahrheiten, was Kenyatta schon 1930 für den Fall einer Nicht-Lösung der Kikuyu-Probleme vorausgesagt hatte: »eine gefährliche Explosion« in Form der sich unaufhaltsam ausbreitenden ›Mau Mau‹-Aktivitäten. Nicht nur dieser Ausspruch, sondern auch seine außerordentliche persönliche wie politische Ausstrahlungskraft und seine Kenntnis magisch-spiritueller Praktiken aus der Kikuyu-Kultur gaben der Kolonialregierung den Vorwand, Jomo Kenyatta am 21. Oktober 1952 in seinem Haus Gatundu als angeblichen Rädelsführer der ›Mau Mau-Terrororganisation‹ kurzerhand zu verhaften und ihn – schuldig oder nicht – vorerst von der politischen Bühne zu verbannen. Die folgenden Jahre seiner Internierung beschrieb Kenyatta in seinem Buch ›Suffering without Bitterness‹ (Leiden ohne Bitterkeit), worin sich eine nichtrevanchistische Grundhaltung offenbarte, die auch seine spätere Amtszeit gegenüber den ehemaligen Kolonialherren und ihrer Zivilisation charakterisierte.

die weißen Siedler und die Kolonialregierung nicht fähig gewesen, ›Mau Mau‹ unter Kontrolle zu bringen und hatten so den Einsatz britischer Streitkräfte erforderlich gemacht. Diese Einschätzung mag es auch bewirkt haben, daß es den Machtbestrebungen der Siedler nicht gelang, die Unabhängigkeit Kenyas hinauszuzögern. 1954/55 wurde afrikanische Politik langsam wieder zugelassen – wenn auch vorerst nur auf Distriktebene –, und Verfassungsreformen arbeiteten auf die ersten allgemeinen Wahlen hin, die 1961 stattfanden. Auch der Ruf nach Freilassung Kenyattas wurde immer lauter. Noch vor Aufhebung der Notstandsgesetze entließ man ihn am 14. April 1959 aus dem Gefängnis, verbannte ihn jedoch vorerst auf ungewisse Zeit in den Norden des Landes. 1960 wurde Kenyatta in Abwesenheit zum Präsidenten der neu gegründeten Kenya African National Union (KANU) gewählt und führte nach seiner Freilassung im August 1961 zusammen mit der Partei das Land in die Unabhängigkeit (12. Dezember 1963).

Das moderne Kenya

Dank politisch relativ stabiler Zeiten in der nun gut eine Generation umfassenden nachkolonialen Ära ist Kenya eine Entwicklung möglich gewesen, wie sie keinem seiner Nachbarländer vergönnt war. In den ersten Jahren der Unabhängigkeit wurden Politik und Wirtschaft von dem größten Stamm, den Kikuyu, besonders dem einflußreichen Clan um Kenyatta, dominiert. Anders als in den Nachbarländern liebäugelte man nie ernstlich mit sozialistischen Aufbaumodellen, sondern gab Eigeninitiative und ausländischen Investitionen eindeutigen Vorrang. Dürrejahre (vor allem 1974, 1980, 1982 und 1984) und gelegentliche Scharmützel an Kenyas Grenzen – besonders im Nordosten gegen die Shifta (eine militante Bewegung der Somali zur Einforderung ihrer politischen Rechte) sowie der Putschversuch militärischer Kreise im Jahre 1982 konnten den wirtschaftlichen Aufschwung des Landes nicht zum Erliegen bringen.

Überdies fand in den 60er und 70er Jahren in Ostafrika ein Prozeß statt, den man unter dem Terminus Afrikanisierung – in Kenya bald als Kenyanisierung bekannt – zusammenfaßt. Zum einen kaufte die junge afrikanische Regierung den weißen Farmern große Teile ihrer Landbesitzungen ab, um den Boden als kleinbäuerliche Betriebe oder auch Großfarmen zu ›repatriieren‹. Zum anderen entwickelte sie ein Programm, um auf allen Sektoren von Wirtschaft, Verwaltungs- und Erziehungswesen Nichtkenyaner durch Staatsbürger zu ersetzen. Diese einschnei-

Hochhäuser prägen die Silhouette der Metropole Nairobi

denden Maßnahmen trafen vor allem Asiaten, die in der kenyanischen Kolonialgesellschaft eine Mittelstellung zwischen herrschenden britischen Siedlern und einheimischer Bevölkerung innegehabt hatten. (Der Terminus ›Asiaten‹ gilt in Ostafrika nur für Einwanderer aus dem Indischen Subkontinent und ersetzt die seit der Teilung Indiens strittige Bezeichnung ›Inder‹.) Wenngleich die Zahl der Asiaten seit der Unabhängigkeit stark abgenommen hat, so ist ihre Präsenz vor allem in den Städten nicht zu übersehen. In erheblichem Maße trugen sie in den drei Jahrzehnten des freien Kenya zum Aufbau eines modernen Handels- und Industriewesens bei.

Nach dem Tod Kenyattas (1978) wurde Vizepräsident Daniel arap Moi gemäß den Statuten der kenyanischen Verfassung Präsident des Landes. Moi ist nicht Kikuyu, sondern gehört dem kleinen südnilotischen Volk der Tugen an, die zur Gruppe der Kalenjin zählen. Seine Politik stellte er durch das Motto *nyayo* (›Fußstapfen‹) eindeutig in die Nachfolge der ›Harambee‹-Bewegung, mit der Jomo Kenyatta versucht hatte, ein Zusammengehörigkeitsgefühl unter den vielen Völkern des neuen Staates zu entwickeln. Das von Moi geschaffene Kabinett der Einheit sollte überdies allen Völkern des Staates, auch den zahlenmäßig schwachen, einen bislang nicht gewährten Zugang zu Politik und Wirtschaft ermöglichen.

Auch heute bestimmen Völker-, Sprachen- und Kulturenvielfalt den kenyanischen Alltag: Ungefähr 40 Ethnien afrikanischer Abstammung, die den drei großen, nicht miteinander verwandten Sprachgruppen der Bantu, Niloten und Kuschiten angehören, leben in Kenya. Hinzu kommen kleinere Gruppen von Europäern, Asiaten und Arabern. Es gibt daher zwei offizielle Landessprachen (Swahili und Englisch), die neben der jeweiligen Muttersprache in den Schulen gelehrt werden. Auch herrscht Religionsfreiheit: Von den 25 Mio. Staatsbürgern Kenyas sind schätzungsweise 60% Christen, 25% Anhänger einheimischer Religionen, 10% Muslime und der Rest Anhänger anderer, vornehmlich indischer Religionen. Neben der nach britischem Vorbild arbeitenden Justiz werden zivilrechtliche Angelegenheiten auch nach traditionellem Recht in eigens geschaffenen Gerichten geregelt, die dem Obersten Gerichtshof unterstehen.

Politisch zeigt sich der Vielvölkerstaat als eine Präsidialdemokratie mit einem Regierungschef an der Spitze, der gleichzeitig Oberkommandierender der Streitkräfte des Landes ist. Er regiert mit einem Einkammerparlament, dessen Abgeordnete aus der Einheitspartei KANU (Afrikanische Nationalunion Kenyas) gewählt werden. Diese nachkoloniale Regierungsform mit einer Einheitspartei gründet sich auf die Konsensusfindung zwischen den verschiedenen Interessengruppen innerhalb der Partei und knüpft damit in veränderter Form an ein altes afrikanisches Konzept der Stammesführung mit Ältestenrat und Häuptling an. Der in letzter Zeit mehrfach geforderten Einführung eines Mehrparteiensystems begegnet man zögernd und hält wohl die Zeit dafür noch nicht für reif. Denn man befürchtet mit der politischen Zersplitterung das Auseinanderbrechen des jungen Staates entlang ethnischer Grenzen, was mit dem Verlust eines gerade erst erworbenen bescheidenen Wohlstands einhergehen würde.

Die zügig voranschreitende Industrialisierung in den 70er und 80er Jahren sowie hohe Deviseneinnahmen, vor allem aus Kaffee, Tee und Tourismus, brachten der Bevölkerung einen Lebensstandard, der sich in folgenden Daten widerspiegelt: Die Säuglingssterblichkeit liegt derzeit bei 9%; das Durchschnittsalter ist von 43 Jahren (zur Zeit der Unabhängigkeit) auf 57 gestiegen, und jeder Distrikt (die sieben Provinzen des Landes sind in Distrikte unterteilt) hat sein Krankenhaus. Das kenyanische Erziehungswesen gehört zu den besten in ganz Schwarzafrika. Seit der Unabhängigkeit hat sich die Zahl der Schulen vervielfacht: die der Grundschulen ist von 6050 (1963) auf 130 000 gestiegen, die der Oberschulen von 150 (1963) auf 2500.

Kenya gehört zu den agrarorientierten Gesellschaften; rund 80% der Bevölkerung leben auf dem Land. Neben *cash crops* (besonders Kaffee und Tee) werden Mais, Weizen, Gerste, Sorghum, Süßkartoffeln und Bananen vornehmlich für den Eigenbedarf angebaut. Nutzbar sind jedoch nur etwa 20% der Landesfläche, vor allem Gebiete am Victoria-See, in den Hochländern und an der Küste, die gleichzeitig zu den dichtest besiedelten Regionen Kenyas zählen. In Trockengebieten ist die traditionelle Viehhaltung (Rinder, Schafe, Ziegen, Kamele) immer noch die Haupterwerbsquelle.

Bei all den Anstrengungen, die die Kenyaner in den letzten Jahren unternommen haben, könnte das Land heute weitgehend autark sein, wenn nicht das enorme Bevölkerungswachstum und die damit verbundene Landflucht schier unlösbare Schwierigkeiten aufwerfen würden. Kenya befindet sich, verglichen etwa mit Südamerika oder dem Indischen Subkontinent, in einem jungen Stadium der Urbanisierung. Am stärksten wirkt sich diese auf die Hauptstadt Nairobi aus, deren Anziehungskraft vor allem auf ihrer Reichtums- und Machtkonzentration beruht. Die Landflucht einerseits und das schnelle Wachstum der kenyanischen Bevölkerung andererseits lassen seit der Unabhängigkeit die Zahl der Arbeitslosen stetig ansteigen. Als Folge des nicht abreißenden Bevölkerungszustroms und der geringen Verdienstchancen entstanden am Rande Nairobis ›wilde‹ Siedlungen, in denen heute ein Fünftel der Stadtbevölkerung lebt. Diese illegalen, unkontrollierten Siedlungen lassen meist die von der Stadtverwaltung festgelegten Mindestanforderungen an eine adäquate kommunale Versorgung – wie etwa Müllabfuhr, Kanalisierung oder Straßenzugang – vermissen.

Das älteste Slum *(squatter settlement)* der Hauptstadt ist Mathare Valley, ein Tal, in dem es schon vor der Unabhängigkeit Elendsviertel gab. Heute drängen sich in den ›Slumdörfern‹ Nairobis auf engstem Raum etwa 250 000 Menschen, um Arbeit und Brot zu suchen.

Den Urbanisierungsproblemen versuchen Stadtverwaltung und Regierung mit der Schaffung neuer Arbeitsplätze zu begegnen; einmal durch wirtschaftliche Expansion und zum anderen durch das Kenyanisierungsprogramm, das in einem Permit-System Nichtkenyaner durch Staatsbürger ersetzt, von den niederen zu den gehobenen Berufen fortschreitend. Eine gewisse Entlastung brachten auch Regierungsmaßnahmen zur Dezentralisierung der Verwaltung und zur Förderung von Industrieansiedlung in Mombasa, Kisumu, Kakamega, Eldoret, Nakuru, Nyeri, Thika und Embu. Um die Verstädterung als solche zu hemmen, erstellte man wirtschaftliche Alternativprogramme, die vor allem auf eine forcierte landwirtschaftliche Entwicklung abzielten.

Seit der Unabhängigkeit rückt man systematisch der Wohnungsnot zu Leibe, und es wurden zahlreiche neue Wohnviertel für verschiedene Einkommenskategorien errichtet. Internationale Hilfsorganisationen und Selbsthilfegruppen mühen sich desgleichen redlich, die Elendsviertel von innen heraus zu beseitigen. So werden in Eigenarbeit plus fremder Mithilfe infrastrukturelle Einrichtungen erstellt, die die Bewohner in Eigenverantwortung verwalten.

Mathare Valley

Trotz all dieser Maßnahmen konnte die Infrastruktur der Städte dem Bevölkerungswachstum und Zuwandereransturm nicht standhalten. Ein tägliches Verkehrschaos und Ansteigen der Kriminalitätsrate sowie der Niedergang der in den Stadtzentren einst so vorbildlich funktionierenden kommunalen Versorgungseinrichtungen waren die Folge.

Überbeanspruchung der Böden und Erosion; Abwanderung, vor allem der Männer, in die Städte, Arbeitslosigkeit, auch von Schul- und Hochschulabgängern, eine 50prozentige Analphabetenrate trotz unbestreitbarer Errungenschaften im Bildungswesen – das sind die gravierendsten sozialen Probleme des modernen Kenya. Und es sind diese Mißstände, die die Kluft zwischen Arm und Reich immer größer werden lassen, die sozialen und politischen Spannungen verschärfen und Zündstoff für Unruhe in der Bevölkerung abgeben.

Völker und Kulturen in Kenya

Die ethnische Vielfalt

Der fluktuierenden ethnischen Vielfalt Ostafrikas gebot gewissermaßen das koloniale Reißbrett Einhalt. Willkürlich gezogene Staatsgrenzen zerteilten Völker, hemmten ihre Wanderungsbewegungen und engten ihre Siedlungsräume ein. Die natürlich gewachsenen Stammesgrenzen hingegen waren lebendig, veränderten sich durch Bevölkerungszunahme und Abwanderung, durch Angleichung und Vermischung verschiedener Ethnien, im Kampf gegen Dürre und Hunger, auf der Suche nach Wasser und Land. Meist waren es kleine Gruppenverbände, die über kurze Strecken ›wanderten‹ oder von Ort zu Ort Handelskontakte aufnahmen. Sie mochten vielleicht dank besserer Waffen oder überlegener Organisation ein Gebiet erobert haben und danach trachten, die dortige Bevölkerung zu verdrängen, oft aber vollzog sich die Angleichung zweier Gruppen durch Mischheirat oder nachbarschaftliche Beziehungen.

Ideen und Verhaltensweisen wechselten von einer Gruppe zur anderen, Güter wurden getauscht. Dabei war allerdings nie vorhersehbar, welche kulturellen Eigenschaften (etwa die Sprache) sich jeweils durchsetzen und fortleben und welche untergehen würden. Brachten Einwanderer wirtschaftlich-kulturelle Neuerungen mit – wie z. B. das Rind oder die Kenntnis der Eisenverhüttung, später auch die Feuerwaffen –, so mochten sie die politische oder religiöse Führung übernehmen. Fanden neue landwirtschaftliche Methoden eine erfolgreiche Verbreitung, so konnte es beispielsweise zu einem sprunghaften Anwachsen der Bevölkerung kommen, was wiederum Anlaß zu Aufbruch und Wanderung geben mochte. Völker, Sprachen und Kulturen entstanden und vergingen auf diese Weise.

Während die Ur- und Frühgeschichte, in Knochen und Artefakten zu Stein geworden, dem Besucher von Museen und Ausgrabungsstätten den Eindruck statischer Geschlossenheit vermittelt, gibt die Gegenwart Einblick in das komplizierte und verworrene Geflecht von Wandel und Überlappung bei den Kulturen der kenyanischen Völker. Da sich der Wandel in unserer Zeit jedoch in starkem Maße beschleunigt hat, können kulturelle Ausdrucksformen eines Volkes, die heute noch vorhanden sind, bald schon verschwunden sein. So sind traditionelle Kleidung und Schmuck vieler Ethnien, wie sie Joy Adamson noch Mitte dieses Jahrhunderts malte, bereits nicht mehr in Gebrauch und nur noch als Bilddokumente in Museen zu sehen.

Samburufrau mit einem ledernen Milchgefäß ▷

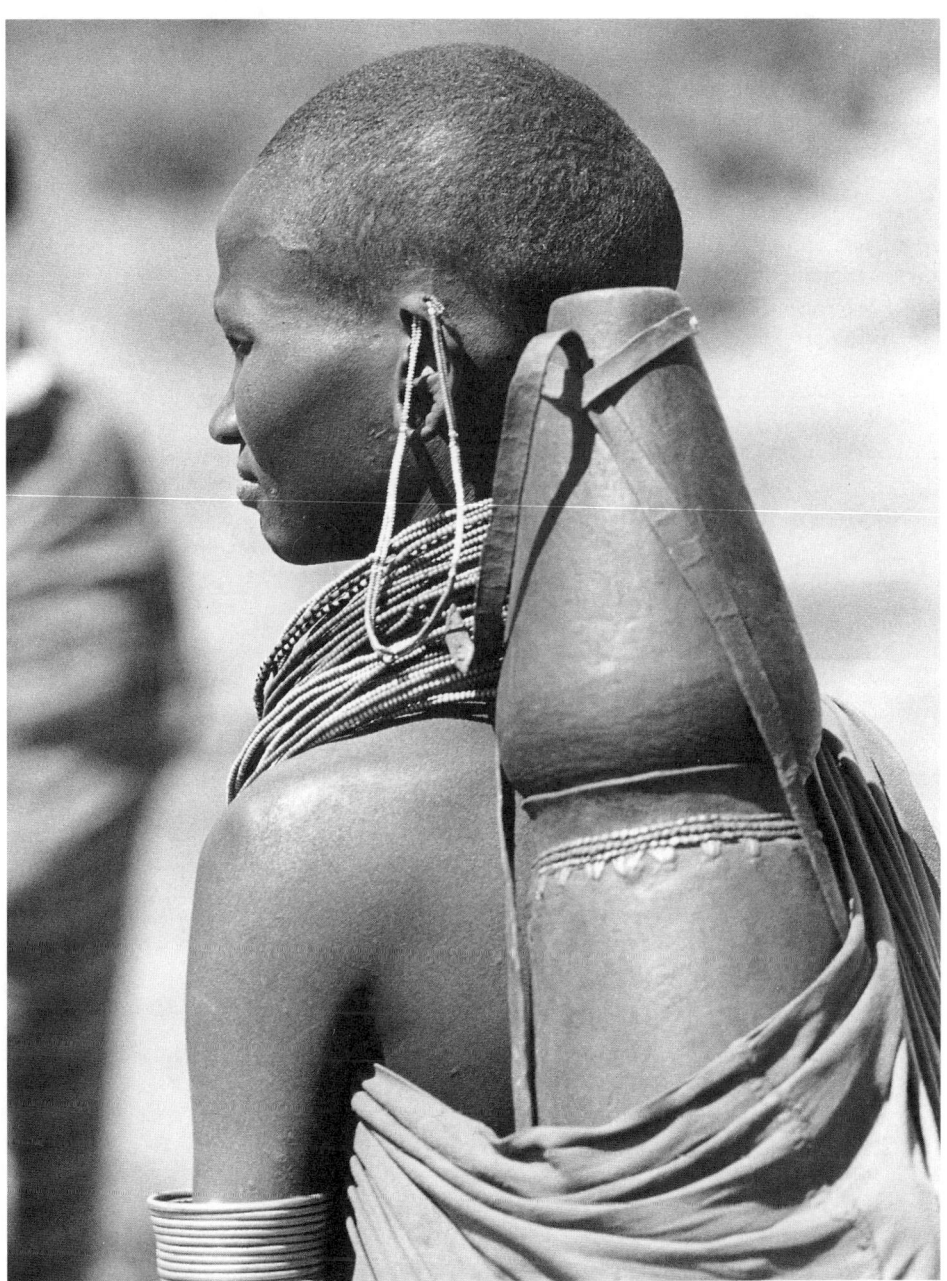

Ein anderes Beispiel: Das kleine Fischervolk der El Molo am Turkana-See verwendete noch im letzten Jahrhundert eine ostkuschitische Sprache, während es heute in zunehmendem Maße die seiner Nachbarn, der Samburu, (eine ostnilotische Sprache) benutzt und sich vielfach auch nach Samburu-Art schmückt und kleidet. Und dies sind nur Beispiele unter vielen.

Da sich die Geschichtsschreibung über das vorkoloniale Ostafrika, vom schmalen Küstenstreifen einmal abgesehen, so gut wie gar nicht auf schriftliche Dokumente stützen kann, ist neben der Archäologie die Sprachforschung zu einem wichtigen Instrument der Historiker geworden, um die Herkunft jener Gruppen zu rekonstruieren, die im Lauf der letzten Jahrhunderte im Gebiet des heutigen Kenya gesiedelt und Geschichte gemacht haben.

Zu den ältesten Bewohnern des Landes zählt man allgemein die kleinen Einheiten von Jägern und Sammlern, durch die sich manche steinzeitlichen Gepflogenheiten bis in die Gegenwart

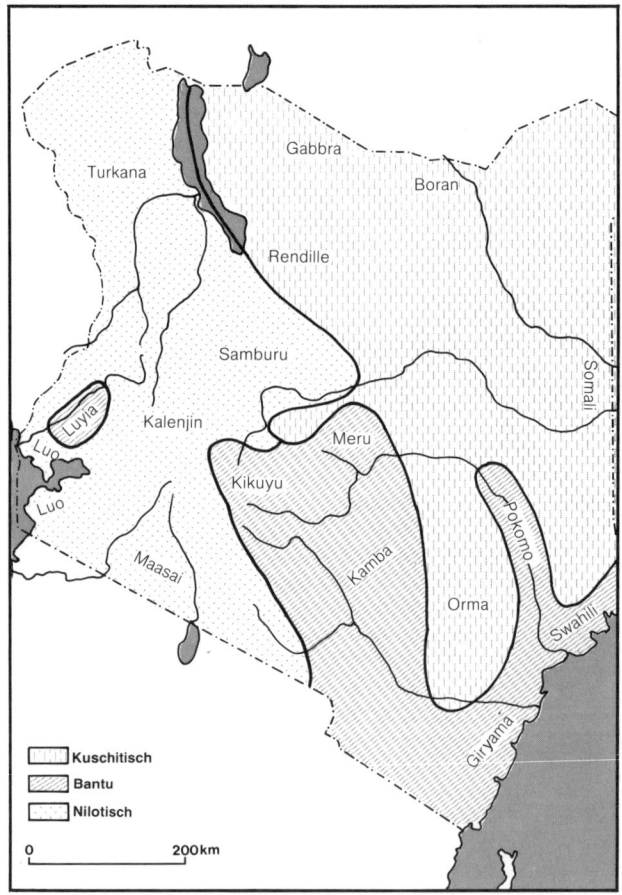

Die wichtigsten Sprachgruppen Kenyas

erhalten haben. Bei einigen dieser Jägergruppen, die heute meist eine südkuschitische Sprache benutzen, finden sich Schnalzlaute (so bei den Dahalo am unteren Tana), die eigentlich zu den Merkmalen der Khoisan-Sprachen der Buschmänner und Hottentoten gehören. Daher nimmt man an, daß sich noch vor der Einwanderung südkuschitischer Bauern und Hirten die Bevölkerung Ostafrikas aus buschmannähnlichen Gruppen zusammengesetzt haben muß. Der Rückgang der Wälder einerseits und die stete Zunahme von bodenbau- und viehzuchttreibenden Völkern andererseits scheinen ihren Lebensraum über viele Jahrhunderte hinweg allmählich eingeengt zu haben, so daß sie ihre Wirtschaftsform ändern mußten oder aber untergingen.

In Kenya werden heute überwiegend Bantu-Sprachen, wie Kikuyu, Kamba oder Luyia, oder nilotische Sprachen, wie Luo oder Maa, gesprochen. Die Einwanderung von Trägern dieser Sprachen bestimmte im wesentlichen vom 1. Jt. unserer Zeitrechnung an – und in faßbarem Maße dann nach 1500 – die Geschichte des kenyanischen Raumes. Durch sie wurden die Südkuschiten, die ihrerseits in den letzten zwei Jahrtausenden vor Christi Geburt aus dem äthiopischen Hochland gekommen waren, Viehzucht kannten und den Anbau von Sorghum und Hirse betrieben, verdrängt oder allmählich assimiliert. Die Bantu-Sprecher kamen – im Gefolge der allgemeinen Expansion der Bantu-Sprache vom Gebiet des heutigen Kamerun über Zaire bis nach Südafrika – von Südwesten her, vermutlich aus der Shaba-Provinz (dem früheren Katanga). Im gleichen Zeitraum wanderten aus dem südlichen Hochland Äthiopiens und aus dem Südsudan Niloten ein, die Vieh hielten und vor allem das Langhornrind mitbrachten. Eiserne Waffen und Werkzeuge waren den Angehörigen beider Sprachgruppen gleichermaßen zu eigen. Während die Bantu-Sprecher aber hauptsächlich Ackerbauern waren und als Lebensraum Berghanglagen bevorzugten, behaupteten die nilotischen Hirtenvölker vor allem die weiten Ebenen der Savanne.

Streng getrennt darf man die beiden Sprachgruppen allerdings nicht sehen. Im Lauf der Jahrhunderte wurden Kontakte geknüpft und Techniken von Viehzucht und Ackerbau ausgetauscht. Dieser Prozeß der kulturellen Assimilierung kann übrigens heute am Rande der Ngong-Berge ganz in der Nähe von Nairobi verfolgt werden, wo das Weideland der nilotischen Maasai an das Ackerland der Bantu sprechenden Kikuyu grenzt.

Sowenig man den Einwanderungsbeginn und die Wanderungsrichtungen der Träger der südkuschitischen, nilotischen und Bantu-Sprachen zeitlich festlegen kann, sowenig läßt sich auch die Ausbreitung der ostkuschitischen Sprachen datieren. Zu deren wichtigsten Vertretern zählen heute in Kenya die Somali und Galla sprechenden Hirtenvölker im Norden und Nordosten, deren Kultur vor allem durch die Kamelhaltung bestimmt wird. Neuerer Sprachforschung zufolge – und entgegen ihrer eigenen mündlichen Überlieferung – sollen die Somali nicht von Einwanderern aus dem Norden Afrikas oder der Arabischen Halbinsel abstammen; vielmehr vermutet man ihr Herkunftsland im südlichen Äthiopien, von wo sie sich nach Nordosten in das Horn von Afrika und nach Süden bis zum Tana ausgebreitet haben sollen. Die jüngste Invasion von Angehörigen der ostkuschitischen Sprache waren die Vorstöße der Galla/ Oromo, deren Machtbereich sich im 17. und 18. Jh. bis in das Gebiet des heutigen Tanzania hinein erstreckte und deren Raubzüge die Küstenstädte jener Zeit in Schrecken versetzten. Bis auf den heutigen Tag sind die Wanderbewegungen und territorialen Verschiebungen einzelner

Die wichtigsten Sprachgruppen Kenyas

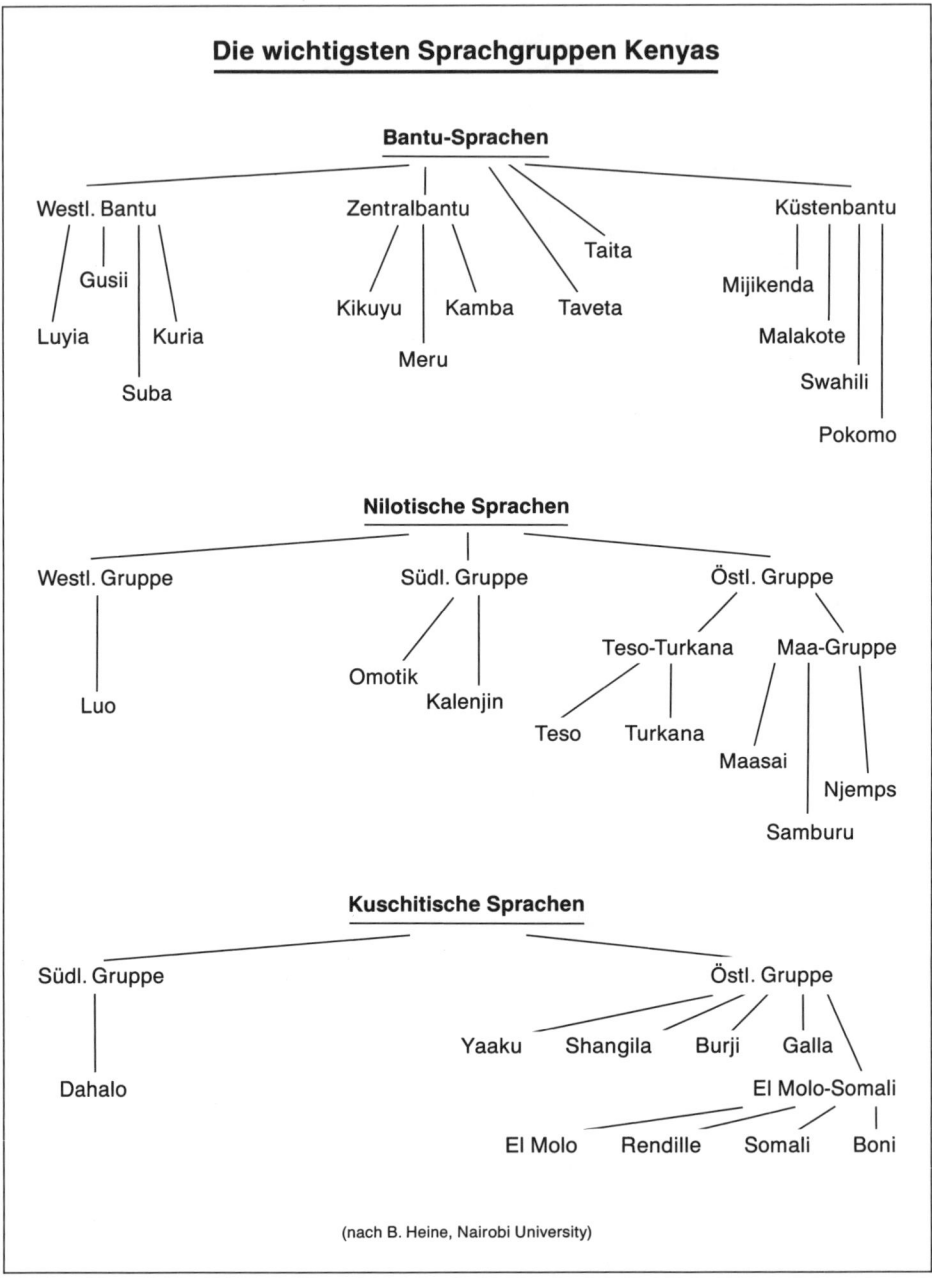

Bantu-Sprachen

Westl. Bantu
- Gusii
- Luyia
- Kuria
- Suba

Zentralbantu
- Kikuyu
- Kamba
- Taveta
- Meru
- Taita

Küstenbantu
- Mijikenda
- Malakote
- Swahili
- Pokomo

Nilotische Sprachen

Westl. Gruppe
- Luo

Südl. Gruppe
- Omotik
- Kalenjin

Östl. Gruppe
- Teso-Turkana
  - Teso
  - Turkana
- Maa-Gruppe
  - Maasai
  - Samburu
  - Njemps

Kuschitische Sprachen

Südl. Gruppe
- Dahalo

Östl. Gruppe
- Yaaku
- Shangila
- Burji
- Galla
- El Molo-Somali
  - El Molo
  - Rendille
  - Somali
  - Boni

(nach B. Heine, Nairobi University)

Völker insbesondere im Norden Kenyas nicht zum Stillstand gekommen, und auch eine Kolonialverwaltung konnte sie nur bedingt aufhalten.

Während die kuschitischen Sprachen im größten Teil der Landesfläche, den weitgehend kargen Halbwüsten, verbreitet sind, aber nur von etwa 3% der Bevölkerung benutzt werden, haben zwei Drittel der Kenyaner eine Bantu-Muttersprache. Sie bewohnen vor allem die fruchtbaren Hochländer und den Küstenstreifen, die zusammen nur ein Fünftel der Landesfläche ausmachen. Der Rest von ungefähr 30% spricht nilotische Sprachen und lebt auf einer Fläche von 35% des modernen Staates.

Die drei genannten Sprachgruppen sind unterschiedlicher Herkunft und nicht verwandt. Sie untergliedern sich in mehr als 30 selbständige Sprachen und des weiteren in viele Dialekte, die je nach ihrer Verbreitung eine mehr oder weniger große Rolle in der kenyanischen Öffentlichkeit spielen. Eine besondere Bedeutung kommt dabei dem Swahili zu, das neben Englisch Amtssprache des Landes ist und überdies in ganz Ostafrika als *lingua franca* gebraucht wird. Es ist ein Mittel nationaler Verständigung und dient der Überbrückung des ethnischen und sprachlichen Pluralismus. Seit 1971 hat es als offizielle Sprache Vorrang; die Elite des Landes verständigt sich jedoch weitgehend in Englisch, das während der Kolonialzeit Bedeutung erlangte. In den Städten bevorzugt man das Englische als Verwaltungs- und Unterrichtssprache und im Bereich von Wirtschaft und Technik; insgesamt wird es jedoch nur von 15% der Gesamtbevölkerung benutzt. Im Norden und Nordosten sowie an der Küste außerhalb der Städte hat sich die englische Sprache so gut wie gar nicht durchsetzen können.

Samburu-Krieger

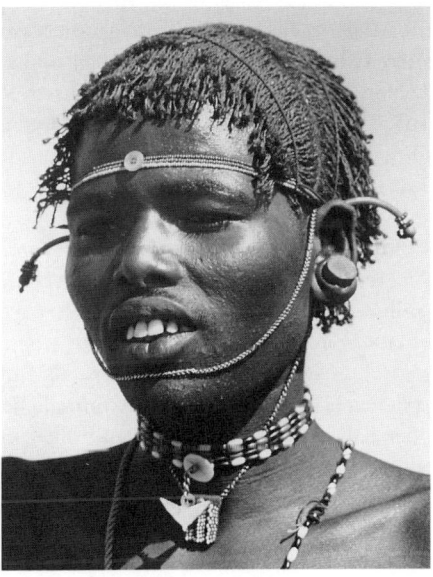

Die Kikuyu – Volk am heiligen Berg Kirinyaga

Schöpfungsmythos und Herkunftslegende

Am Anfang der Welt erschien Gott eines Tages Gikuyu, dem jungen Mann, der keine Frau hatte. Gott gab Gikuyu Land mit herrlichen Wäldern, Seen, Flüssen und großen Weiden. Inmitten dieser wunderbaren Welt lag ein großer Berg, Kirinyaga, Zeichen des Ruhmes und der Wunder Gottes. Er nahm Gikuyu mit auf die Spitze des Berges und zeigte ihm die Schönheit des Landes, das er ihm gegeben hatte. »Steig hinunter ins Tal«, sprach er, »und baue dein Haus, wo die großen Feigenbäume wachsen.« Gikuyu tat, wie ihm geheißen. Und als er sich den Feigenbäumen näherte, trat ein schönes Mädchen auf ihn zu. Dieses Mädchen nannte er Mumbi, und sie lebten zusammen an der auserwählten Stelle bei den Feigenbäumen, die Mukurue wa Gathanga hieß. Über die Jahre bekamen sie zehn Töchter, die aufwuchsen und ebenso weise wie schön waren. Aber Gikuyu und Mumbi hatten keinen Sohn, und es gab keine jungen Männer, die ihre Töchter hätten heiraten können. Da ging Gikuyu zum Fuß des Kirinyaga, erhob seine Arme und rief: »O Gott, Preis sei dir« und beklagte, daß er keine jungen Männer in seiner Familie habe. Gott antwortete ihm: »Bereite ein Opfer am größten der Feigenbäume. Du und deine Frau und deine Töchter, tut es zusammen. Dann kehrt nach Hause zurück. Und du, geh des Nachts allein zu dem Feigenbaum.« Gikuyu tat, wie ihm geheißen. Er und die Seinen trugen ein Lamm und ein Zicklein zum Feigenbaum, töteten sie und verbrannten sie auf einem großen Feuer. So wurde das Opfer gebracht. Am Abend ging Gikuyu mit seiner Familie nach Hause, kehrte dann allein zum Feigenbaum zurück und bat Gott um seinen Segen. Doch konnte er kaum seinen Augen trauen: An der Stelle, wo die Tiere geopfert worden waren, standen nun zehn große, kräftige Männer. Gikuyu hieß sie willkommen und nahm sie mit nach Hause. Er gab ihnen zu essen und einen Platz zum Schlafen. Am nächsten Morgen stellte er sie seinen Töchtern vor, die hocherfreut waren. Die zehn Mädchen heirateten die zehn Männer und hatten viele Kinder mit ihnen. So begann die Geschichte der zehn Kikuyu-Clans in dem wunderbaren Land, das Gott Gikuyu, dem jungen Mann ohne Frau, gegeben hatte.

Auch heute hat sich der Kirinyaga (Mount Kenya), der zumeist in Wolken gehüllt ist und die Geheimnisse des Kikuyu-Volkes hütet, noch etwas von seiner Heiligkeit bewahrt, genau wie der Feigenbaum, den man selbst im modernen Nairobi nicht ohne weiteres zu fällen wagt, etwa um ein Bauvorhaben durchzuführen.

   Neben dem Schöpfungsmythos, der vom Mount Kenya als Entstehungsort des Kikuyu-Volkes und seiner ursprünglichen Heimat ausgeht, gibt es mündliche Überlieferungen, die von einer großen Wanderung der Kikuyu und anderer Bantu-Völker in ihre heutigen Siedlungsgebiete sprechen. Die meisten dieser sogenannten östlichen Bantu (die östlich der großen Seen lebenden Gruppen, zu denen auch die Küstenbantu gerechnet werden) erzählen sich eine

Mount Kenya, der heilige Berg der Kikuyu ▷

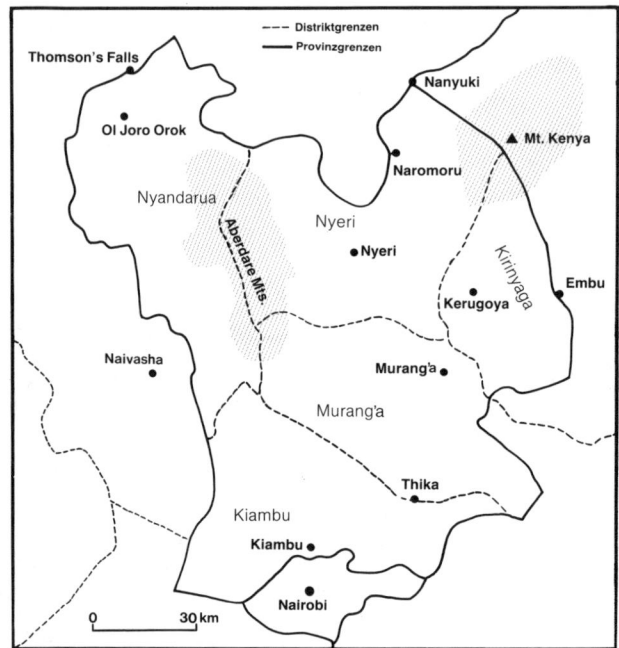

Kikuyu-Land

Herkunftslegende, nach der ihr Ursprungsgebiet in Shungwaya lag, das man aufgrund archäo-logischer und schriftlicher Quellen im Hinterland der Ruinenstadt von Bur Gao (Südsomalia) vermutet. Nach Einfällen der Galla/Oromo und Somali, aber auch nach Perioden großer Dürre sollen sich zu verschiedenen Zeiten mehrfach Bantu-Gruppen von dort aus in Bewegung gesetzt haben und teils nach Süden die Küste entlang, teils ins Landesinnere gewandert sein. Neuere Forschungen schenken allerdings der Shungwaya-Legende keinen Glauben mehr, sondern betrachten sie als eine Fälschung, die Ende des letzten Jahrhunderts in Umlauf gesetzt wurde.

Die Vorfahren der Kikuyu wanderten den Tana aufwärts und setzten sich schließlich östlich des Meru-Landes fest, das die Kikuyu heute als ihre eigentliche Heimat ansehen. Ende des 16./Anfang des 17. Jh. veranlaßte ein neuerlicher Vorstoß der Galla eine Völkerverschiebung, durch die u. a. die Kikuyu in das Gebiet um den Mount Kenya gedrängt wurden. Da die Kikuyu Ackerbauern waren, rodeten sie in den waldreichen Gebieten und legten Pflanzungen an. Dabei verdrängten sie die Jäger- und Sammlergruppen der Gumba und Athi, die um den Mount Kenya in Erdhöhlen wohnten und von dem Wild der Waldgebiete lebten; teils absorbierten sie sie auch allmählich, so daß von jenen keine ethnischen Spuren mehr vorhanden sind.

Als die Europäer Mitte letzten Jahrhunderts nach Kenya kamen, war der Expansionsdrang der Kikuyu nach Süden in das Gebiet der Maasai hinein noch nicht zum Abschluß gekommen. Zum guten Teil dürfte er der Größe ihres Volkes zuzuschreiben sein, dem zu wenig Grund und Boden zur Verfügung stand. Lange Zeit lebten sie auf einer Fläche von nur 3200 km², die nach der Unabhängigkeit im Jahre 1963 auf 81 000 km² erweitert wurde. Ihre traditionelle Heimat war in drei Verwaltungsdistrikte aufgeteilt: im Norden Nyeri, im Süden Kiambu und im Zentrum Murang'a (um das ehemalige Fort Hall), das auch als Land ihrer Vorfahren gilt. In Höhen zwischen 1200 und 2500 m erstreckt sich das sehr fruchtbare Kikuyu-Land nach Norden bis zum Massiv des Mount Kenya und nach Westen bis zum Kikuyu Escarpment des Rift Valley. Es schließt die waldüberzogenen Hänge der Aberdare Mountains *(nyandarua)* mit ein und endet im Osten und Süden ziemlich unvermittelt am Ol Donyo Sapuk und den Ngong Hills.

Auf dem Land, das für den Ackerbau so günstig war, produzierten die Kikuyu mehr, als sie zur Deckung des Eigenbedarfs brauchten. So waren sie im 19. Jh. in der Lage, die Karawanen der Swahili und Araber sowie die Expeditionstrupps der Europäer mit den wichtigsten Lebensmitteln zu versorgen. Regionalen Handel trieben sie auch mit ihren Nachbarn, den Maasai und vor allem den Kamba, die sie sogar später im Handel mit der Küste überrundeten und ablösten. Dem Expansionsdrang, den sie in Landnahme und Handel zeigten, entsprach auf der geistig-kulturellen Ebene während der Kolonialzeit ein starkes Interesse an europäischer Bildung und Politik. Die unmittelbare Nähe des Verwaltungszentrums Nairobi und der europäischen Farmer des Hochlands begünstigte diesen Aufnahmeprozeß.

Die Kikuyu stellen das zahlenmäßig stärkste ethnische Kontingent Kenyas. Von allen Völkern des Landes waren sie am flexibelsten gegenüber den kulturellen Veränderungen der

Fruchtbare rote Vulkanerde prägt das 1600 m hoch gelegene Land um Nyeri (im Hintergrund Mount Kenya)

letzten hundert Jahre. Sie trugen maßgeblich zur kenyanischen Unabhängigkeit bei, und ihr Einfluß auf Regierung, Handel, Wirtschaft und andere Gebiete des täglichen Lebens ist unübersehbar.

Traditionelle Gesellschaft und Kultur

Familie und Shamba: Der Schlüssel zur traditionellen Gesellschaft der Kikuyu liegt in der Stammesordnung, die ihrerseits auf den Institutionen der Familie (*nyumba*, wörtlich: Haus) und der Altersgruppen beruht, denen jeder einzelne angehört und die seine Stellung innerhalb der Kikuyu-Gesellschaft festlegen. Der Anthropologe und spätere Staatsmann Jomo Kenyatta beschrieb das in seinem Buch ›Facing Mount Kenya‹ folgendermaßen:

»In der Kikuyu-Denkart gibt es kein isoliertes Individuum oder: die individuelle Besonderheit eines jeden ist zweitrangig. In erster Linie ist jedes Mitglied ein Verwandter oder Zeitgenosse anderer. Sein Leben beruht geistig und ökonomisch, ebenso wie biologisch, auf diesem Umstand; seine tägliche Arbeit wird dadurch bestimmt, und es ist die Grundlage sowohl seiner moralischen Verantwortung als auch seiner sozialen Pflichten. Seine persönlichen Bedürfnisse, die geistigen und körperlichen, werden im Rahmen seiner Rolle als Mitglied einer Familiengruppe befriedigt und können auf keine andere Weise erfüllt werden. Die Tatsache, daß in der Kikuyu-Kultur der Individualismus sprachlich mit schwarzer Magie assoziiert wird, und daß ein Mann oder eine Frau dadurch geehrt wird, daß er/sie als jemandes Eltern, Onkel oder Tante angesprochen wird, zeigt, wie tiefliegend die Verwandtschaft in den Vorstellungen der Kikuyu mit Gut und Böse verknüpft ist.«

Innerhalb der Familie nahm der Vater die wichtigste Stellung ein, denn er war das genealogische Verbindungsglied zwischen Ahnen, Lebenden und Ungeborenen. Daher trachtete ein verheirateter Mann danach, möglichst viele männliche Nachkommen zu haben, um die Kontinuität seiner Abstammungslinie auf jeden Fall zu sichern. Zur Heirat suchte er sich eine gesunde, kräftige Frau, die ihm viele Kinder gebären konnte und fähig war, sein Land zu bewirtschaften. Stand ihm genügend Ackerland zur Verfügung, so heiratete er eine zweite Frau und später vielleicht noch eine dritte und vierte, um den Reichtum des Familienlandes zu mehren.

Der Frau oblag weitgehend die Beschaffung der Nahrungsmittel, sie besorgte Anbau und Ernte auf den vom Mann gerodeten Feldern, und der Inhalt ihres Kornspeichers war unantastbar. Darüber hinaus trieb sie Tauschhandel mit den Ernteüberschüssen und mit selbst hergestellten Körben und Töpferwaren. Ihre Geschäftstüchtigkeit war sprichwörtlich und beherrscht heute so wie früher das Markttreiben in Stadt und Land. Auf die wichtige Rolle der Frau als Nahrungsmittelproduzentin verweist übrigens der alte Brauch, der heute noch oft – auch bei städtischen Hochzeiten – zu beobachten ist: daß die Braut von der Familie des Bräutigams ein Bodenbearbeitungsgerät geschenkt bekommt. Dieses Gerät, meist eine Hacke, muß sie in Anwesenheit der geladenen Hochzeitsgäste benutzen und ein paar symbolische Hackenschläge auf dem Boden ihrer zukünftigen Schwiegerfamilie durchführen.

Die soziale Organisation der ackerbautreibenden Gemeinschaften fußt auf dem Grund und Boden, der ihren Lebensunterhalt sichert. Deshalb war das Symbol der Verwandtschaftsbin-

Zwei Tontopftypen der Kikuyu

dung das von der Familie gemeinsam genutzte Land *(shamba)*. Privat konnte niemand Land besitzen und darüber verfügen. Es gehörte der Familieneinheit, die es gerodet und urbar gemacht hatte, und wurde vom Ältestenrat treuhänderisch für lebende und zukünftige Generationen verwaltet. Der einzelne konnte nur zeitlich begrenzte Nutzungsrechte in Anspruch nehmen. Aus den unterschiedlichen Auffassungen von Bodenbesitz erwuchsen denn auch die folgenschweren Mißverständnisse um das von den Briten gekaufte Land, weil die Kikuyu der Meinung waren, nur Nutzungsrechte auf Zeit verkauft zu haben. Der Bevölkerungszuwachs in den darauffolgenden Jahrzehnten ließ sie ihr Land vergebens zurückfordern – ein grundlegendes Problem, das schließlich den Anstoß zum Befreiungskampf gab.

Der einzelne – ob Junge oder Mädchen – war also in erster Linie Mitglied einer Familie, die wiederum mit anderen Familieneinheiten den Subclan bildete, der durch gemeinsame Abstammung und einen gemeinsamen Namen gekennzeichnet war. Alle Subclans führten sich auf die ursprünglichen zehn Clans *(mihiriga)* zurück, die nach den zehn Töchtern von Gikuyu und Mumbi, der legendären Stammeseltern des Kikuyu-Volks, benannt waren.

Altersklassen: Neben Familie und Clan umfaßte und unterteilte aber noch ein anderes System das Kikuyu-Volk – das System der Altersklassen *(mariika)*, das für fast alle Gesellschaften Kenyas typisch war, mit Ausnahme der Swahili-Stadtstaaten und der Luyia-Gruppen im Westen Kenyas. Das Altersklassensystem durchkreuzte die Verwandtschaftsbande und präzisierte die Definition für den Platz jedes einzelnen innerhalb der Kikuyu-Gesellschaft. Es sorgte für eine der Lebensreife angepaßte Aufgaben- und Statusverteilung und prägte das Zusammengehörigkeitsgefühl mit den Altersgenossen, das den einzelnen lebenslang begleitete. Diese festgefügte

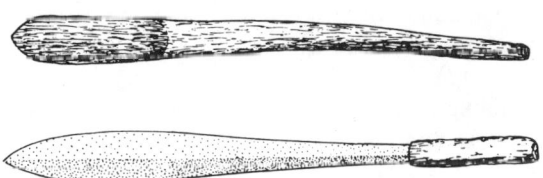

Grabstock und Panga (Buschmesser)

Ordnung der Altersstaffelung begründete im wesentlichen die egalitäre Ausübung von Macht, die in Händen eines Ältestenrates ruhte und nicht vererbbar war.

Vielfältige Initiationsrituale kennzeichneten den Übertritt von einer Altersstufe in die nächste – insbesondere den Übergang von der Kind- und Jugendzeit ins Erwachsenenalter, der einer vollen Aufnahme in die Gesellschaft entsprach und meist zwischen dem 14. und 18. Lebensjahr vollzogen wurde. Kern der Initiation war für die Jungen die Zirkumzision (Beschneidung) und für die Mädchen die Klitoridektomie (Entfernung der Klitoris), Operationen, die bei fast allen Völkern Kenyas – bis auf wenige, wie die Luo oder Turkana etwa – ausgeführt wurde. Auf die Operation folgten Wochen der Genesung und des Unterrichts, in denen die Initiierten auf ihre neuen Rechte und Pflichten vorbereitet wurden. Wenn die Wunden verheilt und die Wochen der Lebensschulung abgeschlossen waren, wurde den Initiierten bei den Kikuyu der Kopf kahlgeschoren, ihr Körper mit rotem Ocker bemalt. Sie bekamen neue Kleider und Schmuck, und zu Hause fand ein Fest zu ihren Ehren statt. Der frisch initiierte Mann war nun ein junger Krieger, der lernen mußte, mit Pfeil und Bogen oder dem Speer umzugehen, und der im Bedarfsfall zur Verteidigung der Siedlung, zur Rodung des Waldes oder zur Arbeit in den Pflanzungen herangezogen wurde. Mehrere Gruppen von Kriegern konnten eine ›Armee‹ bilden, die sich Anerkennung zuweilen durch Überfälle auf Menschen, in der Regel jedoch durch Viehdiebstahl bei anderen Stammesgemeinschaften erwarben. Zur Gruppe der Krieger gehörte ein Mann etwa 20–30 Jahre lang. Hatte er die nächste Stufe des älteren, verheirateten Kriegers erreicht, so nahm man ihn in die unteren Ränge des Ältestenrates *(kiama)* auf, wofür er im Gegenzug den ältesten Angehörigen des Rates Ziegen und Bier schenken mußte. Die oberste Hierarchiestufe bildete der innere Rat der Ältesten *(ndundu)*, die höchste Gerichts- und Machtinstanz bei den Kikuyu.

Jede Altersgruppe hatte einen gewählten Führer, den sie zum Ältestenrat entsandte und der ihre Belange vortrug und vertrat. Zu den Aufgaben des Ältestenrates gehörte es, für Frieden und Ordnung innerhalb der Gemeinschaft zu sorgen, Gesetze zu erlassen, Gebete und Opfer an Gott *(ngai)* – etwa bei den wichtigsten Stationen des Lebens wie Geburt, Initiation, Heirat und Tod – durchzuführen oder Land, Menschen und Vieh durch besondere Riten zu reinigen, wenn Übel, Krankheit oder Dürre sie heimsuchten. Mit dem Alter wuchs auch das Maß an Respekt und Achtung, das dem einzelnen zuteil wurde. Jedes Kind lernte die Verhaltensregeln und Anredeformeln, mit denen es den Älteren und Ältesten zu begegnen hatte. Wie tief diese auf Alter beruhende Respektordnung verankert war, mag man vielleicht an der Bezeichnung *mzee* (›großer alter Mann‹) erkennen, mit der die Kenyaner ihrem ersten Präsidenten – Jomo Kenyatta – höchste Ehren erwiesen. Der Respekt, den man zu Lebzeiten den Ältesten gezollt hatte, hörte bei deren Tod nicht auf, im Gegenteil, er mehrte sich noch, da die Toten nun näher bei Gott und von irdischen Irrungen frei waren. Man bat deshalb nicht selten die Ahnen um Schutz und Fürbitte bei Gott.

Siedlung und Hausbau: Die traditionellen Siedlungen der Kikuyu hatten keinen zentralistischen Dorfcharakter. Es waren vielmehr Streusiedlungen, mit einzelnen Gehöften, die jeweils mehrere Familien beherbergten. Da die Kikuyu am stärksten den Einflüssen und Ideen der

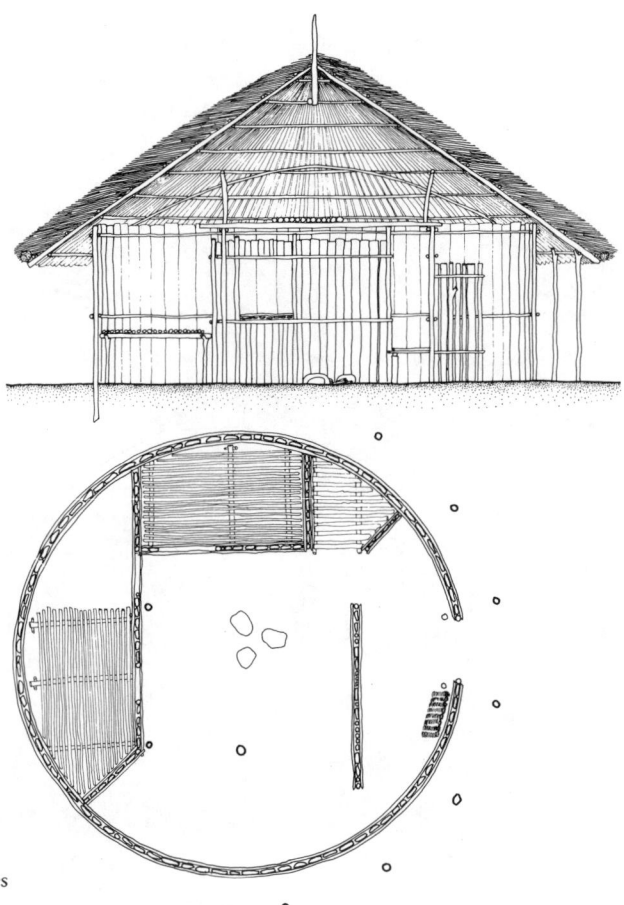

Aufriß und Grundriß eines
Kikuyu-Hauses

Kolonialzeit ausgesetzt waren, ist es nicht verwunderlich, daß ihre heutigen Siedlungen nur noch selten dem Schema traditioneller Architektur und Raumaufteilung folgen. Letzte Anstöße zur Aufgabe der alten Siedlungs- und Bauweise gab die Zwangsumsiedlung vieler Kikuyu während der ›Mau Mau‹-Zeit in sogenannte *emergency villages* (Notstandsdörfer).

Die erzwungene Festsetzung in neuen Dörfern zog eine Flurbereinigung nach sich, durch die die oft weit verstreut liegenden Felder des Clan- oder Familienlandes zusammengelegt und fortan unter den Namen individueller Eigner registriert wurden. Damit schränkte man ganz wesentlich die soziale Mobilität der Kikuyu ein, die bis dahin ihr gesamtes Leben bestimmt hatte. Das neue, individuelle Besitztum bedeutete für viele auch Veränderungen im Hausbau, weil der Zugang zu den einst gemeinschaftlich genutzten Wäldern und Weidegründen, aus denen man das Holz und das lange Deckgras für die Rundhäuser holte, nicht mehr jedermann

Kikuyu-Land südwestlich des Mount Kenya, nahe Nyeri

offenstand. Neue Materialien, z. B. Wellblech, wurden gebräuchlich. Die aber mußte man kaufen; sie waren teuer und nur durch eine neue Kooperationsform, die Nachbarschaftshilfe, erschwinglich.

Ursprünglich gab es im Kikuyu-Land zweierlei Siedlungstypen, von denen der eine meist grenznah lag und zum Schutz vor Eindringlingen – etwa den Maasai – befestigt war. Die Gehöfte im Landesinneren hingegen umgab nur ein Zaun zur Unterbringung des Viehs. Die Grenzsiedlungen beherbergten eine größere Zahl von Gehöften, um eine möglichst effektive Verteidigung zu gewährleisten. Sie waren von gefällten Baumstämmen umgeben, die man nicht ganz von ihren Wurzeln getrennt hatte, so daß sie liegend nach außen weiterwuchsen. Ihre Äste und Zweige verband man miteinander und setzte auf diesen lebenden Wall dornige Kriechgewächse, die ein Eindringen praktisch unmöglich machten. Die Befestigungsanlage hatte nur einen einzigen, streng bewachten Zugang.

Der Bau eines Hauses wurde vom Subclan – so forderte es die Sitte – gemeinschaftlich besorgt und dauerte nur einen Tag. Den Männern oblag die Beschaffung und Aufrichtung des schweren Baumaterials, etwa die Herstellung der Wandpfähle, während die Frauen das Gras sammelten, das sie zum Dachdecken benötigten. Zur Markierung der äußeren Wandlinie befestigte man eine Schnur von der Länge des gewünschten Radius am Mittelpfosten und führte sie einmal im Kreis um diesen herum. Für die Wände benutzte man früher Pfähle aus dem harten, insektenresistenten Holz der Zeder und füllte die Zwischenräume mit kleineren gespaltenen Pfählen und Zweigen, um ein größtmögliches Maß an Wärmedämmung zu erreichen.

Mit dem Anwachsen der Bevölkerung wurden die Zedernbestände immer geringer; dies zwang die Menschen zur Verwendung von weniger harten und widerstandsfähigen Materialien. Die Wände der Rundhäuser wurden fortan aus zwei parallel laufenden Reihen mittelstarker Pfähle errichtet, die mit Zweigen und Blättern aufgefüllt wurden (s. Zeichnung S. 99). Da diese Bauweise aber auch sehr kostspielig war, benutzte man bald nur noch eine Pfostenreihe, die durch horizontal laufende Baumschößlinge vom Boden bis unter das Dach vertäut war, wobei die Zwischenräume nun mit Lehm aufgefüllt wurden.

Wer sich für den traditionellen Hausbau der kenyanischen Völker interessiert, kann die unterschiedlichsten Haustypen aus allen Gegenden des Landes in den Bomas of Kenya, einer Art Freilichtmuseum bei Nairobi, studieren. Hier finden sich auch ›ausgestorbene‹ Haustypen wie das alte Kikuyu-Haus maßstabsgetreu nachgebaut.

Eine Wohneinheit bestand aus mehreren Gebäuden, einem für den Mann und einem für jede seiner Frauen, wobei das der ersten Frau größer war als die übrigen. Die Feuerstelle in der Mitte des Hauses bestand aus drei Steinen. Darüber befand sich eine Art Hängeboden, auf dem Feuerholz und Nahrungsmittel trocken gelagert waren; der aufsteigende Rauch konservierte die Lebensmittel. Gegenüber dem Eingang befand sich, durch Trennwände aus zusammengeflochtenen Stöcken verborgen, die Lagerstätte der Frau, die vom Aufenthaltsraum in der Hausmitte nur durch eine kleine Öffnung oder Tür zugänglich war. Rechts neben dem Eingang war ebenfalls hinter geflochtenen Trennwänden die Schlafstelle der Mädchen des Haushalts untergebracht. Aufbewahrungsplätze für Wasser und Geräte gab es zur Genüge an der Wand innerhalb und außerhalb des Hauses.

Ähnlich war das etwas kleinere Haus des Mannes aufgeteilt, doch besaß es keine Trennwände. Das Bett, meist der einzige Einrichtungsgegenstand, befand sich gegenüber vom Eingang hinter dem Herd. Zur Wohneinheit einer Familie gehörte ein Kornspeicher. Man baute ihn aus Flechtwerk, um für gute Ventilierung zu sorgen; seine erhöhte Position hielt Insekten und Nagetiere fern. Der kleine Einstieg lag unmittelbar unterhalb des Daches.

Vorkolonialer Handel: In den dichter besiedelten Gegenden des Kikuyu-Landes gab es Märkte, die jeden vierten Tag abgehalten wurden und von Männern der Altersgruppe der Krieger überwacht wurden. Markttage waren nämlich auch Friedenstage, an denen etwaige Streitigkeiten und Händel, die zwischen zwei Siedlungen oder Subclans bestanden, ruhen mußten.

Auf den meisten Märkten wurden Tabak, Gemüse, Obst, Hirse- und Bananenmehl, Felle und Flaschenkürbisse gegen Eisen, Töpferwaren, Ledergewänder, Salz und Roteisenocker eingetauscht. Von den vorbeiziehenden Karawanen oder den benachbarten Maasai bezogen die Kikuyu vor allem Messing- und Eisendraht, Perlen und Kaurimuscheln sowie das begehrte Soda (Natriumkarbonat) und von den Kamba Gifte und Medizin, Eisenketten, Schnupftabakdosen und Pfeile. Mit den Athi, die in den Wäldern wohnten, tauschten die Kikuyu hauptsächlich Ziegen und Lebensmittel gegen Büffelleder, aus denen sie ihre Schilde schnitten, und Sehnen zum Vernähen von Leder. Aber auch wertvolle Felle wie die der Kolobusaffen, die zur traditionellen Gewandung der Ältesten gehörten, handelten sie ein.

Handelswege durchzogen das ganze Kikuyu-Land. Sie wurden alle 30–40 Jahre, zur Zeit der *ituika*-Zeremonie, wenn der bestehende Ältestenrat abgelöst wurde, neu instand gesetzt, die Brücken über Bäche und Flüsse ausgebessert. Der Handel mit den Nachbarvölkern lag vor allem in den Händen verheirateter Frauen, die bis nach Naivasha, Narok, Kajiado oder Nanyuki gingen und unterwegs eine gewisse Immunität genossen, die reisenden Männern grundsätzlich nicht zuteil wurde. Eine orts- und sprachkundige Frau, oftmals aus dem Zielgebiet des Handels stammend, führte die Gruppe an und sorgte für Unterkunft und gute Aufnahme der von ihr betreuten Frauen. Die Ware wurde in geflochtenen Körben, die man mit einem Stirnband befestigte, transportiert, eine Lastenbeförderung, der man vor allem auf dem Land noch heute begegnet.

Die Maasai – Hirtenvolk der Grassavanne

Das Vieh als Lebensgrundlage

»Ich hoffe, deinem Vieh geht's gut.« Die übliche Grußformel der Maasai verwundert nicht weiter, wenn man bedenkt, daß sich ihr gesamtes Leben um das Wohl der Rinderherden dreht und davon abhängig ist. Milch, Blut und Fleisch gehören zur Grundnahrung der Maasai; aus Leder und Häuten werden Sandalen, Kleidungsstücke, Sitz- und Schlafmatten sowie vieles andere gefertigt. Die lebenden Tiere symbolisieren Reichtum; mit ihnen werden Heiratsbande zwischen zwei Familien geknüpft, durch sie stellt man die Harmonie zwischen zwei im Streit liegenden Parteien wieder her. Bei den wichtigsten zeremoniellen Anlässen dienen Rinder als Opfertiere.

Jede andere Beschäftigung als die mit dem Vieh galt traditionsgemäß als niedrig und verwerflich, vor allem deshalb, weil sie Enkai, Gott, beleidigte, der den Maasai einst das Vieh geschenkt hatte. Auf vielfältige Weise geben die Erzählungen und Mythen der Maasai darüber Aufschluß. Enkai oder Eng-ai (ein Maa-Wort, das zugleich Gott und Himmel bedeutet) war vor undenkbaren Zeiten eins mit der Erde. Aber es geschah, daß Himmel und Erde sich trennten. Da sandte Enkai alles Vieh vom Himmel und ließ es an den Luftwurzeln des wilden Feigenbaumes herab, und er machte die Maasai zu den allein rechtmäßigen Besitzern aller Rinder dieser Welt. Der Feigenbaum aber war von dieser Zeit an heilig.

Maasai-Frau mit ihrem Sohn am Lake Natron (Tanzania)

Vor diesem mythisch-traditionellen Hintergrund ist natürlich auch Ackerbau undenkbar, weil der Boden das Gras wachsen läßt, das die Rinder ernährt. Gras und die Farbe Grün sind deshalb das Symbol für Frieden und Wohlstand. Selbst für die Bestattung ihrer Toten hätten die Maasai nie gewagt, den heiligen Boden anzutasten. Sie überließen den Leichnam den Raubtieren oder deckten ihn – wenn es sich um eine angesehene Persönlichkeit handelte – mit Steinen zu, die sie zu einem kleinen Hügel auftürmten.

Nach einer anderen Variante des Schenkungsmythos sprach Enkai zu einem Ndorobo, einem Mann, der sich vornehmlich von der Jagd und dem Sammeln von Wurzeln und wilden Früchten ernährt: »Komm morgen, wenn es dämmert, zu mir; ich habe eine Botschaft für dich.« Ein Maasai hatte jedoch in der Nähe gestanden und die Stimme Enkais gehört, und er ging zu dem Platz, den Enkai genannt hatte. Der Ndorobo (was in Maa ›der Arme, der sich vom Fleisch wilder Tiere ernähren muß‹ bedeutet und denjenigen bezeichnet, der kein Vieh besitzt) aber schlief und versäumte es, sich auf den Weg zu machen. Da sagte Enkai zu dem Maasai: »Baue in drei Tagen einen Viehkral und ein Haus für dich selbst, in dem du leben kannst. Dann fange ein Kalb in den Wäldern, töte es und wickle sein Fleisch in die Haut. Hast du das getan, so mache Feuer und wirf das Fleischbündel hinein. Dann schließ dich in dein Haus ein, und erschrick nicht, wenn du Getöse, dem Donner gleich, hörst.« Der Maasai tat, wie ihm befohlen, und als er sich im Haus eingeschlossen hatte, ließ Enkai einen langen Lederriemen auf die

103

Erde herab, geradewegs mitten in den Viehkral, wo das Fleischbündel auf dem Feuer lag. Kuh um Kuh schickte er daran herab, bis der Viehkral so voll wurde, daß die Tiere sich drängten und laut brüllten. Der Maasai bekam große Angst in seinem Haus und öffnete die Tür einen Spalt, um zu sehen, was draußen geschah. In diesem Augenblick aber schnitt Enkai den Lederriemen durch und sprach: »Mehr Vieh bekommst du nicht, weil du Angst hattest und die Tür geöffnet hast.« Seit diesem Tag gehört das Vieh allein den Maasai, während die Ndorobo weiter ihr Leben als Jäger und Sammler fristen müssen.

Aus dem religiös begründeten Besitzrecht auf die Rinder erklärt sich auch der Viehdiebstahl, der die einzelnen Maasai-Stämme vor allem in Dürreperioden immer wieder in Fehde und Kriegszustand versetzte und heute noch die kenyanischen Behörden beschäftigt. Vieh zu stehlen gehörte zu den Bewährungsproben kampftüchtiger *moran* (Altersgruppe der Krieger) und hatte wesentlichen Einfluß auf Wohlstand und Ansehen des ganzen Clans. Kampfbereitschaft und -tüchtigkeit der Maasai waren sprichwörtlich, flößten den benachbarten Bantu-Stämmen Respekt ein und dürften wesentlich dazu beigetragen haben, daß die Küstenbewohner das Maasai-Land mieden und andere Wege ins Landesinnere suchten. Andererseits dienten die übertriebenen Berichte der Küstenhändler über das gefährliche Gebiet offensichtlich auch den eigenen Interessen, weil sie reisewillige Fremde abschreckten.

Spätestens mit der Veröffentlichung von Joseph Thomsons Reisebericht ›Through Masailand‹ (deutscher Titel: ›Durch Massai-Land‹) im Jahre 1885 wurden die Maasai als eine Art

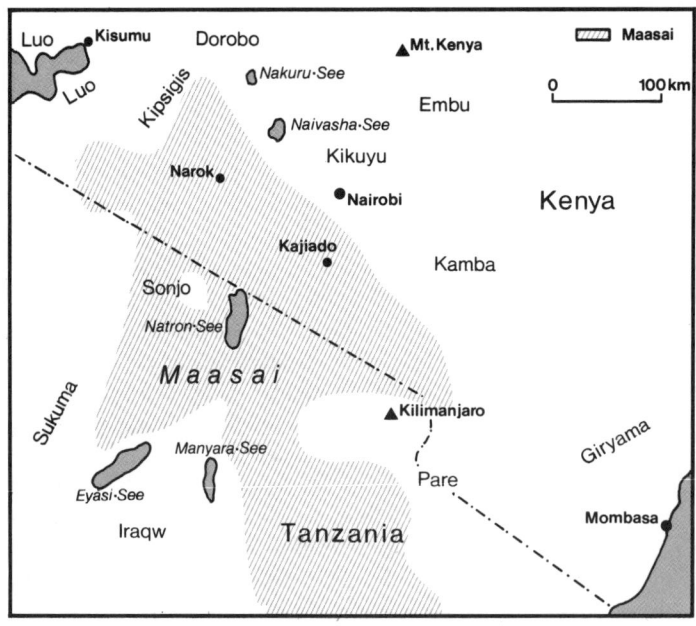

Maasai-Land

Bilderbuch-Kriegerstamm weltbekannt, und es verbreitete sich eine Fama um ihr Volk, die zu einem Gutteil viktorianischer Einbildungskraft entsprang und die Realität bis zur Unkenntlichkeit verzerrte. Kolonialbeamte, aber auch Wissenschaftler zeichneten für dieses Bild verantwortlich. Einerseits wurden die kriegerischen Tugenden der Maasai über das Heldenhafte hinaus gelobt, andererseits dichtete man ihnen ein Faulenzerdasein sowie eine Vorliebe für Händel und Ränke an. Nur allzu hartnäckig begleiten derartige Vorstellungen, vermischt mit Rousseaus Bild vom ›edlen Wilden‹, auch noch den Touristen unserer Tage auf seinen Kurzsafaris ins Maasai-Land.

Das Land der Maasai und ihre Gesellschaftsordnung

Die Maasai gehören zur Sprachgruppe der Ostniloten. Bis heute sind sie im wesentlichen ein Volk von Rinderhirten geblieben, stets auf der Suche nach Wasser und guten Weiden für ihr Vieh (Farbabb. 37). Einst sollen sie ihre Herden im Bereich des Turkana-Sees geweidet haben, dann zogen sie in die wasserreichen Ebenen zwischen Mount Kenya und Mount Elgon. Von dort drangen sie, hauptsächlich dem Rift Valley folgend, weiter nach Süden vor, bis tief in das heutige Tanzania, wo ihnen die Hehe und Gogo Einhalt geboten. Um die Jahrhundertwende hatten die Maasai die besten Weidegründe auf dem Laikipia-Plateau und im Rift Valley bei Nakuru, die so fruchtbar waren, daß auch europäische Siedler nach ihrem Besitz trachteten. Lord Delamere erwarb damals allein 40 000 ha Land in der Nähe von Nakuru.

In den ersten beiden Jahrzehnten dieses Jahrhunderts wurden die Maasai gezwungen, ihre Weidegründe nördlich der Eisenbahnlinie aufzugeben und in die trockeneren Ebenen im Süden Kenyas umzusiedeln. Durch die Einschränkung ihrer Weidegebiete trat erstmals das Phänomen der Überweidung auf, und vermutlich nötigte sie die Verknappung auch partiell zum Ackerbau, wie etwa um Ngong und Narok.

Heute leben die kenyanischen Maasai hauptsächlich in den südlichen Distrikten Kajiado und Narok und müssen das knappe zugewiesene Weideland mit den Tierschutzgebieten Amboseli und Maasai Mara teilen; ein unglücklicher Umstand, der zu vielfältigen Auseinandersetzungen mit den Wildhütern führt. So weiden die Maasai beispielsweise ihr Vieh bevorzugt entlang der Pfade zu den Wasserstellen. Dies hat mit der Zeit eine Überweidung jener ›Korridore‹ zur Folge, die zu Bodenerosion sowie Gras- und Wassermangel im gesamten Umland führt.

Die Maasai haben keine zentralistische Organisation mit einem Herrscher an der Spitze; vielmehr untergliedert sich das Volk in eine Reihe eigenständiger, egalitär geführter Einheiten. Die Gruppen stehen nur lose in Verbindung, weichen jedoch weder in Brauchtum noch Sozialstruktur stark voneinander ab. Oberste Autorität eines Stammes ist der *laibon*, ursprünglich ein ethisch-religiöser Führer, der vor allen Zeremonien und Entscheidungen konsultiert werden mußte. Ohne seine Einwilligung konnten die *moran* früher weder in den Krieg ziehen noch ihre Raubzüge durchführen. Der *laibon* war die wichtigste Person der Gruppe; er bat Enkai in Zeiten der Dürre um Regen, er verstand sich auf Heilkunde und wußte die *moran* mit Amuletten und zauberkräftigen Mitteln unverwundbar zu machen. Seit Ende des letzten Jahrhunderts

nahm er in steigendem Maße auch eine weltliche Führungsrolle ein. Nach zahlreichen Macht-
kämpfen der Stämme untereinander, in deren Verlauf die Laikipia-Maasai am Menengai-Krater
vernichtend geschlagen wurden, setzte sich erstmals ein *laibon* der Purko-Maasai, Mbatian, als
Führer des ganzen Volkes durch.

Quer durch alle Maasai-Stämme zieht sich ein Ordnungssystem von fünf Clans, die jeweils
eine eigene Viehbrandmarke zur Kennzeichnung ihrer Rinder benutzen. Wichtig werden die
Brandmarken vor allem bei der Wahl des Ehepartners, da in der Regel nicht innerhalb des
eigenen Viehbrandzeichens (des eigenen Clans) geheiratet werden darf.

Auch bei den Maasai ist das Leben in Abschnitte gegliedert, die der einzelne seinem Alter
gemäß durchläuft. Den Tod ausgenommen, wird jedem Wechsel in eine neue Stufe festliche Auf-
merksamkeit gewidmet, der neu erworbene Status durch Schmuck und Körperbemalung ange-
zeigt. Besonders die *moran,* die Altersgruppe der Krieger, fallen durch die Eitelkeit und die
Prunksucht auf, mit der sie ihren Körper pflegen und zur Schau stellen (Farbabb. 34). Hervorstechendstes Merkmal ist ihr Haar, das sie nach der Beschneidungszeremonie lang wachsen
lassen und erst wieder schneiden, wenn sie in die Altersgruppe der Erwachsenen überwechseln.
Gegenseitig drehen sie sich das Haar zu einer kunstvollen Zöpfchenfrisur, der sie durch Ocker
Festigkeit und Farbe verleihen (Farbabb. 34, Abb. 90). Altem Brauch folgend, darf der *moran*
fortan kein Fleisch in Gegenwart von Frauen zubereiten oder essen. Meist werden die Fleisch-
mahlzeiten deshalb an abgelegenen Stellen im Busch oder verborgen unter einem Felsvorsprung
eingenommen. Außerdem darf der Krieger nie allein, sondern nur zusammen mit Mitgliedern
seiner Altersklasse Fleisch essen.

Die *moran* stellen innerhalb der Maasai-Gesellschaft die wehrfähige Elite dar, in deren
unmittelbarer Einsatzbereitschaft früher das Geheimnis ihrer Stärke lag. Aus den Wohngemein-
schaften eines bestimmten Gebiets zusammengezogen, leben sie in eigens für sie gebauten

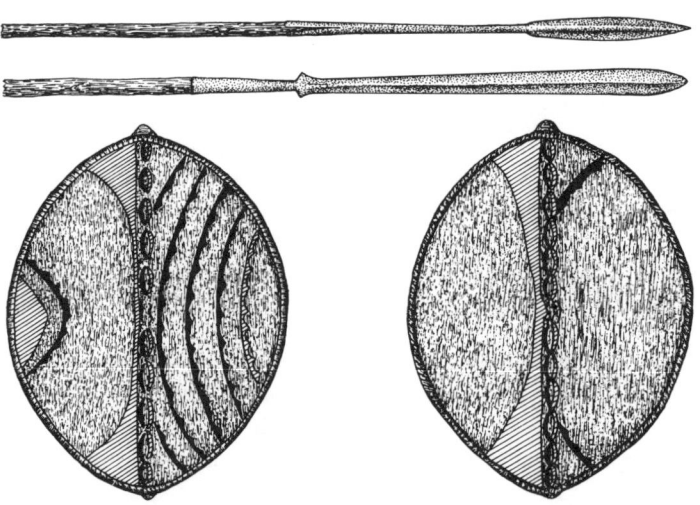

Speere und Schilde der
Maasai. Der linke Schild
weist die Tapferkeits-
marke auf (am linken
Rand)

Maasai-Gehöft

Lagern *(manyatta)* aus 50 oder mehr Häusern, begleitet von ihren Schwestern und Halb-schwestern und umsorgt von ihren Müttern. Speer, Schwert und Schild – letzteren bemalt jeder *moran* selbst – schenkt ihnen der Vater als einziges Rüstzeug für Kampf und Verteidigung. Heute beschränkt sich die Kampf- und Wehrbereitschaft der *moran* allerdings im wesentlichen auf den Schutz der Herden vor Diebstahl und wilden Tieren, und ihre Mutprobe hat sich auf die Erlegung eines Löwen durch Speerwurf reduziert. Doch auch dieser alte Brauch bringt die Maasai immer wieder in Konflikt mit den Gesetzen zum Schutz der Wildparks.

Zum Ende der Kriegerzeit findet das mehrtägige *eunoto* statt, eine Zeremonie mit Tänzen und festlicher Körperbemalung, bei der ein Ochse geschlachtet wird. Sie entläßt die *moran* in die Altersgruppe der Erwachsenen, ein Akt, der nur mit Zustimmung des Ältestenrats und nach Befragung des *laibon* vollzogen werden kann. Diese beiden Instanzen sind es auch, die sich ab diesem Zeitpunkt um die Rekrutierung der neuen Jungkrieger kümmern.

Mit der Eunoto-Zeremonie rücken somit alle Altersgruppen eine Stufe höher. Die ehemali-gen *moran*, nun etwa 30jährig, dürfen jetzt heiraten. Nachdem ihnen die Mütter die langen Haare geschnitten haben, beginnen sie mit dem Bau eines neuen Dorfes *(enkang)*, während sich die Jungkrieger ein neues *manyatta* bauen. Die Häuser des alten Kriegerlagers hingegen werden verbrannt oder dem Verfall überlassen.

Dorf und Hausbau

Daß Maasai-Siedlungen relativ häufig neu errichtet werden, liegt zum einen an der begrenzten Haltbarkeit des Baumaterials oder der Verlegung der Weideplätze. Eine wesentliche Rolle spielt aber auch der Altersklassenwechsel, denn mit jeder Eunoto-Zeremonie wird ein Siedlungs-neubau fällig. Die Form des *enkang* richtet sich nach der beabsichtigten Dorfgröße, doch bleibt der Grundtypus stets gleich. Im Gegensatz zum freistehenden, uneingefriedeten Kriegerdorf sind Viehkral und menschliche Behausungen des *enkang* von einer dicken Umzäunung aus Dornengestrüpp umgeben, die einen oder mehrere Zugänge aufweist. Innerhalb der Schutz-hecke sind die Häuser in einem großen Rund oder Halbrund angeordnet. Üblicherweise hat jede Familie ihren eigenen Eingang, der nachts verschlossen wird und der die Position der zur Familie gehörenden Häuser festlegt: Rechts vom Eingang baut die erste Frau ihr Haus, links davon die zweite usw. Das Vieh, der kostbarste Schatz der Maasai, wird allabendlich heim-getrieben und in einem besonders gesicherten Kral mitten im Dorf eingeschlossen, um es so best-möglich vor Raubtieren oder Überfällen zu schützen.

Zu einer Maasai-Siedlung gehört ferner ein Versammlungsplatz der Männer außerhalb des Dorfes, der entweder unter einem Baum liegt oder, wenn die Landschaft dies bietet, auf einem luftigen Hügel, von wo sich der *enkang* gut überblicken läßt. Hier treffen sich die verheirateten Männer und der Ältestenrat; hier werden die tagespolitischen Entscheidungen gefällt und des Nachts mit Vorliebe Geschichten und Heldentaten erzählt.

Der Hausbau ist auch bei den Maasai Sache der Frau. Sie errichtet die Wohnstatt und bestimmt, wer sie betreten darf. Das Maasai-Haus ist ein 3–5 m langer, niedriger, kaum mehr

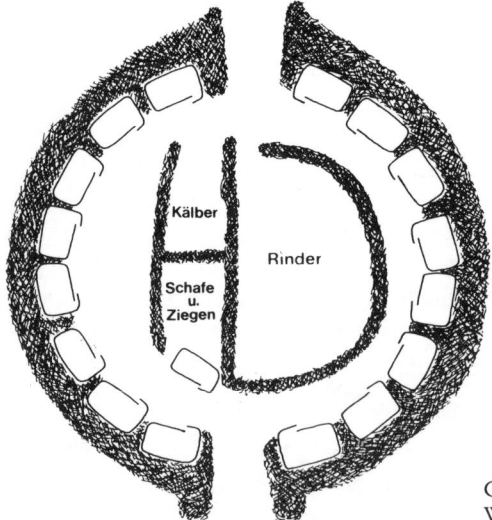

Grundriß eines Enkang mit Viehkral und Wohnhäusern

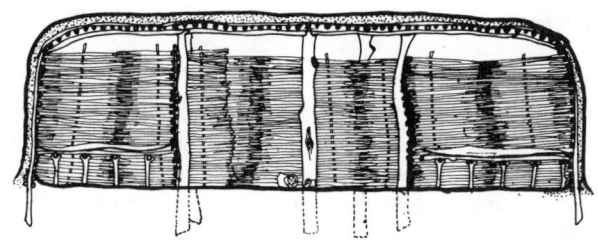

Aufriß eines Maasai-Hauses

als 1,20 m hoher Bau mit abgerundeten Ecken und einem flachkuppeligen Dach (Farbabb. 32). Das Stangengerüst wird mit Gras und kleinen Zweigen ausgefüllt und wirkt wie ein umgestülpter Korb. Von außen erhält das Haus einen Mist- oder Lehm-Mistbewurf, der aus Gründen der Haltbarkeit in mehreren Lagen aufgetragen wird. Für Wasserundurchlässigkeit sorgt die Sonne, die den Bewurf härtet. Über dem Herd des Hauses wird eine Öffnung als Rauchabzug ausgespart. Weitere kleine Löcher als Lichteinlaß kann es geben; sie sind aber nicht an jedem Haus zu finden, und es bedarf geraumer Zeit, die Augen an das Dunkel im Innern des Hauses zu gewöhnen. In der Mitte befindet sich meist der Aufenthaltsraum um den Herd; links und rechts davon stehen zwei niedrige Schlafpritschen aus Holz und Leder, von denen die größere für die älteren Kinder oder Gäste gedacht ist, während die kleinere, hinter einer Zweigwand verborgen, als Schlafstelle der Frau dient. An den Wänden rings um ihr Bett bewahrt sie ihre persönliche Habe auf, ihre Kalebassen etwa oder eine Ledertasche mit Schmuck. Außerdem gibt es noch einen abgegrenzten Raum für Jungvieh, der bei Bedarf auch zu einem weiteren Schlafraum umgeräumt werden kann. Dem Eingang eines Maasai-Hauses ist außen ein Teil der Hauswand vorgezogen, um Vieh und anderen unliebsamen Gästen den Zugang zu verwehren. Er ist so niedrig, daß er den Erwachsenen zwingt, in tief gebückter Haltung einzutreten.

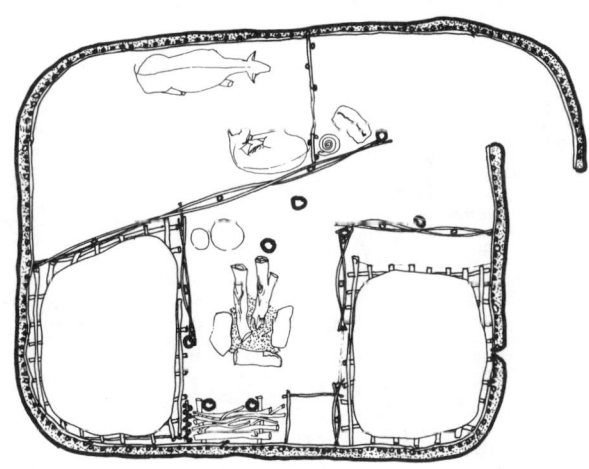

Grundriß eines Maasai-Hauses

Kleidung und Schmuck

Wen der Weg ins Rift Valley oder über die Autostraße nach Mombasa ans Meer hinunterführt, dem fallen die hochgewachsenen Gestalten der Maasai mit ihren roten, im Wind flatternden Umhängen und dem farbenfrohen Perlenschmuck auf. Mitunter kann man sie auch in und um Nairobi bewundern. Kleidung und Schmuck der Maasai zeigen häufig noch den traditionellen Stil, wenngleich der Wandel der letzten hundert Jahre nicht zu übersehen ist. Form und Tragart richten sich nach der Altersstufe des einzelnen. Und so läßt sich leicht ein unbeschnittener Knabe von einem Krieger, ein junges Mädchen von einer verheirateten Frau unterscheiden. Von Gegend zu Gegend variieren auch die Ornamente des Schmucks; sie verraten dem Kundigen die jeweilige Stammes- oder Clanzugehörigkeit des Vorübergehenden.

Zum Schmuck im weiteren Sinne zählen perlenbestickte Ledergegenstände wie Röcke, Umhänge, Ohrgehänge, Gürtel oder die sogenannten Maasai-Uhren, eine Nachahmung europäischer Armbanduhren. Andere Schmuckelemente sind Körperbemalung sowie die verschiedenen Gegenstände, die man am Ohr trägt. Zu diesem Zweck werden die Ohrläppchen und oberen Ohrmuschelknorpel durchstochen und die Löcher ausgeweitet. Da das Haupthaar gewöhnlich rasiert wird, gibt es eine besondere Frisur eigentlich nur bei den Kriegern, die ihr langes Haar in kunstvoll gedrehten Zöpfchen tragen (Abb. 90).

Früher wurde die Kleidung ausschließlich aus Tierhäuten hergestellt, heute überwiegen rot- und ockerfarbene Baumwolltücher und Decken, wie sie die Missionen im letzten Jahrhundert eingeführt hatten. Während kleine Jungen nur einen einfachen Umhang über der Schulter geknotet tragen und ihr Körperschmuck aus einfachen, durch die Ohrläppchen gezogenen Holzpflöckchen besteht, schmücken sich die Beschnittenen mit Vogelfedern und bemalen den Körper mit Ocker.

Mit dem Kriegerstatus beginnt die Hauptzeit für Körperputz und -pflege: Metallohrringe zieren nun die Ohrläppchen, Perlen den Hals (Abb. 93). Die frühere Kleidung des *moran*

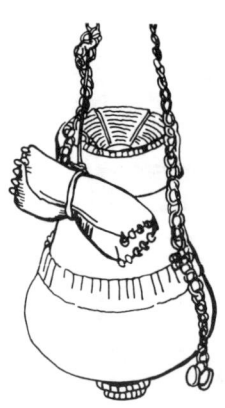
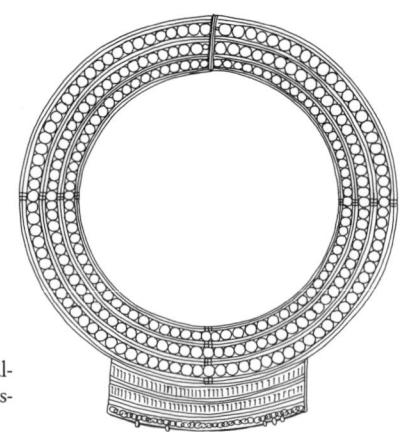

Typischer Schnupftabakbehälter der Maasai und Hochzeitshalskragen für Mädchen

bestand lediglich aus einem ledernen Umhang, der um den Hals gebunden wurde und bis zu den Hüften reichte; die Blöße blieb unbedeckt. Heute trägt er aufgrund einer Regierungsverordnung neben einem Umhang aus rotem Baumwollstoff auch ein Hüfttuch. Das Schuhwerk besteht aus den traditionellen Ledersandalen oder wird aus alten Autoreifen angefertigt. Kriegerschmuck aus Straußenfedern oder die Löwenmähne, Symbol erprobter Kampfeskraft, sieht man heute nur noch äußerst selten. Je nach Geschmack tragen die *moran* Schellen um die Fußgelenke, Oberarmreifen aus Horn oder Schutzamulette. Ein verheirateter Mann zeigt sich weniger geschmückt; sein Kopf ist kahlrasiert, und nur ein paar Armreifen aus Elfenbein oder sparsam verwendeter Perlschmuck mögen Reichtum und Clanzugehörigkeit seiner Person verraten.

Junge Maasai-Frau in vollem Schmuck

Kleidung und Schmuck der kleinen Mädchen unterscheiden sich in ihrer Schlichtheit kaum von denen der Knaben. Später aber, wenn sie im Alter von 10–14 Jahren als noch unbeschnittene Mädchen ins Kriegerlager *(manyatta)* ziehen, beginnen sie, sich mit Halskragen aus Eisen- oder Messingdraht und Perlen zu schmücken und wickeln sich metallene Armspiralen um die Unterarme. Nach der Beschneidung kennzeichnet ein Stirnband mit kleinen Metallplättchen von Ohr zu Ohr den neuen Zustand als heiratsfähige junge Frau; das Gewand ist schwarz und reicht bis zu den Knien. Auch nach der Hochzeit behängt sich die Frau – im Gegensatz zu verheirateten Männern – mit Halskragen und Ketten, trägt Perlenschmuck und läßt Messing- oder Eisendrahtspiralen an langen Lederriemen vom Ohrläppchen herabhängen. Ihre Kleidung besteht nun aus Wickelrock und Schultertuch, die beide heute nur noch selten aus Leder gefertigt werden.

Den alten Reiseberichten zufolge waren Kleidung und Schmuck der Maasai früher nicht so farbenfroh wie heute; das Braun des Leders und gedämpfte Erdfarben herrschten vor. Männer schmückten sich mit Federn und Fellen, beim Frauenschmuck überwogen die Grundmaterialien Eisen- und Messingdraht, welche die durch Maasai-Land ziehenden Karawanen als Wegzoll entrichteten. Auch Perlschmuck gab es früher nicht in der heutigen Vielfarbigkeit und Häufigkeit. Die Perlen kamen aus Indien und Europa und waren teuer; man mußte sie von den Karawanen kaufen. Vor allem Lederschmuck und Lederkleidung verzierte man mit Perlstickerei. In den vorherrschenden Ornamentformen, Kreissegment, Dreieck und Rechteck, kamen die Farben Rot, Blau, Grün, Weiß und Schwarz gut zur Wirkung. Heute überwiegt jedoch der größere und buntere Perlschmuck auf Draht, der häufig als Touristensouvenir hergestellt und auf vielen Märkten angeboten wird.

Die Swahili – Kulturgemeinschaft an der Küste

Die städtische Kultur der Swahili

Die Küstenkultur blieb im wesentlichen auf die Städte beschränkt, die sich jahrhundertelang zu den Stadtkulturen der islamischen Welt zählten, eine wichtige Rolle im Handelsnetz des Indischen Ozeans einnahmen und Zugang zu den neuesten Ideen der Philosophie und der Technologie hatten. Es entwickelte sich eine afrikanische, vom Islam geprägte Mischkultur, die in Handwerk, Sitte und Brauchtum zahlreiche Parallelen zur Arabischen Halbinsel, zu Persien und zum Indischen Subkontinent aufwies.

Oft stiegen die Städte schnell zu Reichtum und Blüte auf, um ebenso rasch wieder in Vergessenheit zu geraten. Den meist zerfallenen und vom Urwald überwucherten Städten begann die Wissenschaft erst in den letzten Jahrzehnten mit Buschmesser und Spaten zu Leibe zu rücken, und die stetig wachsende archäologische Dokumentation zeichnet ein immer genaueres Bild von Geschichte und Bedeutung der Swahili-Kultur. Unumstritten ist heute ihre Eigenständig-

39   Beim Hausbau (Malindi)

40   Vertäuen der Mangrovenbalken

41 Das palmblattgedeckte Swahili-Haus

42 Giryama-Tänzerin

44 Muslim-Leichenzug nördlich von Malindi ▷

43 Kaya-Kultplatz der Giryama

45 Grabmal mit eingelassenen Porzellantellern als Schmuck (Siyu)

46 Säulengrabmale, Ishakani

47   Neoklassischer Mihrab (Siyu)

48 Klassischer Mihrab (Jumba la Mtwana)

49 Grabmal mit arabischer Inschrift (Koran, 3. Sure, 185. Vers) in den Jumba-Ruinen

50 Kongo-Moschee bei Diani

51 Lamu, Maulidi-Umzug

52 Nischenwand eines vornehmen Hauses in Lamu

53 Stucknische in stilisierter Schildkrötenform

54 Kleine Wandnische in Schildkrötenform

55 Holztür mit gerader Supraporte

56 Schnitzerei an einer Küsten-Dhow

57 Silberne Frauenfußreifen: links mit arabisch-geometrischem Dekor, rechts indische Pflanzenmotive

58 Swahili-Schmuck: Schmuckanhänger, Oberarmamulett und Kette mit Amulettanhänger

59 Grabmal des Sultan Ahmed mit der ältesten Swahili-Inschrift in arabischen Buchstaben (Witu)
61 Siyu-Festung (19. Jh.)

60 Jamia-Moschee in Shela

62 und 63 Uganda-Eisenbahn (Anfang dieses Jahrhunderts)

64 Draisine (um 1900)

65 Einweihung eines neuen Eisenbahnabschnitts (um 1900)

FORT TERNAN

66 Heiligengrab und Pilgerstätte von Mackinnon Road, unmittelbar an der Eisenbahnlinie Mombasa – Nairobi

67 Wandmalerei in Mackinnon Road

keit, und ihre Entstehung wird nicht mehr länger auf eine bunt zusammengewürfelte Schar von fahrenden Händlern, gestrandeten Seefahrern und machthungrigen Invasoren zurückgeführt.

Die Swahili lassen sich nicht als Ethnie im herkömmlichen Sinne – wie etwa Luo, Maasai oder Somali – einordnen, weil ihre Herkunft so vielfältig ist. Bantu, Araber, Perser, Inder und Somali kamen im Lauf der Jahrhunderte an die Gestade Ostafrikas, trieben Handel miteinander und vermischten sich durch Heirat. Es entstand eine Bevölkerung, geeint durch die gemeinsame Heimat an der Küste und durch die gleiche Sprache, das Swahili, eine Bantu-Sprache mit großenteils arabischem Wortschatz.

Daher gilt seit jeher die Definition: Swahili ist, wer sich zum Islam bekennt, Swahili spricht und afrikanischer, arabischer oder indischer Abstammung ist. Wichtig ist außerdem, daß er sich selbst als *mswahili* bezeichnet und sich nicht einer anderen Gruppe zugehörig fühlt.

Die Swahili bilden also eine kulturelle Einheit, die sich jedoch nach Siedlungsort und Dialektform ihrer Sprache in zahlreiche Gruppen untergliedert. Die wichtigsten, von Nord nach Süd der Küste folgend, sind: die Bajuni nördlich des Tana-Flusses; die Amu, Einwohner von Lamu; die Siyu und Pate auf der Insel Pate; die Shela, die auf der Insel Lamu wohnen, aber ursprünglich von Manda stammen; die Ozi südlich des Tana; die Mvita oder Mombasa-Swahili auf der Insel Mombasa und dem umgebenden Festland; schließlich die Vumba in der Gegend von Vanga und auf der Insel Wasini.

Der starken Heterogenität des ethnischen Spektrums steht als homogenisierendes Faktum die gemeinsam bewohnte und kultivierte Lokalität gegenüber. Diese ist die Stadt und ihr Umland im weiteren Sinne – denn die Swahili waren niemals ausschließlich Händler, sondern vielmehr im wesentlichen Bauern und Fischer – sowie das Wohnviertel *(mtaa)*.

Mtaa ist denn auch der Schlüsselbegriff zum Selbstverständnis der Swahili-Gesellschaft. Man betet gemeinsam in der Wohnviertel-Moschee, feiert gemeinsam die Feste des islamischen Kalenders und lädt sich gegenseitig zu Familienfesten ein. Wohn-, Eß- und Versammlungssitten sind allen Mtaa-Bewohnern gleichermaßen eigen und prägen wesentlich, was man unter Tagesgeschehen oder auch Geschichte des Viertels versteht.

Die Swahili-Stadt (ein klassisches Beispiel ist die Altstadt von Mombasa) teilt sich in mehrere Viertel (*mitaa*, Plural von *mtaa*), die sich in Größe wie auch Charakter unterscheiden und ihre Form immer wieder ändern. Ihre traditionellen Grenzen verlaufen unregelmäßig, überschneiden sich oft und unterteilen den *mtaa* gelegentlich in kleinere Einheiten. Die Zugehörigkeit eines Hauses zu einem Viertel hängt meist von der Plazierung des Haupteingangs ab. In der Benennung verweisen manche *mitaa* auf eine der Einwanderungswellen aus dem Norden oder aus Übersee und damit auf ihre ethnische Akzentuierung; andere Namen heben die älteren Viertel von den jüngeren ab oder beinhalten eine Begebenheit, die unmittelbar mit dem Ort in Zusammenhang steht.

Der *mtaa* ist nicht nur ein geographisch lokalisierbares Stadtviertel, sondern gleichzeitig auch sozialer Begriff und Statussymbol. Er dient als Schutz- und Hilfsgemeinschaft und ersetzt dabei frühere Modelle, die etwa auf Verwandtschaftszirkeln oder einem gemeinsamen Clanerbe beruht haben mögen; jedenfalls waren die Einwohner eines *mtaa* oft durch Heirat oder gemeinsame Abstammung miteinander verwandt. Im Lauf der Zeit entwickelte sich – ungeachtet von

Swahili in Lamu-Stadt

Rasse und Herkunft des einzelnen Bewohners – im *mtaa* ein nachbarschaftliches Verhältnis, das auch viele neueingewanderte Ethnien einbezieht.

Der *mtaa* bildet zuweilen ein Komittee, das für die Erhaltung der Moschee sorgt; er kann eigene Sport- und Vergnügungsclubs haben oder Tanz- und Musikantengruppen zusammenstellen, die in Wettstreit mit denen anderer Viertel treten. Auch besitzt jeder *mtaa* einen bevorzugten Versammlungsplatz *(baraza)*, auf dem sich die Männer in ihrer Freizeit und zur Besprechung kommunalpolitischer Angelegenheiten treffen. Meist ist dies ein freier Platz bei einer Moschee, zuweilen auch die Moschee selbst; die Versammlungen können aber auch vor dem Haus einer Autoritätsperson stattfinden. Früher hatte der *mtaa* einen gewählten Führer, dem ein Ältestenrat *(wazee ya mtaa)* zur Seite stand, um die inneren Angelegenheiten des Viertels zu regeln. Der Führer mußte ausreichend Platz um sein Haus haben, um *baraza* bei sich abhalten zu können, überdies mußte er wohlhabend genug für die Bewirtung seiner Gäste sein.

Jeweils mehrere benachbarte *mitaa* entsandten gemeinsam einen gewählten Abgeordneten in die Stadtregierung. Dieser vertrat ihre Belange und besaß ständiges Anwesenheitsrecht. Mombasa hatte früher drei solcher Mitaa-Gruppierungen, die alle fünf Jahre reihum das Stadtoberhaupt stellten.

Seit jeher war die Dauer der Ortsansässigkeit von zentraler Bedeutung für die Stellung der Stadtbewohner innerhalb der Swahili-Gesellschaft. Alteingesessene Familien mit Namen und Tradition, die womöglich zu den Gründerfamilien einer Stadt gehörten oder ihr zu Reichtum und Anziehungskraft verholfen hatten, nannten sich *wa-ungwana,* was soviel wie ›kultivierter Städter‹ bedeutet. Der Begriff beinhaltet die Beherrschung der Swahili-Sprache, dazu städtische Umgangsformen und Kreditwürdigkeit. Mit anderen Worten: die *wa-ungwana* waren die Privi-

Die Entwicklung der klassischen Swahili-Moschee

Von Anfang an waren die Sakralbauten der Swahili aus leichtem Korallenstein errichtet: entweder aus dem feingemaserten Riff-Korallenstein, der vor allem für Steinmetzarbeiten verwendet wurde und durch Verwitterung eine graue Färbung annimmt, oder aus dem ockerfarbenen fossilen Korallenstein des Küstenvorlandes. Für die Mauern benutzte man Bruchstein, während Steinmetzarbeiten vor allem an Bögen, Nischen und Ecken ausgeführt wurden. Dabei wurde jeder Stein für den zugedachten Platz speziell zugehauen. Die Bauten waren vollständig verputzt, wobei man auch die feinbehauenen Architekturteile nicht ausnahm. Während man den Innenputz sehr dünn auftrug, konnte die Außenfassade bis zu 5 cm dick beschichtet sein.

Der Grundriß der frühen Moscheen war durch die Länge der Mangrovenbalken vorgegeben, die die Decke trugen: Nie überschritten diese ein Maß von 2,80 m. So kommt es, daß das Rechteck vorherrschende Bauform war und sich jedes Gebäudes auf die Zusammensetzung von schmalen Rechtecken zurückführen ließ. Eine differenzierte Raumgliederung der Moschee mit Blickrichtung auf den Mihrab hin gab es nicht; oft genug wurde die Sicht auf die Gebetsnische durch Pfeilerreihen verdeckt (Abb. 18). Steinmörtel verwendete man für Dächer und Wölbungen, und im Dekor kehrte zu allen Zeiten das Band- oder Fischgrätenmuster wieder.

An **Bogen** findet man die einfache, spitze Form ebenso häufig wie den Tropfenbogen, charakterisiert durch den kielförmigen Einschnitt im Scheitelpunkt. Der Hufeisenbogen hingegen fand an der ostafrikanischen Küste keine Verbreitung. Auffällig ist das Fehlen von Schlußsteinen bei allen Bogenformen bis ins 18. Jh.: Zwei präzise behauene Steine, die ohne Mörtel genau aneinandergefügt waren, bildeten den Scheitelpunkt.

Quadratische oder rechteckige **Pfeiler,** aber auch oktogonale Säulen trugen das Dach. Interessanterweise kommt der Pfeiler als Stütze nur in den Moscheen des 14.–16. Jh. an der kenyanischen Küste und auf Pemba vor, während zur gleichen Zeit an der tanzanischen

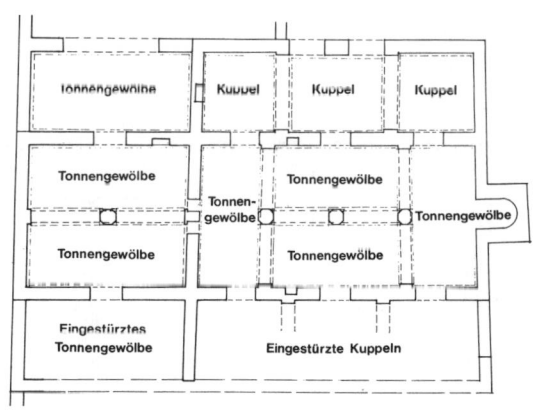

Grundriß der Moschee von Tiwi

131

Küste die oktogonale Säule vorherrschte. In der nachportugiesischen Zeit bot sich dann genau das entgegengesetzte Bild: Die Säule als Stütze erschien in dieser Zeit an der kenyanischen Küste, der Pfeiler hingegen an der tanzanischen. Jedoch hatten nachportugiesische Gewölbebauten stets die oktogonale Säule als Stütze.

Schmückende Elemente. Die Toreingänge waren häufig aus Holz, ebenso Schwellen, Türen, Laibungen und Türangeln; aber auch Nischen und Fenster wiesen zuweilen Holzrahmen auf. Daß jenes Holz einst beschnitzt und bemalt gewesen sein muß, kann man meist nur noch ahnen. Wenige, meist profane Beispiele sind erhalten, etwa die mit religiösen Texten beschnitzten Balken des aus dem 18. Jh. stammenden Mazrui-Hauses in Fort Jesus. Auch den modellierten Verputz, der im 18. Jh. häufig die Steinbearbeitung ersetzte, bemalte man zuweilen. Rechteckige und rautenförmige Wandverkleidungen sowie Nischenwände aus Stuck fanden vom späten 18. Jh. an häufig Verwendung. Feinste Beispiele sind die Oberflächendekorationen an Innen- und Außenwänden mancher Häuser in Faza und Siyu sowie am Palast in Pate.

Ab Mitte des 15. Jh. gelangte durch die intensivierten Handelsbeziehungen mit China verstärkt blauweißes Porzellan ins Land, das man auch als Wandschmuck in Moscheen benutzte. Vor allem in Spandrillen und Mihrab-Wänden setzte man Porzellanschüsseln ein, später auch in Pilastern und im oberen Teil der Nordwand. Die aus dem 16. Jh. stammende Jamia-Moschee von Gedi beispielsweise war mit 13 Schüsseln geschmückt. Einzigartig jedoch ist die Dekoration der aus dem 19. Jh. stammenden Tundwa-Moschee im Lamu-Archipel, deren Nordwand allein 50 Porzellanschüsseln zierten.

Der Grundtyp des klassischen **Mihrab** (Gebetsnische) ist die einfache, von einer abgesetzten Halbkugel überhöhte Nische, die entweder durch einen rechteckigen Rahmen oder einen Architrav von der oberen Nordwand abgesondert ist. Im entwickelten klassischen Mihrab werden die freien Flächen durch Dekor unterteilt; ein schmückendes Element, das seinen Höhepunkt im neoklassischen Typus erreicht. Dieser kam Mitte des 17. Jh. auf, blieb jedoch auf die nordkenyanische Küste, den damaligen Einflußbereich der Omani, beschränkt. Neben den einfachen Bogentypen kommen jetzt auch blattförmige Ausführungen vor; die häufigste ist die Kleeblattform am Innenbogen des Mihrab.

Mimbar. Eine Besonderheit der Jamia-Moscheen des späten 18. Jh. ist die in die Nordwand eingelassene Kanzel, der sogenannte Nischen-Mimbar, der unmittelbar rechts neben

Mihrabs: frühklassischer, klassischer und neoklassischer Typus

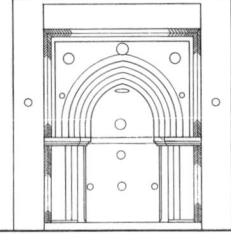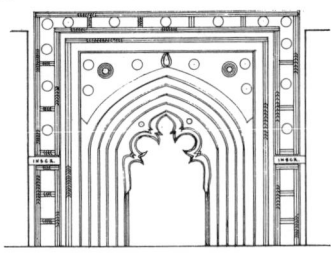

dem Mihrab, aber von diesem getrennt, seinen Platz hat und aus vier einfachen Stufen besteht. Eine Fortführung dieses Typs im frühen 19. Jh. ist der Balkon-Mimbar, eine erhöhte Nischenkanzel mit vorgesetztem Holzbalkon, die vom Mihrab aus durch eine kleine Öffnung bestiegen wurde. Der Nischen-Mimbar repräsentiert heute den vorherrschenden Typus an der gesamten ostafrikanischen Küste, ausgenommen die Lamu-Inseln, wo die neoklassischen Freitagsmoscheen einen feingeschnitzten hölzernen Mimbar aufweisen, wie er in südarabischen Ländern verbreitet ist.

Weitere Ausstattung. Jede Moschee (außer den ganz kleinen) besitzt eine Anlage, wo der Gläubige die vom Islam vorgeschriebenen Fuß- und Handwaschungen vornehmen kann. Brunnen, Wasserbecken und Waschplätze mit Fußreibern aus Korallenstein, die in den Boden eingelassen sind, findet man also an beinahe jedem Gebetshaus. (Größere Moscheen hatten darüber hinaus eine Latrine.) Da der Brunnen gelegentlich auch dem

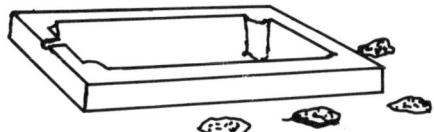

Wasserbecken mit Fußreibern, Jumba la Mtwana

häuslichen Gebrauch einer Siedlung diente, war der Zugang oftmals so angelegt, daß die Frauen den eigentlichen Moscheebereich beim Wasserholen nicht betreten mußten. Obwohl man keine festen Regeln für die Plazierung der Waschgelegenheiten erkennen kann, zumal diese auch oft von den örtlichen Gegebenheiten abhängt, befanden sich Brunnen und Wasserbecken der klassischen ostafrikanischen Moschee meist im östlichen Bereich, während sie im 18. und 19. Jh. gern in einem kleinen umfriedeten, unbedachten Hof oder in einem Raum unmittelbar am Südende der Moschee untergebracht und somit in den sakralen Bezirk einbezogen waren. In einigen seltenen Fällen liegt das Wasserbecken innerhalb der Moschee und wird von einem Brunnen an der Außenwand über eine Wasserleitung gespeist, so in der Jamia-Moschee von Manda. Häufig befand sich neben den Waschgelegenheiten der klassischen Moschee noch eine überdachte Veranda: Ablage, Ruhe- und Treffplatz zugleich.

legierten der Stadt. Politische Autorität, bestimmte Berufe, Kleidungsarten und Wohnviertel, vor allem aber das Recht, Häuser aus Stein zu errichten, blieben ihnen allein vorbehalten, unwichtig, ob sie arabischer, indischer oder afrikanischer Herkunft waren.

In diesem Kontext muß der Swahili-Terminus für Kultur, *utamaduni*, verstanden werden, der auf die arabische Wurzel *medina* zurückgeht, das aus Stein erbaute, von einer Mauer umgebene Stadtzentrum. Ein Haus aus Stein zu besitzen, bedeutete eine eigene Geschichte, eine Vergangenheit und eine Zukunft; die lange Ortsansässigkeit befähigte die Familie, ihren Nachkommen ein Refugium zu hinterlassen. Das Steinhaus war stolzes Symbol für jene Dauerhaftigkeit, die in Stammesgesellschaften etwa die Ahnenreihen vermitteln. Es mochte vielleicht eingerissen und neu aufgebaut werden, niemals aber durfte ein Familienmitglied es verkaufen. Auf die soziale Bedeutung des Steinhauses verweist auch der alte Brauch der *wa-ungwana*, bereits bei der Geburt einer Tochter mit dem Kalkbrennen zu beginnen, damit der Mörtel bei ihrer Hochzeit von guter Bauqualität ist.

Gelang es einem Fremden, sich bei den *wa-ungwana* Einfluß zu verschaffen – etwa durch Reichtum – und in den steinernen Teil der Stadt zu übersiedeln, so gehörte er fortan zu den führenden Familien der Stadt und konnte seinen Anspruch auf Geschichtsdemonstration verwirklichen.

Das Gros der Neuankömmlinge hingegen mußte mit einem Quartier in den einfachen Vierteln vorlieb nehmen, die den überwiegenden Teil der Stadtbevölkerung beherbergten. Dort waren die Häuser aus Lehm, und Palmblätter deckten ihre Dächer. Die Mobilität der Bewohner war größer, das ethnische Spektrum fluktuierend. Diese Unbeständigkeit spiegelten die Baumaterialien wider; die Häuser konnten nicht als Vermittlungsträger einer dauerhaften Kultur dienen.

Versiegten allerdings einmal die Brunnen der Stadt oder zwangen kriegerische Auseinandersetzungen zum Aufbruch, so traf dies besonders hart den Bewohner der Steinstadt. Denn ihm drohte als Neuankömmling in einer anderen Stadt nur allzuoft der kulturelle Abstieg in die *mitaa* der Lehmbauten und damit der Verlust von Permanenztransmission an die nächste Generation.

Aus dem Brauchtum

Mag die Herkunft und Gruppenzugehörigkeit des einzelnen noch so verschieden sein, so besitzen doch das Gebet und die islamischen Feste eine alle Muslime einende Kraft. Zum täglichen Abendgebet *(isha)* beispielsweise strömen die Männer in die Moschee und sitzen anschließend in Grüppchen beisammen, um die Neuigkeiten des Tages auszutauschen. Frauen besuchen im allgemeinen nicht die Gebetshäuser, da diese als öffentliche Versammlungsorte gelten; auch gibt es nur sehr wenige Moscheen mit einem eigens abgeteilten Frauenraum. Die anderen vier Gebete, die den Tag des Muslim unterteilen, werden gewöhnlich zu Hause verrichtet. Nur selten benutzt man importierte Gebetsteppiche, sondern meist einheimische geflochtene Matten, die im Gegensatz zu den rechteckigen Eßmatten oval sind. Sie werden stets an einem sauberen Platz aufbewahrt, etwa an der Wand aufgehängt oder in einer Ecke zusammengerollt. Die Matten bestehen aus geflochtenen, bunten oder naturfarbenen Streifen, die zusammengenäht und oft mit Mustern im Tanga-Stil verziert werden.

Bei den großen Versammlungen *(baraza)*, die zu *idd ul fitr* (dem Fest, das den Fastenmonat beendet und das in Swahili *siku kuu*, großer Tag, heißt) und *maulidi al nabi*, dem Geburtstag des Propheten, stattfinden, tritt erst recht die einende Kraft des Islam in Erscheinung. In neuen Kleidern strömen Jung und Alt herbei, um sich an einem zentralen Ort zu versammeln und den

Maulidi-Rezitationen der Vorbeter zu lauschen. Das populärste dieser Dichtwerke über das Leben Mohammeds ist das von al-Barzanji, von dem es eine Prosa- und eine Lyrikversion in Arabisch gibt sowie die gekürzte Swahili-Fassung des Abu Bakr bin Abd ar-Rahman. Die Kinder genießen den anschließenden Jahrmarkt mit Karussell und allerlei Leckereien und Knabbereien, während die Erwachsenen gewürzten Kaffee schlürfen.

Ein ähnlich aufwendiges Fest, wenn auch nicht mit derartiger Breitenwirkung, feiert man zur Prozession der Shiiten am 10. Muharram, die an den Märtyrertod von Hussein in der Schlacht von Kerbela erinnert. Auch viele Andersgläubige folgen dem Umzug oder erleben ihn als neugierige Zuschauer mit. Daneben gibt es noch eine Reihe kleinerer Maulidi-Rezitationen zu unterschiedlichen Anlässen.

Prozessionen zu Heiligengräbern *(ziarat)* veranstalten u.a. die Swahili und Badhala, besonders gern aber die Hadhrami. Omani, Baluchi und Bohra hingegen distanzieren sich strikt von diesem Brauch, den sie als heidnisch durchsetzt abqualifizieren.

Vor allem die Prozession zum Grab des Shehe Mvita, des letzten Shirazi-Herrschers von Mombasa, hat eine alte Tradition. Sie findet alljährlich zu *nairuzi* statt, dem Fest am ersten Tag des Sonnenjahres. Dieser Tag fällt in die ›Zeit der ruhigen Meeresgewässer‹, also den Monat August. Während für die Datierung der islamischen Feste der Lunarkalender maßgebend ist, greifen die Swahili für nautische Zwecke sowie zur Bestimmung der Saat- und Erntezeit auf das Sonnenjahr zurück. Auf den persischen Ursprung des Festes weist der Name *nairuzi* (persisch: Neujahr) hin; die begleitenden Riten jedoch entstammen dem Bantu-Brauchtum. Der Festzug, in dem auch Kinder mitlaufen, formiert sich in der Nähe von Fort Jesus und zieht durch die Altstadt bis zum Grab von Shehe Mvita. Auf dem ganzen Weg werden Verse aus dem Koran rezitiert. Die Festlichkeiten heißen *khitma ya mji*, Erinnerungsfest der Stadt (oder des Stammes). Eine Kuh wird in der Prozession mitgeführt (bei anderen Umzügen sind es Hühner oder Ziegen) und am Grab des Heiligen geschlachtet. Anschließend findet ein rituelles Mahl statt, bei dem gelegentlich auch das Blut des geopferten Tieres getrunken wird, was einem strenggläubigen Muslim allerdings verboten ist. Man tanzt um das Grab herum und legt Geschenke darauf, die der Wächter der heiligen Stätte nach der Zeremonie vereinnahmt.

Mit Gesängen und Koran-Rezitationen begeht man auch die Prozession zum Grab des im letzten Jahrhundert in Mombasa verstorbenen *sheikh* Jundani, der in der gleichnamigen Moschee begraben liegt. In den Ruinenstädten von Takwa auf Manda oder Pate beispielsweise sind die Heiligengräber die einzigen Bauten, die über die Jahrhunderte hinweg kontinuierlich gepflegt und instand gehalten wurden.

Da die Moschee bei den sunnitischen Muslimen fast ausschließlich ein Gebets- und Versammlungsort der Männer ist, verrichten die Frauen ihre religiösen Pflichten meist zu Hause. Zu der großen Versammlung an *maulidi al nabi*, dem größten Fest an der Swahili-Küste, haben sie sich jedoch vor kurzer Zeit den Zugang erstritten. Auch an Begräbnisstätten sind nur männliche Gemeindemitglieder zugelassen, denn die lebensspendende und -erhaltende Kraft der Frau wäre am Ort des Todes und der Geister gefährdet. Da sich jedoch bei den Swahili Bantu-Bräuche mit dem islamischen Glauben vermischt haben, fällt zumindest älteren Frauen eine wichtige Rolle bei Totenfeier und Geisterritualen zu.

Swahili mit traditionel-
lem Gebetskäppchen,
Lamu-Stadt

Eine ebenso hohe Bedeutung wie die religiösen Feste nehmen die Heiratszeremonien im Leben der Küstenbewohner ein. Besonders wenn es auf den Fastenmonat zugeht, häufen sich die Hochzeiten in der Stadt, da man während des Ramadhan selbst nicht feiert. Überall sind in den Straßen Zelte aufgeschlagen, ganze Gassen mit Planen abgesperrt und zum Festraum umgestaltet. Die Festlichkeiten dauern mehrere Tage an und bilden den wichtigsten Gesprächs-stoff im *mtaa.*

Die Organisation von Hochzeiten ist hauptsächlich Sache der verheirateten Frauen, die als Zeichen ihres Ehestandes aufgefädelte, stark duftende Jasminblüten im Haar tragen. Überall zwischen den Häusern findet man kleine Jasmingärten, da die Blüten für jeden Anlaß frisch gepflückt werden müssen.

Wer sich gegen Wochenende abends in einer der Küstenstädte aufhält, wird verschiedene Szenen dieses bunten Treibens miterleben: So sieht er etwa den Bräutigam nach Unterzeich-nung des Hochzeitsvertrages (*nikha*) mit den männlichen Verwandten des Brautpaars die Moschee verlassen, oder es begegnet ihm der laute Hochzeitszug der Frauen, der, von einer Musikkapelle angeführt, den Bräutigam durch die engen Gassen zum Haus der Braut geleitet (Abb. 19). Die zukünftige Ehefrau wartet unterdessen geschmückt im Kreise der von ihrer Familie geladenen Frauen (Farbabb. 6) oft stundenlang auf das Eintreffen des Bräutigams. Speisen und Getränke werden gereicht; zur Unterhaltung dienen vor allem Tänze verschie-denster ethnischer Herkunft oder musikalische Darbietungen, vornehmlich gesungene, oft improvisierte Gedichte, die Bezug auf jüngste Stadtereignisse nehmen. Häufig findet sich ver-steckte Kritik oder auch die Verherrlichung einer Person kunstvoll in die Verse eingeflochten.

An den Darbietungen kann man gewöhnlich den Wohlstand des Brautvaters ablesen; und wenn bei großen Zeltveranstaltungen ein berühmter Dichter oder Sänger geladen ist (wie der Sänger Juma Bhalo oder die Sängerin Zuhura), dann sammeln sich Scharen von Männern und Grüppchen unverheirateter Frauen, in ihre schwarzen *buibui* gehüllt, vor den Eingängen, um die neuesten Verse zu hören und Bekanntes mitzusummen.

Das rituelle Getränk, das den Hochzeitsvertrag besiegelt (Abb. 18), ist der Kaffee *(kahawa)*, der an der Küste als Geselligkeits-, Zeremonial- und Heiltrank eine wichtige Rolle im täglichen Leben von Männern wie Frauen spielt. Überall, in Kaffeehäusern ebenso wie auf der Straße, kann man das stark gewürzte Getränk aus chinesischen Täßchen schlürfen. Früher wurden die gerösteten Bohnen oder Schalen nach südarabischer Manier in einem Holzmörser zerrieben und der Aufguß gesüßt und gewürzt; inzwischen trinkt man gemahlenen Hochlandkaffee. Zusammen mit dem Zeremonialkaffee wird zu *nikha* auch gern das für die Küste typische *halwa* gereicht, eine zähe, klebrige Süßigkeit aus Kassawa *(mogo)*.

Das traditionelle Hochzeitsgeschenk für Braut und Bräutigam sind Holzschuhe für den Baderaum, Sandalen mit geschnitztem Holzknopf, wie sie früher, vor der Einführung der Gummischuhe, vor allem von Frauen getragen wurden. Des weiteren erhält die Braut ein neues Paar jener doppelten Wickeltücher *(leso)*, die Keuschheit und Mutterschaft, zugleich aber auch Verführungskünste symbolisieren. Die Familie des Bräutigams ist auch heute noch verpflichtet, neben dem Kontraktgeld *(mahari)* für die Braut ein sogenanntes Turbangeld *(kilemba)* an deren Vater sowie ein Kanga-Geld *(mkaja)* an die Mutter zu zahlen. Für die Geldübergabe finden gesonderte Veranstaltungen im Zusammenhang mit dem Hochzeitsfest statt.

Kleidung

Obwohl die Richtlinien bezüglich des *purdah* (des Schleiers, der zugleich Unnahbarkeit impliziert) heutzutage an der Küste nicht mehr sehr strikt gehandhabt werden, ziehen Muslim-Frauen meist noch die *buibui* (schwarzer Umhang) an, wenn sie ausgehen (Farbabb. 2, 23).

Das traditionelle Gewand der Swahili-Frauen, das auch viele Araberinnen und Frauen anderer ethnischer Gruppen tragen, sind buntbedruckte Baumwolltücher *(kanga)* oder das Doppeltuch, *leso* genannt. Eines der Tücher wird um die Hüften gewunden und fällt auf die Knöchel herab, während das zweite locker über Schulter oder Kopf geworfen wird und bei Bedarf auch das Gesicht verdeckt. Die *kanga* ist ein ausgesprochener Modeartikel, denn jeden Monat erscheinen zwei neue Muster auf dem Markt, die sich bei den vielen Festlichkeiten schnell verbreiten. Die Kurzlebigkeit des Bekleidungsstücks bringt es mit sich, daß viele schöne Muster für kurze Zeit auftauchen, um dann unwiederbringlich verlorenzugehen. Die Designer der Kanga-Muster sind oft arabisch-indischer Herkunft und verwenden Motive der eigenen Traditionen. So finden sich z.B. stilisierte Mangos oder Cashewnüsse auf indisch inspirierten Stoffmustern oder geometrische Ornamente, die offensichtliche Verwandtschaft zum arabischen Silberschmuck zeigen. Zur *kanga* gehört auch ein aufgedruckter Sinnspruch, oft zweideutig oder anzüglich, in Swahili. Da sich seit Ende des letzten Jahrhunderts die lateinische

Schrift für Swahili eingebürgert hat, findet man nur außerordentlich selten einen Kanga-Spruch in arabischer Schrift.

Die *kanga* dient im übrigen nicht nur als Bekleidungsstück; ihre Funktionen sind weitaus vielfältiger. So dient sie als Schleier, Handtuch, Topflappen und Tragetuch, und unter der Bezeichnung *mkaja* stellte sie ein wichtiges Utensil der traditionellen Hebammen bei Geburten dar. Rituelle Bedeutung nimmt sie bei Hochzeiten und Trauerfeiern ein; die Frauen und Mädchen der Mitaa-Tanzgruppen setzen sie zur effektvollen Betonung ihrer Körperbewegungen ein. Auch bei der Behandlung besessener Frauen findet die *kanga* ihre Anwendung, ebenso in der Massagetherapie, der die Swahili viel Bedeutung beimessen.

Das traditionelle Gewand der Männer ist ein langärmeliges Hemd *(kanzu)* aus Baumwolle, Musselin oder auch Seide, das bis zu den Knöcheln reicht, oder der Sarong *(kikoi)* aus Hadhramaut, der gewickelt und geknotet oder von einem Gürtel gehalten wird. Er wurde bis in die 60er Jahre in Lamu hergestellt, seitdem importiert man ihn von der somalischen Benadir-Küste. Als Kopfbedeckung dient das Gebetskäppchen *(kofia)*, das man als billige chinesische Ausführung erhält, aber auch in Baumwolle oder teurer Seide mit der traditionellen, ursprünglich omanischen Lochstickerei, die ausschließlich von Männern gefertigt wird. Pflanzliche Motive oder geometrische Ornamente tauchen in immer neuer Formenfülle auf. Der lange, ärmellose Überwurf *(joho)* und ein farbiger Turban *(kilemba)* werden heute meist nur zu hohen Anlässen, etwa Hochzeiten, getragen, wo sie auch einen rituellen Zweck erfüllen. Als typische Kleidungsstücke der ehemaligen Herrscher an der ostafrikanischen Küste zählen sie zu den Statussymbolen; da sie teuer sind, leihen Omani nicht selten für Feierlichkeiten ihre im Familienbesitz befindlichen *kilemba* und *joho* aus.

Für besondere Anlässe bemalen die Frauen sich gern Hände und Füße gegenseitig mit Henna. Nach dem Trocknen wird die Paste abgerieben und hinterläßt ein Muster, das einige Tage oder Wochen auf der Haut bleibt (Farbabb. 7). Die kunstvollen Dekors kann man in Hennarot und nicht selten auch in einem durch Kohle angereicherten Schwarzton bewundern.

Gebrauchs- und Kunsthandwerk

Das Handwerk zeigt starke arabisch-persische und indische Einflüsse, die sich besonders in den Erzeugnissen der Zimmerer und Tischler, der Waffen- und Silberschmiede widerspiegeln. Während handwerkliche Arbeiten in Nordostafrika jemenitische Elemente aufgreifen, ist der Einflußbereich für die kenyanische Küste in Hadhramaut, Oman und weiter östlich um den Arabischen Golf zu suchen.

Einige Handwerkszweige sind vom Niedergang bedroht, so etwa die Silberschmiedekunst; zu denjenigen, die in den letzten Jahren eine Renaissance erfahren haben, gehört die **Schnitzkunst**. Beschnitzt werden seit jeher insbesondere Türen, die das einzige Prunkstück des Hauses zur Außenwelt hin darstellen. Die große Bedeutung der Eingangstür äußert sich darin, daß sich die Planung eines neuen Swahili-Hauses stets nach Entwurf und Anfertigung der Holztür richtet. Folglich besitzt der Zimmerer und Tischler von allen Handwerkern das höchste Ansehen innerhalb der Stadtgesellschaft. Seine Arbeit beginnt mit einem Gebet, und aus seiner Hand stammen auch die geschnitzten Amulette für Hauswände, Büros und *dhows*. Die Türen werden aus dem Holz des *mbamba-kofi*, des Mahagonibohnenbaums (Afzelia quazensis), seltener aus Teakholz gefertigt. Oft sind beide Türhälften und der Mittelpfosten mit Nägeln aus Holz oder Metall beschlagen, die früher einmal Wehrzwecken gedient haben mögen.

Es gibt zwei Türtypen, beide noch heute in vielen ostafrikanischen Küstenstädten zu finden. Der vor allem in Zanzibar und auch in Mombasa häufige Typus ist indischen Ursprungs und gleicht in seiner Ornamentik den Türen in Bombay und an der indischen Westküste. Er zeichnet sich durch eine halbkreisförmige Supraporte aus, die ebenso reich beschnitzt ist wie Türrahmen und Mittelpfosten. Die Ornamente bestehen fast ausschließlich aus pflanzlichem Rankenwerk, selten ergänzt durch Lotosblüten, Rosetten und stilisierte Palmblätter oder durch Fische und Vögel. Der zweite Typus, der überall an der ostafrikanischen Küste vorkommt, stammt wohl aus den Ländern des Arabischen Golfs. Er weist eine gerade Supraporte auf, in die sehr häufig ein Koranspruch eingeschnitzt wird (Farbabb. 27). Seine Ornamentik übertrifft jene der Holztüren am Arabischen Golf bei weitem, schließt neben Kerbschnitt, Kettenmuster und Tropfleiste – die auch bei den alten Türrahmen-Stukkaturen Lamus zu finden sind – das Rosettenmotiv und die Lotosblüte mit ein.

Holzgegenstände – wie Betten, Stühle oder Truhen – wurden meist durch Verzapfung zusammengefügt. Auch an den berühmten Bettgestellen der Swahili *(vitanda vya hindi)*, die meist aus Sesamholz gefertigt waren und dem Namen nach aus Indien eingeführt worden sein müssen, wurde dieses Verfahren angewandt. Das Bett *(kitanda)* gehört zu den wichtigsten Einrichtungsgegenständen im Swahili-Haus. Die feinsten alten Stücke stammen aus dem 18. Jh. und wurden wahrscheinlich in Siyu hergestellt, der für ihre Handwerkskunst berühmten Stadt im Lamu-Archipel. Grundtypus ist der eines indischen Bettes mit einem Gestell für das Moskitonetz

Türsturzschnitzerei in der Altstadt von Mombasa

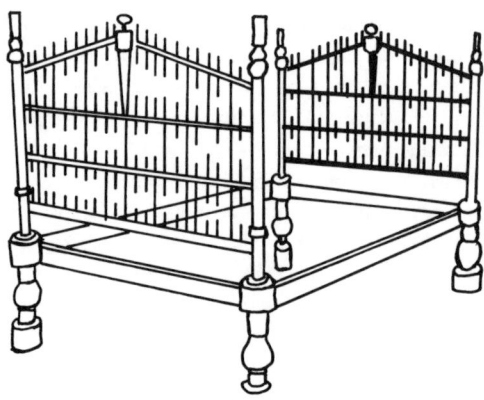

Bettgestell aus dem 18. Jh., Siyu

darüber. Die Beine waren gedrechselt, Kopf- und Fußteil bestanden aus einer Reihe kunstvoll gedrechselter Zapfen, die man zusammenfügte und bunt lackierte. Für die prunkvollsten Betten des 18. Jh. sollen sogar Silber- und Elfenbeinintarsien verwendet worden sein. Eine einfachere Art von Bett *(ulili)*, ohne Vorrichtung für ein Moskitonetz, ist an der gesamten Küste als Schlaf- und Sitzplatz in Gebrauch – mit einer prägnanten Ausnahme: In Lamu darf es nur als Totenbahre verwendet werden.

Obwohl man sich auf viel Matten niederläßt, gehört der Armsessel ebenso in die Häuser der Küstenstädte wie das Bett. Indische sowie europäische Einflüsse machen sich hier bemerkbar, und man vermutet in Form und Muster der älteren Armsessel eine Nachahmung portugiesischer Stühle der Renaissance. Für das Alter der Stühle gilt die Faustregel: je mehr Schnitzereien, desto jünger. Die ältesten Exemplare werden dem 18. Jh. zugerechnet und stammen aus Pate. Sie wurden aus Sesamholz oder aus afrikanischem Ebenholz gefertigt und nur durch Verzapfung und Holznägel gefügt. Ihre Bespannung bestand aus Hanf- und Baumwollfäden, in späterer Zeit auch aus gewebten Baumwollbändern. Zuweilen war ihre Rückenlehne mit Einlegearbeiten aus Elfenbein oder Knochen verziert, die meist stilisierte Pflanzenmuster darstellten.

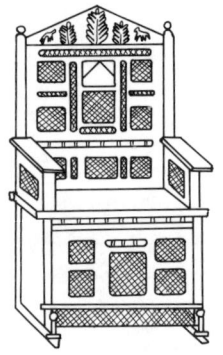

Swahili-Stühle mit Elfenbeineinlage, Lamu, 19. Jh.

Ein Requisit, das noch heute zum Swahili-Haushalt gehört, ist die Holztruhe, *sanduku* (ein Swahili-Wort arabischen Ursprungs) oder *kasha* (eine Swahili-Übernahme aus dem Portugiesischen) genannt (Farbabb. 29). Während die Ärmeren, zu denen auch die Seeleute auf den *dhows* zählen, ihre Habseligkeiten in schmucklosen Holzkisten aufheben, gehört für die bessergestellten Leute eine schöne Truhe zum Prestige. Die drei wichtigsten Typen sind die mit Kerbschnittmustern verzierten Truhen der nördlichen Küste Kenyas im Bajun-Stil, die mit Stanzen aus Messingblech und mit Messingnägeln beschlagenen Zanzibar-Truhen und die recht seltenen Shirazi-Truhen, die früher, wie die Zanzibar-Truhen auch, aus Indien und Persien importiert wurden. Schwere Messingbeschläge zieren ihre Kanten, Griffe und Scharniere.

Beschnitzt werden auch kleinere Gegenstände des täglichen Gebrauchs, wie Schmuckkästen und Schreibschatullen oder die scherenartig zusammenklappbaren Lesepulte und Kokosschaber. Im Gegensatz zum gröberen Bajun-Stil fallen in Lamu die Exemplare des verfeinerten Siyu-Stils auf. Interessant ist in diesem Zusammenhang, daß bis vor kurzem im gesamten Lamu-Gebiet kleinere Holzgegenstände, die von Männern benutzt werden – etwa die Lesepulte für den Koran – nicht beschnitzt waren, während die Holzutensilien für Frauen reiche Verzierungen aufwiesen.

In früheren Jahrhunderten war Lamu im gesamten Mittleren Orient für seine **Metallarbeiten** bekannt, eine Kunstfertigkeit, die heute nicht mehr viele beherrschen, weil die Konkurrenz der indischen Kupfer- und Messingarbeiten immer stärker wurde. Seit dem beginnenden 19. Jh. führte man das gesamte Küchengeschirr – Kupfer- und Messingkessel, Becher, Schüsseln und Teller – aus Indien ein. Bei den älteren Stücken zeigt sich die einstige Vorliebe für die Kombination verschiedener Metalle. Auch waren die meisten Koch- und Eßgefäße inwendig mit Blei ausgekleidet. Während im 18. Jh. auch Wände und Möbel mit feinen Silber- und Goldeinlegearbeiten dekoriert sein konnten, findet man seit dem 19. Jh. Edelmetalle vornehmlich auf Frauenschmuck und Waffenverzierung beschränkt.

Waffen erfüllen heute nur mehr einen zeremoniellen Zweck; vor allem bei Tänzen und Hochzeitsfeierlichkeiten sieht man sie noch. Bei Männern der vornehmen Gesellschaft, besonders bei Omani, gehörte der Krummdolch der Muscat-Araber seit dem 19. Jh. zur festlichen Kleidung;

Kerbschnittmuster

er symbolisierte Rang und Namen. Die mit Silberfiligranscheide prächtig ausgestatteten Zier-waffen wurden teils aus Ostarabien eingeführt, teils im Land selbst hergestellt, der mit Metall-fäden durchwirkte Gürtel hingegen stets von Swahili-Künstlern gefertigt. Vorläufer des Krummdolches könnten die sogenannten Lamu-Messer gewesen sein, die es in Siyu noch bis Anfang des 19. Jh. gab und die als einzige ihrer Art bearbeitete Elfenbeingriffe mit eingelegten Goldplättchen aufwiesen. Ansonsten war die Schmuckbearbeitung mit Elfenbein an der Swahili-Küste nicht üblich.

Aus Zanzibar oder vom Arabischen Golf stammten nur Luxusgegenstände wie die großen Omani-Tabletts aus getriebenem Kupfer oder die feingearbeitete *tassa*, ein Gefäß, über dem man sich vor dem Essen die Hände wäscht, oder die samowarähnlichen Kaffeekannen, deren langer Schnabel und Rumpf oft mit Strichmustern verziert waren. Unter dem seltenen Silbergeschirr sind die sogenannten Lamu-Arbeiten von besonderer Schönheit – silberne Dosen und Teller, die nicht die sonst übliche Kerbschnitt- und Linienornamentik aufweisen, sondern Bänder und runde Plättchen aus Goldblech, umgeben von Rosetten oder stilisiertem Rankenwerk. In Lamu müssen früher auch viele Schmucksachen in diesem Stil hergestellt worden sein.

Schmuck war seit jeher die einzige Unterhaltssicherung der Frau. Vom Tag der Hochzeit an sucht sie ihn anzuhäufen, um im Scheidungsfall oder beim Tod des Ehemanns versorgt zu sein. Aus diesem Grunde wurden auch oft Münzen in Schmuckstücke eingearbeitet. In den Ruinen von Manda fand man eine Fatimiden-Goldmünze von Sizilien aus dem 10. Jh., die zur damaligen Zeit die internationale Währung darstellte. Den Portugiesen begegnete der venezianische Dukaten zuerst in Lamu, und im 19. und 20. Jh. kamen dann der britische Goldsovereign und der amerikanische Golddollar in Mode. Viele Frauen in Pate tragen heute noch einen US-Gold-dollar mit der Jahreszahl 1851 oder 1852 als Nasenschmuck. Unter den Silbermünzen waren neben dem Maria-Theresien-Taler auch indische Rupien und Münzen aus dem italienischen Somalia beliebt.

Viele Schmuckstücke ähneln arabischen oder indischen Stücken oder weisen sogar identi-schen Stil auf, was wohl darin begründet liegt, daß zahlreiche Juweliere indischer oder arabi-scher Abstammung sind. Ferner bediente man sich an der Küste gern indischer Musterblätter als Vorlage. Da der Silberwert in den letzten Jahren ständig gestiegen ist und die Silberschmiede den Materialpreis nicht mehr zahlen können, arbeiten die meisten von ihnen heute nur noch zeitweise im erlernten Beruf und verdienen sich ihren Unterhalt als Uhrmacher.

Armbänder, Ober- und Unterarmreifen sowie Fußringe erfreuten sich bei den Frauen besonderer Beliebtheit. Unter den Reifen finden sich aus Silberblech geprägte Hohlreifen, die manchmal aus Gewichtsgründen mit schwarzem Harz gefüllt sind. Andere sind massiv, glatt und rund, wiederum andere wie ein Seil in sich gedreht. Die großen, schweren Fußreifen *(mafurungu)* mit Scharnier zeigen entweder den von Schnitzereien und Stukkaturen bekannten geometrischen Dekor mit Kerbschnitt und Linienornamentik oder ein Pflanzenmuster; vereinzelt findet man beide Verzierungselemente auch gemischt. Da in Indien derartige Fuß-reifen von Frauen niederer Kaste getragen wurden, nimmt man an, daß sie im letzten Jahr-hundert in größeren Mengen importiert wurden, um Sklavinnen damit zu schmücken und so deren Verkaufswert zu erhöhen. Von der feinen Silberfiligranarbeit, wie sie an Anhängern,

Silberohrpflock

Knöchelring aus Silber, Zanzibar

Ohrringen und Ohrpflöcken *(majasi)* oder auch an manchen Amulettbehältern *(herizi)* vorkam, sind heute keine Beispiele mehr vorhanden. Auch Applikationsarbeiten mit geschnittenem Silberblech oder gedrehtem Silberdraht sind selten geworden.

Relativ häufig findet man noch die aus Silberblech gefertigten, ursprünglich aus Oman stammenden Hochzeitsgürtel für Frauen. Sie bestehen aus einer Reihe quadratischer, gestanzter Plaketten, die mit zylindrischen Amulettbehältern und kleinen Glöckchen behängt sind und zu beiden Seiten hin in buckelschildähnlichen Schließen enden.

Auch silbernen Halsschmuck aus sauber gearbeiteten Gliederketten sieht man noch häufig in mannigfacher Form. Unter den Anhängern erfreut sich der nach unten weisende Halbmond besonderer Beliebtheit bei den Swahili, gelegentlich findet man aber auch die nach oben weisende, mit einem Stern bekrönte Variante. Eingelegte Halbedelsteine sind selten. Weit mehr verbreitet als der Schmuckanhänger ist jedoch das Amulettbehältnis *(herizi)*, das um den Oberarm, häufiger noch um den Hals getragen wird. Koransprüche bewahrt man darin, auch Segenssprüche einer heiligen Person oder magische Quadrate mit kabbalistischen Zahlen, die vor Krankheit, Armut, Unglück und Kinderlosigkeit schützen sollen. Daher ist ihre Herstellung an Tabus und die Verwendung von Weihrauch gebunden und liegt in den Händen bestimmter mit der Geisterwelt vertrauter Personen, wie etwa des *mganga,* der auch oft Zauberdoktor und Herbalist ist. Die Amulettbehälter zeigen alle erdenklichen Techniken der Silberbearbeitung, wobei die Inzisionsverzierungen vielleicht besonders charakteristisch für Lamu und die halbgeometrischen, meist getriebenen Muster typisch für Siyu sind. Da neben den Swahili auch Bantu-Stämme wie Digo, Duruma, Giryama, und Pokomo an der Küste leben, begegnet man in den Städten auch von ihnen gefertigtem Schmuck, der sehr stark vom Swahili-Geschmack beeinflußt ist, sich jedoch deutlich durch die gröbere Machart und Ornamentik sowie die geringere Formenvielfalt unterscheidet.

Während Seiden- und Baumwollweberei sowie der Stoffdruck in Lamu und Pate durch die Billigwaren der Kolonialzeit völlig verdrängt wurden, haben sich die traditionellen **Flecht-**

arbeiten gehalten. Rechteckige Matten *(mikeka)* für die Bettstatt und in größerer Ausführung als Bodenbelag oder ovale Gebetsmatten *(misalla)* flicht man aus den Fasern der Phoenixpalme, von denen die landesweit feinsten aus Lamu kommen. Die langen, fingerdicken Flechtstreifen näht man aneinander und faßt sie meist zusätzlich mit einem Randstreifen ein. Ähnliche Matten werden auch im Tanga-Gebiet in Tanzania hergestellt, weshalb auch die Matten aus Lamu trotz abweichender Fertigungstechnik üblicherweise zum Tanga-Stil gerechnet werden. Die geometrischen Muster sind entweder in Schwarzweiß gehalten oder in den Farben Grün, Weiß, Rot und Schwarz. Bei alten Stücken findet man zuweilen auch noch arabische Schriftzeichen und stilisierte Figuren mit eingeflochten.

Städte und Stätten in Kenya

Nairobi

Nairobi, 480 km von der Küste entfernt und 120 km südlich des Äquators, liegt an der Nahtstelle zwischen dem trockenen Savannenland der Athi Plains und dem fruchtbaren Hochland, den Kenya Highlands. Ackerbaulich intensiv genutzt wird vor allem das parkähnliche, dicht besiedelte Hügelland, das sich von Nairobi nach Nordwesten bis zum Rift Valley erstreckt. Hier pflanzt man Tee und Kaffee an, aber auch viele Obst- und Gemüsearten.

Nairobi führt den schmeichelhaften Beinamen ›Stadt in der Sonne‹; es ist die größte und bedeutendste Stadt Ost- und Zentralafrikas. 1660 m über dem Meeresspiegel erfreut es sich mitten in den Tropen eines gemäßigten Klimas. Auf einer Fläche von 689 km² zählt es derzeit etwa 2 Mio. Einwohner, mit einer jährlichen Zuwachsrate von 5%. Insgesamt leben etwa 8% der kenyanischen Bevölkerung in der Hauptstadt. Nairobi ist mit Kisumu (am Victoria-See) und Uganda im Westen durch die Eisenbahn und gute Überlandstraßen verbunden, desgleichen mit Mombasa an der Küste. Diese Ost-West-Achse wird durch eine Nord-Süd-Achse zwischen Thika, Nyeri, Nanyuki und Mount Kenya im Norden und dem tanzanischen Arusha ergänzt. Außerdem verbindet Nairobis Flughafen, der zu den größten Afrikas zählt, die Metropole mit zahlreichen Ländern der Welt.

Die Stadt ist Sitz der kenyanischen Regierung; sie erfüllt die meisten Verwaltungsfunktionen und beherbergt zahlreiche internationale Organisationen, beispielsweise UNEP und HABITAT. Außerdem haben hier viele internationale Banken und Versicherungsgesellschaften sowie multinationale Unternehmen Zweigniederlassungen. Mit Flughafen, Bahnhof und den guten Verkehrsverbindungen ist Nairobi der wichtigste Warenumschlagplatz des Landes, gleichzeitig Sammel- und Verteilerzentrum für landwirtschaftliche Produkte. Seine industrielle Entwicklung geht stetig voran: Der größte Teil der kenyanischen Industrie befindet sich heute in oder um Nairobi, vor allem im Nordosten der Stadt. Es handelt sich vorwiegend um Konsumgüterbetriebe der lebensmittelverarbeitenden und chemischen Branchen sowie Metall- und Holzverarbeitung. Außerdem ist Nairobi mit seiner Universität, dem Polytechnikum, der Kabete Technical and Trade School, dem Kenya National Theatre und einer großen Anzahl von Schulen geistiges und kulturelles Zentrum des Landes. Schließlich verdankt es den Tier- und Naturschutzparks der Umgebung einen beträchtlichen Zustrom von Touristen aus aller Welt.

Geschichtliche Entwicklung

Enkare nyrobi – in Maa ›Ort des kalten Wassers‹ – war einst eine Wasserstelle an der Karawanenroute nach Westen, im Berührungsbereich der bodenbau- und viehzuchttreibenden Kikuyu und der viehzüchtenden Maasai. Klimatisch günstig und etwa auf halber Strecke zum Victoria-See gelegen, wählten es die britischen Eisenbahnplaner als Hauptquartier der Kenya-Uganda-Eisenbahn. 1899 erreichte der Schienenstrang Nairobi. Eisenbahndepots, Werkstätten und Arbeiterunterkünfte wurden errichtet; sie bildeten den Kern der späteren Stadt. 1900 zog man willkürlich einen Kreis von 3 Meilen im Durchmesser um die Zelte und Baracken des Eisenbahnlagers und erklärte das markierte Gelände zum Stadtgebiet, von dem der größte Teil der Eisenbahngesellschaft gehörte. Außer europäischen Verwaltungs- und Eisenbahnangestellten siedelten sich binnen kurzem auch Händler aus Indien an, jedoch getrennt von jenen und in eigens für sie vorgeschriebenen Wohn- und Handelsbereichen.

Nairobi wurde zunehmend zum Zankapfel der Verwaltungsgremien, die sich im Laufe der Zeit in der heranwachsenden Stadt niedergelassen hatten. 1905 verlegte man die Kamba-Provinzverwaltung, der Nairobi unterstellt war, von Machakos nach Nairobi, und bald darauf gesellte sich zur Eisenbahn- und Regierungsverwaltung auch eine städtische Administration. Drei Machtsphären standen sich nun gegenüber, und die unklare Abgrenzung ihrer Zuständigkeitsbereiche führte oft genug zu Spannungen und Auseinandersetzungen. Die finanzkräftigste Einrichtung war die Eisenbahngesellschaft, die eigene Ärzte, Polizei, Schulen usw. für ihre Angestellten unterhielt.

Indische Wachsoldaten vor dem Finanzministerium der Kolonialregierung, Nairobi 1910

Etwa zehn Jahre nach der Gründung zählte Nairobi 12 000 Einwohner und hatte begonnen, als Stadt Gestalt anzunehmen. Schnell und ohne jegliche Planung hingegen entwickelten sich die Stadtteile. Die Folge war eine sehr ungleichmäßige Einwohnerdichte; so drängten sich etwa im Viertel des Indian Bazar auf nur 24 ha Land 3000 Inder. Die sanitären und anderen infrastrukturellen Einrichtungen genügten bei weitem nicht; in den ersten Jahren brach wiederholt die Pest aus, so daß man bereits erwog, die Stadt zu verlegen. Einblick in jene Zeit gibt das Ostafrika-Manuskript des deutschen Vizekonsuls Paul Huebner, der einige Jahre sogar als *municipal commissioner* von Nairobi amtierte:

»Die überstürzte Gründung Nairobis, die wenig sorgfältige Wahl des Bodens, die vernachlässigten sanitären Maßnahmen begannen schon jetzt Schwierigkeiten zu machen. Ratten machten sich von Anfang an überall bemerkbar. Täglich fingen sich deren etwa drei bis vier in einer großen Falle, die ich in meinem Warenlager aufstellen ließ. Es dauerte nicht lange, und die Durchschnittszahl der gefangenen Ratten stieg auf zwölf. Es wurde immer schlimmer, und eines Tages begannen sie sogar furchtlos und merkwürdig langsam durch die Räume zu laufen. Sie ließen sich auch am hellichten Tage nicht mehr verscheuchen, sondern blieben ruhig sitzen und ließen sich totschlagen. Diese Erscheinung wurde überall in den Häusern festgestellt und bildete ein allgemeines Gesprächsthema. Der Regierungsoberarzt und Tierarzt hüllten sich in Schweigen, als man sie darüber befragte. Als nun in diesen Tagen zwei Inder auf der Straße ganz plötzlich starben, ging es wie ein Lauffeuer durch die Stadt, daß diese Inder der Bubonenpest zum Opfer gefallen wären ... Unter der Mitarbeit von Askari wurden verschlossene Läden aufgebrochen, alle darin befindlichen Behälter geöffnet, alles was mit den Ratten in Berührung gekommen sein könnte, wie Mehl, Reis und andere Lebensmittel, Kleider, Wäsche, usw. auf die Straße geworfen, angezündet und verbrannt. Dann wurden die Läden heruntergerissen und der Bazar an anderer Stelle des Stadtbildes wieder aufgebaut. Aber da der Untergrund der Stadt sumpfig war, ist die Bubonenpest doch nach gewissen, oft sehr langen Zeiträumen immer wieder aufgeflackert.«

Zu Beginn dieses Jahrhunderts wies Nairobi außer den Verwaltungs- und Eisenbahngebäuden ein europäisches Geschäftszentrum und den indischen Bazar auf; darüber hinaus gab es Unterkünfte für die Arbeiter der Eisenbahngesellschaft, die zunächst nur asiatischer Abstammung waren. Die Arbeitersiedlungen *(landhies)* lagen in der unwirtschaftlicheren semiariden Savanne, während das klimatisch günstigere Hügelland, die Hill Region nordwestlich des Zentrums, den Europäern vorbehalten blieb. Heute wird sie von den oberen Einkommensgruppen bewohnt, und die großzügige Aufteilung von damals ermöglicht eine Zwischenbebauung mit komfortablen Reihenhäusern und Mietwohnungen.

An der rassistischen Einteilung der Wohn- und Geschäftsviertel sollte sich bis Mitte der 50er Jahre nichts ändern; die Segregation galt auch für das Erziehungs- und Gesundheitswesen und beherrschte das Leben der Stadt. Eine Mittelstellung nahmen die geschäftserfahrenen und handwerklich geschulten Asiaten ein; weniger privilligiert als die herrschende Schicht der britischen Siedler, waren sie immer noch deutlich bessergestellt als die damals gering ausgebildeten Afrikaner. Der Nairobi River, der die Stadt von Nordwesten nach Südosten durchfließt, trennte das Geschäftszentrum von den Wohnvierteln der Asiaten und Afrikaner und fungierte als geographische Rassenschranke. Nördlich des Flusses liegen noch heute die Viertel für die Masse der Stadtbevölkerung, die den mittleren und niederen Einkommensgruppen angehört.

Nairobi, Government Road

Nach dem Ersten Weltkrieg zählte Nairobi bereits 110 000 Einwohner und zeigte eine rassisch wie ethnisch sehr heterogene Bevölkerung. Die Stadtplaner kümmerten sich zunächst wenig um ein geordnetes urbanes Wachstum, sondern richteten ihr Hauptaugenmerk auf die Rassensegregation, um die Vormachtstellung der weißen Siedler zu wahren. So wurden die ersten ›Eingeborenensiedlungen‹, Kariakor und Pumwani, im Osten der Stadt errichtet, in denen heute die unteren Einkommensgruppen wohnen. Der beruflich-sozialen wie auch politischen Isolierung, die mit der räumlichen Einschränkung von Siedlungs- und Handelsmöglichkeiten einherging, begegneten die Asiaten – und in bescheidenerem Umfang auch die Afrikaner – mit der Einrichtung von Schulen und Krankenhäusern auf kommunaler Basis, die nach der Unabhängigkeit rassenintegriert weitergeführt wurden.

Während der ›Mau Mau‹-Zeit, die in den 50er Jahren zu Unruhen im kenyanischen Hochland und in Nairobi führte, setzte allmählich eine Abkehr von der Segregationspolitik der Kolonialherren und Hinwendung zur Idee einer multirassischen Gesellschaft ein. So wurde es Mitte der 50er Jahre auch Asiaten und Afrikanern erlaubt, in die Wohn- und Geschäftsviertel der Europäer zu ziehen. Die Identität von rassischer und sozialer Schichtung begann sich aufzulösen und machte einem Sozialgefüge Platz, das auf dem Einkommen des einzelnen beruht.

Zu Beginn der Unabhängigkeit (1963) zählte Nairobi rund 267 000 Einwohner, davon 157 000 Afrikaner, 87 000 Asiaten und 23 000 Europäer. Die ethnische Gewichtung hat sich seitdem wesentlich zugunsten der Afrikaner verschoben, nicht zuletzt wegen der stetig voranschreitenden Afrikanisierung. Von der afrikanischen Stadtbevölkerung sind heute 97% kenyanischer Nationalität; davon 47% Kikuyu, denen mit jeweils 15–16% die Luo und Baluyia aus dem Westen Kenyas und die unmittelbaren Nachbarn der Kikuyu, die Kamba, folgen.

Im Gegensatz zur alten Stadt Mombasa kennt Nairobi keine autochthone Bevölkerung. Man hört auch nie die Aussage: Ich bin Nairobianer. Ein solches Wir-Gefühl konnte sich in der jungen Stadt nicht entwickeln, was zum großen Teil der Segregationspolitik der ersten Jahrhunderthälfte zuzuschreiben ist. Ethnische Gruppenzugehörigkeit bestimmt in der Hauptsache über Kommunikationskontakte, doch liegt spürbar der Gedanke einer friedlichen Koexistenz innerhalb des pluralistischen Sozialgefüges zugrunde.

Viele Bewohner Nairobis haben zwei Domizile. Für die Mehrheit der Afrikaner ist die City nur Arbeitsplatz und temporärer Wohnort, während sie ihr Heim mit dem Begriff *shamba* verbinden, dem Land oder Feld, das sich meist in abgelegener ländlicher Gegend befindet und von der Familie bewirtschaftet wird. Desgleichen betrachten die meisten Europäer und Asiaten ihr Herkunftsland als Heimat; oftmals selbst dann, wenn ihre Familie seit mehr als zwei Generationen in Ostafrika lebt.

Architektur und Sehenswürdigkeiten

Recht anschaulich spiegelt sich die junge Geschichte Nairobis im 1949 entworfenen Stadtwappen wider. Der Schild in der Mitte ist in zwei goldene und zwei grüne Viertel unterteilt; sie stehen für den Reichtum der Gegend an Mineralien und fruchtbarem Ackerland. Das Zentrum

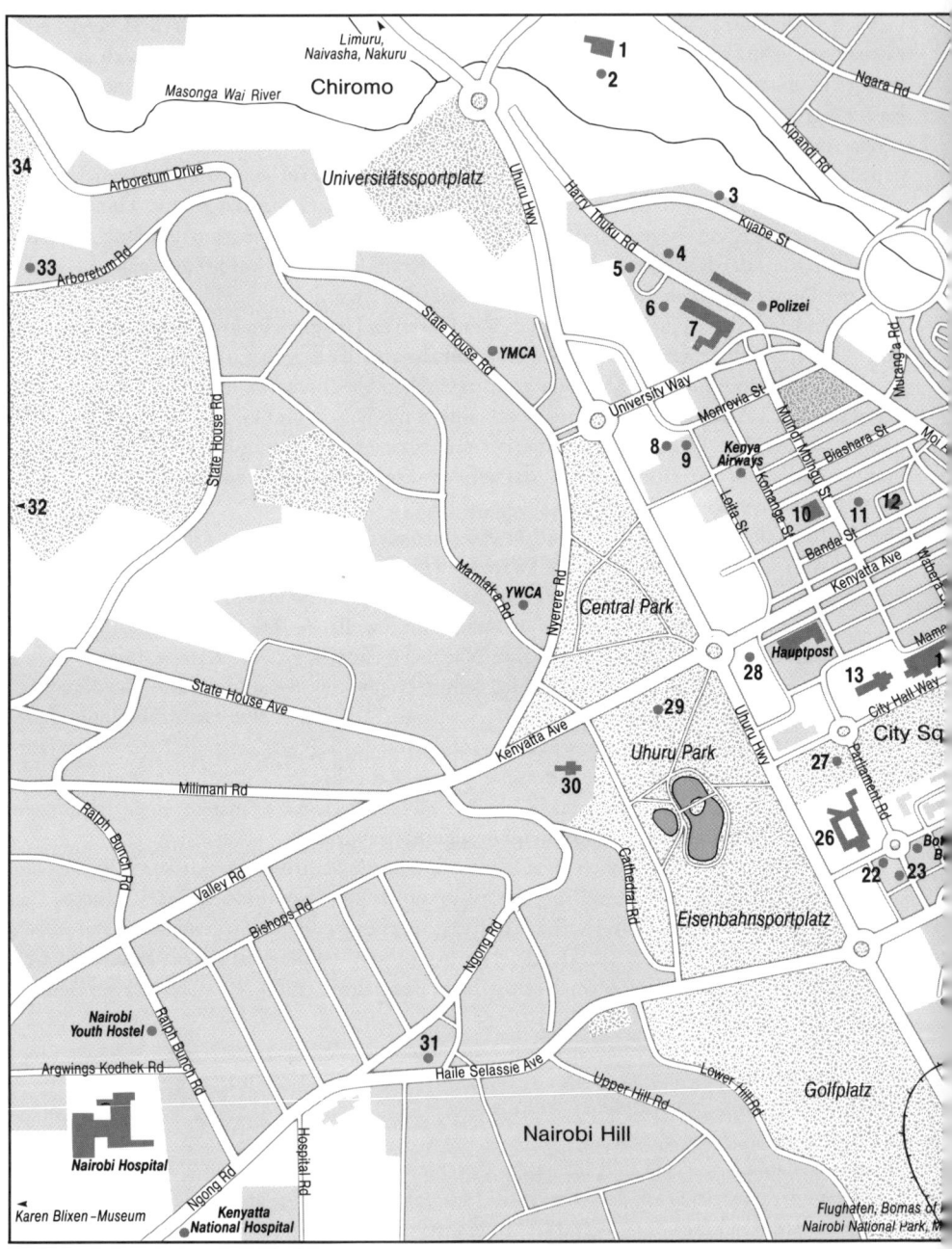

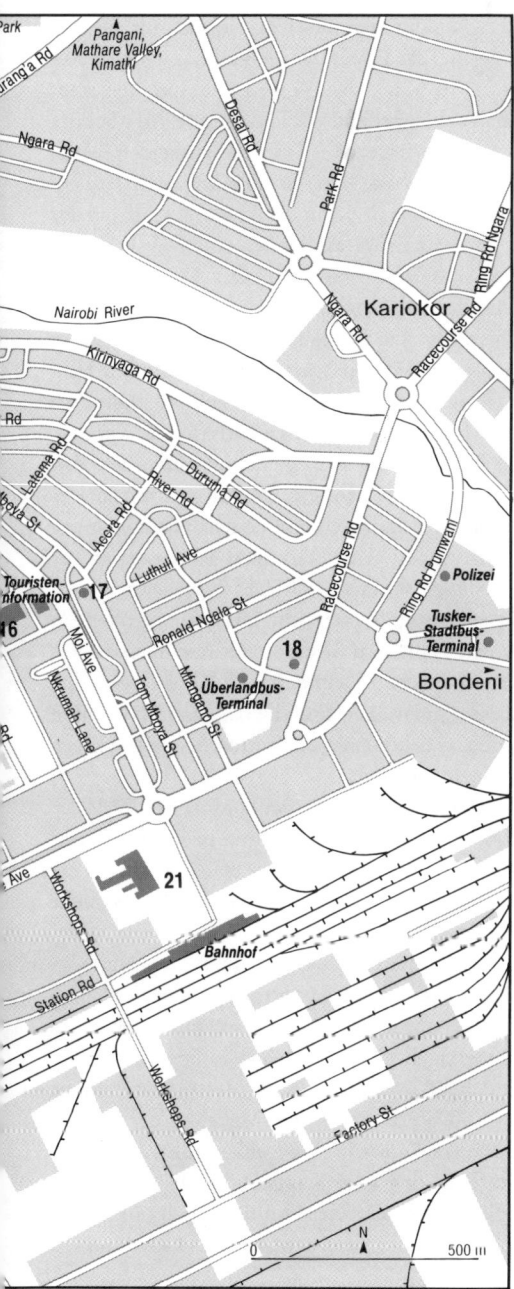

Plan der Innenstadt von Nairobi

1 Nationalmuseum
2 Snake Park
3 Text Book Centre
4 Norfolk Hotel
5 Kenya National Theatre
6 Kenya Cultural Centre
7 University of Nairobi
8 Goethe-Institut
9 French Cultural Centre
10 City Market
11 Jamia-Moschee
12 McMillan Library
13 Holy Family Cathedral
14 City Hall
15 Gerichtshof
16 Hilton Tower
17 National Archives
18 St Peter Claver's Church
19 Kenya Polytechnic
20 Railway Museum
21 Railway Headquarters
22 County Hall
23 Professional Centre
24 Public Map Office
25 Kenyatta International Conference Centre
26 Parliament
27 Kenyatta-Mausoleum
28 Nyayo House (Immigration Office)
29 Kenya Times Media Complex
30 All Saints Cathedral
31 National Library
32 State House
33 Kenya Arts Society
34 Nairobi Arboretum

151

Das Wappen von Nairobi

wird von dem heraldischen Symbol für Wasser beherrscht (das Präfix *nai* im Stadtnamen bedeutet ›Wasser‹ in Maa), das für den Standort der Stadt einst ausschlaggebend war. Nicht nur ihrer Schönheit wegen wurden die Kraniche zu beiden Seiten des Schildes in das Wappen aufgenommen; frühere Reisende haben sie oft in der Ebene gesehen, in der sich heute Nairobi ausdehnt, zudem sind sie für ihre Wachsamkeit bekannt. Der Löwe, mit der Vorderpfote auf einen Maasai-Schild aufgestützt, erinnert an die Befriedung des einst zwischen Maasai und anderen Stämmen umkämpften Landes. Rote Erde und Aloe schließlich, beide so typisch für Kenya, bilden die Basis für das Wappen.

Wegen der ausgesprochenen Heterogenität der Bevölkerung ist es nicht verwunderlich, daß die Stadt architektonisch gesehen eine reizvolle Stilvielfalt präsentiert, die von den verschiedenen Gebäudetypen britischer Kolonialzeit über indische Bungalows und Geschäftshäuser sowie europäisch-amerikanische Zweckbauten bis hin zum rechteckigen Lehmhaus der Küste und zur Rundhütte der Kikuyu reicht. Insbesondere in den ältern Wohnvierteln läßt sich leicht erraten, wer die Erbauer und ersten Bewohner der Häuser waren: So zeigt die Hill Region oder das exklusive Wohnviertel Muthaiga beispielsweise den typischen Siedler- und Landhausstil der Briten, Pangani und Parklands die Bauweise der asiatischen Gruppen und Kibera etwa den Küstenwohnstil der Swahili und die Architektur der Sudanesen. Im Geschäftsviertel des alten Indian Bazar, der sich um die Jamia-Moschee Nairobis bis hin zur Ismaili-Moschee erstreckt, ist der offene Laden indischen Stils *(duka)* noch häufig anzutreffen.

Einer der schönsten Bauten indischer Architektur in Nairobi ist die Jamia-Moschee, Perle der Stadt genannt (Farbabb. 8). Sie liegt im Zentrum nahe der Markthalle und in unmittelbarer Nachbarschaft der McMillan Memorial Library. 1925 erbaut, prägten ihre Minarette bis in die 70er Jahre hinein die Silhouette der Stadt; heute hingegen wirkt die Jamia-Moschee geduckt und eingeengt zwischen Wolkenkratzern und neoarabischen Arkadenbüros.

Das Gebetshaus, ein schmalgezogener Rechteckbau, wird von drei versilberten Kuppeln überwölbt und von zwei mächtigen Minaretten flankiert. Zackenbogen akzentuieren die Fenster und Türen der Südseite, die durch weiße Säulenpfeiler mit Palmettenkapitellen voneinander getrennt sind. Die mittlere Tür, der Haupteingang, liegt auf einer Achse mit dem Mihrab. Ein breiter Zackenblendbogen überhöht sie und hebt sie dekorativ aus der Gesamtansicht heraus. Sprüche in Arabisch, Englisch, Persisch und Urdu zieren den Mittelteil der Hauptfassade. Der Gebetsraum wirkt sehr schlicht. Wände und Kuppeln sind weiß gekalkt, der Boden mit Bastmatten ausgelegt. Kronleuchter hängen von den drei Kuppeln herab; zusammen mit einigen Uhren und Straußeneiern machen sie den sparsamen Schmuck des Raumes aus. Die Gebetsnische besteht aus einem halben Sechseck, das in drei bemalte Stukkaturkuppeln mündet.

Weitere Beispiele indischer Baukunst sind die in den 50er Jahren entstandenen Moscheen in Pangani und Bondeni (am Terminal für Überlandbusse) sowie der in den 80er Jahren erbaute Visa Oshwal-Tempel in Parklands.

Wenngleich viele der alten öffentlichen Bauten und Geschäftshäuser der rasant fortschreitenden Modernisierung zum Opfer gefallen sind, so gibt es doch noch vereinzelt Gebäude, die die verschiedenen Bauphasen der britischen Kolonialzeit widerspiegeln. So findet man beispielsweise noch zuweilen unscheinbare Bürobaracken mit Steinsockeln und Wellblechdächern, Relikte aus der Zeit der ersten Bautätigkeit in der Stadt zu Beginn dieses Jahrhunderts. Mit der Etablierung von Verwaltungseinrichtungen und Firmen entstanden aufwendige öffentliche Gebäude wie der Gerichtshof (Farbabb. 14), mehrere Banken, das alte Rathaus oder die mit einer Säulenfassade geschmückte McMillan Memorial Library im neoklassizistischen Stil. Auch die neogotischen Kirchen, etwa All Saints' Cathedral, gehören in diese Zeit. Auf die Fachwerkbauten Englands hingegen trifft man heute nur noch sehr selten. Als Beispiel sei das Norfolk Hotel genannt; einst der beliebteste Treffpunkt und gleichzeitig die wichtigste Informationsquelle für all jene Siedler, die im Hochland weitverstreut ihre Farmen bewirtschafteten und nur selten in die Stadt kamen. Geschäfts- und Bürohäuser jener Zeit wurden auch häufig im angloindischen Kolonialstil erbaut, mit schattenspendenden Loggien und Arkaden; einige Beispiele findet man in der Moi Avenue.

Mit dem Anwachsen der Stadt zu Beginn der 50er Jahre nahm auch die Zahl der modernen Zweckbauten zu; es entstanden Krankenhäuser, Schulen, Verwaltungsgebäude und Universitätsbauten. Ende der 60er Jahre beherrschte dann der runde Hilton Tower die Stadtsilhouette, Symbol des beginnenden Massentourismus, der innerhalb kürzester Zeit zahllose Riesenhotels aus dem Boden schießen lassen sollte. Seit 1972 überragte der runde Wolkenkratzer des Kenyatta Conference Centre mit seinen 28 Stockwerken alle Bauten der Stadt (Farbabb. 13). Mit einer riesigen kegelförmigen Konferenzhalle – der zweitgrößten der Welt – und vielen

Straßenszene in der Innenstadt

Stilvielfalt in der Innenstadt: Kolonialarchitektur ...

Tagungsörtlichkeiten dokumentiert der gigantische Bau Nairobis jüngste Entwicklung als Sitz internationaler Organisationen und als deren Konferenzort (Abb. 70). Seitdem sind aus dem sehr teuer gewordenen Boden der City zahlreiche weitere, noch höhere Wolkenkratzer emporgeschossen, die Nairobis Aufstieg in die Reihe der bedeutendsten modernen Städte Schwarzafrikas widerspiegeln.

Die vielen zentrumsnahen Grünanlagen wurden einst als Lunge für die schnell wachsende Stadt angelegt und bieten heute vielen Menschen Ruhe und Erholung. Da ist zunächst der Uhuru Park zu nennen, mit seinem kleinen, künstlichen See und den Rednertribünen, wo die Massenkundgebungen abgehalten werden. Vom Hang oberhalb des Parks hat man den besten Blick über die City von Nairobi. Jenseits der Kenyatta Avenue schließt sich der Central Park an. Nördlich des Stadtzentrums, zwischen Limuru Road und Forest Road, befindet sich, teilweise im Stil englischer Parks gehalten, der City Park, mit Wald- und Grasflächen und dazwischen eingestreuten Blumenbeeten.

Das Arboretum, ein 1907 angelegter botanischer Garten, liegt zwischen Arboretum Drive und Arboretum Road, einige hundert Meter nördlich des State House, und beherbergt vor allem zahlreiche Baumarten der Tropen.

Das Nationalmuseum am Westende des Uhuru Highway auf dem Museum Hill ist das größte seiner Art in Ostafrika. Naturkundliche Sammlungen informieren über die reiche Tierwelt

Ostafrikas – von Insekten, Fischen und Reptilien über Vögel bis hin zu den Säugetieren der Wald- und Graslandschaften.

Eine geologische Ausstellung zum Vulkanismus und der Entstehung des Rift Valley leitet über zu der bedeutenden paläontologischen und prähistorischen Abteilung. Hier wird die Entwicklungsgeschichte des Menschen in Ostafrika anhand von Fossilien, Artefakten und nachgebildeten Felsmalereien gezeigt. Schnittdiagramme der verschiedenen Siedlungsphasen ergänzen die Präsentation, die den neuesten Stand der Forschung wiedergibt. Ethnographische Exponate zur traditionellen Lebensweise verschiedener Volksgruppen Kenyas finden sich in den Schaukästen und der Dauerausstellung zur Küstenkultur sowie in wechselnden Sonderausstellungen. Eine Photodokumentation zu Aspekten der Kolonialgeschichte und des Unabhängigkeitskampfes schlägt den Bogen zur Gegenwart des Landes.

Das Eisenbahnmuseum am Südostrand der City gehört gleichfalls zu Nairobis Sehenswürdigkeiten. Es veranschaulicht mit seinen Exponaten und Dokumenten die Entstehungsgeschichte Kenyas und seiner Hauptstadt.

Wer von Nairobi an die Küste reisen will und Zeit und Muße hat, sollte das kenyanische Hochland nicht per Flugzeug oder Auto, sondern mit dem Zug verlassen: mit der ›eisernen Schlange‹, von der einst Mbatian, *laibon* und Führer der Maasai, geweissagt hatte, daß sie das Maasai-Land eines Tages zerteilen werde. Dieses Vehikel, das zum Symbol der Öffnung eines Kontinents

... und das moderne Parlamentsgebäude, von der Harambee Road aus gesehen

wurde und am Anfang einer neuen Kulturauseinandersetzung steht, läßt schon nach kurzer Wegstrecke die geschäftige, weltorientierte Zivilisation der Hauptstadt hinter sich. Bald senkt sich die afrikanische Nacht auf eine Handvoll Waggons und die Lokomotive, die bedächtig auf ihrer schmalen Spur in Richtung Küste schnauft. Durchs geöffnete Fenster dringen Rauch und Ruß und mit ihnen die ewigen Warnlaute der Nacht und die nach Gras und Erde riechende Luft, befreit von der lastenden Hitze des Tages. Bilder frühgeschichtlicher Daseinsformen ziehen an einem vorüber, dazwischen Ausschnitte aus Bauern-, Hirten- und Städterleben, die getrennt oder nebeneinander, vermischt oder verwandelt auf gleichem Raum existieren.

Mombasa

Mombasa, auf dem 4. Breitengrad südlich des Äquators gelegen, gehört zu den ältesten ostafrikanischen Hafenstädten. Der Siedlungskern erstreckt sich über ein nur 13 km² großes Koralleneiland. Bereits Araber und Perser wußten die Sicherheit, die die Insel inmitten der umgebenden Bucht bot, zu schätzen. Auch der Alte Hafen an der Ostseite der Insel mit seinem nur 274 m breiten, seichten Einfahrtskanal war wegen seiner geschützten Lage bekannt. Segelschiffe konnten hier leichter anlegen als auf der Westseite, dem alten Tuaca, wo die Portugiesen anscheinend häufiger vor Anker gingen. Zwar ist dort die Zufahrt doppelt so breit und auch tiefer als auf der Ostseite, doch erschwerten die vorherrschenden Windrichtungen und Wasserströmungen das Anlegen zu manchen Jahreszeiten. Mit dem Nordostmonsun von Dezember bis März pflegten die Schiffshändler mit ihren *dhows* den Hafen von Mombasa anzusegeln, um ihre Fertigwaren aus dem Arabischen Golf oder aus Indien gegen Rohstoffe Ostafrikas einzuhandeln. Mit dem Südwestmonsun segelten sie wieder davon. Um den Osthafen entwickelte sich eine Stadt, doch blieb sie klein, und ihre Ausdehnung überstieg bis ins 19. Jh. nie eine Fläche von ½ km².

Einst sollen bis zu tausend *dhows* pro Saison den Mombasa-Hafen angelaufen haben, während man heute allerhöchstens noch 30 zählen kann. Mit der Motorisierung der Schiffahrt verlor der Alte Hafen an Bedeutung, und es entstand um die Jahrhundertwende an der Südwestseite der Insel der heute noch größte Tiefwasserhafen der ostafrikanischen Küste, Kilindini, Ort des tiefen Wassers, genannt.

Geschichtliche Entwicklung

Wenngleich Mombasas Gründungszeitpunkt heute nicht mehr feststellbar ist, gilt es als eine der ältesten festen Niederlassungen Ostafrikas. Archäologische Spuren lassen eine Besiedlung der Stelle noch vor der Zeitenwende vermuten. Die erste schriftliche Erwähnung finden wir Anfang des 12. Jh. bei dem arabischen Reisenden Al Idrisi, doch erst seit dem Auftauchen der Portugiesen an der ostafrikanischen Küste läßt sich die wechselvolle Geschichte der Stadt

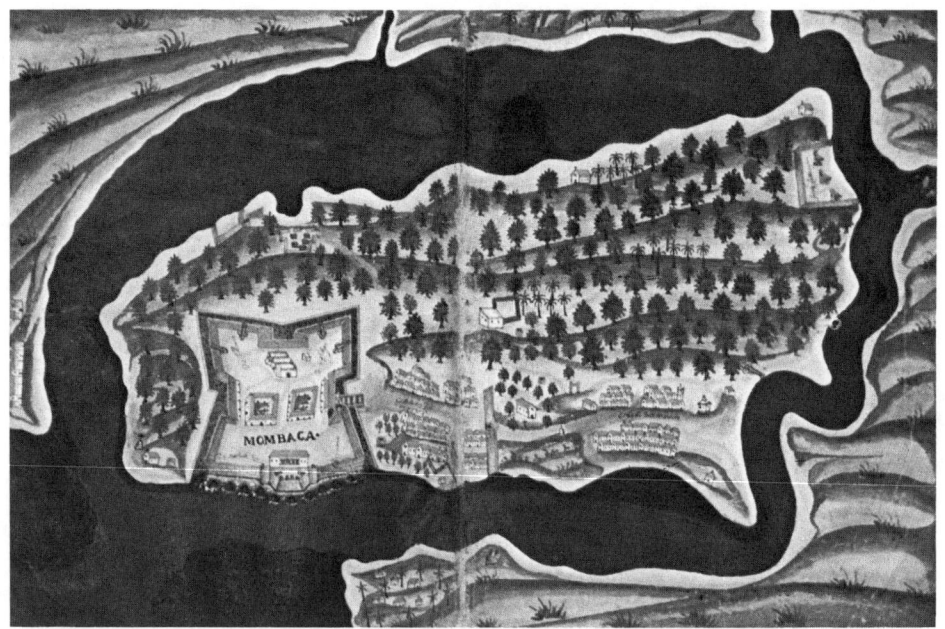

Portugiesische Karte von Mombasa, um 1650

genauer erhellen. Dreimal wurde Mombasa im 16. Jh. (1505, 1528 und 1589) von den Portugiesen angegriffen und geplündert, erholte sich jedoch immer wieder ziemlich rasch und wußte seine Unabhängigkeit zu behaupten. Erst die Einnahme der Stadt durch das kriegerische Volk der Zimba (1590) und die Niederlage im Kampf gegen Malindi im Jahre 1592 brachten Mombasa endgültig unter portugiesische Kontrolle. Das ganze 17. Jh. hindurch währte die Fremdherrschaft, ein Jahrhundert voller Wirren, in dem eine Nord-Süd-Wanderung verschiedener Völkergruppen, hauptsächlich durch den Druck der Galla/Oromo, einsetzte. Die Bewohner der nördlichen Küstenstädte flohen nach Süden, und viele ließen sich in Mombasa nieder. Nach 100jähriger portugiesischer Herrschaft und einer Folge von Revolten (ab 1631) kam die Stadt unter die Kontrolle der arabischen Omani, die Mombasa zunächst im Namen des Imam von Oman, später als unabhängige *liwali* (Statthalter) regierten. Unter der längsten Herrscherdynastie, den Mazrui (1735–1837), kontrollierte Mombasa den größten Teil der kenyanischen sowie einen Teil der tanzanischen Küste und die kornproduzierende Insel Pemba.

Omani Mombasa zeigte sich zu Beginn des 19. Jh. als eine vorwiegend von Swahili bewohnte Stadt mit einer arabischen Dynastie an der Spitze, wobei die Regierungsgeschäfte Swahili und Arabern gemeinsam oblagen. Der Eroberer Sayyid Said bin Sultan beraubte Mombasa 1837 seiner Unabhängigkeit und band die Stadt in ein strafferes politisches und wirtschaftliches System ein, das den Weg für größere Handelsaktivitäten unter britischer Kolonialherrschaft vorbereitete.

157

Mombasa war im 19. Jh. Ausgangspunkt vieler Expeditionen ins Landesinnere, die Araber und Swahili oft im Namen der British East Africa Company durchführten. 1895 wurde es Hauptsitz des British East Africa Protectorate und blieb es bis 1907, dem Jahr, in dem in Mombasa auch offiziell die Sklaverei abgeschafft wurde. Mit dem Bau der Uganda-Eisenbahn und des Kilindini-Hafens erlangte die Stadt immer größere wirtschaftliche Bedeutung und zog dadurch viele Arbeitskräfte auch nichtislamischer Glaubensrichtungen an. Den Hauptnutzen aus der wirtschaftlichen Entwicklung zogen zunächst die Inder, die verstärkt seit der Jahrhundertwende unter der Schirmherrschaft der Briten als Handwerker, Angestellte und Händler ins Land geholt wurden. Verlierer waren hingegen die Swahili und alteingesessenen Araber, deren politische und wirtschaftliche Vormachtstellung gebrochen wurde. Gemäß ihrer industriellen Ausdehnung wuchs die Stadt über ihre mittelalterlichen Grenzen hinaus und erfaßte das umliegende Festland.

Der heutige Name Mombasa bürgerte sich erst in der Zeit der Portugiesen fest ein, obwohl die Stadt schon vorher bei arabischen Seefahrern und Geographen unter dem Namen Manbasa, Mambasa oder Al Manbasi bekannt war. Die einheimische Bevölkerung vorportugiesischer Zeit nannte sie *mvita*, die Kriegerische, nach dem zwischen 1300 und 1573 herrschenden

Heute ist Mombasa die größte Touristenmetropole Ostafrikas: Hotelanlage ...

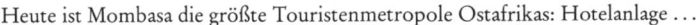

... und Strand im Süden der Stadt

Swahili-Clan Taifa Mvita, der der Swahili-Chronik von Mombasa zufolge aber auch den Namen Taifa Mambasi trug. Neben Stadt, Insel und Stadtstaat bezeichnete der Name im übrigen auch eine besondere Mundart des Swahili, das Kimvita, in dem ab Beginn des 19. Jh. zahlreiche neue Versformen entstanden. Das Zentrum der Dichtkunst verlagerte sich im Verlauf dieser Entwicklung von Lamu nach Mombasa.

Heute ist Mombasa die zweitgrößte Stadt Kenyas, Sitz der Küstenprovinz-Verwaltung und Marinebasis. Aus der kleinen Hafenstadt entwickelte sich ein geschäftiges Industriezentrum auf dem südwestlichen Festland, vor allem um den Tiefseehafen Kilindini, mit Erdölraffinerie, Automontagehallen, Aluminiumfabrik u. a. Eine Erdölpipeline verläuft von dort nach Nairobi; sie ersetzt den gefährlichen Überlandtransport. Auf dem nördlichen Festland arbeitet seit Jahrzehnten ein über Ostafrika hinaus wichtiges Zementwerk, das seine alten Abbaugruben übrigens bepflanzt und in einen Naturpark mit Lehrpfad umgewandelt hat.

In steigendem Maße ergreifen hohe Betonbauten Besitz von der Insel und stellen die Türme der Moscheen, Tempel und Kirchen, die einst die Silhouette prägten, mehr und mehr in den Schatten. Heute ist Mombasa mit seinen großzügigen Hotelanlagen, vor allem an den Stränden der Süd- und Nordküste, zur größten Touristenmetropole der gesamten ostafrikanischen Küste geworden.

Bevölkerung

Mombasa zählt heute etwa 550 000 Einwohner. Diese Angabe bezieht sich auf das gesamte Stadtgebiet von 195 km² Fläche, das sich über weite Teile des umliegenden Festlandes erstreckt. Im
Stadtkern auf der Insel selbst wohnen 150 000 Menschen. 76% der Bevölkerung sind Afrikaner,
wobei die autochthonen Swahili hauptsächlich im alten Teil der Stadt wohnen, während sich die
steigende Zahl von Zuwanderern aus dem Hinterland – vorwiegend Luo, Luyia, Kikuyu und
Kamba – in den neu erschlossenen Gebieten ansiedeln. Die zweitstärkste Bevölkerungsgruppe
stellen die Asiaten (also die Einwanderer aus dem Indischen Subkontinent), deren Zahl im Zuge
der Afrikanisierung stetig abnimmt, ebenso wie die der Araber und Europäer. Die rassischen
Gruppen untergliedern sich wiederum in zahlreiche sprachliche, religiöse und kulturelle Einheiten, die in Ostafrika allgemein unter dem englischen Terminius *community,* Gemeinde,
bekannt sind. Die meisten dieser *communities* sind endogam, pflegen ihre eigenen Sitten und
Bräuche und besitzen ein eigenes Versammlungszentrum. Bei der Mehrzahl der muslimischen
Einwohner ist dies eine Moschee, bei Hindu, Sikh und Parsen der Tempel, bei den christlichen
Goanesen die Kirche.

Mombasa bietet noch weitgehend jene ethnische Vielfalt, die für Zanzibar vor der Revolution
(1964) charakteristisch war und die sich, wenngleich nicht in gleichem Maße, auch in anderen
Städten, wie Malindi oder Lamu, findet. Seit Jahrhunderten gibt es in Mombasa den urbanen
Kern einer pluralistischen Bevölkerung, der sich heute in seiner spezifischen Zusammensetzung
vor allem in der Altstadt konzentriert. Das Zusammenleben einer rassisch wie ethnisch hetero-
genen Bevölkerung bewirkte einerseits physische und kulturelle Integration und andererseits
einen hohen Grad an Anpassungsvermögen, an dem auch die koloniale Segregationspolitik
nichts zu ändern vermochte.

Der größte Teil der Altgruppen – d. h. Angehörige jener Ethnien, die schon vor dem Einsetzen der Kolonialzeit in Mombasa siedelten, im wesentlichen also Swahili, Omani und
Hadhrami arabischer Herkunft sowie indische Gujarati und Kutchi – bewohnt den ältesten
Kern der Stadt. Hingegen haben sich die um die Jahrhundertwende zugewanderten Asiaten
und Araber westlich und südlich der Altstadt niedergelassen. Ihre Versammlungszentren,
Wohn- und Geschäftshäuser, aber auch ihre Kleidung, Speisen und Handwerkskunst haben
das bunte Bild Mombasas entscheidend mitgeprägt. Auch die römisch-katholischen Goanesen
verbindet eine lange Tradition mit der Stadt. Als Gefolgsleute der Portugiesen waren sie seit
dem frühen 16. Jh. an die ostafrikanische Küste gekommen und wuchsen nach dem Ersten
Weltkrieg zu einer gutorganisierten Gemeinde heran, die vor allem in der Kolonialverwaltung
der Briten ihren Dienst versah.

Die Swahili. Soweit aus den historischen Quellen bekannt, deckt sich die politische Chronik
von Mombasa bis Ende des 17. Jh. im wesentlichen mit der Geschichte der Swahili, die die älteste
ethnische Komponente der Stadt darstellen. Einige Swahili führen ihre Herkunft auf Shirazi-
Ahnen zurück, eine Bevölkerung von gemischt afrikanisch-persischer oder afrikanisch-arabi-
scher Abstammung, deren Dynastien lange Zeit die herrschende Elite in mehreren ostafri-

1   Marktszene in Nairobi

2 Buibui – schwarzer Schleier der Frauen

3 Hadhrami-Kaffeeverkäufer in Mombasa

4 Swahili-Frau in der Altstadt von Mombasa

5 Swahili-Kappensticker

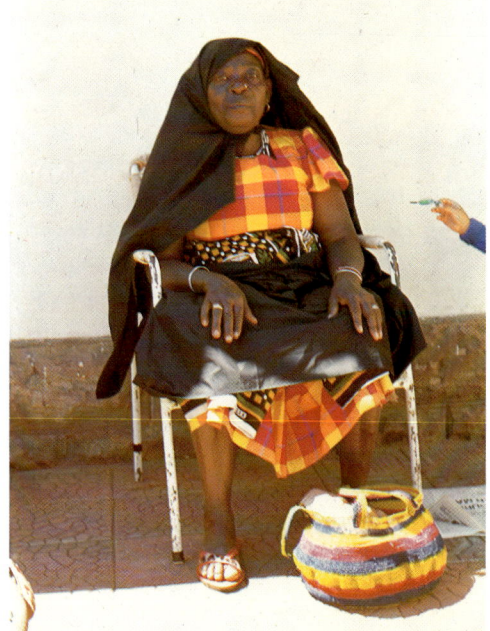

6 Baluchi-Braut

7 Festtagsbemalung mit Henna

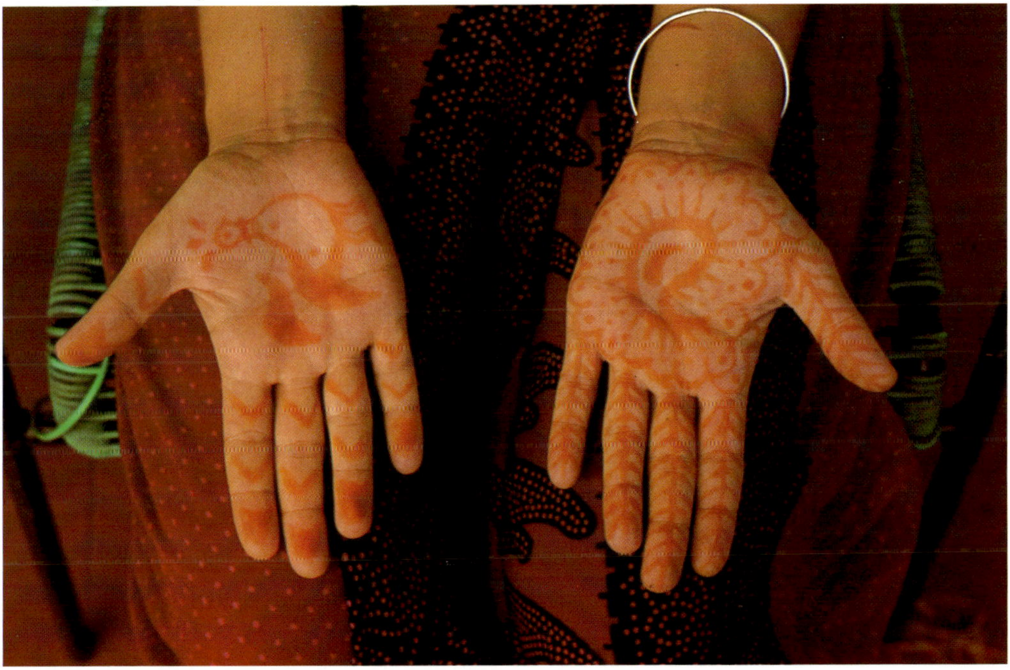

8   Jamia-Moschee in Nairobi, ›Perle der Stadt‹ genannt

9 Mandhry-Moschee in der Altstadt von Mombasa

10 Sheikh Jundani-Moschee in Mombasa

11 Badhala-Moschee in Mombasa

12 Jain-Tempel, Mombasa

13 Silhouette des modernen Nairobi mit Kenyatta Conference Centre

14 Der Gerichtshof Nairobis, im britisch-neuklassizistischen Stil erbaut

15   Emmanuel-Kirche, Freretown bei Mombasa

16   Das Museum von Lamu, im sogenannten Zanzibar-Stil errichtet

17 Dhows im Alten Hafen von Mombasa

18 Das von den Portugiesen erbaute Fort Jesus in Mombasa

19   Wasserzapfstelle und Wasserverkäufer in Mombasa

20   Geschäftsstraße in Mombasa

21   Geschäftsstraße in Mombasa

22   Altstadtgasse in Mombasa

23   Bohra-Frauen in der Altstadt von Mombasa

24 Gedi, Palasteingang (15. Jh.)

25 Gedi, Säulengrab

26 Ruinen von Jumba la Mtwana (14. Jh.)

27   Siyu, geschnitzte Tür im Zanzibar-Stil

28   Lamu, geflochtener Deckel

29   Truhe im Surat-Stil und geflochtene Gebetsmatte

30 Das fruchtbare Kikuyu-Land

31 Traditionelle Kamba-Häuser in Zentralkenya

32   Maasai-Haus im Süden Kenyas

34   Maasai-Krieger, ›Moran‹ genannt ▷

33   Kisii-Speicher im Westen Kenyas

35 Ruhehaltung der Maasai

36 Maasai-Frau beim Anfertigen einer Armspirale

37 Maasai-Hirte

38 Maasai-Braut

39 Turkana-Frauen

40 Samburu-Frau

41 Ein kahl rasierter Schädel gehörte früher zum Schönheitsideal der Kikuyu-Frauen

43 Samburu-Frau

42 El Molo bei Babywäsche

44 Gabbra-Frau beim Wasserholen

46   Einbaum und Auslegerboot vor dem Riff der Swahili-Küste

◁ 45   Rendille-Mutter. Der Haaraufsatz bedeutet, daß ihr erstes Kind ein Junge ist

47   Weißer Korallenstrand

48   Der Longonot im Rift Valley

50   Am Turkana-See ▷

49   Mwea, Grenzland der Kipsigis und Maasai im Westen Kenyas

51 Blick auf den Kilimanjaro von Kenya aus

52 Blick auf den Mount Kenya

53 Im Nairobi National Park

55 Im Tsavo National Park ▷

54 Akazien sind die Wasserspeicher der Trockensavanne

56 Am Naivasha-See

57 Der ›König der Steppe‹; im Hintergrund Aasgeier

58 Flamingos am Nakuru-See

59 Die durchaus nicht ungefährlichen Büffel an der Tränke

60 Afroalpine Graslandschaft am Mount Kenya mit Senecien im Vordergrund

61 Wilde Aloe in der Dornbuschsavanne

62 Teeplantagen in der Gegend von Kericho

63 Frangipani (Plumeria fubra)

64 Flamboyant (Delonix regia)

65 Afrikanischer Tulpenbaum (Spathodea campanulata)

66 Papaya-Baum mit männlichen Blüten

67 Leberwurstbaum (Kigelia africana)

68 Gelbblühende Aloe

69   Sonnenuntergang in der Savanne; im Vordergrund Akazien

kanischen Küstenstädten stellten. Sich Shirazi zu nennen, impliziert allgemein, vornehmer Herkunft zu sein.

Von etwa 1300–1573 regierte die Shirazi-Dynastie, aus der vor allem der Herrscher Shehe Mvita bekannt ist. Der Name Mvita bezeichnete auch Mombasa, ebenso einen der zwölf Stämme *(thenaashara taifa* oder *miji kumi na mbili)*, die im Laufe der Zeit die Insel in Besitz nahmen. Alle Stämme, die sich in der Folgezeit mit den Mvita verbündeten, kamen aus dem Norden, zuerst die Jomvu, später die Kilifi und Mtwapa, und Mitte des 18. Jh. dann die Pate, Shaka, Bajuni, Faza und Katwa. Zusammen bilden sie die sogenannte Neunergruppe, *tisa taifa* oder *miji tisa* genannt, die eine der beiden Konföderationen der *thenaashara* ausmacht. Der zweite Verbund ist die sogenannte Dreiergruppe, *thelatha taifa* oder *miji tatu*. Dessen Stämme *(miji,* Plural von *mji)*, die Kilindini, Tangana und Changamwe, lebten ursprünglich in der Nähe Mombasas. Die Dreiergruppe war seit jeher zahlenmäßig stärker als die Neunergruppe, darüber hinaus auch politisch mächtiger, weil sie den Rückhalt auf dem Mombasa umgebenden Festland hatte und Unterstützung von den Mijikenda, den Nyika-Stämmen, erhielt. Bis heute liegt die Lokalpolitik wesentlich in den Händen der Dreiergruppe.

Den politischen Einfluß und die Kontrolle über die Stadtverwaltung, die die Swahili auch zu Zeiten der arabischen Herrscher im 18. und 19. Jh. hatten, verloren sie völlig unter der britischen Kolonialherrschaft. Auch ihre ökonomische Verarmung ist darauf zurückzuführen. So starben beispielsweise die typischen Swahili-Berufe des Karawanenführers und Großwild- jägers Anfang dieses Jahrhunderts aus. Die heutige Berufsskala reicht vom landlosen, ungelern- ten Arbeiter, dem Lastenträger, Fischer und Seemann über den kleinen Händler und den gelernten Handwerker bis hin zum Landbesitzer, Businessman und Gelehrten.

In der Altstadt wohnt der größte Teil der Swahili in den nördlichen *mitaa,* deren Besiedlung auf die alten Zeiten der Einwanderung aus dem Norden zurückgeht. Die Neunergruppe wohnt in Mji wa Kale und in Kilifi, während die Dreiergruppe, die später auf die Insel kam, sich in den südlich anschließenden *mitaa* Mkanyageni und Kuze angesiedelt hat. Seitdem es in der Stadt keine machtpolitischen Auseinandersetzungen mehr gibt, also seit der kolonialen Zwangs- befriedung Ende des letzten Jahrhunderts, rückten auch die beiden Stammeskonföderationen der Dreier- und der Neunergruppe zusammen. Während noch bis Anfang des Jahrhunderts die Heirat innerhalb des eigenen Clans *(mbari)* verbindlich war, ist heute jede Eheschließung nach den Gesetzen des Islam anerkannt.

Araber. Aus den Reihen der arabischen Clans, die in Alt-Mombasa leben oder temporär beschäftigt sind, treten vor allem die der ehemaligen Omani-Herrscher hervor, ebenso die zahlenmäßig stärkeren Hadhrami, während die Jemeniten, die ohnehin erst unter britischer Kolonialherrschaft als Tuchhändler ins Land kamen, in der Altstadt nie von Bedeutung waren. Obwohl zahlenmäßig gering, genießen die Omani auch heute noch den höchsten sozialen Status innerhalb der Altstadtgesellschaft. Ihre Wohnsituation verweist wie bei den Swahili auf die tiefe Verwurzelung in der Stadt. Mit der Errichtung des British Protectorate nahm ihre Zahl stetig ab, weil viele in ihre ursprüngliche Heimat zurückkehrten. Von den heute in Mombasa lebenden Omani-Clans können die meisten ihre Ansässigkeit nur bis zum beginnenden 18. Jh.

zurückverfolgen. Einer der ältesten Clans, die Mandhry, war hier allerdings schon in vorportugiesischer Zeit ansässig. Die Mandhry waren vor allem Händler und errichteten eine der ältesten noch benutzten Moscheen, die Mandhry-Moschee in der Nähe des Alten Hafens.

Angehörige anderer Omani-Clans ließen sich als Soldaten nieder. Sie kamen als Vasallen des Imam von Oman ins Land und standen später auch im Dienst der unabhängigen Mazrui-Herrscher von Mombasa. Die Omani hatten vor allem hohe Verwaltungsämter inne – wie jene des *kadhi* (Richter) und des *liwali* (Statthalter), doch wurden sie unter den Briten ihrer Macht enthoben und bekleideten die Ämter in der Folgezeit nur noch nominell. Ansonsten waren die Omani vor allem Plantagenbesitzer und Kaufleute. Heute findet man sie in selbständigen Berufen, im Export/Import, als Ingenieure oder Lehrer. Sie bewohnen vor allem die *mitaa* Kibokoni und Baherini, die zwischen Fort Jesus und dem Alten Hafen liegen und zum vornehmeren Teil der Altstadt gehören.

Die Zahl der aus Hadhramaut stammenden Einwohner ist dagegen wesentlich größer. Die Hadhrami hatten nie Regierungsämter inne, sondern waren vielmehr seit Jahrhunderten Händler, Seeleute und Söldner; häufig verkehrten sie zwischen den Anrainerstaaten des Indischen Ozeans. Spuren ihrer Einwanderung lassen sich bis ins 14. Jh. zurückverfolgen. Viele von ihnen kamen jahrelang nur als segelnde Händler nach Mombasa, wo sie vielleicht ein kleines Büro betrieben, und kehrten immer wieder in ihre Heimat zurück. Andere hingegen ließen sich periodisch für eine bestimmte Zeitspanne als Obsthändler, Wasserträger oder Kaffeeverkäufer (Farbabb. 3) in der Stadt nieder, weil Dürre und Hungerperioden in der Heimat sie zwangen, ihren Lebensunterhalt in der Fremde zu verdienen. Während die Omani stets reicher und höhergestellt waren, besaßen die Hadhrami allenfalls kleine Familiengeschäfte, die vom Vater auf den Sohn vererbt wurden. Selbst heute sind sie kaum in freien Berufen zu finden. Besondere Achtung erfuhren sie in den vergangenen Jahrhunderten nie, weder von seiten der Omani noch der Swahili, die ihnen den Spottnamen *viroboto* (Flöhe) gaben. Am angesehensten unter ihnen waren – ungeachtet ihrer wirtschaftlichen Lage – die Ashraf-Familien *(masharifu)*, die sich in direkter Linie auf den Propheten zurückführen. Ihr shafiitischer Einfluß auf die Omani ibadhitischer Glaubensrichtung war so groß, daß bis zum Ende des 19. Jh. die meisten führenden Omani-Familien Shafii geworden sind.

Auf der untersten Stufe der Hadhrami-Gesellschaft standen die Shihiri, nach ihrem Herkunftsort Shihr benannt, die sich ihrer niedrigen Arbeitsverrichtungen wegen schon in Hadhramaut mit dem untersten Rang hatten begnügen müssen. Erwähnenswert ist, daß der schwarze Schleier *(buibui)*, den an der Küste fast alle Muslimfrauen tragen, wenn sie das Haus verlassen, früher nur die Shihiri-Frauen gekennzeichnet hat (Farbabb. 2). Anfang dieses Jahrhunderts verdrängte er alle anderen Verschleierungsarten, wie z. B. die Gesichtsmaske vornehmer Damen *(barakoa)*, die die Augenpartie frei ließ, oder die *ukaya*, ein langes Stück Stoff, das die Frauen gewöhnlicher Herkunft von Kopf bis Fuß verhüllte.

Asiaten. Von den vielen asiatischen Gruppen waren es vor allem Muslime, die sich im Lauf der Zeit in die städtische Arabo-Swahili-Gesellschaft einfügten. Dies erklärt auch, warum sie von europäischen Reisenden oft nicht erwähnt und vielfach fälschlich als Araber bezeichnet

Baluchi-Wachsoldaten
(Bildmitte) vor Fort
Jesus, 1910

wurden. Begünstigt wurde diese Verwechslung durch die Ähnlichkeit im Aussehen, den gemeinsamen Glauben, die Beherrschung des Swahili, meist auch die gleiche Kleidung – alles Aspekte, die eine Unterscheidung erschwerten. Die Asiaten selbst klassifizieren sich allgemein nach der Kasten- (Hindu) und Religions- oder Sektenzugehörigkeit (Muslim), darüber hinaus nach ihrer Muttersprache. Vermutlich sind sie schon so lange in Mombasa ansässig wie die Araber, doch scheint ihre Zahl so klein gewesen zu sein, daß sie keinen wesentlichen Einfluß auf die Politik der Stadt ausüben konnten. Es steht lediglich fest, daß sich sowohl Muslime als auch Hindu während der Mazrui-Periode in größerer Zahl in Mombasa angesiedelt haben; die Untergruppen beider Religionen lassen sich jedoch erst seit der Busaidi-Periode genauer identifizieren.

In der Altstadt leben noch heute vor allem jene Asiaten, die schon vor der Kolonialzeit dort fest etabliert waren, wie z. B. die sunnitischen Badhala und Memon und die shiitischen Bohra und Ithnaasheri. Eine Sonderstellung nahmen früher die Baluchi ein. Sie kamen aus Baluchistan, das zu Persien gehörte, bis es 1839 von Großbritannien annektiert wurde, und dienten in Ostafrika vor allem unter Sayyid Said als Soldaten, nachdem dieser seine Hauptstadt von Muscat nach Zanzibar verlegt hatte. In Mombasa waren sie in Fort Jesus stationiert. Unter der Protektoratsregierung wurden sie in der Nähe des Forts angesiedelt, wo sich die Baluchi-Moschee befindet. Der größte Teil von ihnen identifiziert sich heute mit den Omani oder Swahili und hat sich deren Sitten angepaßt, wie man vor allem bei den Hochzeitszeremonien und Tänzen beobachten kann (Farbabb. 6).

Die Badhala stammen aus Kutch und Sindh. Als Seeleute hatten sie in der indischen Kasten-gesellschaft einen niederen Rang inne. Sie standen im Dienst arabischer und indischer Kaufleute und stellten die Besatzung, manchmal auch den Kapitän der Handelsschiffe im Indischen Ozean. Ihren eigenen Angaben zufolge wurden sie mit dem beginnenden 18. Jh. in Mombasa seßhaft. Während einige weiterhin zur See gingen, übernahmen andere die Versorgung der 'Schiffe mit Proviant und etablierten sich als Zulieferer von Wasser und Nahrungsmitteln für die Schiffsbesatzungen. Badhala arbeiteten auch als Lastenträger und Fährleute am Alten Hafen, und ihre Frauen verdingten sich in reichen Haushalten als Wäscherinnen und Masseurinnen. Immer gehörten sie zu den Armen der Stadt, verrichteten niedrige Arbeiten und wurden deshalb oft von den anderen Gruppen gemieden.

Auch die Memon kamen aus Kutch und Sindh. Wie die Badhala zeigen sie noch starke Züge eines Kastenwesens, vor allem im Familien- und Erbrecht sowie in den Heirats- und Ehebräu-chen. Zum Teil entstammen die Memon einer Weberkaste aus Sindh, die jahrhundertelang Seiden- und Baumwollstoffe nach Ostafrika exportierte. Von einer permanenten Niederlassung als Stoffwarenhändler und Handwerker kann erst seit der Mazrui-Zeit die Rede sein. Die älteste Gemeinde befand sich auf Zanzibar; von hier übersiedelte die Mehrheit Mitte des 19. Jh. nach Mombasa, als das aus Amerika und Deutschland eingeführte billige Baumwolltuch *(mericani)* den Markt von Zanzibar überschwemmte. In Mombasa bildeten die Memon eine wohlhabende und gutorganisierte Gemeinde, die sich in der Altstadt vornehmlich um ihre Moschee im Vier-tel Kuze etablierte. Ihr Lebensumfeld war dadurch geprägt, daß sich Wohnung und Geschäft unter einem Dach befanden; ein Charakteristikum vor allem dieser Gruppe, das sich teilweise bis heute erhalten hat.

Im Gegensatz zu den Sunniten, bei denen das unfehlbare Gesetz *(sharia)* die Basis der islamischen Gemeinde darstellt, ist bei den Shiiten ein unfehlbarer Führer *(imam)* maßgebend. Der Imam steht an der Spitze eines großen, hierarchisch gegliederten Verwaltungsapparates, der bis auf die lokale Ebene hinunter für eine straffe Organisation sorgt. Die wichtigsten shiitischen Gruppen waren die Bohra (Farbabb. 23) und Ithnaasheri (›Zwölfer‹), die ab Mitte des letzten Jahrhunderts in größerer Zahl in Mombasa siedelten, und die Ismaili Khoja, die wie die ersteren als Händler und Kaufleute in die Stadt kamen, aber eine eigene Gemeinde erst um die Jahrhun-dertwende bildeten. Die Ismaili (die man, wie die Ithnaasheri auch, *khoja*, Geschäftsleute, nennt) waren die am stärksten europäisierte shiitische Gruppe. Ihre Fortschrittlichkeit ist eng mit dem Namen von Allidina Visram verknüpft, dessen Büste von 1937 man noch am Treasury Square sehen kann. 1863 war Visram nach Ostafrika gekommen. In jener Zeit, als Kaurimuscheln noch Hauptzahlungsmittel im Inneren Afrikas waren, baute er ein weitverzweigtes Banken- und Handelsnetz auf, dessen sich die junge britische Verwaltung später bedienen sollte.

Bohra und Ithnaasheri sind auch heute noch streng orthodoxe Shiiten, die jedoch viel von der Swahili-Küstenkultur übernommen haben. Dies äußert sich nicht nur in der guten Beherr-schung der Swahili-Sprache, sondern auch in der Übernahme von Glaubensvorstellungen, Riten, Eß- und Kleidungsgewohnheiten. Die Bohra waren vor allem im Export/Import in ver-schiedenen Sparten tätig, besaßen Schiffsagenturen und waren auch die bekanntesten Manager und Geldgeber für die Inlandskarawanen. Ihre Überschüsse investierten sie in Land – darin bestand das Geheimnis ihres Reichtums. In der Altstadt bauten sie zwei Moscheen; eine davon überblickt den Alten Hafen.

Topographie der Stadt

Die früheste Siedlung (Phase A) auf der Insel, die man allgemein mit der legendären Königin Mwana Mkisi in Verbindung bringt, hieß Kongowea oder Kungwiya. Man vermutete sie zwar schon lange an der Stelle des heutigen Coast General Hospital, konnte aber wegen der Überbauung keine Grabungen durchführen. Im Zusammenhang mit der Erweiterung des Krankenhauses im Jahre 1976 fanden dann die ersten Notgrabungen statt, bei denen Mauerwerk und eine Menge zerbrochener Tongefäße, Tonlampen in Schiffsform, Scherben islamischer Ware und in bescheidenem Umfang auch chinesisches Porzellan der Ming-Dynastie zutage gefördert wurden.

Die zweitälteste Siedlung (Phase B) war der Swahili-Chronik von Mombasa zufolge die Gründung von Shehe Mvita (auch Shabu bin Hisham genannt), Führer der Shirazi-Einwanderer, einer persisch-arabisch-afrikanischen Mischbevölkerung der Benadir-Küste. Phase B fällt somit in den Zeitraum zwischen 1300 und 1573, als die islamische Kultur an der ostafrikanischen Küste in hoher Blüte stand. Nach portugiesischen Berichten war Mombasa in jener Zeit eine wohlhabende Stadt mit zwei- und dreistöckigen Häusern aus Stein, vielen engen Straßen und festen Handelsbeziehungen über den Indischen Ozean. Die Shirazi-Stadt befand sich hauptsächlich auf dem Gebiet der heutigen Viertel Gandini und Mji wa Kale (wörtlich: ›die alte Stadt‹), reichte aber auf der Landseite noch über die Digo Road hinaus. Das Grab von Shehe Mvita auf dem Gelände der Allidina Visram High School wird auch heute noch in regelmäßigen Zeitabständen von den Einheimischen aufgesucht und verehrt.

Der portugiesische Teil der Stadt, zu Beginn des 17. Jh. mit rund 70 Steinhäusern beziffert und von einer Mauer umgeben, hieß Gavana und lag südlich der Araberstadt; er dürfte sich in etwa mit dem heutigen *mtaa* Kavani decken. Die Hauptstraße jener Zeit führte vom Tor des Fort Jesus zur Stadt und muß entlang der heutigen Hauptstraße der Altstadt, der Ndia Kuu, verlaufen sein. Die maximale Ausdehnung Mombasas erstreckte sich damals – wie auch später während der Mazrui- und Busaidi-Periode, die 1895 in der Phase C endete – über das gesamte Gebiet um den Althafen. Die Stadt soll nicht sehr reich gewesen sein und nur wenige mehrstöckige Häuser aufgewiesen haben. Der größte Teil der Bevölkerung wohnte in Lehmbauten.

Kolonialzeit und Unabhängigkeit brachten große Veränderungen mit sich, die die Bevölkerung wesentlich anwachsen ließen und eine Ausdehnung der Stadt weit über ihre alten Grenzen bewirkte (Phase D). Neue Industrie- und Handelszentren entstanden vor allem in Richtung Westen. Die Altstadt blieb von dieser Entwicklung unangetastet, und erst in den 30er Jahren entschloß man sich, für den beginnenden Motorverkehr ein paar Straßenzüge durch das enge Gassen- und Häusergewirr zu legen.

Als Altstadt bezeichnet man heute im allgemeinen den gesamten Bezirk zwischen Ras Kiberamni im Norden und Fort Jesus samt Makadara Road im Süden, dem Alten Hafen im

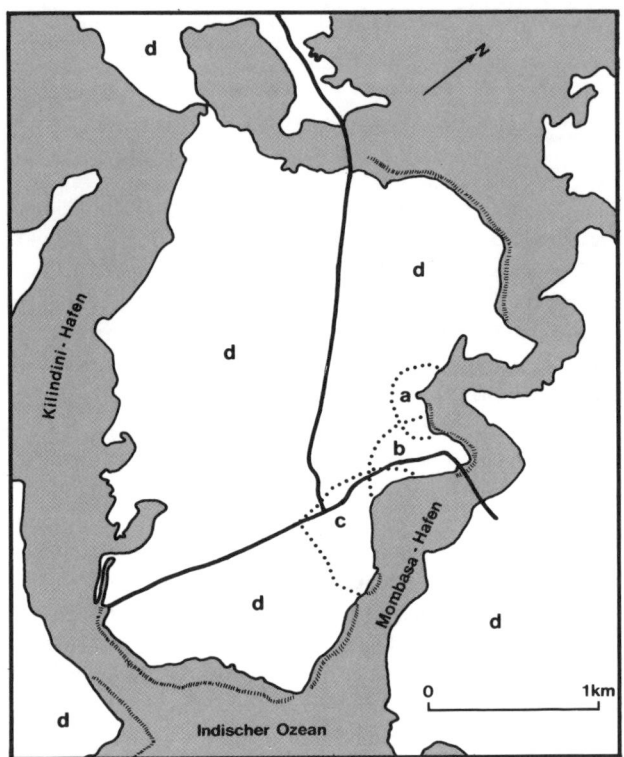

Wachstumsphasen
von Mombasa:
a   vor 1300
b   1300–1573
c   1573 bis Ende 19. Jh.
d   seit der Kolonialzeit

Osten und der Digo Road (früher Salim Road) samt dem Hauptmarkt im Westen. Im engeren Sinne versteht man darunter nur die Steinstadt zwischen Altem Hafen im Osten und Fort Jesus im Süden, im Westen begrenzt durch Kibokoni. Grundriß und Architektur sind nicht einer neueren Stadtplanung zum Opfer gefallen und geben daher das Stadtbild des beginnenden 19. Jh. wieder. Die Ähnlichkeit mit einer arabischen Hafenstadt ist unverkennbar, wenngleich die Haupthandelsstraße nie das Ausmaß eines arabischen *suq* erreichte. Für die vorindustrielle Phase der Stadt, die sich auf ihre mittelalterlichen Grenzen beschränkte, war eine Nord-Südeinteilung in Lehm- und Steinhäuserbezirke charakteristisch. In letzteren wohnten die reichen und führenden Gruppen der Stadt; hier befand sich auch das politische und wirtschaftliche Zentrum.

Durch die Urbanisierung, die in Mombasa mit der sukzessiven Bebauung der Insel in der ersten Hälfte dieses Jahrhunderts begann, verloren viele Landbesitzer Grund und Boden. Dies und der Niedergang des Handels am Alten Hafen sind die Hauptgründe für die Verarmung der Altstadtbevölkerung. Deshalb von einem einzigen Altstadt-Slum zu reden, wäre jedoch falsch, da die Altstadt bis jetzt sozial intakt geblieben ist.

198

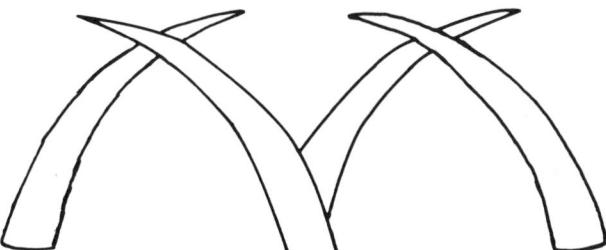

Gekreuzte Elefantenstoßzähne,
das Wahrzeichen Mombasas

Alt-Mombasa, in seiner Anlage eine lineare Hafenstadt ostafrikanischen Typs, wird durch die Hauptstraße (Ndia Kuu) geprägt, die einmal die Kommunikationsader der Stadt darstellte und die wichtigsten Handelskontore und Geschäfte beherbergte. Ihr zugeordnet sind Gassen und Gäßchen, die oft unvermittelt in einem Hinterhof enden. Die Stadt teilt sich in mehrere Viertel, die *mitaa*, ein. (Zur Mtaa-Kultur der Swahili s. S. 112 ff.) Ihre traditionellen Grenzen überschneiden sich oft, schaffen gelegentlich neue Untereinheiten. Straßennamen spielen für die Orientierung in der Altstadt eine geringere Rolle; wichtig ist seit jeher der Mtaa-Name. Manche dieser Benennungen verweisen auf die im Viertel dominante Ethnie, andere wiederum erinnern an eine Begebenheit, die sich dort abgespielt hat.

Im vornehmlich von Omani-Arabern und Asiaten bewohnten Steinhäuserbezirk finden sich heute zwei- bis vierstöckige Steinbauten arabisch-indischen Stils und nur vereinzelt – meist hinter der Straßenfront verborgen – Lehmbauten. Im nördlichen, hauptsächlich von Swahili und Hadrami bewohnten Teil der Stadt überwiegen einstöckige Lehmbauten, deren Dächer mit Palmblättern oder Wellblech gedeckt sind. Ende des 19. Jh. entstand der jüngere Teil der Altstadt, großenteils aus dem Lager der Baluchi-Soldaten des Sultans von Zanzibar. Der Bezirk hieß *mji mpya*, neue Stadt, ist aber heute mehr unter dem Namen Makadara (wörtlich: Mekkaplatz) bekannt, weil in seiner unmittelbaren Nachbarschaft die großen islamischen Feste gefeiert werden.

Mombasa war bis zur Jahrhundertwende eine rein islamische Stadt, deren Bewohner vor allem Sunniten, orthodoxe Muslime, waren. Obwohl sich inzwischen längst auch Anhänger anderer Religionsgemeinschaften niedergelassen haben, gehören heute noch etwas mehr als 40% der Stadtbevölkerung dem Islam an, wobei sich die größte Muslimdichte in der Altstadt feststellen läßt. Hier gibt es allein 49 Moscheen, die in Gebrauch sind.

Sehenswürdigkeiten

Fort Jesus. Fast jeder Flecken Erde auf der Insel – ob überbaut oder von tropischer Vegetation überwuchert – hat zumindest auf lokaler Ebene ›Geschichte gemacht‹. All die Geschichten, Geschichtchen, Zauber-, Spuk- und Gaunerstückchen aufzuführen, würde ein eigenes Buch fül-

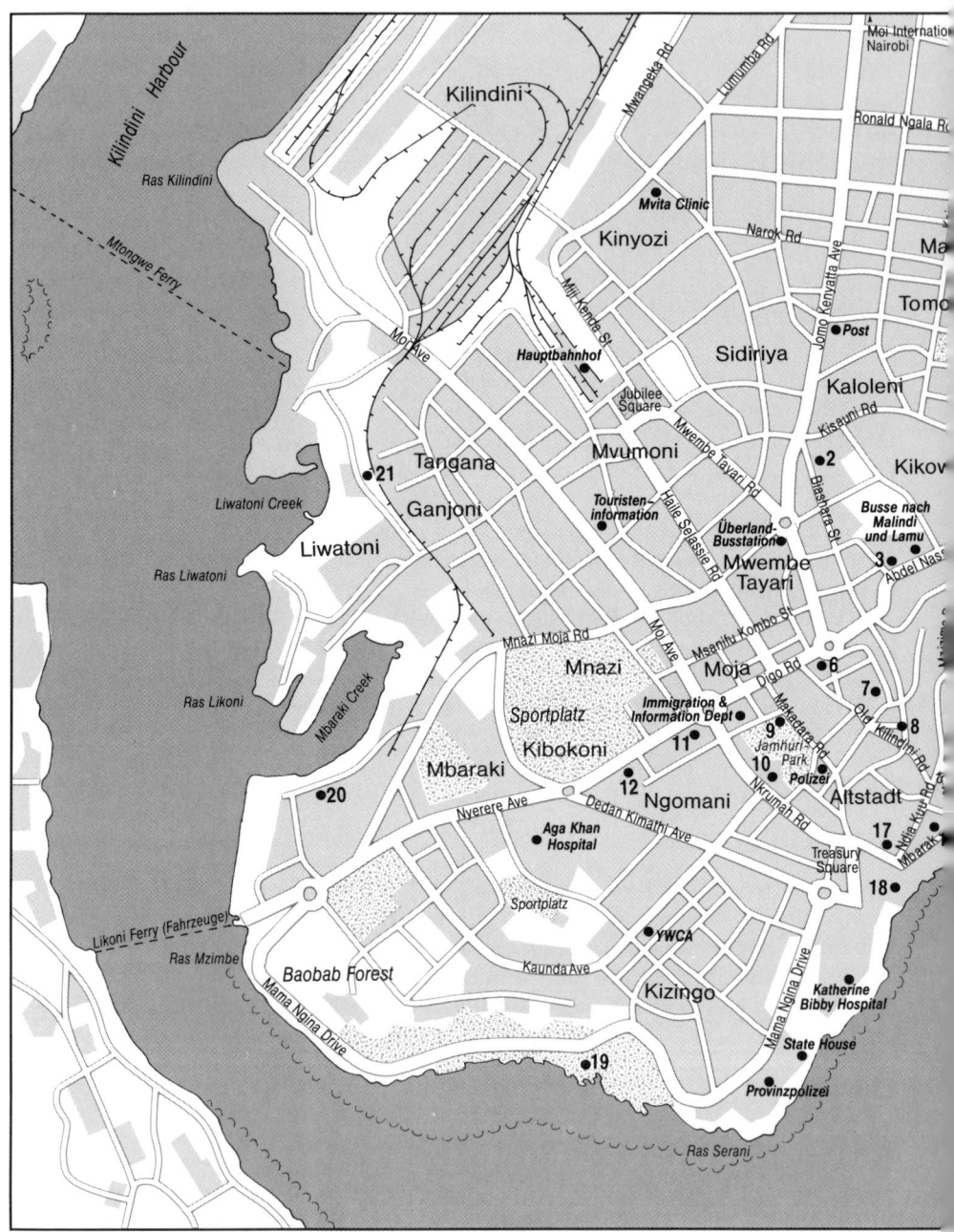

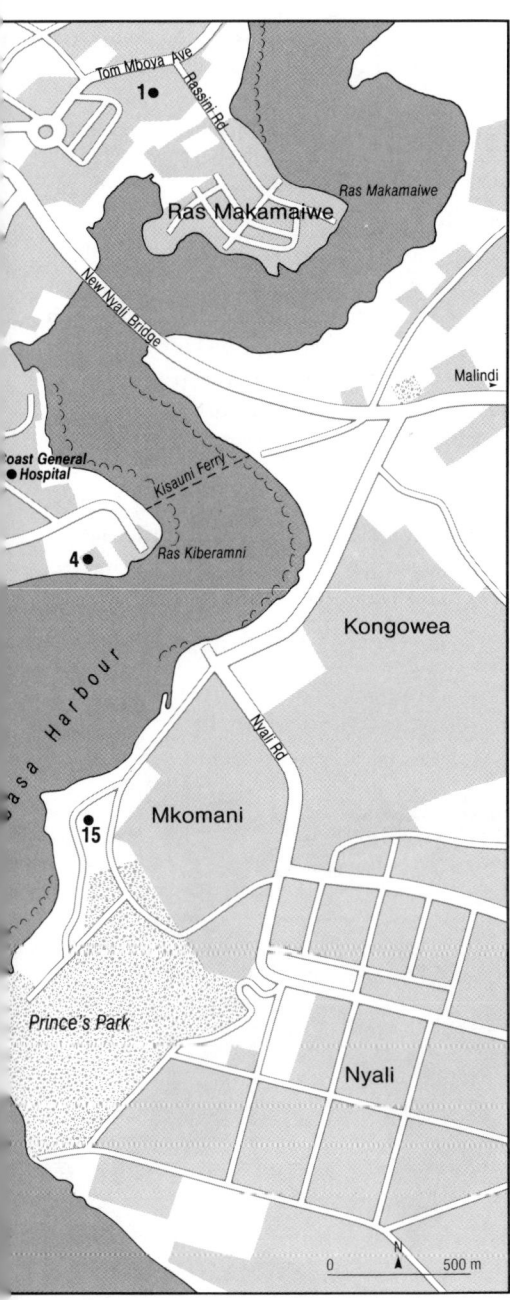

Plan von Mombasa

1 Mombasa Technical Institute und Yusufi-Moschee
2 Bohra-Moschee
3 Nur-Moschee
4 Allidina Visram Highschool
5 Dhow-Dock
6 Jain-Tempel
7 Sindhi-Memon-Moschee
8 Tangana-Moschee
9 Baluchi-Moschee
10 Shiva-Tempel
11 Holy Ghost Cathedral
12 Mombasa Institute
13 Davudi Bohra-Moschee
14 Alter Hafen
15 Krapf-Denkmal
16 Mandhry-Moschee
17 Mazrui-Moschee
18 Fort Jesus
19 Fort St Joseph
20 Mbaraki Pillar
21 Kilindini-Moschee

len, so zahlreich sind sie. Für den Fremdling, der außerhalb der komplizierten interfamiliären Beziehungen steht und die Stadt zunächst nur von ihrer baulichen Substanz her kennenlernen will, ist das eindrucksvollste historische Monument Fort Jesus, von den Portugiesen zum einen wegen des wachsenden Widerstandes der Mombasa-Bevölkerung und zum anderen wegen des wiederholten Auftauchens türkischer Schiffe Ende des 16. Jh. erbaut (Farbabb. 18, Abb. 21–24).

Die Festungsanlage wurde an einem verteidigungstechnisch äußerst interessanten Punkt errichtet: auf einem hoch emporragenden Korallenfels, kurz hinter der engsten Einfahrtsstelle zum Alten Hafen. Von hier konnten die Verteidiger jedes feindliche Schiff, das die Einfahrtsenge passiert hatte, unter Beschuß nehmen und ein Entkommen auf das offene Meer hinaus verhindern. Alle kleineren Verteidigungsanlagen und Wachtürme früherer Jahrhunderte waren entweder unmittelbar an der engsten Stelle der Hafeneinfahrt oder sogar weiter vorn an der Spitze der Insel erbaut worden. Sie besaßen längst nicht die militärstrategische Bedeutung des Portugiesen-Forts. Seine bis zu 2,5 m dicken Mauern erheben sich 16 m hoch, und durch seine versetzten Ecken konnte jeder Teil der Anlage auch landwärts gut überwacht und verteidigt werden.

Von der Gründung des Fort Jesus (1593) durch Mateus Mendes de Vasconcelos bis zur Vertreibung des arabischen Kommandanten *(akida)* des Sultanats Zanzibar durch die Briten (1875) wechselte das Fort mehrfach den Besitzer. Auf die portugiesischen Machthaber folgten die verschiedenen Omani-Dynastien, nach diesen geriet es in die Hand der unabhängigen Mazrui. Es

Schemazeichnung von Fort Jesus

war Schauplatz vieler blutiger Auseinandersetzungen und wurde sogar einmal, 1857, von den Maasai besetzt. Die Briten wandelten es 1875 in ein Gefängnis um. Im Jahre 1958 ermöglichte eine Geldspende der Gulbenkian-Stiftung Restaurierungsarbeiten, und 1960 wurde der Fort Jesus National Park eröffnet – mit einem kleinen Museum, das die vielfältigen Kultureinflüsse auf die Küste dokumentiert.

Die vier Hauptbastionen sind S. Mateus und S. Matias auf der Seeseite sowie landwärts S. Alberto und S. Filipe. Über dem inneren Tor des Haupteingangs befindet sich die Gründungsinschrift: »Als Philipp von Österreich als Philipp I. von Portugal regierte, wurde diese Festung auf seinen Befehl unter dem Namen ›Fort von Mombasa‹ am 11. April 1593 gegründet. Zu dieser Zeit war Matias d'Albuquerque Vizekönig von Indien; der Gouverneur Mateus Mendes de Vasconcelos war mit seiner Flotte im Hafen angekommen und hatte João Batista Cairato mitgebracht, den führenden Architekten in Indien – zusammen mit Gaspar Rodriguez als Baumeister.«

Ein tiefer Graben umgab das Fort. Zum geschützten Haupttor gelangte man über eine Holzbrücke, die später durch eine steinere Rampe ersetzt wurde. Im Fort waren die Unterkunftsräume für die Soldaten entlang der geradlinigen Seitenmauern sowie innerhalb der der See- und Landseite zugewandten Mauern plaziert. Nahezu im Mittelpunkt des Forts befand sich die Kapelle, nicht weit davon die Zisterne und ein Brunnen. Das Gouverneurshaus lag ursprünglich ganz im Schutze der Bastion von S. Matias nahe dem Haupteingangstor; während der Mazrui-Belagerung jedoch wechselte der Gouverneur in ein Gebäude, das der Seemauer näher lag. Auf der Mauer zwischen den Bastionen S. Matias und S. Filipe stand ein kleiner Beobachtungsturm, von dem aus man ständig die Residenz des führenden *sheikh* der Stadt im Auge behalten konnte. An manchen Stellen wurde das Fort in späteren Zeiten geringfügig verändert, z.B. an den landeinwärts gelegenen Bastionen, deren Mauern erhöht wurden. Eine Inschrift berichtet dazu: »Im Jahre 1684 übernahm Antonio da Silva de Menezes die Festung. Da er sie ziemlich zerstört vorfand, restaurierte er sie. Er baute dreistöckige Häuser zur Unterbringung der Soldaten, er baute ein Krankenhaus und ordnete die Zusatzbastion an, die S. Antonio heißt.«

Aus arabischer Zeit stammen u.a. das Haus auf der Bastion S. Antonio und der Wachturm auf der Bastion S. Alberto. Erwähnenswert sind noch die erst in den 70er Jahren freigelegten Wandzeichnungen in der Bastion S. Mateus. Da gibt es Schiffe, Kirchen, Fische und kleine Figuren, die Portugiesen und Araber darstellen. Die Zeichnungen werden der Hand portugiesischer Soldaten zugeschrieben, die ihren sicherlich oft eintönigen und einsamen Wachdienst durch künstlerische Betätigung zu verkürzen suchten. Rezente Gegenstücke zu den portugiesischen Galeonszeichnungen findet man übrigens immer wieder an frisch gekalkten Mauern im Bereich des Alten Hafens. Nur sind es jetzt arabische *dhows,* die unbekannte Künstler in Stunden der Muße und des Müßiggangs auf einer leeren Wand vor Anker gehen lassen.

Gegenüber von Fort Jesus liegt die **Altstadt,** die man durch die alte Hauptstraße (Ndia Kuu) oder über die Mbaraki Hinawy Road (früher Vasco da Gama Street) betreten kann. Letztere ist nach Mbarak bin Ali Hinawy benannt, dem vorletzten *liwali* (Gouverneur) des Sultans von Zanzibar; seine Familie gilt heute noch als eine der führenden an der Küste. Zu den traditionellen Pflichten des *liwali* gehörte es übrigens noch während der Kolonialzeit, jedem neugeborenen Stadtbürger Windeln, jeder Braut ein Kleid und jedem Toten ein 7 m langes Leichentuch zu schenken.

Die oft unvermittelt in einem Hinterhof endenden Gassen (Farbabb. 22) waren stark verwinkelt gebaut, zum einen aus Verteidigungsgründen, zum anderen aber deshalb, damit möglichst jeder Teil der Gasse einmal am Tag Schatten bekam. Zum Meer hin legte man die Stadtviertel mit leichtem Gefälle an, damit das Wasser bei den starken Regengüssen während der Monsunzeit schnell abfließen konnte. In manchen Gassen sieht man noch die eigens für die Abwasserregulierung vertieften Rinnen mit überbauten Treppenzugängen zu den einzelnen Häusern oder die befestigten Abwassergräben, die zum Alten Hafen hin breiter wurden.

Die meisten Steinhäuser sind im Zanzibar-Stil erbaut, der neben südarabischen auch indische Architekturelemente aufweist. Viele haben kunstvoll geschnitzte Holzvorbauten und kleine, vergitterte Fenster, die bei der Hitze des Tages meist durch Holzverschläge geschlossen bleiben. Die übliche Hausbedeckung ist das Flachdach. Obenauf findet sich oft eine Terrasse, von der aus man auf umliegende Dächer und aufs Meer schauen, vor allem jedoch einen kühlenden Luftzug genießen kann. Gelegentlich haben die Steinhäuser aber auch das Walmdach der ebenerdigen Swahili-Häuser, das wegen der besseren Luftzirkulation oft auf Pfosten frei über dem Baukörper schwebt. Während im meist fensterlosen, stickigen Erdgeschoß früher die Haussklaven und später die Diener untergebracht waren, lebten im luftigeren ersten und zweiten Stock die Eigentümer. Die Hausfrau konnte vom Fenster aus selbst ihre Einkäufe bei einem der vorbeiziehenden Straßenhändler erledigen: sie ließ einen Korb an einem Seil herab und zog dann die gewünschte Ware wieder herauf. Vor allem Kaffee gelangt noch heute, wenn kein Diener zur Hand ist, auf diese Weise in die Damengemächer.

Oft verzieren Schnitzereien an Türen, Fensterlaibungen, Treppengeländern und Balkons die vornehmen Häuser. Vor allem Türschnitzereien sind verbreitet; man findet sie sowohl an Stein- wie an Lehmhäusern. In der Regel weisen Mittelpfosten und Türsturz das reichhaltigste Zierwerk auf. In Mombasa überwiegen die pflanzlichen Motive, die dem Zanzibar-Stil zugerechnet werden und indischen Einfluß verraten, während die geometrischen Muster des nördlichen Bajun- oder Lamu-Stils seltener zu finden sind (Farbabb. 27). Feine Teaktüren, mit indischer Schnitzkunst – Vogel-, Tier- und Pflanzenmotiven – reich verziert, kommen ebenfalls vor, besonders in der Steinstadt.

Von den Bauten aus portugiesischer Zeit sieht man in der Altstadt so gut wie nichts mehr: Das Brunnenhäuschen gegenüber der Mandhry-Moschee ist das einzige erhaltene Beispiel (Abb. 25).

Ohne den **Alten Hafen** wäre das Altstadtbild Mombasas unvollständig. Hier befand sich einst das Wirtschaftszentrum der Stadt mit den wichtigsten Schiffsagenturen und Kontoren; und in unmittelbarer Nähe hatten die Stadtnotablen und Reichen ihre Häuser (Farbabb. 17). Bestes Wohnviertel war der *mtaa* Baherini oder Pwani (beides Swahili-Worte für ›am Meer‹), wo die

Beschnitzte Tür im Zanzibar-Stil, Altstadt von Mombasa ▷

Segelschiffe (Dhows)

Was die Größenkategorien der verschiedenen Segelschiffe angeht, so kann man sich getrost an die arabische Faustregel halten: eine *dhow* zählt erst dann zu den großen Seglern, wenn sie ein hängendes Plumpsklo am Heck besitzt (Abb. 32). Die **Lamu-Dhow** *(jahazi)*, das meistbenutzte einheimische Segelschiff der ostafrikanischen Küste, gehört mit ihren kleineren Ausmaßen nicht in diese Klasse. Charakteristisch für die Lamu-Dhow (auch: Somalia-Dhow) sind die mit geflochtenen Palmmatten hochgezogenen Seiten, die Mannschaft und Ladung bei starkem Wind und Seegang schützen. Diese Küstensegler, wichtigstes Transportmittel zur Versorgung vieler Küstenorte im Norden und der dem Festland vorgelagerten Inseln, befördern Lebensmittel, Petroleum, Treibstoff und andere Güter.

Die gebräuchlichsten Dhow-Typen: Sambuk, Boom, Lamu Dhow, Ghanjah

Von den großen arabischen Seglern sieht man heute in den ostafrikanischen Häfen am häufigsten die in Kuwait gebaute **Boom,** ein Doppelender mit überlangem Schiffsschnabel, der der mittelalterlichen Kogge ähnelt und zu den ältesten arabischen Segelschifftypen zählt. Das Schiff benötigt etwa 25 Mann Besatzung und ist oft ein gutes halbes Jahr unterwegs, bis sie ihren Heimathafen wieder anläuft. Das Leben spielt sich auf offenem Deck ab, es gibt weder Kabinen noch Tisch und Stühle. Was dem einzelnen an Bord zugebilligt wird, ist eine hölzerne Kiste, in der er seine persönliche Habe und vielleicht auch eigene Handelsware unter Verschluß halten kann.

Sowohl die **Sambuk,** eine Variante der *boom* nach dem Vorbild der Karavelle des 16. Jh., als auch die **Ghanjah,** ein großes Segelschiff, das wohl mit der indischen Khotia identisch sein dürfte und verhältnismäßig viel Schnitzerei und Bemalung aufweist, sieht man hin und wieder noch im Hafen von Mombasa vor Anker gehen.

Meeresbrise die tropische Schwüle vertreibt und die Häuser zu angenehmen Aufenthaltsorten macht.

Im Alten Hafen gehen heute noch die Segelschiffe vor Anker, die wie der Hafen selbst zu den Zeugen einer vergangenen Seefahrerzeit gehören (Abb. 10). Ungeachtet ihrer verschiedenen Größen, Formen und nautischen Bezeichnungen werden alle von den Unkundigen maritimer Kultur hartnäckig *dau* oder anglisierend *dhow* genannt. Unbekannt ist die etymologische Herkunft des Wortes, doch nimmt man an, daß es aus dem Swahili stammt. Die eigentliche *dhow* ist ein kleines, unscheinbares und ziemlich flaches Schiff, das vor allem zum Fischfang eingesetzt wird. Verschiedenste Dhow-Modelle findet man in den städtischen Haushalten, die so ihrer Verbundenheit mit Meer und Handel Ausdruck verleihen.

Besonders beliebt sind die kleinen Küsten-Dhows des Lamu-Typs; sie laufen den Hafen das ganze Jahr über an, während die großen *dhows* aus dem Arabischen Golf und aus Indien mit dem Nordostmonsun *(kaskazi)* ab Anfang Dezember einlaufen, um mit dem Südwestmonsun *(kusi)* Ende März den Hafen wieder zu verlassen. Die großen Segler bringen auf ihrer jährlichen Reise vor allem Datteln, Salz, Teppiche, Truhen und verschiedenerlei Souvenirs orientalischer Herkunft mit. Für die Heimreise werden gewöhnlich Mangrovenhölzer *(boriti)* geladen und in Mombasa überdies *ghee* (ausgelassene Butter), verschiedene Getreidesorten und *halwa* an Bord genommen, aber auch Limonen, die an Deck sofort zu Saft gepreßt werden.

Neben dem Alten Hafen befindet sich das Trockendock für die Seeriesen vergangener Jahrhunderte. Hier werden sie bei Ebbe ausgebessert und wieder fahrtüchtig gemacht. Um Entenmuscheln und Bohrwürmer fernzuhalten, schmiert man den Rumpf unterhalb der Wasserlinie mit einem Gemisch aus Hammelfett und Limonen ein, während oberhalb gern Haifischöl als Schutz aufgetragen wird, was dem Rumpf eine rotbraune Farbe verleiht.

Mbaraki Pillar und Mama Ngina Drive. An der Einfahrt zum Kilindini-Hafen liegt eine ruhige, kleine Bucht, in der in früheren Jahrhunderten möglicherweise die Segelschiffe repariert wurden. Auf den Klippen über diesem Platz steht der von Affenbrotbäumen umgebene Mbaraki Pillar (›Mbaraki-Säule‹), der wahrscheinlich das Grabmal eines *sheikh* der ›Drei Stämme‹, bezeichnet. Er muß nach 1636, aber vor 1728 erbaut worden sein, da er auf den Karten von Cienfuegos und Lopez de Sá, nicht jedoch auf der von Rezende aus dem Jahre 1636 abgebildet ist. Nahezu 16 m hoch erhebt sich der hohle Turm mit dem quadratischen Sockel. Er besteht aus Korallenstein und wurde im gleichen Stil erbaut und verputzt wie die Minarette des späten 16. Jh. Bei Ausgrabungen dicht anbei fand man die Grundmauern einer Moschee, die wohl mit einer früheren Phase der Kilindini-Siedlung in Verbindung steht, denn im 18. und frühen 19. Jh. lag jene Siedlung nicht weit von der Mbaraki-Bucht entfernt.

In regelmäßigen Abständen finden hier geheime nächtliche Rituale statt, vollzogen von älteren Swahili-Frauen. Bei weiblicher Unfruchtbarkeit soll das Opfern eines Hahnes Abhilfe schaffen. Frauen jedoch, die empfangen können oder schwanger sind, sollten den Ort meiden, da dort – ebenso wie auf Friedhöfen und unter Baobabbäumen – die Geister herrschen. Gemeinsame Essen und Tänze finden im Schein von Öllämpchen statt, und der Duft von Baumharz *(uvumba)*, in kleinen tönernen Räucherschalen abgebrannt, hüllt die Anwesenden ein.

Südlich des Polizeihauptquartiers liegen die Serani-Klippen mit den Ruinen von Fort St. Joseph, das die Einfahrten zu beiden Häfen überblickt. Es wurde 1826 von den Mazrui an der Stelle einer früheren Festung erbaut, um den Omani-Einfällen zu wehren.

Weiter südlich schließt sich die Gegend um den Mama Ngina Drive an, der nach der Frau Jomo Kenyattas benannt wurde. Das früher unter dem Namen Lighthouse bekannte Terrain bildet mit dem gleichfalls ans offene Meer grenzenden Baobab Forest den vermutlich am frühesten besiedelten Teil der Insel. Bis zum Zweiten Weltkrieg fanden im Park übrigens Erinnerungsfeste mit Swahili-Tänzen statt, die heute völlig in Vergessenheit geraten sind. Immer weht ein frischer Wind vom Meer her und macht den Ort zum beliebtesten Ausflugsziel für die Bewohner Mombasas. Abends kurz vor Sonnenuntergang und besonders an den Wochenenden strömen sie aus den engen, stickigen Gassen herbei und genießen die frische Brise. Man zeigt sich und wird gesehen, man plaudert, knabbert gerösteten Mais *(mahindi)* oder geröstete Kassawa *(mogo)* und trinkt Kokosmilch *(madafu)*.

Religiöse Bauten. Ein Gang durch die Altstadt genügt, um den Besucher von dem religiösen Eifer zu überzeugen, der so viele Moscheen entstehen ließ. Der früheste schriftliche Beleg, den wir über den Islam in Mombasa besitzen, stammt von Ibn Battuta aus dem Jahr 1331. Er erwähnt, daß auf der Insel Sunni-Muslime von der Shafii-Rechtsschule lebten und solide gebaute Moscheen aus Holz die Gläubigen zum Gebet aufnähmen. Die ältesten noch genutzten islamischen Gotteshäuser sind die Mandhry –, die Tangana-(Basheikh-) und die Jeneby-Moschee, alle im 16. Jh. in der damals üblichen Bauweise aus Korallenstein mit aufgetragenem Innen- und Außenputz errichtet.

Schlichtheit ist der vorherrschende Eindruck, den Swahili-Moscheen vermitteln. Pfeiler und Bogen unterteilen den Innenraum. Der Boden besteht aus einfachem Kalkstrich, Wände und Gebetsnische sind weiß gekalkt. Auf Minarette verzichtete man in der Regel: der Muezzin rief die Gläubigen für gewöhnlich vom Flachdach der Moschee aus zum Gebet. Das Fehlen von Türmen sucht man auf den ehemaligen Einfluß der strengen Ibadhiten aus Oman zurückzuführen. – Die übliche Moschee-Einrichtung besteht aus Glaslampen, einer Uhr und Bodenmatten, manchmal finden sich bemalte oder unbemalte Straußeneier, wie sie auch im Vorderen Orient als Schmuck von Moscheen und orthodoxen Kirchen verbreitet sind. Schon im vorislamischen Arabien sowie im alten Karthago war diese Art von Zierat bekannt und erfreute sich weithin hoher Wertschätzung.

Zu den ältesten noch genutzten Moscheen Mombasas zählt die Mandhry-Moschee (etwa um 1570 erbaut), die allerdings nur selten für Nichtmuslime geöffnet ist. Ihr klobiges, kegelförmig verjüngtes Minarett stellt eine bauliche Eigenart an der ostafrikanischen Küste dar (Farbabb. 9). Völlig ungewöhnlich ist der Spalt in der nach Mekka weisenden Gebetsnische, die auf gleicher Linie mit vergitterten Durchlässen liegt und an einen dahinter liegenden Versammlungsraum grenzt. Dieser Raum scheint in späterer Zeit angebaut worden zu sein, um den an sich kleinen Gebetsraum *(musalla)* zu erweitern – eine Vorgehensweise, die man auch vielfach bei ergrabenen Moscheeruinen festgestellt hat. Bei diesen erfolgte die Erweiterung allerdings meist an der West- oder Ostseite und nur äußerst selten nach Norden als Anschluß an die Gebetsnische.

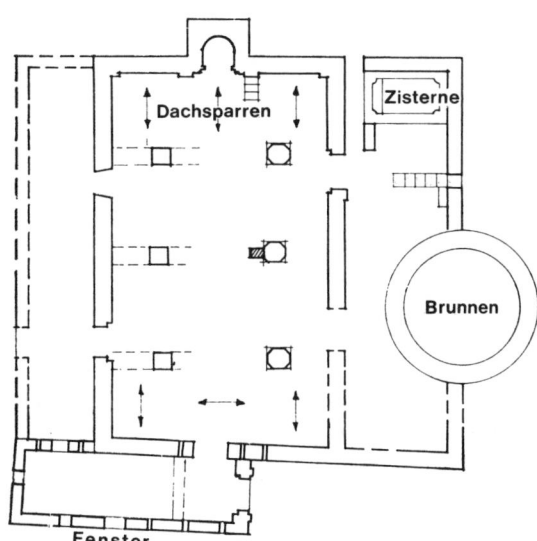

Dachsparren

Zisterne

Brunnen

Fenster

Grundriß der Kilindini-Moschee von Mombasa

Die Tangana-Moschee (auch Mnara- oder Basheikh-Moschee), Hauptversammlungsort der *thelatha taifa* (oder *miji tatu;* die Dreiergruppe der Swahili), stammt ebenfalls aus dem späten 16. Jh. Sie hat nach dem Vorbild der Swahili-Häuser ein offenes Laternendach, das im wesentlichen für Licht und Belüftung des Gebetsraumes sorgt. Auch an diese Moschee lehnt sich ein klobig wirkendes, hohles Minarett aus dem landesüblichen Korallenstein an, das außen wie innen verputzt ist.

Typisch für die Swahili-Küste sind die aus Korallenstein gefertigten und mit Mörtel verstrichenen Ruhebänke, die an beinahe jeder älteren Moschee stehen und überdies auch losgelöst vom religiösen Bezug an beliebten Begegnungsstätten errichtet wurden, etwa unterhalb von Fort Jesus an der Seefront oder am arabeskenverzierten Kuppelbau auf dem Treasury Square. Diesen Platz, an dem um 1900 Mombasas erster Bahnhof lag, umgeben die ehemaligen Verwaltungsgebäude der britischen Kolonialperiode.

Es gibt außerdem noch acht Ruinen islamischer Gebetshäuser auf der Insel, so die Kilindini-Moschee in der Nähe des Neuen Hafens, die auch unter dem Namen Klagemoschee bekannt ist und früher Versammlungsmoschee der ›Drei Stämme von Mombasa‹ war.

Oftmals finden sich noch alte Gräber nahe den Ruinen, z. B. neben der Mazrui-Moschee gegenüber von Fort Jesus oder dem Gebetshaus der Shirazi-Zeit im *mtaa* Gandini. Vorherrschende Grabtypen vergangener Jahrhunderte sind das Hüttengrab, das wie ein kleines Häuschen mit Giebeldach aus Korallenstein gebaut und verputzt ist, und das von porösen Korallensteinen umfriedete Säulengrab, das einen kleinen, verputzten Pfeiler am Kopfende aufweist. Mancher dieser Pfeiler trägt einen kleinen Turban, wie dies auch aus anderen islamischen Gegenden, etwa der Türkei, bekannt ist. Assoziationen zur allgemeinen rituellen Bedeutung des Turbans an der Swahili-Küste und zu seiner Rolle bei Hochzeiten (Turbangeld) sind nahe-liegend, aber noch nicht genügend erforscht.

Während der Busaidi-Periode entstanden 17 neue Moscheen, alle auf kommunaler Basis. Fünf waren indischen Ursprungs, darunter die alte Baluchi-Moschee, an deren Stelle heute ein völlig neuer Bau steht, und die alte Sindhi-Memon-Moschee mitten in der Altstadt. Mit der Stadt-entwicklung in britischer Kolonialzeit, die Mombasa über die mittelalterlichen Grenzen hinauswachsen ließ, wurden neue Gebetshäuser gebaut, vor allem in den dichtbesiedelten *mitaa* zwischen Altstadt und Makupa-Damm. – Von den 26 Neugründungen stammen aber nur fünf von Arabern und Swahili; ein Zeichen vom schwindenden Einfluß und Reichtum der damaligen Oberschicht. Die strenge Einfachheit ihrer Moscheen, die in der Regel kein Minarett besitzen, ist vielfach dem luxuriöseren, durch Arabesken und Minarette gekennzeichneten indischen Baustil gewichen. Ganz modern wurde die Nur-Moschee in der Digo Road (früher Salim Road) wieder aufgebaut – heute die bekannteste Freitagsmoschee der Stadt. Eine inter-essante Neugründung ist auch die 1954 eröffnete Yusufi-Moschee auf dem Terrain des im arabischen Stil erbauten Mombasa Technical Institute, dem ehemaligen Mombasa-Institut für islamische Erziehung. Sie wurde von dem bekannten Bohra Yusuf Ali Karimjee Jivanjee gestif-tet und auf nichtkommunaler Basis allen Muslimen, unabhängig von ihrer ethnischen und konfessionellen Zugehörigkeit, übergeben.

Die erste katholische Kirche der nachportugiesischen Zeit soll im letzten Jahrhundert in der Old Kilindini Road in Mombasa gestanden haben. Sie wurde – wie die meisten Bauten der Pionierzeit – aus Holz und Wellblech gefertigt und ist heute völlig verschwunden. Deshalb gilt offiziell als erste katholische Kirche Mombasas ein Gotteshaus, das Pater le Roy vom französi-schen Orden der Congrégation du St. Esprit (in Kenya unter der englischen Bezeichnung Holy Ghost Fathers bekannt) 1891 erbaut hatte. An ihrem Platz, Ecke Digo Road/ Nkrumah Road, steht heute die 1918 im neoromanischen Stil errichtete Holy Ghost Cathedral. Die Decke des symmetrischen Bauwerks kopiert übrigens die der Kathedrale von Westminster. Stumpfe Türme ersetzen die einst aus Korallenstein erbauten Spitztürme, die bereits kurz nach ihrer Fertigstellung einstürzten.

Die im orientalischen Stil gehaltene Mombasa Memorial Church wurde zwischen 1903 und 1905 von der Church Missionary Society gebaut – im Andenken an Bischof Hannington und seine Gefolgsleute, die in den 80er Jahren des letzten Jahrhunderts im Reich des pro-islamischen *kabaka* (König) Mwanga von Buganda den Märtyrertod erlitten hatten. Der Bau fällt durch seinen kreuzförmigen Grundriß und durch die versilberte Kuppel auf; zwei Türme flankieren den Haupteingang. Bunte Glasfenster im Osten und Westen schmücken den Innenraum. Die Kirche beherbergt Gedenktafeln mit den Namen britischer Bischöfe und Beamter sowie den Stuhl Bischof Hanningtons, auf dem bis heute die Inthronisation der Bischöfe von Mombasa stattfindet.

Die schönsten indischen Tempel Kenyas sind in Mombasa zu sehen. Sie stehen vor allem in jenen Stadtvierteln, die durch die Einwanderer aus dem Subkontinent Anfang und Mitte dieses Jahrhunderts geprägt wurden, d. h. außerhalb des Altstadtkerns, aber in unmittelbarer Nach-barschaft. Der Jain- und der Shiva-Tempel, die prachtvollsten Beispiele, stammen aus der Zeit nach dem Zweiten Weltkrieg, als schon eine beträchtliche Anzahl Hindus in der Stadt zu Wohlstand gelangt war. Die Vorläufer dieser Prachtbauten, die in die Anfangszeit der indischen Einwanderung fallen, nahmen sich dagegen sehr bescheiden aus, und die ersten zeremonialen Handlungen fanden – wie bei den Christen übrigens auch – in Privatwohnungen statt.

Das architektonisch schönste indische Gebetshaus ist der Jain-Tempel (Farbabb. 12), der großenteils aus weißem Marmor besteht. Auf einer Plattform erhebt er sich mitten in einem Häuserquadrat, bewacht von zwei den Aufgang flankierenden Elefanten. Entworfen wurde er von Amratlal Mulshankar Trivedi, einem Architekten von Jain-Tempelbauten in Indien; die Marmorarbeiten an Fußböden, Balustraden und Pilastern führten indische Steinmetzen aus. Das Dach wird von Pagoden und Kuppeln im Zuckerbäckerstil bekrönt. Finanziert wurde der Tempel von Mombasas Jain, die zu 75% der aus Gujarat stammenden Visa Oshwal-Untergruppe angehören. Im Heiligtum befinden sich Statuetten von drei Jain-Göttern. Die Zentralfigur stellt Parshavnath dar; zur Rechten steht Shantinath, zur Linken Adinath. Die Statuen wurden speziell für diesen Bau aus Indien nach Mombasa gebracht.

Der Shiva-Tempel steht am Südrand des Jamhuri-Parks; seine von einer schieren Goldkugel gekrönte Pagode war bis in die 70er Jahre noch Mombasas höchster Turm. Den nach drei Seiten hin offenen Tempel umgibt ein freier Raum, der stets von einer Schar Tauben belagert wird. Im Inneren des Gebäudes ruht die Statue des heiligen Stieres Nandi, Reittier Shivas und Symbol für Glück und Wohlstand, sowie die Figur einer Schildkröte, Verkörperung der Zuflucht vor den Leidenschaften. Eine Silbertür, geschmückt mit Szenen des Sonnen- und des Mondgottes, des tanzenden Shiva und von Shivas Familie, trennt das Sanktuarium vom übrigen Tempel. Der Boden des Allerheiligsten ist vertieft. Hier steht das Shiva-Linga, Symbol der schöpferischen Energie des Gottes, das Anfang des 20. Jh. aus Indien nach Mombasa gebracht wurde. Hindu vieler Untergruppen beten in diesem Tempel, der von Mombasas Hindu Union unterhalten wird. Wie bei vielen Kommunalzentren der Asiaten finden sich in unmittelbarer Nähe des Gebetshauses Aufenthalts- und Versammlungsräume sowie eine Herberge für Reisende.

Das wichtigste Fest der Hindu ist *diwali,* das Lichtfest zu Ehren der Göttin Lakshmi. Mit Feuerwerk, Geschenken und neuen Kleidern wird *diwali* in der Neumondnacht des Monats *karttika* (Mitte Oktober bis Mitte November) begangen; der folgende Tag ist der hinduistische Neujahrstag. Zwei Wochen lang, bis zum elften Tag vor *diwali,* kann man an verschiedenen Plätzen in der Stadt die Norta-Zeremonien beobachten, bei denen bis spät in die Nacht getanzt wird.

Die Ruinenstadt von Gedi

Etwa 110 km nördlich von Mombasa liegt Gedi, eine Ruinenstadt, die ein noch fast vollständiges Bild städtischen Lebens an der ostafrikanischen Küste bietet. Mehr als 200 Jahre lang war es allerdings eine vom Urwald verschlungene Geisterstadt, und erst Spaten und Buschmesser brachten seine Rätsel wieder ans Tageslicht. Gedi wurde wahrscheinlich im späten 13. oder frühen 14. Jh.

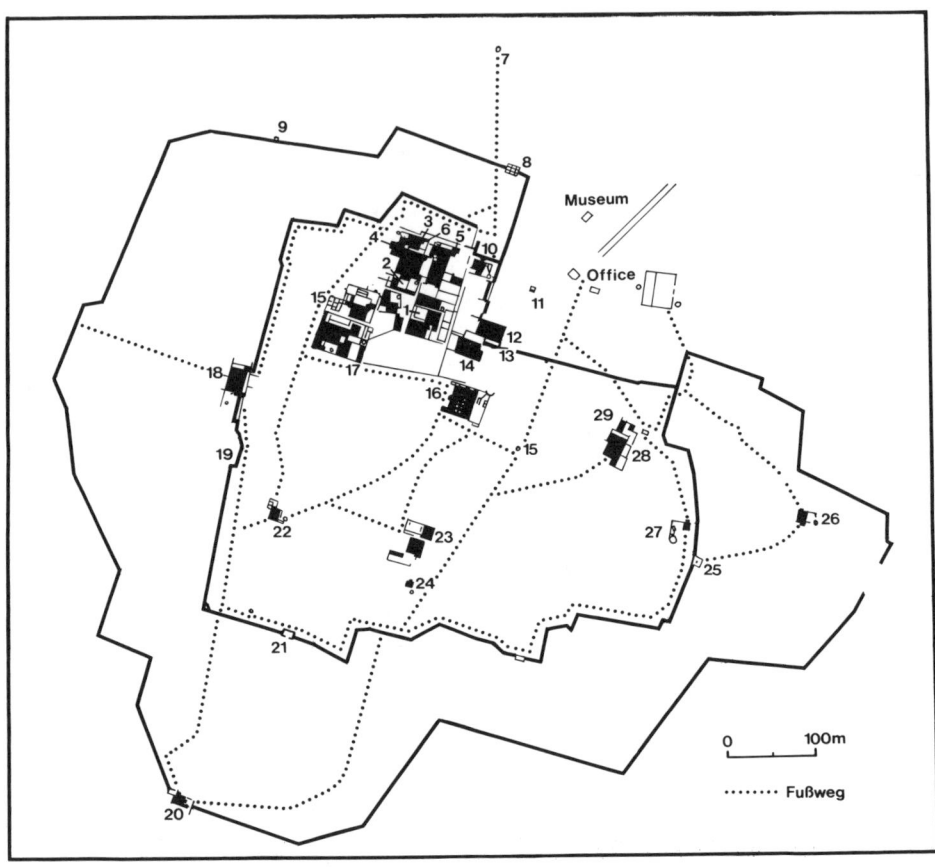

Plan der Ruinenstadt von Gedi

1 Haus der Zisterne   2 Haus der venezianischen Perle   3 Haus der Eisenlampe   4 Haus des Elfenbein-
kästchens   5 Haus der Kaurimuscheln   6 Haus der Schere   7 Brunnen   8 Nordtor   9 Nordwesttor
10 Moschee der langen Rohrleitung   11 Datiertes Grab   12 Haus auf der Mauer   13 Grab des kanne-
lierten Pfeilers   14 Haus des langen Hofes   15 Pfeilergrab   16 Große Moschee   17 Palast   18 Haus auf
der Westmauer   19 Westtor   20 Moschee auf der Mauer   21 Südtor der inneren Mauer   22 Moschee
der Sarkophage   23 Großes Haus   24 Kleine Moschee   25 Osttor der inneren Mauer   26 Moschee
zwischen den Mauern   27 Moschee der drei Seitenschiffe   29 Haus der Dhow

gegründet; seine Blütezeit fällt in die Mitte des 15. Jh. Unbekannt ist, warum und von wem es
an dieser strategisch unbedeutenden Stelle erbaut wurde. Vielleicht hatte es seine Entstehung
den anhaltenden Zwistigkeiten in der Führerschaft von Malindi zu verdanken, die schließlich in
der Neugründung von Gedi gipfelten. Die Stadt hatte keine politische, geschweige denn eine

größere wirtschaftliche Bedeutung und erscheint weder in portugiesischen oder arabischen noch in Swahili-Quellen. Im 16. Jh. wurde sie vorübergehend verlassen, Anfang des 17. Jh. vollends aufgegeben. Schuld daran waren höchstwahrscheinlich die Einfälle der Galla/Oromo, die das gesamte Küstenland mit Ausnahme der Inseln jahrhundertelang kontrollierten. Erst Ende des 19. Jh. drängten die vorrückenden Somali und Maasai die Galla zurück.

Gede, der eigentliche Name der Stadt, bedeutet in der Galla-Sprache soviel wie ›kostbar‹ und wird auch als Personenname verwendet. Man weiß nicht, ob die Galla die Stadt, die sie zerstörten, Gedi nannten oder ob ein Galla-Führer dieses Namens die Stadt eroberte. Ursprünglich mag Gedi vielleicht Kilimani geheißen haben, ein Name, den auch Mambrui für sich in Anspruch nimmt und der als Quelman auf der 1639 gedruckten Karte von Bertholet erscheint. Lange hielt der Urwald die Ruinen verborgen, bis 1884 Sir John Kirk die ersten fotografischen Aufnahmen machte. 1927 wurde Gedi zum historischen Denkmal erklärt, die erhaltenen Mauern 1939 durch notdürftige Restaurierung vor dem Einsturz bewahrt. Ausgrabungen begannen erst im Jahre 1948, als Gedi zum National Monument erklärt worden war.

Die Ruinenstadt vermittelt einen guten Eindruck vom Lebensstandard in den ostafrikanischen Küstenstädten um die Mitte des 15. Jh. In vieler Hinsicht ist sie typisch für diese Siedlungen, allerdings lag ihr im Gegensatz zu den meisten anderen, spontan gewachsenen Küstenstädten eine gezielte Raumplanung zugrunde, die sich durch ein koordiniertes Straßensystem

Audienzhof des Palastes von Gedi (rechts) und Pfeilergrab

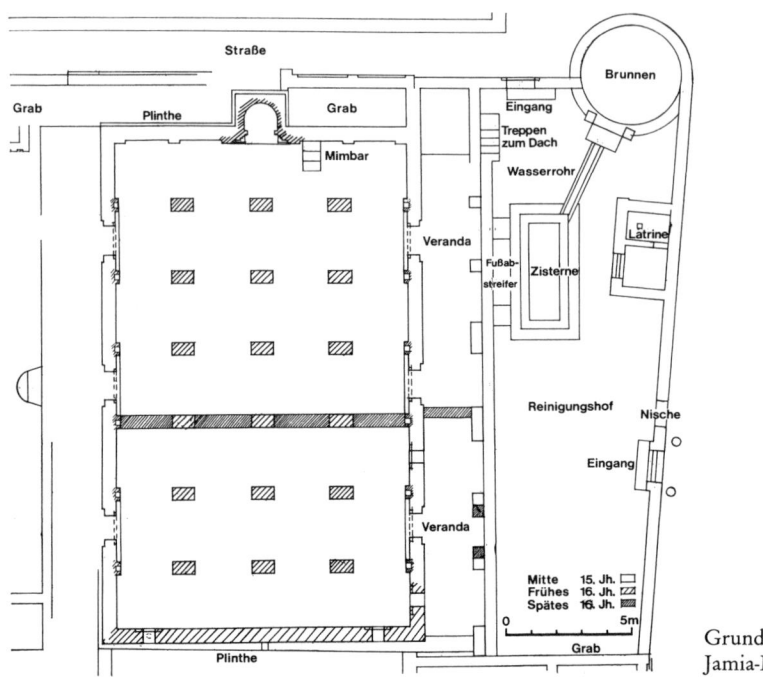

Grundriß der
Jamia-Moschee

auszeichnet. Über ein Areal von etwa 18 ha erstreckte sich einstmals die Steinstadt; hinzu kamen innerhalb wie außerhalb der Ringmauer Lehmhausviertel, über deren Ausdehnung wir heute nichts mehr wissen. 3 m hoch war die Mauer, die die Stadt umgab, und mindestens drei Tore ermöglichten den Zugang. Die beträchtliche Fundmenge an Porzellan, Kobaltglas, rotlackiertem Glas und indischem Karneol weist auf eine wohlhabende Bevölkerung hin, ebenso das ausgedehnte Sanitärsystem mit Wasserbecken, Toiletten und Bidets. Über die Anzahl der Bewohner besitzen wir keine verläßlichen Informationen. Eine wichtige Entdeckung war das sogenannte Datierte Grab *(dated tomb)*, da man mit Hilfe der eingravierten Jahreszahl 802 (nach der Hedschra; d. i. 1399 n. Chr.) die Gebäude der Stadt in einen gewissen zeitlichen Kontext einordnen kann.

Palast und Jamia-Moschee sowie die kleineren Gebetshäuser und 14 einstöckige Gebäude, die man jeweils nach ihren bedeutsamsten Merkmalen oder Funden benennt, sind aus Korallenstein erbaut. Ein Rundgang empfiehlt sich vom Datierten Grab aus über die Stadtmauer zur Freitagsmoschee, die Mitte des 15. Jh. entstand und den typischen Architekturstil der ostafrikanischen *jumaa* (Versammlungsmoschee) verkörpert. Ihr Grundriß ist rechteckig mit jeweils drei Eingängen an beiden Längsseiten. Östlich schloß sich eine Veranda an, auf deren Dach der Muezzin hinaufstieg, um die Gläubigen zum Gebet zu rufen. Parallel zur Veranda befand sich ein Hof mit Brunnen und Wasserbecken am Nordende sowie einem oktogonalen Säulengrab auf der gegenüberliegenden Seite. Die in die Nordwand der Moschee eingelassene Gebetsnische, die die Richtung nach Mekka angibt, war einst mit Porzellanschüsseln geschmückt. Neben ihr erhebt sich die dreifach gestufte Kanzel. Das Dach trugen drei Reihen zu je sechs Rechteckpfeilern, wobei die mittlere Stützenstellung in der Längsachse lag und den Mihrab verdeckte – eine Eigenheit, die sich oft in Ostafrika findet. In die Pilaster entlang der Wände sind quadratische Nischen eingelassen, die für die Aufnahme von Lampen bestimmt waren.

Der Palast von Gedi steht nicht weit von der Versammlungsmoschee (Farbabb. 24) entfernt. Typisch – wie auch für viele Privathäuser – sind die abgesenkten Höfe, die über Treppen erreichbar waren und als Empfangsräume oder Wirtschaftshöfe dienten. In ihre Böden waren Auffangbehälter für Regenwasser eingelassen, wie man sie häufig auch in den Straßen Gedis findet. Vom Empfangshof führt ein Korridor zu einem weiteren rechteckigen Hof, in dem Audienzen abgehalten wurden. An seiner Ostseite steht eine Bank, die von der dahinter liegenden Mauer bis zum Mittag vor der grellen Sonne geschützt ist und auf der vermutlich die Richter Platz nahmen. Zwischen Empfangsraum und Audienzhalle gibt es einen Waschraum, dahinter, durch eine niedrige Zwischenwand abgetrennt, eine Toilette mit quadratischem Abtrittsloch und Urinierrinne. Im Waschraum befanden sich eine Waschbank mit zwei Vertiefungen für Wasserschüsseln sowie ein Sitz, der als Bidet benutzt wurde.

Grundriß des Palastes

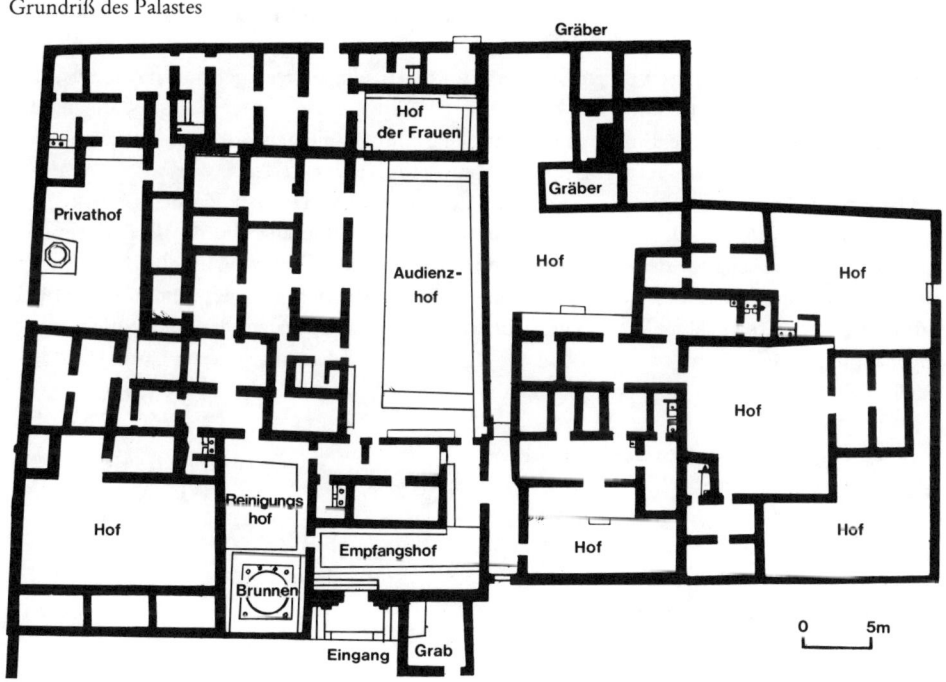

215

Das Hauptgebäude des Palastes folgt, abgesehen von seiner Größe, in etwa dem Grundplan der Privathäuser. Durch einen Vorraum gelangt man zu den inneren Räumlichkeiten. Außer den Lampennischen links und rechts neben dem Eingang fällt eine Reihe von Löchern an den Wänden auf, in denen einst Holzpflöcke zur Befestigung von Wandbehängen oder Teppichen steckten. Zwischen den beiden hinteren Raumsuiten befindet sich ein fensterloses Gelaß, das vielleicht zur Aufbewahrung von Wertgegenständen diente und nur durch eine kleine Falltür zu erreichen war. Fast in jedem Haus gibt es derartige nur von den hinteren Schlafräumen aus zugängliche Kammern.

Vierzehn große Häuser in ziemlich gutem Erhaltungszustand wurden freigelegt: zehn davon liegen in der Hauptgrabungszone. Im Gegensatz zu Alt-Mombasa, Pate oder Lamu findet man hier nur einstöckige Häuser. Meist waren sie aneinandergebaut, und gemeinschaftlich nutzten die Bewohner die in Stein gefaßten Brunnen und Latrinen. Die ursprüngliche Anordnung der Innenräume, am besten durch das Haus der Kaurimuscheln *(house of the cowries)* repräsentiert, zeigt einen schmalen Eingangshof (später, ab dem 16. Jh., baute man die Eingangshöfe größer und quadratisch). Dem Hof folgte ein langer Raum mit Toilette am Ende. Dahinter lag ein weiterer Langraum mit drei kleineren Kammern, die als Vorratszimmer, Schlafgemach und Küche dienten. Der mittlere Raum konnte auch geteilt sein, so daß sich mit den dahinter liegenden Kammern zwei Raumsuiten ergaben. Nischenwände und Haken für Wandbehänge wurden in den Privathäusern nicht so häufig gefunden, dafür aber zahlreiche Pilaster zur Wandgliederung und, im Hauptraum vieler Gebäude, Wandnischen zur Aufstellung von Wasserkrügen. In keinem Haus in Gedi fand man hölzerne Bettpritschen, wie sie sonst bei Ausgrabungen gelegentlich zutage gefördert werden. Statt dessen stand in einigen wenigen Schlafzimmern eine gemauerte Plattform, über deren Funktion man allerdings nicht viel weiß. Zur Wahrung der Privatsphäre legte man die Eingänge des Empfangsraumes niemals auf eine Achse mit den Türen, die zu den inneren Gemächern eines Hauses führten.

Das einzige Beispiel des alten arabischen Haustyps ist das Haus der Zisterne *(house of the cistern)* aus dem 16. Jh. Der Raum mit dem Wassersammelbecken wurde als Badezimmer genutzt. Von außen wurde das Regenwasser durch eine in der Wand verlaufende Rinne herangeführt. An einer Wand des Empfangsraums finden sich neben anderen Zeichnungen auch Dhow-Skizzen, wie es sie zu allen Zeiten überall an der Küste gegeben hat.

In der Ruinenstadt von Gedi ▷

Archäologische Fundplätze an der Swahili-Küste

An der kenyanischen Küste gibt es derzeit etwa 95 archäologisch oder historisch interessante Stätten; 30 davon bergen die Mauerreste von insgesamt mehr als 50 Moscheen. Zu den der Öffentlichkeit zugänglichen Stätten gehören auf dem nördlichen Festland die Fundplätze Ishakani, Kiunga, Mwana Mtama und Omwe. Ferner wurden im Lamu-Archipel die Reste der Städte Pate (ausgesprochen wie das französische *paté*), Faza, Siyu und Tundwa auf der Pate-Insel und die Ruinenstädte Takwa, Kitao und Manda auf der Manda-Insel gefunden. Die Hauptinsel des Archipels, Lamu, weist dagegen wenige bauliche Reste aus der Zeit vor 1700 auf.

Weiter südwärts liegen an den Nordufern der Formosa-Bucht (der heutigen Mündung des Tana) die große, von einer Mauer umgebene Ruinenstadt Ungwana sowie ein portugiesisches Fort (Hoja). Auf der Landzunge am Buchteingang befinden sich die Siedlungen Shaka (das Jaca der Portugiesen) und Mwana.

Südlich von Malindi und Gedi konzentrieren sich die Fundplätze einmal um die Mida-Bucht mit der kleineren Kiburugeni-Moschee, den Ruinen von Kilepwa auf einer Insel in der Bucht und jenen von Mgangani am Ufer. Sodann befanden sich Siedlungen an der Kilifi-Bucht, wovon die Überreste bei Kilifi und die Ruinen von Mnarani und Kitoka zeugen. Am Nordufer der Mtwapa-Bucht stand einst eine große Siedlung, die in ihren Ausmaßen sogar Gedi übertraf, und etwas weiter nördlich liegen die Ruinen von Jumba la Mtwana am offenen Meer (Farbabb. 26). Südlich von Mombasa befindet sich die besterhaltene kenyanische Moschee-Ruine, in der heute noch gelegentlich Gebete abgehalten werden: die Kongo-Moschee bei Diani (Abb. 50) an der Mündung des Mwachema.

Der Öffentlichkeit zugänglich gemacht wurden neben Gedi vor allem Takwa auf der Manda-Insel (16. Jh.), Mnarani bei Kilifi (15. Jh.) und Jumba la Mtwana (Mtwapa; 15. Jh.)

Malindi

Einst war Malindi, ähnlich wie Sizilien für Griechenland, die Kornkammer und der Gemüsegarten Südarabiens. Von fruchtbarem Land umgeben, besaß es weitläufige Plantagen mit Kokosnüssen, Orangen, Bananen, Mangos, Kassawa, Gewürzen und vielerlei Gemüsearten. Und Cabral, der Entdecker Brasiliens, der Malindi im Jahre 1500 besuchte, rühmte die Zitronen und Orangen Malindis als die besten, die es auf der Welt gebe.

Brandrodung war die übliche Methode, ein Stück Land urbar zu machen. Für die Feldbestellung benutzte man weder Pflug noch Zugtiere, sondern Sklaven, die alle Landarbeiten verrichteten und auf deren Hände Arbeit der Reichtum der Stadt im wesentlichen beruhte. Gepflanzt wurde vor der großen Regenzeit Ende März/Anfang April; die Ernte fand gewöhnlich im Juli/August statt. Danach baute man auf den abgeernteten Feldern vor dem Einsetzen der kleinen Regenzeit im November oft noch Hülsenfrüchte an. Bis Ende des 19. Jh. exportierte Malindi Mais, Sesam und vor allem Hirse nach Zanzibar und Arabien; ein einträglicher Handel, der allerdings mit dem Verbot der Sklavenhaltung um die Jahrhundertwende langsam zum Erliegen kam. Trotz des Verfalls der weitgehend arabisch geprägten Plantagenwirtschaft blieb Malindi bis auf den heutigen Tag ein fruchtbares Anbaugebiet, das für den In- und Auslandsmarkt produziert.

Geschichte und kulturelle Entwicklung

Das tatsächliche Alter Malindis ist nicht bekannt, denn umfangreichere Grabungen wurden bis jetzt noch nicht durchgeführt. Es gibt jedoch einige Beschreibungen aus vorportugiesischer Zeit, die auf das heutige Malindi zutreffen könnten. Während der chinesische Bericht aus dem 11. Jh. von einem trockenen und unwirtlichen Land Ma-lin südwestlich von Fulin (römischer Orient) eher auf Somalia zutrifft, paßt die Beschreibung von Al Idrisi (1100–66) schon eher zu Malindi. Trotzdem gibt auch sie einige Rätsel auf, die daher rühren, daß der berühmte Geograph Ostafrika nie selbst besucht hat. Er vermerkt, daß die Stadt zwei Tagesreisen von Mombasa entfernt an einer Flußmündung liege – was nicht zutrifft, da der nächstgelegene Fluß, der Sabaki, etwa 6 km nördlich von Malindi ins Meer mündet. Die Einwohner sollen ferner Jäger und Fischer gewesen sein und Eisenminen besessen haben. Eisen wurde zwar nachweislich schon um 900 auf Manda im Lamu-Archipel abgebaut und in der Gegend von Malindi und Gedi vor dem 14. Jh. verhüttet; doch in der unmittelbaren Umgebung Malindis wurden bis jetzt keine Eisenminen gefunden. Wahrscheinlich ist vielmehr, daß man das Metall aus dem eisenhaltigen Sand gewann.

Am genauesten ist die Beschreibung des Arabers Abu al Fida (1273–1331), der die Stadt auf 2,5 Grad südlicher Breite festlegte und einen Fluß in ihrer Nähe erwähnt, dessen Quellen Hunderte von Meilen entfernt in einem Gebirge namens Comr entspringen sollten, womit vielleicht der Mount Kenya gemeint war. Daß die Stadt im 13. Jh. bereits existiert haben muß, bezeugen zahlreiche Scherbenfunde aus jener Zeit. Im 15. Jh. erhalten wir dann erstmalig Kunde von einem direkten Kontakt der Chinesen zu Malindi, als der Ming-Herrscher Yung Lo den Handel mit dem Ausland ausweitete. Im Jahre 1414 hatte der König von Bengalen dem Kaiser von China eine afrikanische Giraffe geschenkt, ein Tier, von dem die Chinesen glaubten, daß es nur dann erscheine, wenn das Reich von einem tugendhaften und gerechten Herrscher regiert werde. Schon ein Jahr später, 1415, schickte der Kaiser eine Dschunke aus, um eine zweite Giraffe zu holen, diesmal direkt aus Malindi. Der Gesandte der Stadt, der die Giraffe auf ihrer sechsmonatigen Reise betreute, wurde zwei Jahre später auf einem chinesischen Schiff nach Malindi zurückgebracht.

1498 knüpfte Vasco da Gama freundschaftliche Bande zwischen Portugal und Malindi; sie sollten die nächsten hundert Jahre überdauern. Von den ca. 6000 Einwohnern Malindis zu jener Zeit lebten 4000 innerhalb der Stadtmauern, 2000 siedelten vor den Toren. Den portugiesischen Berichten zufolge wurde die Stadt von Arabern beherrscht, von denen die meisten reich

Das Denkmal
Vasco da Gamas über
der Hafeneinfahrt von
Malindi

gewesen sein sollen. Die Afrikaner gehörten vermutlich dem Stamm der Segeju an; die Inder kamen vor allem aus Cambay in Gujarat und importierten Baumwolltuch, Kupfer, Porzellan, Glasflaschen, Perlen, Gewürze und Salz, die sie gegen Luxusgüter wie Rhinozeroshorn, Elfenbein und Amber eintauschten. Letzteres spielt vor allem bei der Parfümherstellung eine wichtige Rolle als Konservierungsmittel von Riechstoffen. Handel, Landwirtschaft und die Gunst der Portugiesen machten Malindi schließlich zu einer der blühendsten Städte an der ostafrikanischen Küste. Die Siedlung des 16. Jh. erstreckte sich in Nord-Süd-Richtung ungefähr von der portugiesischen Kapelle bis zu den Säulengräbern neben der Jamia-Moschee, jedoch allem Anschein nach nur wenige hundert Meter landeinwärts.

Der Handelsverkehr zwischen Malindi und Indien stieg im 16. Jh. sprunghaft an, da nun außer indischen und arabischen auch portugiesische Schiffe auf ihrem Weg nach Indien in Malindi Station machten. Doch seit die Portugiesen direkt von Mozambique nach Indien segelten, wurde die Zwischenstation in Malindi überflüssig, und so verlegten sie 1593 ihr Hauptquartier nach Mombasa, das im Gegensatz zu Malindi einen Tiefwasserhafen besaß und darüber hinaus durch seine Insellage einen besseren Schutz vor Feinden bot. Zweimal allerdings verteidigten die Portugiesen Malindi unter der Leitung von Mendes de Vasconcelos: 1589 schlugen sie die Flotte des Türken Ali Bey, der vor Malindi aufkreuzte, mit Donner und Getöse in die Flucht – obwohl sie nur zwei Kanonen hatten. Kurz darauf wehrten sie, diesmal mit Hilfe der Segeju, den Einfall der gefürchteten Zimba-Kannibalen ab, die das Land auf ihrem Zug von der Nordseite des Zambezi über Kilwa bis nach Mombasa in Angst und Schrecken versetzt und verwüstet hatten.

Mit der Verlegung der portugiesischen Verwaltung nach Mombasa begann der Verfall der mächtigen und reichen Stadt, obwohl der *sheikh* von Malindi zunächst zum Sultan beider Städte ernannt worden war. Von Mitte des 17. bis Mitte des 19.Jh. existieren so gut wie keine Nachrichten über die Stadt. Sie war halb verfallen und wurde vermutlich ganz verlassen, als die Galla/Oromo Ende des 18. Jh. von Norden her in das Gebiet einfielen und nur die Inselstädte, wie Lamu oder Mombasa, unbehelligt ließen. Sowohl Kapitän Owen, der 1823 bei Malindi vor Anker ging, als auch Kapitän Guillain, der zwischen 1846 und 1848 die ostafrikanische Küste im Auftrag der französischen Marine erkundete, berichteten von Malindi als einer verfallenen Stadt. Und der Missionar Ludwig Krapf, der 1845 selbst Malindi besuchte, wußte nur zu vermelden, daß der Ort von Dickicht überwuchert, seine Brunnen verschüttet seien. Zum Leben erweckt wurde Malindi erst wieder, als Sultan Majid von Zanzibar 1861 beschloß, 1500 Baluchi dorthin zu schicken, unter deren Aufsicht Tausende von Sklaven die einstmals fruchtbare Gegend wieder urbar machen und Getreide anbauen sollten.

Im Land um Malindi leben heute die Giryama, ein Bauernvolk, das zur Gruppe der Mijikenda (Küstenbantu) gehört und trotz des jahrhundertelangen Kontakts zu den muslimischen Stadtbewohnern kaum islamisiert wurde. Die Giryama führen ihre Herkunft auf das sagenhafte Land Shungwaya zurück, das sich in der Nähe von Bur Gao im heutigen Somalia befunden haben soll. Im frühen 16. Jh. wurden sie von den Galla/Oromo nach Süden vertrieben und siedelten sich zunächst nordwestlich von Mombasa an, von wo sie dann mit wachsender Zahl nordwärts bis in das Tal des Sabaki wanderten und das verwilderte Land der einstigen arabischen Plantagenbesitzer nach und nach in Besitz nahmen.

Der Grundstein für die heutige Touristenstadt Malindi wurde in den 30er Jahren gelegt, als britische Hochlandsiedler den Ort für ihren jährlichen Urlaub am Meer auserwählten. Ernest Hemingway gehörte mit zu den ersten Touristen jener Zeit, die hauptsächlich des Hochseeangelsports wegen nach Malindi kamen. Der Zweite Weltkrieg unterbrach die Entwicklung des Städtchens zum Ferienort (am 24. Oktober 1940 wurde der Flughafen Malindis von den Italienern bombardiert), aber mit dem Aufkommen des Massentourismus Mitte der 60er Jahre ist der Fremdenverkehr zur Haupteinnahmequelle der Stadt geworden und hat sie in den letzten Jahren im Vergleich zu anderen kenyanischen Küstenorten unverhältnismäßig schnell anwachsen lassen. Heute zählt Malindi, das rund 130 km nordöstlich von Mombasa liegt, ungefähr 33 000 Einwohner. Die meisten von ihnen sind keine Einheimischen, sondern Zuwanderer aus anderen Gegenden Kenyas, die Arbeit in der Tourismusbranche gefunden haben.

Sehenswürdigkeiten

Von all der Pracht und dem Reichtum, die Malindi einmal besessen haben muß, ist heute nicht mehr viel zu sehen: eine kleine, steinerne Altstadt, in der vor allem die Häuser der indischen Bohra-Händler auffallen, sodann die Lehmhäuserviertel, die während der Regenzeit im Schlamm ertrinken, im Norden schließlich die Hotelstadt, die den fast vergessenen Ortsnamen wieder in aller Munde brachte. Aus portugiesischer Zeit grüßt das Vasco da Gama-Kreuz mit dem portugiesischen Wappen die Schiffe, die den Hafen von Malindi anlaufen. Das Kreuz aus Lissaboner Kalkstein gehört zu den ältesten europäischen Denkmälern im tropischen Afrika. Ursprünglich wurde es von Vasco da Gama 1499 vor dem Palast des amtierenden *sheikh* aufgestellt; erst später, im 16. Jh., versetzten die Portugiesen es auf Betreiben der muslimischen Bevölkerung an seinen heutigen Platz.

Südlich der Altstadt befindet sich die kleine portugiesische Kapelle, die wohl vor 1542 gebaut wurde, da der heilige Franz Xaver sie in einem Brief nach Rom erwähnt. Sie muß einmal zum portugiesischen Viertel von Malindi gehört haben. Von diesem Teil der Stadt ist allerdings nichts mehr zu sehen, und von der Kapelle stammt auch nur die Südostwand noch aus portugiesischer Zeit. In dem kleinen Kirchhof standen einst portugiesische Grabsteine, die aber längst britischen Gräbern aus der Pionierzeit gewichen sind.

Zwei Säulengräber, neben der modernen Jamia-Moschee auf einem Hügel an der Wasserfront gelegen, stammen aus dem frühen 15. Jh. und mögen sich damals unmittelbar außerhalb der Stadtmauer befunden haben. An der Stelle befand sich auch einst der Königspalast, von dem jedoch nichts geblieben ist. Das große Säulengrab gehört zu den besterhaltenen an der kenyanischen Küste, und auch das benachbarte kleinere, dessen Seiten Kerbschnittmuster in Stuck aufweisen, hat von seinem einstmals reichen Porzellandekor erfreulicherweise noch nicht alles verloren. Weitere archäologische Spuren findet man außerhalb des alten Stadtbereichs, so etwa Mauerreste in der Nähe des Golfclubs (3 km nördlich des Zentrums) und nahe dem Hotel Silversands (1,5 km südlich des Zentrums).

Fischer-Dhow vor Malindi

In Malindi kann man auch noch eines der wenigen Beispiele früher Kolonialarchitektur sehen, die Ende des 19. Jh. an der ostafrikanischen Küste entstanden. Es ist das Haus, das 1890 von der Imperial British East Africa Company für den ersten *district officer* von Malindi, Mr. Bell-Smith, erstellt wurde. Ähnliche Bauten stehen noch in Vanga, Shimoni und Kipini. Sie waren doppelstöckig, mit ebenerdigen Büroräumen und der Privatwohnung darüber.

Am Hafen von Malindi kann man neben dem regen Treiben auf dem Fischmarkt auch die verschiedenen einheimischen Fischerboote sehen. Die Fischer Malindis sind in der Mehrzahl Bajuni, die aus dem Norden allmählich zuwanderten, da die Fanggründe um Malindi reich sind. In weit geringerem Maße gibt es aber auch Hadhrami und Giryama, die ihren Lebensunterhalt durch das Fischereigewerbe verdienen. Vier Typen von Fischerbooten sind heute noch in Gebrauch: am häufigsten findet man das Auslegerkanu (in Swahili: *hori*), das meist von der Malabar-Küste Indiens importiert wird, obwohl das für seine Konstruktion typische Mango-holz auch an der ostafrikanischen Küste vorkommt. *Hori* sind vom frühen Morgen an auf See, bis gegen Mittag, wenn die Sonne im Zenit steht und das Plankton, dem die Fische folgen, in größere Tiefen sinkt. Ihre Besatzungen operieren mit der Schleppangel etwa 5–7 km vor der Küste; ihre Beute sind Hochseefische. Das zweitwichtigste Fischerboot ist die *dhow,* in der Regel 6–10 m lang und an Bug wie Heck spitz zulaufend. Sie wird von drei bis fünf Fischern bedient, die den ganzen Tag unterwegs sind, um die weitgesteckten Fischfallen zu kontrollieren. Im Gegensatz zur *hori* ist die *ngalawa* ein schwerfälliger Ausleger, den die Fischer möglicherweise ursprünglich von Madagaskar oder den Komoren übernommen haben und der nördlich von Mombasa auch nicht häufig zu finden ist. Da er sich bei Windstille schlecht manövrieren läßt, kommt er allmählich außer Gebrauch. Die *mashua,* das größte Fischerboot, sieht man in Malindi häufiger nur zwischen Oktober und März, wenn auch die *mashuas* von Lamu kommen und in der Zone ab etwa 5 km vor Malindi mit großen Netzen auf Fang gehen. Sieht man in jener Zeit des Nachts Lichter auf dem Meer tanzen, so gehören sie den Lamu-Fischern, die die gesamte Fangsaison auf ihren Booten verbringen.

Lamu

Die kulturelle Entwicklung des Lamu-Archipels

Daß Lamu eine Welt für sich ist, verdankt es gleichermaßen geographischen und botanischen wie auch historischen Gegebenheiten. Korallen bilden den Sockel des / km breiten und 10 km langen Eilands; und die Mangroven, die Pioniere unter den Bäumen, bereiteten pflanzliches und tierisches Leben auf der Insel vor und verwandelten sie wenigstens teilweise in einen fruchtbaren Flecken Erde. Gleichzeitig bildeten sie den Grundstock für den überseeischen Handel mit den Anrainerstaaten des Arabischen Golfes, denn ihr begehrtes dunkelrotes Kernholz ist hart und schwer und gehört zu den langlebigsten Holzarten.

Von Lamus Früchten hat vor allem die Mango Berühmtheit erlangt: in Gedichten besungen und mit einem festen Platz in der Ornamentik, ist sie außerdem beliebter Ausfuhrartikel. Der Mangobaum (Mangifera indica L.) stammt ursprünglich aus Südasien und wurde vor vielen Jahrhunderten von arabischen Kolonisatoren in Ostafrika heimisch gemacht. Von den 14 hier vorkommenden Arten ist besonders die Lamu-Züchtung wegen ihrer Größe und Schönheit sowie der Qualität des faserarmen Fruchtfleisches bekannt. Da die Mangofrucht sehr nahrhaft ist, nutzten Sklavenhändler sie gern, um ihre Menschenware zu verkösten und in körperliche Hochform zu bringen, bevor sie sie auf dem Markt feilboten.

Rundum vom Meer umgeben, zu klein und zu eng für den modernen Fahrzeugverkehr, hat Lamu bis in unsere Zeit einen Lebensstil bewahrt, der früher für die Städte der ostafrikanischen Küste typisch gewesen sein muß. Anders als Alt-Mombasa, das nah am Festland auf einer erheblich größeren Insel liegt, konnte kein Stadtentwicklungsplan Lamu mit einem Gürtel moderner Bauten umgeben und ihm durch zeitgemäße Wirtschafts- und Handelseinrichtungen ein neues Gesicht aufdrücken. Aber gerade diese Zeitvergessenheit hat die kleine Inselstadt so berühmt gemacht und ins Rampenlicht der Öffentlichkeit gerückt.

Lamu-Stadt gehört zu einem Archipel im Norden Kenyas, dessen drei größte Inseln – Lamu, Manda und Pate – seit mindestens tausend Jahren städtische Siedlungen aufweisen. Die Stadt Manda an der Nordspitze der gleichnamigen Insel gehört zu den ältesten Siedlungen, die man bis jetzt an der ostafrikanischen Küste entdeckt hat; den Funden zufolge muß sie schon Ende des 9. Jh. recht wohlhabend gewesen sein. Die Bevölkerung der Inseln und des gegenüberliegenden Festlandes setzt sich seit jeher aus verschiedenen ethnischen Gruppen zusammen; vor allem leben hier Bajuni (den Swahili zugehörig), sodann arabische und indische Untergruppen sowie Somali. Auf dem Festland halten sich in Rückzugsgebieten kleine Gruppen von Wildbeutern, die eine kuschitische Sprache sprechen. Da der größtenteils sandige Inselboden nur in beschränktem Ausmaß den Anbau von Kokosnüssen, Mangos, Betelnüssen, Bananen und Tabak zuläßt, besaßen die Städte des Lamu-Archipels für den Hirse-, Reis-, Sesam- und Maisanbau große Plantagen auf dem Festland, von der Gegend um Bur Gao im Norden bis Ras Tenewi im Süden. Entlang der Küste entstanden zahlreiche Plantagendörfer und Marktflecken, in denen die freien Landarbeiter und Sklaven wohnten. Heute ist von diesen Lehmdörfern kaum noch etwas zu sehen, außer den Resten der meist steinernen Moscheen und einigen verschütteten Brunnen – so etwa im ehemaligen Hindi, das inmitten der Plantagen von Lamu lag.

Lamu-Stadt existierte schon im 14./15. Jh. und hatte seine Blütezeit zwischen 1650 und 1900. Eine ältere Siedlung aus der Zeit vor 1300 liegt nach archäologischen Untersuchungen unter dem Hidabu-Hügel, am Südende der heutigen Stadt. Die mündliche Überlieferung berichtet von einer weiteren Siedlung, die unter Sandhügeln im Norden der Insel verborgen sein soll. Von ihr ist jedoch ansonsten nichts bekannt. Lamu, dessen Name angeblich auf einen Stamm vom Arabischen Golf, die Banu Lami, zurückgeht, wird zwischen 1498 und 1650 recht häufig in portugiesischen Berichten erwähnt; doch nahm es keine Schlüsselstellung ein wie etwa Malindi oder Mombasa. Portugiesen scheinen jedenfalls hier nie in großer Zahl gelebt zu haben; sie bevorzugten Pate oder auch Dondo, das möglicherweise sogar von ihnen gegründet wurde. Die einzigen Spuren portugiesischer Anwesenheit – die Mauern einer kleinen Kapelle bei Shela

In der Altstadt von Lamu

(in der Nähe des Peponi-Hotels) – sind Anfang dieses Jahrhunderts ins Meer gestürzt. Zwar berichten die Quellen von einer Stadtmauer, die Lamu Anfang des 16. Jh. vor den Ungläubigen vom Festland schützen sollte, doch ist davon nichts mehr erhalten.

Anfang des 17. Jh. verließen die Portugiesen die nördliche Swahili-Küste und zogen sich auf ihren Stützpunkt in Mombasa zurück. Lamu war zu dieser Zeit schon eine relativ große und wohlhabende Stadt. Obwohl es politisch noch im Schatten von Pate stand, stieg seine wirtschaftliche Macht stetig, zumal sich der gesamte Fernhandel der Inselgruppe über seinen Hafen abwickelte (der Hafen von Pate war zu dieser Zeit bereits verschlammt). Dieses Ungleichgewicht von wirtschaftlicher und politischer Macht war dem Einvernehmen zwischen den beiden benachbarten Stadtstaaten nicht eben förderlich. Verschärfend wirkte sich aus, daß Pate von der aus Arabien stammenden Nabhani-Dynastie autoritär beherrscht wurde, in Lamu hingegen ein Ältestenrat regierte, der die großen Händler und Landbesitzer vertrat; und diese wollten ihren Hafen keineswegs nur zum Wohle Pates genutzt sehen. Und so war Lamu durchaus ein Rivale, mit dem Pate zu rechnen hatte.

Als Handelsmetropole zog Lamu viele arabische und indische Kaufleute an, und von einigen prominenten Familien der Stadt weiß man, daß sie zwischen 1650 und 1750 aus Oman einwanderten. Auch vom Festland kamen Menschen, die vor dem Ansturm der Galla/Oromo flohen. Sowohl aus Lamu wie auch aus Pate ist bekannt, daß jene Flüchtlinge schnell integriert wurden und besonders als Handwerker und Künstler eine Rolle in der Gesellschaft spielten. Trotz Hader und Zank entwickelten sich beide Städte im späten 17. und 18. Jh. zu Zentren der Swahili-Kultur und brachten eine neue Blüte in Dichtung und Handwerkskunst hervor. In jener Zeit wurden viele Moscheen und Häuser gebaut oder erneuert. Sie waren größer und eleganter ausgestattet als je zuvor und in ihrer Pracht nur mit den Stadthäusern von Zanzibar Ende des 19. Jh. vergleichbar. Eine geschickte Raumaufteilung und üppiger, stuckierter Wanddekor verliehen der durch die Mangrovenbalken diktierten räumlichen Enge eine Großzügigkeit, die über die tatsächlichen Maße hinwegtäuschte. Größte Sorgfalt wurde dabei auf Badezimmer und Toiletten verwandt. Das System der Wasserzufuhr und der Kanalisation war weitaus raffinierter ausgeführt als in den Steinbauten von Gedi. Die zwei- bis dreistöckigen Häuser besaßen nicht selten drei oder vier Badezimmer mit einer Drainage in tiefe Sickergruben, die stets in gebührendem Abstand zu den Brunnen der Stadt angelegt wurden.

Neben den Schlafräumen wurden vor allem die Badezimmer mit Stukkaturen oder Steinmetzarbeiten ausgeschmückt; auch die Schnitzkunst blühte, und man bedachte insbesondere Türen mit sorgfältig ausgearbeitetem Dekor. Seidene Vorhänge, mit Gold- und Silberfäden durchwirkt, hingen von rotbraun und grüngolden lackierten Teakholzstangen herab. Besonders Pate war für seine Vorhänge berühmt.

Das Knotenmuster am Messing-Siwa von Lamu

Von der Kunst der Silberschmiede sowie der Holz- und Elfenbeinschnitzer jenes goldenen Zeitalters ist nicht viel übriggeblieben, denn Silber- und Goldschmuck wurden, je nach Zeitgeschmack, umgeschmolzen und neu gestaltet; und so gibt es kaum Belegstücke, die älter als 150 Jahre sind. Eine der wenigen Ausnahmen bilden zwei Zeremonialhörner *(siwa)* von Pate und Lamu – ersteres aus Elfenbein und letzteres im Wachsschmelzverfahren aus Messing gegossen. Diese Zeremonialhörner, die auf der Seite geblasen wurden, sind etwa 2 m lang und beide in je drei zusammensteckbaren Teilen gearbeitet. Sie stammen aus dem späten 17. oder dem beginnenden 18. Jh. und sind heute im Lamu-Museum zu sehen. Beide *siwas* tragen arabische Inschriften, doch konnte man bisher nur die Verse des Messinghorns entziffern, die in der mameluckischen Nashki-Type gehalten sind.

Mit dem wachsenden politischen Einfluß der Omani im Lamu-Archipel verloren die einst weitgehend selbständigen Stadtstaaten ihre Unabhängigkeit, und die Attribute einer verfeinerten Lebensart – wie die Handwerkskunst – verschwanden allmählich. Seit der Abschaffung des Sklavenhandels und dem Abflauen des Geschäfts mit dem Elfenbein konzentriert sich Lamus Wirtschaft auf den Export von Mangrovenholz und den Handel mit Vieh, das aus dem benachbarten Somalia kommt. Weitere Einnahmen bringen heute neben Touristen die Muslimpilger, die Lamu alljährlich besuchen, um dort *maulidi al nabi*, den Geburtstag des Propheten, in einem großen Fest zu feiern. Aus ganz Ostafrika kommen die Pilger, zu Lande, zu Wasser und zu Luft; andere reisen gar aus Südarabien oder Pakistan an. Die Feierlichkeiten dauern mehrere Tage an und finden etwa zehn Tage nach dem landesüblichen Termin statt, begleitet von Musik und vielerlei Tänzen.

Anlage und Architektur der Stadt Lamu

Lamu ist bis auf den heutigen Tag von motorisiertem Verkehr und moderner Stadtentwicklung verschont geblieben und allein deshalb in seiner Gesamtanlage als Küstenstadt mit dem besonderen Lebensstil seiner Bevölkerung sehenswert. Schon droht das starke touristische Interesse den Charme der Lamu-Welt zu erdrücken, und die kenyanische Regierung zeigt sich neuerdings bemüht, die Besucherzahlen in Grenzen zu halten.

Die Stadt zählt 11000 Einwohner (in der ethnischen Verteilung Mombasa ähnlich), in der überwiegenden Mehrheit sunnitische Muslime der Shafii-Schule. Sie leben von Schiffahrt, Fischfang, Mangrovenholzgewinnung und Obstanbau. Ihre Felder liegen im Westen der Insel, wo die landesweit berühmten Mangos und Kokosnüsse gedeihen.

Lamu besitzt einen natürlichen Hafen, der durch die vorgelagerte Insel Manda vor den Unbilden des offenen Meeres geschützt ist. Kai und Promenade stammen aus der Zeit nach dem Ersten Weltkrieg; der größte Teil der heutigen Altstadt gehört seiner Bausubstanz nach in die Zeit nach 1830. Bei vielen Häusern zeigt sich daher der Einfluß von Zanzibar oder Indien recht deutlich, so etwa an den großen Fenstern oder der Bedachung und der offenen Galerie im Obergeschoß. Ein gutes Beispiel für den Häusertypus des ausgehenden 19. Jh. ist das Museumsgebäude der Stadt (Farbabb. 16).

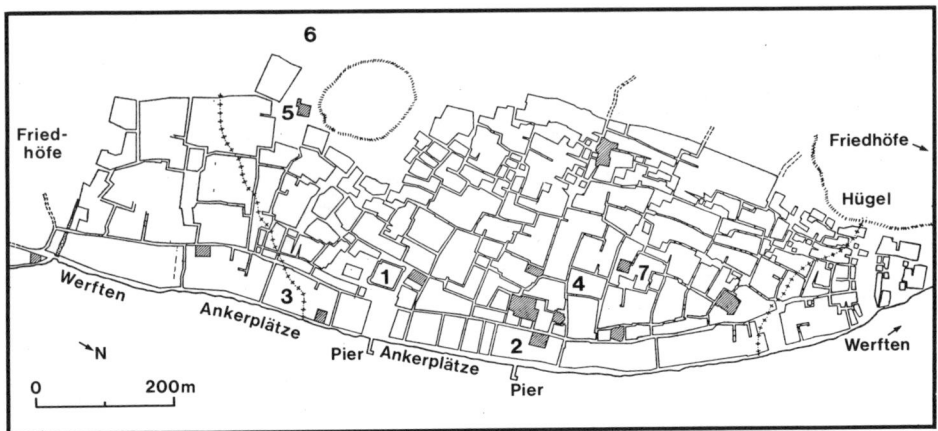

Plan der Stadt Lamu

1 Festung 2 Museum 3 Gebäude der Deutschen Ostafrika-Gesellschaft 4 Sitz der alten Ratsversammlung (Ruine) 5 Riadha-Moschee 6 Säulengrabmal des 14./15. Jh. 7 Swahili-Haus des 18. Jh. (Museum)

In Nord-Südrichtung verläuft die Hauptstraße Usita wa Mui (offiziell Harambee Road) mit den meisten Geschäften. Noch Anfang des letzten Jahrhunderts lag sie direkt an der Seefront und bildete den Kai. Später ließen reiche Stadtbewohner das seichte Ufer von Dienern und Sklaven mit Geröll und Erdreich auffüllen, um Land zu gewinnen. Dies erklärt auch, warum die Häuser zwischen der heutigen Seefront und der Hauptstraße alle aus dem 19. Jh. stammen. Nach Westen und Süden hin nehmen die Lehmbauten zu, die es zu allen Zeiten gegeben hat und in denen die ärmere Bevölkerung wohnt.

An der südöstlichen Ecke der damaligen Steinstadt entstand zwischen 1813 und 1821 unter zunehmendem Einfluß der Omani die Lamu-Festung, ein Fort, das an Größe nur von Fort Jesus in Mombasa übertroffen wird. Ihre Architektur zeigt den üblichen portugiesisch-italienischen Mischstil der Festungsbauten im gesamten Bereich des Arabischen Golfes. Während zu jener Zeit bei hohem Wellengang das Wasser die Stufen des Treppenaufgangs umspülte, liegt Lamus Festung heute innerhalb des Ortes und bildet mit dem nahen Marktplatz den Mittelpunkt der Stadt. Seit der Kolonialzeit diente die Festung als Gefängnis; erst 1984 wurde sie zum National Monument erklärt.

Lamu-Stadt hat 25 Moscheen – meist einstöckige Bauten ohne Minarett –, von denen ein Drittel aus der Zeit vor dem 19. Jh. stammt. Die Freitagsmoschee *(jumaa)* wurde 1511–12 gebaut; noch älter soll die Pwani-Moschee sein, deren Gebetsnische aus dem Jahr 1370 stammt.

Das Pfeilergrab westlich der Riadha-Moschee, aus Korallenstein erbaut und ursprünglich an der Spitze mit Keramik oder Porzellan geschmückt, ist das einzige seiner Art auf Lamu. Es stammt aus dem 14./15. Jh., befindet sich jedoch in einem schlechten Erhaltungszustand.

Wie Mombasa fällt auch Lamu zum Meer hin leicht ab, so daß die Wassermassen während der tropischen Regengüsse schnell durch große Grabensysteme abfließen können. Die Hauptachse der Stadt liegt im rechten Winkel zur Richtung des Nordostmonsuns *(kaskazi)*, der während der heißen Monate November bis Februar eine angenehm kühle Brise bringt. Ob die Stadt jemals von einer Mauer umgeben war, ist ungewiß und wird sich kaum mehr feststellen lassen, doch heißt eine Gegend südlich der Lamu-Festung Langoni, am Tor, was vielleicht auf eine einstmals vorhandene Mauer nebst Stadttor hindeuten könnte.

Die Stadt ist in über 44 unterschiedlich große *mitaa* (Wohnviertel) unterteilt, die nicht durch Straßen abgegrenzt werden. Unter dem Namen Mkomani faßt man die nördlichen *mitaa* zusammen; dort wohnen die wohlhabenden und einflußreichen Familien der Stadt, während in Langoni, der südlichen Mitaa-Gruppe, die ärmere Bevölkerung lebt. Zwar haben beide Gruppen ihre eigenen Gebetshäuser, aber die Freitagsmoschee von Lamu steht in Mkomani, und ihr Vorbeter *(mkatibu)* wird stets aus dem Kreis der dort ansässigen Familien gewählt. So ist Mkomani seit jeher das Machtzentrum, wo die wichtigen Entscheidungen der Stadt getroffen werden. Am Hafen findet das traditionelle Diskussionsforum *(baraza)* statt, zu dessen Sitzungen nur die Leute von Mkomani geladen sind, die in Lamu *zijoho* (Einzahl: *kijoho*) genannt werden. Die Bezeichnung leitet sich von *joho* ab, dem mit Goldborte fein bestickten Überwurf der Omani, der heute noch von den Swahili zu besonderen Anlässen getragen wird.

Am Kai von Lamu

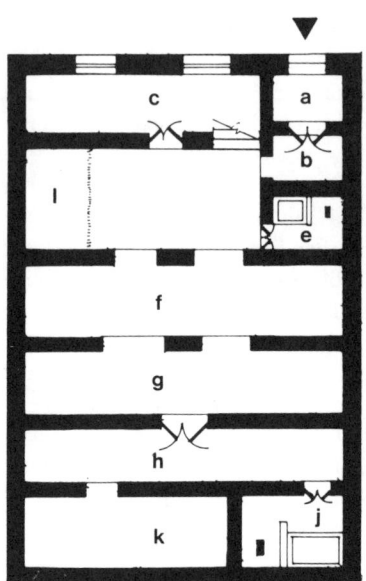
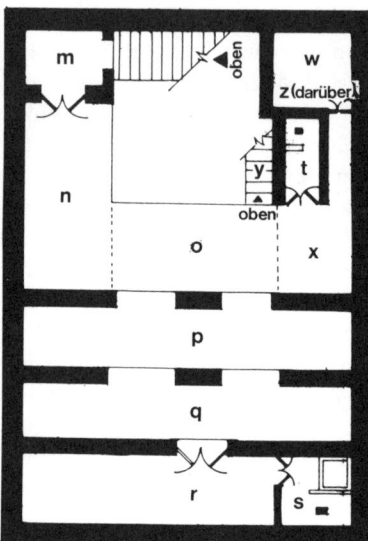

Grundriß eines zweistöckigen Swahili-Hauses

a) Eingangsdiele (Daka)   b) Innere Diele (Tekani)   c) Gästezimmer (Sabule)   d) Hof (Kiwanda)
e) Vordere Toilette (Choo)   f) Äußerer Wohnraum (Msana wa Tini)   g) Innerer Wohnraum (Msana
wa Yuu)   h) Unterkunft der Frauen oder Harem (Ndani)   j) Innerer Baderaum (Choo)   k) Auf-
bahrungsstätte für die Verstorbenen (Nyumba ya Kati)   l) Küche (Jikoni)   m) Obere Diele   n) Oberer
Flur (Sarambi)   o) Oberer Hof   p) Äußerer Wohnraum (oben)   q) Innerer Wohnraum (oben)   r) Oberer
Harem   s) Hintere Toilette (oben)   t) Äußerer Baderaum (oben)   w) Oberes Gästezimmer   x) Dach-
zone, gelegentlich als Küche benutzt   y) Steile Treppe zum Dach   z) Dachküche

Neuankömmlinge in der Stadt durften keine Wohnung in Mkomani beziehen oder gar dort
bauen. So kam es, daß der Gründer der Riadha-Moschee, Al-Habib Saleh – ein Hadhrami von
den Komoren –, das Gebetshaus mit dem in ganz Ostafrika berühmten islamischen Institut auf
dem Hügel außerhalb des Nobelviertels bauen mußte. Noch heute entrichten Abordnungen
beider Mitaa-Gruppen – getrennt – ihre Reverenz am Grab des verehrten Hadhrami, der den
Maulidi-Feierlichkeiten an der ostafrikanischen Küste zu ihrer großen Popularität verhalf und
der Musik und Gesang mit in die religiösen Handlungen einbezog (was in den verschiedenen
islamischen Schulen allerdings umstritten ist).

Die Häuserfassaden sind oft fensterlos und nicht durch Wandschmuck gegliedert – durch-
brochen nur von den Hauseingängen, hinter denen sich das private Leben getrennt von der
Außenwelt abspielt, so daß die Gasse völlig ihrem öffentlichen Charakter überlassen bleibt. In
Lamu gibt es die größte Zahl gut erhaltener Steinhäuser aus der Zeit vor 1830, deren Reichtum
man selbst erkunden kann, da viele leerstehen. Mittlerweile sind aber auch eine Reihe von

Häusern im Rahmen des Regierungsprojekts zur Erhaltung von Lamu restauriert worden. Das vom Lamu-Museum verwaltete Fazina-Haus aus dem 18. Jh. ist der Öffentlichkeit zugänglich und zeigt den einst reichen Wohnstil der Mkomani-Bewohner.

Die kleinen Parzellen, meist unter 250 m² groß, sind, vom Innenhof abgesehen, voll überbaut. Viele Häuser sind zweistöckig; gelegentlich sitzt noch ein kleines Penthouse oben auf. Der übliche Hausabschluß ist das Flachdach; gelegentlich findet man es mit einem zusätzlichen Palmblattdach im Stil der Lehmbauten überbaut. Ins Innere des Hauses gelangt man durch einen etwa 3 m breiten Portikus *(daka)*, der – um drei Stufen erhöht – über der Straße liegt und von Steinbänken flankiert wird. Der Portikus besteht meist aus zwei doppelflügeligen Türen, von denen die eine ins Erdgeschoß führt, das als Personalwohnung, Vorratslager oder Werkstatt dient, während die andere Tür den Aufgang zum Obergeschoß verschließt, wo der Hausbesitzer mit seiner Familie wohnt. In der Regel zieren Rahmen, Sturz und Mittelpfosten der Türen augenfällige Schnitzereien, deren Muster im gesamten Bereich des westlichen Indischen Ozeans anzutreffen sind. Auf der halben Treppe zum Obergeschoß findet sich manchmal ein Gästezimmer *(sabule)*, das seinen Platz aber auch im Erdgeschoß haben kann. Die Treppe mündet gewöhnlich in eine Veranda, von der aus man den rechteckigen Hof überblickt.

Die Zimmerfolge ähnelt jener von Gedi, und hier wie dort gilt die Regel: Je tiefer man in das Haus hineinkommt, desto dunkler, reichhaltiger ausgeschmückt und persönlicher werden die Räumlichkeiten. So findet sich der Elternschlaftrakt mit eigenem Badezimmer stets am Ende einer Zimmerfolge und besitzt – im Verhältnis zu den anderen Räumen des Hauses – den aufwendigsten Stuckdekor und die meisten Wandnischen *(vidaka)*, in denen früher feines Geschirr oder Korankopien aufgestellt waren. Da Nischen und Blendnischen beliebtes Wanddekor in Indien darstellen, nimmt man an, daß die Baumeister vieler Nischenwände in Shela oder Lamu

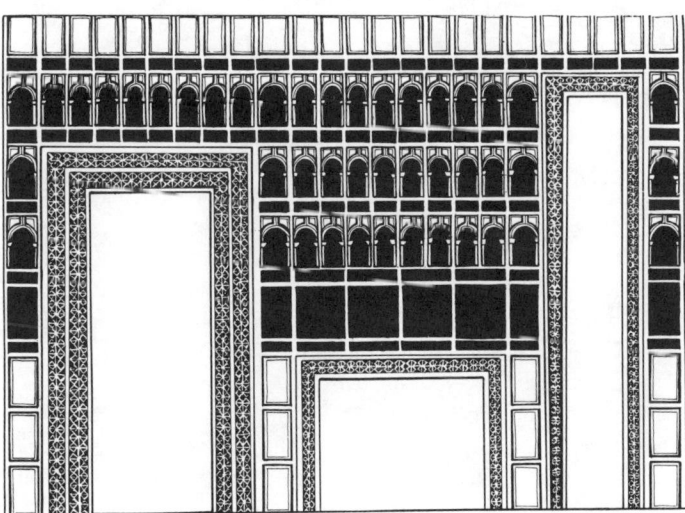

Wandnischen in einem Lamu-Haus aus dem 18. Jh.

indischer Herkunft waren. Die Nischen konnten rechteckig sein oder aber die verschiedensten Bogenformen besitzen; sie lockerten vor allem die Wände jener Räumlichkeiten auf, in denen die Frau den größten Teil ihrer Zeit zubrachte. Stukkaturen zierten Nischen und Türrahmen; ihre Motive beschränkten sich auf stilisierte Blumen und Blattranken, auf Ketten-, Band- und Zickzackornamente; alles Muster, die auch zum Repertoire der Schnitzkunst gehören. Ein seltenes Stuckmotiv ist die stilisierte Schildkrötenform (Abb. 53).

Die größten Kosten und die meiste Sorgfalt wurden zweifelsohne auf die Ausstattung der Badezimmer verwandt. Zisternen fingen das Wasser auf, und manche, mit Kupferkesseln und Feuerstellen versehen, ermöglichten sogar Heißwasserbereitung. In die Zisterne setzte man Fische ein, um Moskitolarven fernzuhalten. Eine in den Boden eingelassene Porzellanschüssel sorgte dafür, daß für die Fische stets ein Minimum an Wasser blieb. Stukkaturen, Nischendekor und mitunter sogar behauener Korallenstein schmücken die Innenwände mancher Badezimmer in einem Maße, wie dies sonst nur von den Gebetsnischen der Moscheen her bekannt ist. Dies mag mehr sein als bloße Koinzidenz, da Reinlichkeit und Frömmigkeit im Islam immer eng verbunden waren. Die Pracht jedoch, in der sich diese Assoziation äußerte, ist ausschließlich ein Merkmal der Lamu-Baukunst im 18. Jh. Anfang des 19. Jh. verlor sie sich allmählich, und in den späteren Bauten findet man weder Stukkaturen noch Nischenwände.

Verladung von Mangrovenholz, einem wichtigen Wirtschaftsprodukt Lamus

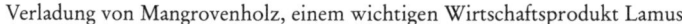

Die Swahili-Lehmbauten, die den überwiegenden Teil der Bevölkerung seit eh und je beherbergen und die bis heute an der gesamten Küste vorherrschen, haben manches mit den Steinbauten gemein, insbesondere in der Raumanordnung und -aufteilung. Es sind ebenerdige Bauten mit rechteckigem Grundriß; ihre Wände werden aus Mangrovenpfählen (die dicken heißen *boriti*, die dünnen *fito*) erstellt und das Stangenwerk mit rötlichem Lehm verkleidet. Gelegentlich gibt man dem Lehm mehr Festigkeit, indem man kleine Steinchen in die Oberfläche eindrückt: dadurch springt er beim Trocknen nicht in großen Rissen auf, sondern nur von Steinchen zu Steinchen. Das zu den Giebelseiten abgewalmte Satteldach wird auch heute noch vorwiegend mit Kokospalmblättern *(makuti)* gedeckt. In der Regel ist dem Haus eine überdachte Veranda vorgesetzt, deren Boden aus einem dicken Lehm-Estrich besteht.

Von der manchmal beschnitzten Eingangstür führt ein schmaler Gang ins Hausinnere. Zu beiden Seiten des Ganges finden sich je zwei bis drei kleine Räume, durch Stangenwerk und Lehmwände abgeteilt und zum Dach hin meist nur durch eine Stangenlage und Matten abgeschlossen. Bei reicheren Besitzern sind diese Räume durch Türen verschließbar, ansonsten erfüllen einfache Matten und Sacktücher diesen Zweck. Der traditionelle Swahili-Haustyp kennt so gut wie keine Fenster und besitzt niemals einen Schornstein; der Abzug erfolgt durch das luftige Dach und die Tür.

Größere historisch belegte Siedlungen im Lamu-Archipel

		Blütezeit
1. Manda-Stadt	(auf Manda)	10.–12. Jh.
2. Shanga	(auf Pate)	12.–16. Jh.
3. Ungwana Shaka Mwana	(auf dem Festland nördlich des Tana-Deltas)	14.–16. Jh.
4. Dondo	(an der Dodori-Bucht auf dem Festland, gegenüber der Pate-Insel)	15.–16. Jh.
5. Ishakani Omwe Mwana Mtama	(südlich der Grenze Kenya/Somalia auf dem Festland)	15.–17. Jh.
6. Takwa	(auf Manda)	16.–17. Jh.
7. Pate-Stadt	(auf Pate)	16.–18. Jh.
8. Faza	(auf Pate)	16.–17. und 19. Jh.
9. Siyu	(auf Pate)	16.–19. Jh.
10. Tundwa	(auf Pate)	17.–19. Jh.
11. Shela	(auf Lamu)	17.–19. Jh.
12. Lamu-Stadt	(auf Lamu)	17.–19. Jh.

Der Naturraum Kenya

Flora

Den ökologischen und klimatischen Bedingungen entsprechend ist die Flora der einzelnen Landschaftstypen sehr unterschiedlich geartet. Die Ansiedlung der einzelnen Pflanzenarten hängt von der Zusammensetzung des Bodens, der Höhenlage und der Niederschlagsmenge ab. Auch Wildtiere beeinflussen die Florengestaltung, vor allem aber ist es der Mensch mit seiner Viehhaltung, Brandrodung und Holzkohlegewinnung, mit Feldbau, Städte- und Naturschutzplanung, der den Naturraum prägt und verändert.

Am besten darüber könnte der urweltliche Baobab Bescheid geben, der Affenbrotbaum (Adansonia digitata), der stumm, einer bulligen Festung gleich, Geheimnisse naturweltlicher und menschlicher Vergangenheit hütet. Auch wenn einer dieser Baumriesen noch so abgestorben wirkt, daß man weder Blätter noch Blüten an ihm findet, und der ausgehöhlte Stamm verrottet erscheint, so wird er dennoch in der nächsten Regenzeit zu neuem Leben erwachen. Seine Blätter können, besonders wenn sie jung und zart sind, als Gemüse verzehrt werden, die Blüten erfreuen die Augen, auch wenn sie nicht wohlriechend sind, und der hohle Baumstamm dient oft als Unterschlupf, in manchen Gegenden Afrikas auch als Wasserreservoir oder gar als Begräbnisstätte.

In Kenya sagt man dem Baobab nach, daß der Teufel ihn gepflanzt habe, und zwar verkehrtherum, mit den Wurzeln nach oben. In der Tat mutet er monströs an, mit seinem flaschenähnlichen Stamm, der einen Umfang von 10 m erreichen kann, und den verhältnismäßig kurzen Zweigen, die dicken Wurzeln ähneln. Ob der Baobab nun tatsächlich vom Teufel oder von Geistern gepflanzt wurde, mag dahingestellt bleiben. Tatsache ist, daß er im Gedankengut und Alltag der Küstenvölker einen besonderen Platz einnimmt: In und um den Baum herum ist kein sicherer Ruheort für Mensch und Tier; hier spukt es, hier leben mit Vorliebe Geister, vor allem die von Verstorbenen. Deshalb werden unter dem Baobab (in Swahili: *mbuyu*) – und in geringerem Maße auch unter dem Feigenbaum (in Swahili: *mkuyu*) – die Geister angerufen und um Rat und Hilfe gebeten. Hier bringt man ihnen Opfer in Form von zubereiteter Nahrung dar; Weihrauch *(ubani)*, Aloe *(udi)*, oder wohlriechendes Harz *(uvumba)* werden in kleinen Räuchergefäßen aus Ton abgebrannt; Parfum, Blumen und Gewürze werden verteilt oder kleine Fähnchen und Läppchen an den Baum gehängt. Da der Baobab Sitz von Geistern ist, kann er nur nach ausgedehnten Sühneopfern gefällt werden; deshalb vermeidet man nach Möglichkeit, ihm zu Leibe zu rücken – gewiß nicht die schlechteste Art von Naturschutz.

Pflanzen der Trockengebiete

Gras-, Strauch- und Baumsavanne überziehen weite Flächen des kenyanischen Landes, sich durchdringend oder auch im Wechsel. Das Großwild ist hier zu Hause, weshalb man die Tierreservate auch vornehmlich in den Savannengebieten findet. Typisch sind perennierende Gräser, die eine Höhe von 80 cm erreichen. In den weiten Grasebenen stehen mehr oder weniger dichte Strauch- und Baumgruppen, die aber nirgends mehr 45% eines Areals einnehmen und folglich kein geschlossenes Walddach bilden. Die meisten Baumarten, klein- bis mittelwüchsig und dünnastig, gehören zu den laubabwerfenden Gehölzen. In der Regel bleiben sie unter 10 m Höhe; Ausnahmen bilden die bis zu 20 m hohen Affenbrotbäume und Schirmakazien.

Der ›Busch‹ oder die Strauchsavanne (*nyika,* das Swahili-Wort für Busch/Wildnis), mit teilweise sehr unwegsamem Dornbuschdickicht, beginnt etwa 20 km landeinwärts der Ostküste und zieht sich bis in Höhen von etwa 1500 m, wo das Jahresniederschlagsmittel zwischen 250 und 400 mm beträgt. Die großflächige, mittel- bis trockene Grassavanne, die zwischen 750 m und 1800 m hoch liegt, erhält Regenmengen von 400–600 mm pro Jahr, während die bewaldeten Graslandschaften in Höhenlagen von 1000–2000 m mittlere bis starke Niederschlagsmengen von 620–1000 mm aufweisen.

Nach ergiebigen Regenfällen verwandelt sich die von sengender Hitze und Erdstaub geplagte, graubraune, oft sehr eintönig wirkende Trockensavanne für kurze Zeit in einen blühenden

Savannenlandschaft im Meru National Park

Garten. Aus einem saftig frischen Grasteppich sprießen Zephirlilien (Zephyranthus, aus der großen Amaryllis-Familie) mit Krokusgeschwindigkeit hervor, überzieht die primelähnliche Rhamphicarpa (R. heuglinii) das junge Grün mit ihren rosafarbenen und weißen Blüten. Der wilde Hibiscus (H. vitifolius) mit seinen kleinen, gelben Blütenblättern um den purpurfarbenen Mittelpunkt und die orange, rot oder gelb blühenden Aloe-Arten, vor allem A. kedongensis und A. graminicola, säumen die Savannenwege.

Dornbüsche, die selbst nur selten grünen oder blühen, tragen den Blütenschmuck der sie überwuchernden Pflanzen, oft strauchartige Klettergewächse wie die verschiedenen Combretum-Arten oder weinartig rankende Schlinger wie die meist gelborange blühende Thunbergia alata. Prachtvoll rankt sich am mannshohen Gras auch die Gloriosa rothschildiana empor, mit ihren großen, klauenartigen Blüten, die sich gelborange öffnen und dunkelrot verblühen. Blaue, zuweilen aber auch rosa oder weiß blühende Ipomoea-Arten umschlingen Dorngestrüpp, Bäume und Gräser gleichermaßen mit ihrer Pracht.

Unter den blühenden Bäumen sticht vor allem der unregelmäßig blühende Brachychiton acerifolium ins Auge, wenn er nach langer, blattlos überdauerter Trockenperiode kleine, leuchtendrote Glockenblüten hervorbringt, die wie ein duftiger Federmantel das Astgerippe umhüllen und abgefallen einen tiefroten Teppich um den Baum bilden. Ähnlich schön wirken die korallenroten Bürstenpinselblüten, die der Korallenbaum, Erythrina abyssinica, in der Trockensavanne hervorbringt.

Im Südosten Kenyas, im Nyika-Land, gibt es mehrere wildwachsende Commiphora-Arten, buschartige, 2–3 m hohe Bäume, deren Harz zwar weniger wertvoll ist als das der nordafrikanischen und südarabischen Sorten, aber bis zum heutigen Tag seinen festen Platz in Kultus und Kosmetik der ostafrikanischen Küstenbewohner einnimmt. Aus dem Einschnitt der Rinde wird das wohlriechende, bräunlichgelbe Harz gewonnen, das, meist mit anderen aromatischen Zusätzen vermischt, seit alters her als Räucherwerk auf die Märkte gelangt.

Von der Trockensavanne bis in die Halbwüste des Nordens gedeiht auf felsigem Untergrund die rosa oder rot blühende Wüstenrose (Adenium obesum). Sie gehört (wie der Oleander) zur Familie der Apocynaceae; ihre fleischigen Stengel und Blätter dienen als Wasserspeicher.

Pflanzen der Feuchtgebiete

Man nimmt an, daß in Ostafrika während der Pluvialzeiten des Pleistozäns ein wesentlich feuchteres Klima geherrscht hat und daß die heute vorwiegend von Savanne geprägte Landschaft einstmals zum großen äquatorialen Regenwaldgürtel gehörte, der vom Westen Afrikas bis zur Küste des Indischen Ozeans reichte. Nach der letzten Eiszeit verkümmerte der Regenwald im Osten des Kontinents und hat sich nur in wenigen Gebieten erhalten, vor allem in den Hochländern beiderseits des Ostafrikanischen Grabenbruchs und in den Berggebieten um Kilimanjaro, Mount Kenya und Mount Elgon. Großtiere kommen hier selten vor, jedoch genügend kleinere, wie die nachtaktive Zibetkatze oder der Riesengalago, verschiedene Kleinantilopen wie der rötliche Bongo mit seinen weißen Längsstreifen oder der Gelbrückenducker.

Auch Paviane sind Bewohner der Waldgebiete, neben einer schier unübersehbaren Vielfalt anderer Kleintiere.

Der tropische Regenwald weist eine Jahresdurchschnittstemperatur von 25 °C sowie Niederschlagsmengen von 1500–2500 mm auf. Kennzeichnend ist die Vielzahl von Baumarten, die auf engstem Raum einen extrem durchmischten Wald bilden. Regenwaldbäume, die oft gleichzeitig Blüte und Frucht tragen, haben meist einen dünnen Stamm, der im allgemeinen Baumgedränge dem Licht zustrebt und sich daher erst in 20–30 m Höhe verzweigt. Blüten überziehen pastellfarben oder falb wie feines Spinnengewebe die Baumkronen. Äste und Blätter schieben sich ineinander und bilden einen Baldachin, der nur hie und da von Baumriesen überragt wird und wenig Sonnenlicht auf den Waldboden durchläßt. Im Schatten dieses Daches gedeiht nicht viel; man findet vor allem dünne Jungbäume, breitblättrige Waldgräser (Gramineae) oder Grünpflanzen der Gattung Maranta.

An Lichtungen und Waldrändern hingegen nimmt der Pflanzenwuchs kräftig zu, und hier finden sich auch auffälligere Blütenfarben, die für den Regenwald nicht eigentlich typisch sind. Die Epiphyten, vertreten durch Farne, Mooskräuter (Selaginellae), Bärlapparten (Lycopodiae) und Orchideen, halten sich im Rahmen der gedeckten Blütenfarbskala von Rohweiß, Graugrün, Lila und Brauntönen. Sie ernähren sich durch Luftwurzeln, die oft stattliche Geschlinge bilden, um über eine möglichst große Oberfläche viel Luftfeuchtigkeit aufnehmen zu können.

Auf schattig-feuchten Plätzen der Hochwälder wachsen Vertreter der Balsaminaceae, von denen man in unseren Breiten das Fleißige Lieschen kennt. Das Afrikanische Veilchen oder Usambaraveilchen (Saintpaulia ionantha) ist in allen tropischen Regenwäldern von Meeresniveau bis in 2500 m Höhe zu Hause. Seine tiefvioletten Blüten umstehen rosettenförmig fleischige Blätter, die Wasser aufnehmen und speichern. In mittleren Höhenlagen findet man die bis zu 24 m hohe Cordia africana (aus der Familie der Boraginaceae), deren weiße Rispenblüten in hellbraun gerippte Kelche gebettet sind.

Hypericum keniense, ein bis zu 12 m hoher, strauchartiger Baum, ist in Höhenlagen zwischen 2500 m und 3000 m vor allem um den Mount Kenya und an den Hängen der Aberdares heimisch. Seine leuchtendgelben Blüten ähneln großen Butter- oder Trollblumen. Auch der attraktive Kossobaum (Hagenia abyssinica) ist hier zu Hause. Seine rötlichen bis naturlederfarbenen Blüten hängen vom unteren Kranz der abgerundeten Blätterkrone herab; das Holz wird in der Möbelherstellung geschätzt.

Zu den Nutzhölzern des kenyanischen Naturwaldes zählen drei Koniferenarten, Juniperus procera, Podocarpus gracilior und Podocarpus milanjianus, deren mäßig hartes, schweres Holz recht einfach zu bearbeiten ist. Der termitenresistente Juniperus procera wird gern in der Möbelfabrikation verwendet; sein Zedernöl gilt als geschätztes Nebenprodukt. Das bekannteste kenyanische Hartholz liefert der Ostafrikanische Kampherbaum (Ocotea usambarensis), dessen herbfrischer Holzgeruch einen Repellenteffekt auf Motten und anderes Ungeziefer ausübt. Deshalb fertigt man an der Küste von alters her Wäschetruhen aus Kampherholz. Für Bodenbeläge sowie die bekannten Schnitzarbeiten der Kamba werden die Hölzer von Brachylaena hutchinsii *(muhuhu)*, Malacantha *(muna)*, Olea hochstetteri (Ostafrikanische Olive) und Olea welwitschii (Elgonolive) verwendet.

In den Küstenwäldern blühen kurz vor den einsetzenden Regenfällen die Feuerball-Lilie (Hymanthus multiflorus) und, vor allem in den Shimba Hills, die Grasorchidee (Eulophia cucullata), beide in zartem Lila. Und überall in den Waldgebieten an der Küste entsprießen dem Boden die weißen, roten oder tief rosafarbenen Blüten der Crinum kirkii aus der Familie der Amaryllidaceae. Schöne rosafarbene Blüten schmücken auch den Bixabusch, aus dessen Samen ein orangeroter Farbstoff für Nahrungsmittel und Kosmetika gewonnen wird.

Dum- und Borassuspalmen kommen häufig an der Küste, aber auch an Flußläufen oder grundwassernahen Stellen des Landesinneren vor. Die faserigen, orangebraunen Früchte der Dumpalme sind eher ungenießbar; trotzdem erfreuen sie sich nicht nur bei Elefanten und Meerkatzen einer gewissen Beliebtheit, sondern auch bei Kindern, die sie beim Spielen im Freien lutschen, als billigen Ersatz für die säuerliche Apfelmango.

Unmittelbar am Strand wachsen oft Pandanuspalmen (Pandanus kirkii) mit ihren auffallenden Stelzwurzeln und den ananasförmigen Früchten. Sandigen Boden benötigt auch der Kasuarina, ein pinienähnlicher Baum mit sehr langen Nadeln und kleinen, stachligen Zapfen. Sein schlanker Stamm wurde früher gern als Mast für Küstensegler verwendet. Der Bodenkriecher Tribulus, der hübsche gelbe Blüten treibt, heißt seiner kaum sichtbaren Dornen wegen Teufelsdorn. Er wächst auf sandigem Boden, ebenso wie die zartrosa oder lila blühende Cleome strigosa aus der Familie der Capparidaceae. Weitere Wildblumen im sandigen Küstenbereich sind die leuchtendblau blühende Commelina, die weißen oder lavendelfarbenen Asystasia-Arten, der weiße Heliotrop und die gelbblühende Justicia.

Zier- und Nutzpflanzen

Dem Reisenden, der für gewöhnlich in künstlich angelegten Stadtparks und Hotelgärten seine erste Begegnung mit der Pflanzenwelt macht, werden vor allem die tropischen und subtropischen Gewächse auffallen, die oftmals aus fernen Ländern eingeführt oder aber auch zufällig eingeschleppt wurden. So gibt es Nadelhölzer aus Amerika oder australische Eukalyptusbäume. In den künstlich angelegten Forsten des kenyanischen Hochlandes stehen beispielsweise Kiefern wie Pinus patula oder Pinus radiata und Zypressen der Art Cupressus lusitanica, die weithin einen herrlich frischen Waldduft verbreiten und an Landschaften unserer Mittelgebirge erinnern. Auffallend sind auch Blütenbäume, wie z.B. die zart blauviolett blühenden Jacaranda (J. mimosifolia), die Nairobi zwischen Oktober und Dezember in ein blaues Blütenmeer tauchen, oder der Afrikanische Tulpenbaum (Spathodea campanulata) – auch *nandi flame* genannt – der meist rote, gelegentlich aber auch gelborangefarbene Blüten trägt (Farbabb. 65). Zu erwähnen wären auch Kigelia africana, die wegen ihrer langen, graugrünen Früchte Leberwurstbaum genannt wird (Farbabb. 67), oder der rosa blühende Bombax mit seinem dickstacheligen Stamm, die gelb blühenden Kassiabäume und viele mehr.

◁ Montaner Regenwald in 2800 m Höhe am Mount Kenya

In den feuchtheißen Gebieten am Victoria-See und an der Küste entzückt der Flamboyant (Delonix regia) mit seinen purpurnen Blüten und gefiederten Blättern, der in Madagaskar beheimatet ist (Farbabb. 64). Zur selben Gattung, den Leguminosae, zählen auch Bauhinia purpurea, ein Strauch, der aus Indien stammt und dessen Knospen die Inder gern gebraten oder gekocht essen, oder die sehr anmutig wirkende, gelborange blühende Caesalpinia pulcherrima.

Die Bougainvillea (B. spectabilis) begegnet dem Reisenden überall in der Nähe von Städten oder Farmen, sei es als Hecke oder als Busch. Oft wird sie ähnlich wie Hibiscus und Oleander auch zu kleinen Bäumchen hochgezogen oder wächst frei über Bäumen und Mauern. Die aus der Südsee stammende Pflanze kommt in Kenya in vielen Farben vor; die seltenste und kostbarste ist die schwer zu züchtende weiße Varietät. Nicht weit von Nairobi befindet sich einer der weltweit größten Zuchtbetriebe für Bougainvilleen.

Weinartig rankende Bignonien, wie Trompetenblume (B. buccinatoria) und Feuerblume (B. ignea) sowie Thunbergien aller Art verschönern Mauern und Zäune. Vielerlei Kakteen schmücken Gärten und Parkanlagen, ebenso die aus Brasilien stammende Brunfelsia calycina. Ihr in Kenya gebräuchlicher Name *yesterday, today, tomorrow* rührt daher, daß ihre Blütenblätter während der dreitägigen Blütezeit dreimal die Farbe wechseln. Zuerst zeigen sie sich in Lila, dann in Mauve und schließlich, bevor sie verwelken, in Weiß.

Sehr beliebt ist auch der stark duftende, weiß, rosa oder gelb blühende Frangipani (Plumeria rubra; Farbabb. 63) indischer Herkunft, um den sich zahlreiche Legenden ranken. Wegen seiner einzigartigen Fähigkeit, selbst dann noch neue Blätter und Blüten zu treiben, wenn man den ganzen Baum fällt und neu in die Erde steckt, gilt er in Asien als Symbol des ewigen Lebens. Daher findet man ihn häufig an Tempeln und Moscheen oder neben Gräbern der Inder. An der Küste fertigt man aus seinen Blüten Blumenketten für festliche Anlässe oder stellt Parfüm aus ihnen her, das auch für religiöse Zeremonien verwendet wird.

Als traditionelle Nutzpflanzen wurden vor der Kolonisierung Ostafrikas Sorghum und Fingerhirse angebaut, während heute Mais das Grundnahrungsmittel der Kenyaner darstellt. Hülsenfrüchte, etwa Bohnen, und Knollenfrüchte wie Süßkartoffeln und Kassava, die auch schon vor der Kolonialzeit in Ostafrika angebaut wurden, dienen neben der Kochbanane als Zusatznahrung. An Obst sind vor allem die verschiedenen Bananensorten zu nennen – so etwa die kleine, schnell verderbliche Fingerbanane aus dem Hochland oder die leicht salzig schmeckende weiche Banane der Küste.

Exportiert werden Früchte wie Avocados, Mangos und Ananas vor allem nach Europa; Limonen und deren ausgepreßter Saft gehen vornehmlich in die Staaten des Arabischen Golfes, wo sie besonders bei den Besatzungen der Segelschiffe *(dhows)* als vitaminreiches Getränk seit alters beliebt sind.

Mangobäume, die wie der Cashewnußbaum zur Familie der Anacardiaceae zählen, erreichen beachtliche Ausmaße. Ein ausgewachsenes Exemplar kann in einem guten Jahr Tausende von Früchten tragen, und wer in früherer Zeit einen Mangobaum besaß, war ein reicher Mann. Die Früchte, die etwa vier Monate zum Reifen benötigen, haben Apfel-, Birnen- oder Nierenform. An der Küste findet man sie zusammen mit der Cashewnuß als Muster auf Kleiderstoffen. Die kultivierte saftigfleischige Mango, die sich erheblich von der wilden faserigen, mit einem

68 Nairobi um die Jahrhundertwende

69 Nairobi in den 20er Jahren

70 Kenyatta Conference Centre (Nairobi)

71 Religiöses Zentrum der Inder (1. Hälfte dieses Jahrhunderts)

72 Jamia-Moschee (Nairobi)

73 Haupteingang der Jamia-Moschee

74 Mihrab der Jamia-Moschee

75 In den Fels geschnittenes Mbau-Spielbrett
    (Hyrax Hill)

76 Faustkeile und Steinkugel des Acheulean
    (Kariandusi)

77 Kleiner Steinkreis der eisenzeitlichen Siedlung von Hyrax Hill

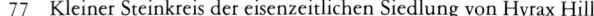

78 Ndorobo (um 1900)

79 Am Victoria-See (um 1900)

80 Kikuyu vor ihrer Behausung (um 1900) ▷

81 Kikuyu-Häuptling (um 1900)

82 Somali im Norden Kenyas

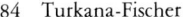

83 Somali auf der Rast

84 Turkana-Fischer

85   El Molo beim Decken des Windschirms (Turkana-See)

86   El Molo-Windschirm von innen

87 Ziegenhirte (Turkana)

88 Wandmalerei in einem südkenyanischen Dorf im Grenzbereich der Maasai und Kikuyu

89   Alte Maasai-Frau

90   Gedrehte Haartracht eines Maasai-Kriegers

91   Stangengerüst eines Maasai-Hauses

92   Maasai beim Blutabzapfen

93 Maasai-Krieger

94   Fütterung mit Baby-Kalebasse (Maasai)

übergroßen Kern ausgestatteten Mango unterscheidet, stammt ursprünglich aus Indien, wo der ganze Baum mit seinen Blüten, Blättern, Zweigen und Früchten eine bedeutende rituelle Funktion einnimmt. In Ostafrika wurde der Mangobaum überall dort heimisch, wo die Araber hinkamen. Alte Mangobaumpflanzungen im Landesinneren sind deshalb stets ein Indiz für eine ehemalige arabische Niederlassung, ja, anhand der Mangobäume lassen sich sogar die Karawanenrouten der Araber ins Landesinnere rekonstruieren.

Die **Papaya,** die am besten in den feuchtwarmen Niederungen am Victoria-See und an der Küste gedeiht, genießt den Ruf, zu den am schnellsten wachsenden Tropenpflanzen zu gehören; entsprechend ist sie relativ kurzlebig. Im ersten Jahr bereits setzt sie Früchte an, und wenn sie eine Höhe von 7–8 m erreicht hat, stirbt sie ab. Einige Papayabäume tragen nie, da sie nur männliche Blüten haben. Die zylindrischen Früchte stammen von einem einhäusigen Baum, die runderen von einem Exemplar mit nur weiblichen Blüten. Das reife, gelbe oder orangerosafarbene Fruchtfleisch ist leicht bekömmlich und wird gern als Digestivum nach einem üppigen Mahl gereicht. Die medizinische Verwendung der Papaya gegen überschüssige Magensäure war schon im 13. Jh. Marco Polo bekannt, der die Frucht seinen Seeleuten empfahl. Ebenso kannte Vasco da Gama den Papayabaum, den er den ›goldenen Baum des Lebens‹ nannte. Auch bei den Küstenvölkern und ihren Nachbarn ist die unreife und reife Papayafrucht seit Jahrhunderten begehrt als Fleischzartmacher oder Digestivum (Farbabb. 66).

Es gibt eine Theorie, die besagt, daß die **Kokospalme** (Cocos nucifera) wie die Banane auf dem Weg über Madagaskar von Südasien nach Ostafrika kam und dort heimisch wurde. Die Plantagenwirtschaft begann jedoch erst Mitte des letzten Jahrhunderts mit dem aufstrebenden arabischen Sultanat von Zanzibar. Eine Kokospalme wird etwa hundert Jahre alt und beginnt in ihrem siebten Jahr zu blühen. Jeden Monat öffnen sich neue Blüten; die einzelne Frucht braucht jedoch fast ein Jahr zum Reifen. Die Kokosnuß ist eine Steinfrucht mit einer harten inneren Fruchtwandschicht rings um den Samenkern. Zartes, weißes Kopra kleidet den Kern aus und umschließt das Kokoswasser. Die unreife Frucht enthält viel Wasser, das überall an der Küste als durststillendes Getränk angeboten wird – auf der Straße sogar direkt aus der aufgeschlagenen Schale. Aus dem Kopra der reifen Frucht preßt man Kokosöl, das u. a. in Körper- und Haarkosmetik Verwendung findet.

Auch in der Swahili-Küche spielt die Frucht eine Rolle, denn viele Gerichte werden mit Kokosmilch zubereitet, wie etwa Reis oder Kochbananen oder Hähnchen in Kokosmilch. Die 3–6 m langen Palmwedel benutzt man zum Dachdecken und zum Flechten von Matten und Körben. Aus den Fasern der Fruchtwand stellt man wasserdichte Seile und Bürsten her; die innere Fruchtwandschicht der reifen Kokosnuß wird zu Schöpfern, Löffeln und Schalen verarbeitet oder dient als Brennmaterial. Eine kommerzielle Rolle spielt die Kokospalme seit der Einführung von Kunstfaserprodukten, Wellblech und vielerlei Fettsorten allerdings nicht mehr, und ehemalige Plantagen wurden in touristisch attraktive Erholungszentren umgewandelt. Das einzige größere Kokosplantagengebiet Kenyas befindet sich heute südlich von Mombasa.

Von beträchtlichem wirtschaftlichen Interesse sind dagegen **Kaffee** und Tee, die wichtigsten Exportgüter Kenyas, daneben in sinkendem Maße Pyrethrum und Sisal. Der Kaffeestrauch

(Coffea) gehört zur großen Gruppe der Rubiaceae. Die in den Blattachseln sitzenden kleinen, weißen Blüten verströmen einen jasminähnlichen Duft. Grüne Beeren wachsen heran, die später rot und dann violettschwarz werden. Die Kaffeebohne, die durch Wässerung *(pulping)* oder Trocknung aus dem Beerenfleisch herausgeschält wird, erhält ihr spezifisches Aroma erst durch Röstung. Kenya-Kaffee gehört zu den besten Sorten der Welt und ist das wichtigste Ausfuhrgut des Landes; zu den Hauptabnehmern gehört die Bundesrepublik Deutschland. Die Kaffeeproduktion wurde, ebenso wie die von Tee, Sisal und Pyrethrum, erst während der Kolonialzeit in Kenya heimisch, und mancher europäische Siedler versprach sich viel von der Bewirtschaftung einer Kaffeefarm, so auch die dänische Schrifstellerin Karen Blixen, die fast 20 Jahre lang eine Plantage am Fuße der Ngong Hills betrieb.

Kaffee (Coffea arabica) wächst im Hochland zwischen 1200 und 1800 m; die höheren Lagen sind zu kalt. Plantagen findet man vor allem nördlich von Nairobi, um den Mount Kenya und an den Hängen der Aberdares, also in Regionen mit eisenhaltigem, vulkanischem Boden und ausreichenden Niederschlagsmengen. Im Kaffeegeschäft sind heute etwa 20% der kenyanischen Bevölkerung direkt oder indirekt tätig.

Tee ist das wichtigste Ausfuhrprodukt nach Kaffee, und der Hauptabnehmer für Kenya-Tee ist Großbritannien. Der immergrüne, als halbhoher Busch gehaltene Teestrauch (Camellia sinensis) wurde in Kenya erstmalig von den Brüdern Caine in Limuru zu Beginn dieses Jahrhunderts angepflanzt. Heute liegen die wichtigsten Anbaugebiete um Kericho in den west-

Sisalanbau und Trocknen der Fasern (rechts)

kenyanischen Nandi Hills und in kleinerem Maße bei Limuru. Kenya-Tee gedeiht in Höhenlagen zwischen 1500 und 2400 m ü. M.; er benötigt viel Sonne und Niederschlagsmengen über 1300 mm, die gleichmäßig über das Jahr verteilt sein müssen. Geerntet werden die jungen Triebspitzen, deren Aufbereitung besondere Sorgfalt erfordert und deshalb sehr aufwendig ist (Farbabb. 62). Während Tee heutzutage im Land selbst viel getrunken wird – man kocht ihn meistens in Milch auf –, spielt Kaffee als Geselligkeits- und Zeremonialgetränk nur an der Küste eine Rolle.

Für den Weltmarkt ist Kenya seit den 30er Jahren der Hauptproduzent des Insektizids **Pyrethrum.** Europäische Farmer initiierten den Anbau der margeritenähnlichen Dalmatinischen Insektenblume (Chrysanthemum cincerariaefolium) Anfang dieses Jahrhunderts im kenyanischen Hochland, besonders im Gebiet um Nakuru und Kitale. In Höhen von 2000–2600 m ü. M., an den unteren Hängen der Vulkanberge und auf den Randhöhen des Ostafrikanischen Grabenbruchs waren günstige Voraussetzungen für einen ertragreichen Pyrethrumanbau gegeben. Im Gegensatz zu Dalmatien und Japan, wo schon im 19. Jh. Insektenpulver aus den getrockneten Blütenköpfen gewonnen wurde, gewährleisten die tropischen Höhen Kenyas mit ihrer annähernd gleichen Tageslänge eine fortlaufende Blütenproduktion über 8–10 Monate innerhalb des Jahres hinweg. Obwohl in den letzten Jahrzehnten eine Menge synthetischer Insektizide entwickelt worden sind, kann sich das für Vögel, Säugetiere und Menschen unschädliche Pyrethrum weiterhin auf dem Weltmarkt behaupten.

Die **Sisalagave** (Agave sisalana) gelangte Anfang des Jahrhunderts über das damalige Deutsch-Ostafrika nach Kenya. Ihre Hauptanbaugebiete liegen in für Ackerbau weniger geeigneten Gegenden, so etwa bei Thika nördlich von Nairobi, in den Distrikten Taita und Taveta im Küstenhinterland sowie in der Küstenregion nördlich von Kilifi. Eine wichtige Standortvoraussetzung für Sisalplantagen ist das Vorhandensein von Wasser, das in großen Mengen für die Entfaserung gebraucht wird. Da die Plantagen in siedlungsarmen Gebieten angelegt wurden, mußte man erhebliche finanzielle Mittel für die Ansiedlung von Arbeitskräften und infrastrukturelle Maßnahmen aufwenden. Sisal wurde in den letzten Jahren immer mehr durch Kunstfasern ersetzt, was zu einer Produktionsdrosselung geführt hat.

Ausgewählte Nutz- und Zierpflanzennamen

Deutsch	bot. Bezeichnung	Englisch	Swahili
Affenbrotbaum	Adansonia digitata	Baobab	mbuyu
Bananenstaude	Musaceae (div.)	Banana Tree	ndizi
Bauhinia	Bauhinia tomentosa	Yellow Bauhinia	msaponi
Feigenbaum	Ficus religiosa	Fig Tree	makuyu
Flaschenkürbis	Lagenaria siceraria	Gourd	mumunya
Flötenakazie	Acacia drepanolobium	Whistling Thorntree	jamii ya mkakaya
Hibiskus	Hibiscus vitifolius	Hibiscus	mkanganga
Hirse	div.	Millet, Sorghum	mtama
Jasmin	Jasminum (div.)	Jasmine	mwafu
Kaffeestrauch	Coffea arabicum	Coffee Tree	mbuni
Kampherbaum	Cinnamomum camphora	Camphor	kafuri maiti
Kandelaber-Euphorbie	Euphorbia ingens	Candelabra Tree	mtupa, mtunguitungu
Kassawa, Maniok	Manihot esculenta	Cassava	muhogo
Kassia	Cassia (div.)	Cassia	utupa
Kasuarina	Casuarina littoralis	Casuarina	mvinje
Kokospalme	Cocos nucifera	Coconut Tree	mnazi
Korallenbaum	Erythrina abyssinica	Abyssinian Coral, Kaffir Boom	mbamba-ngoma
Leberwurstbaum	Kigelia africana	Sausage Tree	mvungavunga, mwegea
Limone, Limette	Citrus aurantiifolia	Lime Tree	ndimu
Mais	Zea mays (div.)	Maize	muhindi
Mangobaum	Mangifera indica	Mango Tree	mwembe
Mangrove	div.	Mangrove Tree	mkoko, msindi
Schirmakazie	Acacia xanthophloea	Naivasha Thorntree	namna ya mti
Sisalagave	Agave sisalana	Sisal	mkonge
Tamarinde, Wilde	Leucaena leucocephala	Tamarind	mkwaju
Wüstenrose	Adenium obesum	Desert Rose	wanja, mdiga

Fauna

Die Tierwelt Ostafrikas kennenzulernen, ist wohl immer noch das Hauptziel der meisten Kenya-Touristen. In der Tat ermöglichen die weiten Ebenen der Gras- und Buschsavanne relativ einfach einen Einblick in die Fauna Afrikas und deren Artenreichtum, doch stellt sich das großartige Szenario der Natur heutzutage kaum noch ungetrübt dar. Vor dem Hintergrund sukzessiver Naturraumeinengung und -zerstörung hat sich die reiche und vielgestaltige Lebenswelt Ostafrikas fast nur noch in Reservaten und Wildschutzgebieten erhalten. Und selbst hier sind einige Arten vom Aussterben bedroht!

Ostafrikas Tierwelt präsentiert sich mit mehr als 30 Gattungen von Pflanzenfressern, über 25 Gattungen von Fleischfressern, mehr als 1000 Vogelarten, zahlreichen Reptilien- und Hunderten von Fischarten – nicht zu vergessen die Myriaden von Insekten, deren Artenvielfalt sich vor allem während der Regenzeit offenbart.

Huftiere der Savanne

Die größte Zahl an Pflanzenfressern beherbergen die weiten Gras- und Buschsavannen. Hier leben die klein- und mittelwüchsigen Antilopenarten sowie die Großtiere Elefant, Büffel und Giraffe; in der Mehrheit also Huf- bzw. Horntiere, die in kleinen oder größeren Verbänden leben und sich, besonders während der Trockenperioden, zu großen Wildherden zusammenschließen können, auf der steten Suche nach Wasser und Weidegründen. So werden periodisch große Wanderbewegungen ausgelöst, von denen die bekanntesten die Herdenzüge aus der Serengeti ins Maasai Mara kurz vor Einsetzen der Regenzeit sind.

Es gibt 37 **Antilopenarten,** darunter 20 Gazellenarten mit Untergruppen. Zu den mittelgroßen Antilopen (Alcelaphini) gehören Weißbartgnu (Connochaetes taurinus), Hartbeest (Beatragus hunterii) und Kuhantilopen (Alcelaphus buselaphus oder damaliscus), die das offene Grasland bevorzugen, und die in Flußnähe lebende Schwarzfersengazelle (Aepyceros melampus) mit ihren leierförmigen Hörnern; des weiteren die Wasserbockarten (Kobus ellipsiprymnus und K. kob) sowie Riedböcke (Redunca).

Die bekanntesten Großantilopen sind Elenantilope (Taurotragus oryx) und Roßantilope (Hippotragus equinus, zu deutsch etwa: pferdeähnliches, gehörntes Pferd), Spießbock (Gazella oryx) und die Waldböcke – Buschbock, Kleiner und Großer Kudu –, die überall in trockenen Gebieten mit dichtem Pflanzenwuchs anzutreffen sind. Die Elenantilope hat man auf der Suche nach Gras sogar schon in Höhen von 4000 m gesehen.

Gazellen, die sich durch schlanken Körperbau und Langbeinigkeit auszeichnen, sind vor allem durch folgende Arten vertreten: Thomsongazelle (Gazella thomsoni), Grantgazelle (G. granti) und Dorkasgazelle (G. dorcas) sowie Clarkegazelle (Ammodorcas clarkei) und Giraffengazelle (Litocranius walleri), die beide durch ihren langen Hals auffallen.

Die zierlicheren Antilopen, wie Steinböcke, Oribi (Ourebia ourebi) oder Klippspringer (Oreotragus oreotragus) erreichen eine Schulterhöhe von ca. 80 cm. Sie bevorzugen dicht bewachsene Territorien und markieren ihr Revier mit einem Sekret, das sie aus augennahen Drüsen ausscheiden.

Antilopen leben in fast allen noch vom Menschen wenig berührten Gegenden Ostafrikas. In der Regel trifft man auf Gruppenverbände von drei bis fünf oder 15–30 Tieren, je nach Art. Kleinere Antilopen leben oft paarweise in einem festen Revier, Gazellen und Kuhantilopen dagegen beanspruchen nur während der Paarungszeit ein Territorium. Die meisten Antilopen-arten (mit Ausnahme einiger kleiner Spezies sowie der Schwarzfersenantilope) kalben kurz vor Einsetzen der Regenzeit.

Die Weißbartgnus leben in meist hundertköpfigen Verbänden; nur zur Zeit der Wanderung sammeln sich Tausende von Tieren und ziehen in wenig strukturierter Form den regenreiche-ren Gebieten entgegen. Zur Nahrungssuche bevorzugen Antilopen die kühlen Morgen- und Abendstunden. Die Futterquellen sind sehr unterschiedlich; während Gnu und Hartbeest Gras-fresser sind, spezialisieren sich Wasser-, Spieß- und Riedbock sowie Roßantilope und Oribi auf nährstoffreiche Pflanzenteile. Elenantilope und Gazellen sind Gras- und Pflanzenfresser, und die langhalsige Giraffengazelle holt sich ihre Nahrung aus höheren Zweigen im Busch.

Antilopen und Gazellen entziehen sich der Gefahr durch Flucht, und wer nicht fliehen kann, fällt den zahlreichen Raubtieren zum Opfer, die die Herden vor allem während der Wande-rungszeit umgeben. Kranke, schwache und neugeborene Tiere werden dann zur Festbeute von Löwe, Gepard, Hyäne oder Wildhund.

Das **Zebra,** ein unpaarzehiges Huftier, weist sich durch sein Wiehern als Mitglied aus der Familie der Pferde aus. Die Swahili nennen es ›gestreifter Esel‹. Überall in der trockenen und feuchten Savanne sind die Burchell- oder Steppenzebras (Equus quagga) anzutreffen. Sie leben in festen Verbänden, schließen sich aber während der Trockenperioden in der Serengeti zu großen Herden zusammen und folgen dem gleichen Nahrungstrek nach Norden wie die Weißbartgnus.

Im Norden Kenyas ist das seltenere Grevyzebra (Equus grevyi) beheimatet, mit einer Schul-terhöhe von 150–160 cm die größte Spezies. Seine Streifen sind schmaler als bei der gewöhn-lichen Art, die Ohren größer und runder. Das Grevyzebra kann in trockeneren Gebieten existieren, während das Steppenzebra sich stets in Wassernähe aufhält.

Da Zebras über einen robusten Magen verfügen, können sie selbst strohiges Gras verdauen, das andere Grasfresser nicht mehr abweiden. Die Jungtiere kommen meist während der Regen-zeit zur Welt und sind bereits nach einem Monat weitgehend selbständig. Im ersten Halbjahr ist ihr Fell rötlichbraun und nimmt erst später die typisch schwarz-weiße Zeichnung an. Zu den Feinden des Zebras zählen der Mensch, der vor allem die Grevy-Art wegen ihres Fells jagt, sowie Löwen, Wildhunde und Hyänen.

Die **Giraffen** bilden eine Familie innerhalb der Paarhufer-Ordnung. In Kenya sind drei Unterarten der Steppengiraffe vertreten, von denen zwei, die Maasaigiraffe (Giraffa camelopar-dalis tippelskirchi) im Süden und die Netzgiraffe (G. camelopardalis reticulata) im Norden ein weites Verbreitungsgebiet haben, während die Rothschildgiraffe (G. camelopardis rothschildi) nur in geringer Zahl im Nordwesten Kenyas vorkommt. Die Steppengiraffe, das höchste Tier der Welt, erreicht ein Scheitelmaß von 6 m. Ihr extrem langer Hals besteht aus der gleichen Anzahl von Wirbeln wie bei nahezu allen Säugetieren, nämlich sieben. Ihr Lebensraum sind die waldigen Grasländer und die Buschsavanne, wo sie sich hauptsächlich von den Baumkronen der Akazien ernährt. Biegsame Zweige mit weniger harten Dornen werden seitlich abgeäst, wobei

Burchellzebras an der Tränke im Tsavo West National Park ▷

die Dornen sich im Maul umlegen. Stärkere Dornen werden mit Zunge und Lippen gekappt oder umgelegt und mit dem ganzen Zweig vertilgt. Die bis zu 45 cm lange, schwarzlilafarbene Zunge ist dabei ebenso unerläßlich wie der extrem zähflüssige Speichel.

Giraffen nehmen nur alle acht Tage Wasser zu sich, dann aber bis zu 50 l. Jeweils zwei bis zwölf Tiere leben in einem losen Verband, dessen Zusammensetzung sich durch zu- und abwandernde Tiere immer wieder ändert. Sie haben wenige Feinde; selbst gegen angreifende Löwen können sie sich erfolgreich mit harten Tritten ihrer Vorderhufe verteidigen. Relativ gefährdet ist eine Giraffe nur beim Trinken. Da sie dazu die Beine spreizen und den Kopf zum Wasser senken muß, sichert sie zuvor besonders sorgfältig nach allen Seiten.

Raubtiere der Savanne

Wo Pflanzenfresser in großer Zahl vorkommen, sind die Fleischfresser nicht fern. Die Anwesenheit von Raubwild in den Grasländern wirkt der ungehemmten Vermehrung der Pflanzenfresser entgegen und sorgt so für die Erholung der Vegetation. Mit Wildhunden, Hyänen und Schakalen teilen sich die Großkatzen, Löwe, Leopard und Gepard die Jagdgründe der Savannenweite.

Der **Löwe** (Panthera leo) ist die mächtigste unter den Großkatzen und kann zu Recht – nicht nur in der Welt der Fabel – als König der Tiere bezeichnet werden. Feinde hat er in seiner

Löwin mit erbeutetem jungen Kaffernbüffel

Umwelt eigentlich nicht zu fürchten, auch wenn ab und an schlecht bewachte Jungtiere anderen Räubern zum Opfer fallen. Löwenjungen kommen mit einem gefleckten Fell zur Welt, das sich im Lauf der ersten zwei Jahre gelbbraun verfärbt. Ausgewachsen ist das männliche Tier fast doppelt so schwer wie das Weibchen und trägt eine große buschige Mähne. Sein Gebrüll ist lauter als das der Löwin. Es dient vornehmlich der Sicherung des Reviers, aber auch der Verständigung mit dem Rudel.

Im Gegensatz zu anderen Katzen sind Löwen gesellige Tiere. Sie leben in Rudeln zu zwei bis 15 miteinander verwandten Weibchen und deren Jungen, begleitet von einer Gruppe männlicher Tiere. Junge Weibchen bleiben beim Rudel, während die Männchen oft schon mit 18–24 Monaten von den älteren als potentielle Nebenbuhler vertrieben, manchmal auch getötet werden.

Löwen leben vor allem in der Baum- und Buschsavanne, wo es genügend Deckung gibt, sowohl für die Jungen als auch für die Tiere, die auf Beute gehen. Meist jagen die Großkatzen aus dem Hinterhalt, besonders wenn ein Tier allein auf der Pirsch ist. Mit Vorliebe legen sie sich frühmorgens oder in der Dämmerung an Wasserlöchern und Flußübergängen auf die Lauer. Im offenen Gelände jedoch jagen sie vornehmlich nachts. Vor allem Löwinnen hetzen ihre Beute im Rudel, umzingeln sie und schneiden ihr den Fluchtweg ab. Gemeinschaftsjagd ist auch auf Großtiere, etwa Büffel, üblich. Da die meisten Beutetiere bessere Läufer sind als der Löwe, muß es diesem gelingen, sich bis auf ca. 30 m zu nähern, um sein Opfer zu reißen. Löwen sind die größten Fleischfresser Afrikas und benötigen 5–7 kg Fleisch pro Tag; ihre Hauptbeute sind Zebras und Gnus, doch nehmen sie in kargen Zeiten auch mit Straußeneiern, Vögeln und Kleingetier vorlieb.

Der **Leopard** (Panthera pardus) ist die zweitgrößte aller Raubkatzen, charakterisiert durch einen schweren Körperbau und das pfotenähnlich gefleckte Fell. Im Schattenspiel der Baumkronen gereicht ihm diese Musterung perfekt zur Tarnung, und manchmal verrät nur die helle, lässig baumelnde Schwanzspitze seine Anwesenheit.

Der Leopard ist ein sehr anpassungsfähiges Tier, zudem ein exzellenter Kletterer. Seinen Lebensraum findet er – von den ariden Gegenden Kenyas ausgenommen – in allen Savannenlandschaften und im Wald, ja sogar in Stadtnähe, doch bevorzugt er eine felsige Umgebung und die Galeriewälder der Flüsse. Lange Zeit stellte der Mensch dem Leoparden aus Pelzhunger so intensiv nach, daß die Art schließlich bedroht war. Seit 1971 soll eine Verpflichtung des Pelzhandels, keine Leopardenfelle mehr zu verkaufen, das Tier vor dem Aussterben bewahren.

Leoparden sind Einzelgänger und belegen eigene Reviere. Diese können überlappen und werden nur gegen Geschlechtsgenossen verteidigt. Die Größe des Reviers richtet sich nach der Menge der Beutetiere; bei ausreichender Nahrung bleiben Leoparden jahrelang in der gleichen Gegend. Hauptbeute sind kleine bis mittelgroße Pflanzenfresser und Primaten, aber auch kleinere Fleischfresser wie etwa Schakale. Lautlos überrascht der Leopard sein Opfer; er pirscht sich wie Löwe und Gepard an oder springt vom Baum auf seine Beute herab. Mißlingt der Fang, so hetzt er das Beutetier nicht nieder, sondern gibt auf. Die zwei bis drei Jungtiere eines Wurfes werden ausschließlich von der Mutter großgezogen. Sie sind bei Geburt blind und folgen ihr erst mit 6–8 Wochen aus dem Versteck. Mit zwei Jahren sind sie selbständig.

Der **Gepard** (Acinonyx jubatus), das schnellste Landsäugetier der Welt, erreicht Höchstgeschwindigkeiten von 95 km/h, kann diese jedoch nur über eine Distanz von 200–300 m halten. Seine Krallen sind nicht einziehbar wie die anderer Katzen. Im Unterschied zum Leoparden ist er kleiner und schlank von Wuchs; er bewegt sich äußerst geschmeidig. Das Fell weist punktartige Flecken auf, und ein dunkler Streifen zeichnet seinen Kopf von der Stirn bis zu den Lefzen.

Der Gepard ist die am stärksten bedrohte Großkatze, weil er sich nicht den vom Menschen gesetzten Veränderungen anpassen kann. Selbst im Wildpark fühlt er sich gestört und jagt daher oft nicht mehr in der Dämmerung, sondern während der heißen Tagesstunden, in denen die Touristen zu Mittag essen. Ein Gepard jagt nur alle vier Tage, vorzugsweise Thomsongazellen; er reißt aber auch kleinere Tiere. Bis auf ca. 30 m muß er an sein Beutetier herankommen, um es angreifen zu können. Er hetzt das flüchtende Tier, springt es an und wirft es aus dem Gleichgewicht. Kraftvoll krallt er sich am Hals des Opfers fest, erstickt es und schleppt das tote Tier zum Fressen in sein Versteck.

Geparden leben sehr zurückgezogen. Sie schließen sich hauptsächlich zur Paarung oder wenn sie Junge haben zu kleineren Gruppen zusammen, gelegentlich verteidigen auch mehrere Männchen gemeinsam das Revier oder machen Jagd auf ein größeres Tier. Gepardenjunge kommen das ganze Jahr über zur Welt, häufiger aber während der Regenzeit. Im Schnitt besteht ein Wurf aus drei Jungen, die schon mit sechs Wochen die Mutter bei der Jagd begleiten. Anders als andere Katzenjunge müssen sie Pirschen und Fangen erlernen. Mit Blutlecken werden sie an Fleischkost gewöhnt und erproben ihre Jagdfertigkeiten zunächst an schwachem oder halbtotem Wild.

Kleinere Räuber der Savanne

Kleinere Räuber der Savanne sind die zur Gruppe der Hunde (Canidae) zählenden Afrikanischen Wildhunde, Hyänen, Schakale und Füchse sowie einige Katzenarten (Felidae) wie Caracal, Serval und Wildkatze.

Die **Afrikanischen Wildhunde** (Lycaon pictus) sind schlanke, hochbeinige, mittelgroße Räuber mit schwarz, braun, gelb und weißlich meliertem Fell. Sie zerreißen ihre Beute lebendig mit ihren äußerst scharfen Zähnen. Ihr Lebensraum erstreckt sich von den Wüstengebieten bis in alpine Höhen, vorwiegend jedoch trifft man sie in der Savannenebene.

Wildhunde leben im Rudel von bis zu 50 Tieren. Die Fortpflanzung obliegt ausschließlich dem dominierenden Pärchen, doch kümmern sich alle gemeinsam um den Nachwuchs. Weibchen verlassen mit zwei Jahren das Rudel, während Männchen dort bleiben. Gejagt wird im Verband, und die Beute besteht vor allem aus Gnus und kleineren oder mittleren Antilopenarten. Da der Riß oft weit entfernt von der Wurfhöhle erfolgt, fressen die erwachsenen Wildhunde sozusagen Fleisch auf Vorrat, um es später vorverdaut wieder auszuwürgen und dem Nachwuchs zu verfüttern.

Zwei **Hyänenarten** kommen in Keyna vor: die in Trockengebieten der Savanne häufig anzutreffende Tüpfelhyäne (Crocuta crocuta) und die weitaus seltenere Streifenhyäne (Hyaena

Junge Tüpfelhyäne

hyaena), deren Lebensraum sich am Rand der Trockensavanne und in der Wüste befindet. Hyänen zeichnen sich durch eine kräftige Schulterpartie, einen breiten Schädel und außergewöhnlich gute Sinnesorgane aus. Das Fell der jungen Tüpfelhyäne ist dunkel und gefleckt; es hellt sich erst beim ausgewachsenen Tier auf. Die Streifenhyäne hat längere Beine und größere Vorderpfoten sowie eine Mähne, die sich bis in den buschigen Schwanz fortsetzt. Ihr Fell ist hell und an den Beinaußenseiten dunkel gestreift. Beide Arten geben bei Kampf und Erregung unheimlich anmutende Heullaute von sich, die man als Geistergelächter bezeichnet.

Außer Menschen und Löwen haben Hyänen eigentlich keine Feinde zu fürchten. Als Jäger und Aasfresser zugleich gehören sie zur ›Hygienepolizei‹ der Savannenländer. Kranke oder schwache Tiere werden von ihnen gerissen; sie machen sich aber auch über die Beutereste anderer Raubtiere her, ja sogar die Abfälle des Menschen verschmähen sie nicht.

Hyänen leben meist allein oder in Paaren. Nur bei den Tüpfelhyänen kommt es zu einer vorübergehenden Gruppenbildung mit Revierverteidigung, wenn es um ein ausgesprochen nahrungsreiches Gebiet geht. Die Jungtiere werden besonders lange – nämlich 12–15 Monate – ausschließlich mit Muttermilch ernährt. Erst danach sind sie selbständig.

Schakale und Füchse. Von den kleineren Hundearten kommen Goldschakal (Canus aureus), Silberrückenschakal (C. mesomelas) und Großohrfuchs (Octocyon megalotis) am häufigsten in Kenya vor; ihr Lebensraum sind die trockenen Graslände und die Halbwüste. Als Allesfresser jagen sie Kleintiere und fressen Eier, Aas und Früchte. Nur der Großohrfuchs ernährt sich hauptsächlich von Termiten und allen möglichen Insekten, deren er habhaft werden kann.

Schakale leben meist paarweise, oft über viele Jahre in demselben kleinen Revier, das sie auch verteidigen. Da sie sehr gesellig sind, findet man sie aber auch zu mehreren in lockerer Gruppierung. Ihre Feinde sind der Python sowie große Raubvögel und -tiere, vor denen sie sich nur durch äußerste Wachsamkeit und Schnelligkeit retten können.

Caracal und Serval. Der Caracal (Caracal caracal) oder Wüstenluchs kommt in den Trockengebieten der Savanne und am Rand der Wüste vor, während die Servalkatze (Leptailurus serval)
in allen Formen von Busch- und Grasländern heimisch ist. Beide Katzenarten meiden die offene
Ebene, in der sie leicht von größeren Raubvögeln erspäht werden können. Auch der Mensch
bekommt die scheuen nacht- und dämmerungsaktiven Tiere nur selten zu Gesicht. Wie alle
Wildkatzen sind sie Einzelgänger, die sich nur zur Paarung und Aufzucht der Jungen mit ihres-
gleichen zusammenschließen. Zu ihrer Beute gehören Mäuse und Eidechsen, die sie im Maul
ersticken oder totbeißen, während sie größeren Tieren – Ratten und anderen Nagern beispielsweise – mit einem Genickbiß die Wirbelsäule brechen oder durchtrennen.

Tiere mit unterschiedlichen Lebensräumen

Büffel, Elefant, Nashorn und Flußpferd gehören zu jenen Tierarten, die sowohl in Wald- und
Sumpfgebieten als auch in Busch- und Grasland leben.

Der **Kaffernbüffel** (Syncerus caffer), aggressiv und unberechenbar, gilt als das gefährlichste
Tier Ostafrikas. Er hat ein schwarzes Fell, mächtige Hornwülste zur Verteidigung und erreicht
ein Gewicht von nahezu 800 kg. In den Waldgebieten Ostafrikas lebt eine kleine Unterart mit
rötlichem Fell und dünneren Hörnern, der Waldbüffel (Syncerus caffer nanus).

Kaffernbüffel bevorzugen baum- oder buschbestandenes Grasland; sie fressen und wandern
des Nachts oder in der Frühe, während sie den weitaus größten Teil des Tages wiederkäuend im
Schatten verdösen. Ihre Wanderungsrouten richten sich im wesentlichen nach der Qualität des
Grases, das sie mit der Nase identifizieren, wobei sie sich die zarten, proteinhaltigen Teile
herauspflücken.

Die Tiere leben in Herden, die bei den Waldbüffeln selten mehr als 20 Tiere, bei den Kaffern-
büffeln jedoch bis zu 2000 Tiere umfassen. Nur durch Geburt und Tod reguliert sich die Stärke
der festen Verbände, jedoch teilen sich große Herden während Zeiten der Dürre und bilden
einzelne Gruppen, die bevorzugt in Flußnähe grasen. Mit einsetzender Regenzeit schließen sie
sich wieder zusammen und wandern dem jung aufsprießenden Gras auch in flußentlegenere
Gebiete nach.

Innerhalb der Herde bilden Muttertier, Jungtier und Kalb eine eigenstrukturierte Untergruppe, die für sich selbst sorgt. Ein Leittier gibt es nicht; Entscheidungen entstehen durch
Mehrheiten, so etwa ist die Wanderungsrichtung stets die, in die die meisten Kühe geblickt
haben.

Alte Bullen sondern sich gern von der Herde ab und leben als Einzelgänger. Während der
Trockenzeit, in der die Kühe nicht paarungsbereit sind, gesellen sich oft männliche Jungtiere
hinzu, so daß sich Bullenverbände von bis zu 20 Tieren bilden, die auch gegeneinander äußerst
aggressiv sind. Gekämpft wird allerdings selten bis zum blutigen Ende. Drohgebärden und
Imponiergehabe mit Hörnerpräsentation sowie Scheinangriffe auf Buschwerk entscheiden
meist über Sieger und Besiegten. Um die Führung einer Herde muß ohnehin nicht gekämpft
werden, und auch Auseinandersetzungen zwischen Nebenbuhlern sind selten. Kommt es doch

Elefanten im Samburu National Reserve

einmal zum Kampf, so galoppieren die Tiere aufeinander los, und ihre Schädel prallen mit voller Wucht zusammen.

Der **Afrikanische Elefant** (Loxodonta africana), der größte noch existierende Landsäuger der Welt, wird bis zu 5 t schwer und erreicht Schulterhöhen von 3 m und mehr; seine Lebensdauer liegt bei durchschnittlich 60 Jahren. Verglichen mit der indischen Art besitzt er sehr viel größere Ohren und läßt sich auch nicht auf Dauer zähmen. Einst lebten Elefanten überall in Afrika. In den letzten Jahrzehnten wurden sie jedoch der begehrten Stoßzähne wegen von Wilderern mit automatischen Waffen so stark dezimiert, daß der Bestand bedroht ist. Ein weltweites Handelsverbot von Elfenbein könnte vielleicht die Erhaltung der Art sichern, nicht aber jene demonstrative Geste der kenyanischen Regierung, die 1989 und 1991 tonnenweise von Wilderern beschlagnahmtes Elfenbein öffentlich verbrannte.

Der Lebensraum des Elefanten umfaßt gleichermaßen Wüstenrandgebiete, Laubwälder und Savannenländer. Im Jahreszeitrhythmus durchwandert er das oft mehrere Tausend Quadratkilometer große Gebiet, vorausgesetzt, daß eine Wasserstelle in der Nähe ist und genügend Gras. Elefanten nehmen fast den ganzen Tag über Futter zu sich und zerkauen es unablässig mit ihren Mahlzähnen. Bis zu 200 kg Vegetabilien, einschließlich Früchten, Kräutern und Rinde, vertilgen sie. Eine tägliche Wasserration von 70–90 l dient zusätzlich der Verdauung und der Kühlung.

Der Rüssel, mit dem der Elefant seine Nahrung aufnimmt, ist Greif-, Pflück- und Saugwerkzeug zugleich. Zahlreiche Muskeln machen ihn sehr beweglich; er endet in einer zweifingrigen Nasenlippe. Auch die Stoßzähne dienen als Werkzeug – zum Graben, Heben und Zerkleinern. Mindestens einmal am Tag nehmen Elefanten ein Wasser-, Schlamm- oder Staubbad, um sich Kühlung zu verschaffen und unliebsamer Parasiten zu entledigen. Dabei färbt sich je nach Art des Bodens die dunkelgraue Lederhaut des Tieres bräunlichschwarz, hellgrau oder rot.

Eine Elefantenfamilie besteht aus erwachsenen, miteinander verwandten Weibchen und deren Jungen. Angeführt wird sie von der ältesten Kuh, von deren Wissen um Wasser- und Futterstellen die anderen lernen und profitieren. Die Familie umfaßt höchstens 12–14 Tiere; wird sie größer, so teilt sie sich, und die neue Herde wird von einer Schwester oder Cousine der alten Leitkuh angeführt. Elefantenjunge werden bis zum 5. Lebensjahr gesäugt. Die weiblichen Tiere bleiben im Familienverband, Bullen jedoch müssen mit der Geschlechtsreife, die sie mit 10–15 Jahren erreichen, die Gruppe verlassen und streifen dann in lose zusammenhängenden Junggesellenverbänden von bis zu 20 Tieren umher. Während sich ein älterer Bulle vorübergehend absetzen mag, um ein paarungsbereites Weibchen ausfindig zu machen, stößt vielleicht ein neuer Jungbulle zur Gruppe, der gerade seine Familie verlassen hat und nun hier Schutz und Lebensschulung findet.

Elefanten sind sehr gesellig. Über viele Kilometer hinweg verständigen sie sich mit tiefen Tönen, die das menschliche Ohr nicht wahrnehmen kann. Bei Erregung oder Wut brüllen sie oder trompeten mit erhobenem Rüssel. Ist ein Elefant krank oder schwach, so kümmert sich die ganze Gruppe um ihn, stützt ihn oder schafft ihn zum Wasser. Tote Tiere werden mit Erde und Zweigen bedeckt, und sogar Menschen, die durch einen Elefanten zu Tode kamen, wurden schon auf diese Weise ›begraben‹.

Nashörner. Das am stärksten gefährdete Tier in Ostafrika ist das Spitzmaulnashorn (Diceros bicornis), das auf Englisch *black rhino,* Schwarzes Nashorn, genannt wird. Das Breitmaulnashorn (Ceratotherium simum) oder *white rhino,* Weißes Nashorn, existiert in Ostafrika bereits nicht mehr in freier Wildbahn. Während man in Kenya 1970 noch 20 000 Nashörner zählte, gibt es heute nur noch eine klägliche Anzahl von weniger als 500. Schuld an der Dezimierung ist die jahrhundertelange Nachfrage nach dem heiß begehrten Horn, das in Südostasien und China fein zermahlen für Aphrodisiaka, vor allem aber für fiebersenkende und kräftigende Arzneimittel Verwendung findet. Die weit größere Zahl an gewilderten Hörnern gelangte jedoch in den Jemen, wo sie als kunstvoll beschnitzte Dolchgriffe hoch im Kurs stehen. Inzwischen gibt es vier *rhino sanctuaries* (Schutzgebiete für Nashörner), eingerichtet von engagierten Privatleuten mit dem erklärten Ziel, die Zeugen von 60 Mio. Jahren Evolutionsgeschichte vor dem Aussterben zu bewahren.

Nashörner gehören wie die Pferde zur Ordnung der Unpaarhufer und weisen drei Großzehen am Fuß auf. Entgegen der verbreiteten Annahme besteht ihr Horn nicht aus Knochen, sondern aus einem Bündel zusammengewachsener Haarlagen. Die Nahrung des Breitmaulnashorns besteht aus Gräsern, die es mit seinem breit geformten Maul gut aufnehmen kann. Es bevorzugt daher die offenen, trockeneren Grasländer. Das Spitzmaulnashorn hingegen hat einen längeren Hals, eine spitze, zum Greifen geformte Oberlippe und ernährt sich von Blättern, Früchten und Zweigen. Sein Lebensraum befindet sich deshalb vor allem in der wald- und buschbestandenen Savanne. Spitzmaulnashörner sind Einzelgänger und beanspruchen in bewaldeter Gegend ein Territorium von wenigen Quadratkilometern, in lichter Savanne hingegen bis zu 80 km² Fläche. Sie markieren ihr Gebiet durch Kothaufen, die sie immer wieder erneuern.

Nashörner halten sich stets in Wassernähe auf und nehmen Schlamm- oder Staubbäder, wobei sie sich jedoch nur seitlich wälzen, da ihr Rückgrat messerkantenähnlich zuläuft. Außer dem Menschen haben Nashörner eigentlich keine Feinde. Fühlen sie sich angegriffen, so galoppieren sie mit 50 Stundenkilometern auf den Gegner los, um ihn niederzurennen. Da sie jedoch nicht gut sehen können, verfehlen sie oft ihr Ziel.

Das **Flußpferd** (Hippopotamus amphibius), das zweitgrößte Landsäugetier der Welt, bildet eine eigene Familie innerhalb der Paarhufer-Ordnung. Zwischen seinen vier Zehen sitzen Schwimmhäute. Sein plumper, kurzbeiniger Körper erreicht eine Länge von über 4 m und wird über 3 t schwer. Den flachen, klobigen Kopf kennzeichnen kleine Augen und Ohren sowie verschließbare Nasenöffnungen, vor allem aber das breite Maul von imponierender Sperrweite. Flußpferde leben in den Seen und Flüssen der Wald- und Buschsavanne; gelegentlich sieht man sie auch an den tief eingeschnittenen Buchten der Meeresküste. Tagsüber halten sie sich im Wasser auf und erscheinen nur zum Luftholen an der Oberfläche. Des Nachts verlassen sie das schützende Naß, um am Ufer zu äsen. Sie fressen ausschließlich Gras und können selbst sehr kurzblättrige Sorten mit ihren breiten Lippen aufnehmen; Wasserpflanzen rühren sie nicht an.

Flußpferde am Lake Victoria

Während der Trockenzeit kommt es vor, daß sie sich auf der Nahrungssuche bis zu 20 km vom Wasser entfernen.

Flußpferde leben in Herden mit fest umrissenen Territorien. Ein männliches Tier führt die Gruppe von 10–15 Weibchen und deren Jungen an. Rivalenkämpfe, besonders mit den heranwachsenden Männchen der Herde, sind häufig. Flußpferde gehören wegen ihrer Aggressivität, Massigkeit und Bißkraft zu den gefährlichsten Tieren für den Menschen. Sie bringen Fischerboote zum Kentern, ertränken die ins Wasser Gefallenen oder beißen sie zu Tode; was immer ihnen den Weg zum schützenden Wasser verstellt, wird niedergetrampelt.

Primaten

Auch die Primaten, eine Ordnung der tropischen und subtropischen Säuger, gehören zu den Tieren mit unterschiedlichen Lebensräumen. Manche der in Kenya beheimateten Primaten bewohnen die Galeriewälder und felsigen Berghänge der Savanne (Paviane), andere leben im feuchten, baumbestandenen Grasland, an den Sümpfen der Halbwüste und in Urwaldrandlagen von Meeresniveau bis in 4000 m Höhe (Meerkatzen); wiederum andere bevorzugen Regenwälder bis in 400 m Höhe, bewaldete Savannen und Fruchtbaumplantagen (Galagos).

Der **Gelbe Pavian** (Papio cynocephalus) und der **Anubispavian** (P. anubis) sind die häufigsten kenyanischen Arten aus der Gattung der Meerkatzen. Flexibel in ihrer Anpassung an die Umwelt des Menschen, sind sie mancherorts bereits zur Plage geworden. Dann verwüsten sie Felder, Ernten und Wohnhäuser. Sie erkranken auch an einigen menschlichen Krankheiten, etwa Gelbfieber und Tuberkulose, und können daher allein durch ihre Nähe zu einer Gefährdung des Menschen werden.

Anubispavian

Paviane sind Allesfresser und machen selbst vor Abfallhaufen nicht halt. Als Hauptwerkzeug benutzen sie die Pfoten mit den sehr beweglichen Daumen. Die geselligen Tiere leben in zehn- bis hundertköpfigen Horden. Zum Kern der Gruppe gehören Weibchen jedes Alters sowie mehrere fortpflanzungsfähige Männchen mit einem männlichen Tier an der Spitze (›Oberpavian‹). Geschlechtsreife Jungpaviane müssen die Horde verlassen und sich im Kampf um die Weibchen beweisen.

Grüne Meerkatzen (Cercopithecus aethiops), ebenfalls in Kenya weit verbreitet, sind zwar Allesfresser wie Paviane, doch bevorzugen sie Vegetabilien. Leicht werden die relativ kleinen Tiere zur Beute von Wildkatzen,

Raubvögeln und Schlangen. Jeweils eine Horde von 6–60 Tieren bewohnt ein festes Territorium, das sie durch Lärmen gegen andere Horden sichert.

Die **Riesengalagos** (Galago crassicaudatus) mit dem langen, buschigen Schwanz bekommt man selten zu sehen; ihre großen Augen weisen sie als nachtaktiv aus. Da sie wie Kinder schreien, hat man ihnen auch den Namen Buschbaby gegeben.

Vögel

Kenya ist mit seiner Vielfalt an Lebensräumen auch ein Vogelparadies mit 1100 erwiesenen Arten, zu denen sich noch heute Neuentdeckungen hinzugesellen. Neben den Dauerbewohnern gibt es auch Zugvögel, die nur temporär in den gemäßigten Breiten Ostafrikas Station machen oder nach Südafrika weiterfliegen. Tausende von Kilometern überwinden sie in Rekordzeiten von oft nur 14–21 Tagen. Geflogen wird meist nachts, und es ist ein unvergeßliches Erlebnis, wenn man sieht, wie Tausende und Abertausende von Vögeln sich geordnet und fast lautlos im Dämmerlicht des Abends auf ihre im Instinkt verankerte Flugroute begeben.

In den einzelnen Habitaten trifft man die verschiedensten Vogelarten an: so im Küstenbereich Austernfischer (Haemantopus ostralegus), Sanderlinge (Calidris alba), Fischreiher (Ardea cinera), Reiherläufer (Dromas ardeola) und Ibisse (Ibis ibis), Palmweber, Bienenfresser, Schwalben und Möwen und viele mehr.

In den Regenwäldern sind die lärmenden Würger (Laniidae und Prionopidae) und Stare (Sturnidae) zu Hause, außerdem Drosseln (Pycnonotidae), Bulbul (Andropadus), Turakos (Musophagidae) und Frankolinen samt Bartvögeln (Capitonidae).

Die Vögel der Savanne nisten vor allem an den Flußläufen: Enten, Hühnervögel und Webervögel aller Art, gelbe Frankoline, Lerchen (Alaudidae), Stelzvögel (Motacillidae), Grassänger (Cisticola) und Regenpfeifer (Charadriidae) etwa, oder Nashornvögel aller Art (Coraciiformes, Bucerotidae), Sekretäre (Sagittarius serpentarius), verschiedenste Adler, der aasfressende Marabu (Leptoptilos crumeniferus) und Geier wie etwa der Schmutzgeier, der einen Stein in den Schnabel nimmt, um Straußeneier aufzubrechen.

Berühmt sind die **Flamingo-Kolonien** der Großen und der Zwergflamingos (Phoenicopteridae) an den Brackwasser- und Sodaseen des Rift Valley. Zum Brüten bauen sie sich Hügelnester aus Schlamm, der auch ihre Hauptnahrung, Algen, Insektenlarven, kleine Würmer

Maasaistraußenhahn

und Wasserpflanzen, enthält. Flamingos werden vor allem wegen ihres begehrten Feder-schmucks von weißer, rosa- oder lachsfarbener Tönung gejagt. Gegessen werden sie in Kenya nicht; ungeteilt bleibt auch die Vorliebe römischer Imperatoren, die Flamingozungen einst als Delikatesse hoch schätzten.

Der bekannteste Vogel der Savanne ist sicherlich der **Strauß** (Struthio camelus), der größte, wenngleich flugunfähige Vogel der Welt. Bei einer Höhe von 2,50 m erreicht er ein Gewicht von 130 kg. Das Federkleid der Hähne ist schwarzweiß gefärbt, das der Hennen und Jungtiere mit seinen Graubrauntönen mehr dem Erdreich angepaßt.

In Ostafrika gibt es zwei Subspezies: den männlichen Maasaistrauß erkennt man an der Fleischfarbe von Kopf, Hals und Beinen, während diese Körperpartien beim Somalistraußen-hahn blaugrau gefärbt sind. Strauße sind ausgezeichnete Läufer und erreichen eine Geschwin-digkeit von 70 km/h. Sie leben in Familienverbänden oder paarweise und ernähren sich vor allem von Gras, Blättern, Sukkulenten und Insekten. Außer dem Menschen, der ihnen vor allem der Federn wegen nachstellt, haben Straußenvögel eigentlich keine Feinde, sieht man davon ab, daß ihre Eier für Löwen und Hyänen eine Delikatesse darstellen.

Reptilien

Obwohl auch der Lebensraum der Reptilien in den letzten Jahrzehnten eingeengt wurde, ist ihre Existenz doch nicht unmittelbar bedroht. Außerdem gibt es Zuchtfarmen für Reptilien, die auf die Nachfrage des Häutehandels abgestimmt sind und dadurch dem Schmuggel mit gewilderter Haut die Grundlage entziehen.

Das größte Kriechtier Kenyas ist das **Nilkrokodil** (Crocodylus niloticus), das man von den Flußmündungen an der Küste bis in mittlere Höhenlagen überall dort antreffen kann, wo genügend Wasser vorhanden ist. In der Regenzeit halten sich Krokodile jedoch auch gelegent-lich in wassergefüllten Straßengräben im ansonsten ausgedörrten Nyika-Buschland auf. Sie sind äußerst gefährlich, und jährlich fällt ihnen eine beträchtliche Zahl von Menschen zum Opfer. Einschließlich des muskulösen Ruderschwanzes erreicht das Nilkrokodil eine Länge von 7 m. Sein Hornschuppenpanzer ist an der Oberseite olivgrün-dunkel gefleckt, am Bauch eierschalen-gelb. Das Tier kann bis zu einer Stunde tauchen, wobei es Nase und Ohren verschließt. Seine Nahrung besteht aus Fischen, Vögeln und Säugern.

Neben dem Nilkrokodil gibt es noch 180 andere **Echsenarten,** wie etwa Land- und Wasser-schildkröten, Warane, die bis zu 2 m lang werden, oder die kleinen Inselskinke, die auf dem Korallenriff leben, sowie die vielen Agamen mit ihren leuchtendblauen, orange- oder rotfarbe-nen Köpfen. Zu den Echsen gehören auch diverse Chamäleonarten mit ein, zwei oder drei Hörnern auf der Nase sowie mehrere Spezies von Geckos. Diese werden seit alters her in Häusern und auf Schiffen als Glücksbringer willkommen geheißen, wohl deshalb, weil sie sich mit Vorliebe von Insekten ernähren und somit ihre Umgebung von Ungeziefer freihalten.

Schlangen leben in Kenya in allen Landschaftstypen bis in alpinen Höhen von 4000 m. Unter den Riesenschlangen ist vor allem der bis zu 6 m lange Python (P. sebae) zu nennen. Er lebt

Nilkrokodile, die
größten Kriechtiere
Ostafrikas

in Gewässernähe überall im Land. Selbst die Entwässerungsgräben der Städte scheut er nicht, und immer wieder sorgt die Nachricht für Aufregung, daß ein Python oder sein Gelege auf Stadtgelände gefunden worden sei.

An hochgiftigen Schlangenarten treten vor allem Mambas und Vipern auf. Die Schwarze Mamba (Dendroaspis polylepis), die größte, kann mehr als 5 m messen und ist entgegen ihrem Namen nicht schwarz, sondern schimmernd dunkeloliv gefärbt. Die bis zu 2 m lange Blattgrüne Mamba (Dendroaspis angusticeps) hält sich in bewachsenen Felsen und Gemäuern sowie in Bäumen an der Küste auf. Ihre hellgrüne Schwester mit lilafarbener Schwanzspitze ist die Jameson-Mamba (Dendroaspis jamesoni) im Westen Kenyas, deren Gift schon in kleinsten Mengen für den Menschen tödlich ist. Auch die drei Riesenvipernarten, Nashornviper (Bitis nasicornis), Gabunviper (B. gabonica) und Puffotter (B. arietans) sind in Kenya zu Hause; sie erreichen Längen von 2–2,5 m. Ihr Biß injiziert ein Mehrfaches der für den Menschen tödlichen Giftmenge.

Alle kleineren Vipernarten leben im Umkreis des Mount Kenya. Die Afrikanische Puffotter (Bitis worthingtoni) ist in der Hügellandschaft des Naivasha-Sees beheimatet; sie gilt als sehr reizbar. Die kleine Bergotter (Vipera hindii) lebt oberhalb der Baumgrenze in den Mooren der Aberdares. Erst kürzlich wurde am Kenya-Massiv eine weitere Art entdeckt, die Baumviper (Ateris desaixi).

Des weiteren gehören zu den kenyanischen Giftschlangen eine große Anzahl von Kobra-Arten, von denen vor allem die Speikobra (Naja nigricollis) erwähnt sei, die ihr Gift über 2 m Entfernung hinweg in das Auge des Gegners speien kann. Das Opfer erblindet, wenn es nicht gelingt, das Auge schleunigst zu spülen.

Ausgewählte Tiernamen

Deutsch	Englisch	Swahili
Biene	Bee	nyuki
Büffel	Buffalo	nyati
Buschbock	Bushbuck	pongo
Elefant	Elephant	ndovu
Elenantilope	Eland	pofu
Esel	Donkey	punda
Flußpferd	Hippopotamus	kiboko
Gepard	Cheetah	duma
Giraffe	Giraffe	twiga
Giraffengazelle	Gerenuk	swala twiga
Hyäne	Hyena	fisi
Impala	Impala	swala pala
Kamel	Camel	ngamia
Klippschliefer	Hyrax	pelele
Krokodil	Crocodile	mamba
Kudu, Großer/Kleiner	Greater/Lesser Kudu	tandala mkubwa/mdogo
Kuh	Cow	ngombe
Kuhantilope	Hartebeest/Kongoni	kongoni
Leopard	Leopard	chui
Löwe	Lion	simba
Meerkatze, Grüne	Vervet Monkey	tumbili
Nashorn	Rhino	kifaru
Pavian	Baboon	nyani
Pferd	Horse	farasi
Python	Python	chatu
Reiher, Weißer	White Heron	yangeyange
Schakal	Jackal	mbweha
Skorpion	Scorpion	kisusuli
Stachelschwein	Porcupine	nungu
Strauß	Ostrich	mbuni
Termite	Termite	mchwa
Thomsongazelle	Thomson's Gazelle	swala tomi
Topi	Topi	nyamera
Warzenschwein	Warthog	nguruwe
Wasserbock	Waterbuck	kuro
Webervogel	Weaver Bird	mzingi
Weißbartgnu	Wildebeest/Gnu	nyumbu
Wildtaube	Dove	hua
Zebra	Zebra	punda milia

Bedrohte Natur

Lange lebte der Mensch in Ostafrika von und mit der Natur. Als Jäger und Sammler der frühgeschichtlichen Phase spielte er im Naturzusammenhang keine wesentlich andere Rolle als das Großwild der Savanne. Selbst Hirten und Ackerbauern der vergangenen Jahrhunderte verursachten mit ihren Eingriffen nicht so nachhaltige Umweltschäden wie der Mensch des 19. und 20. Jh. Die Verwendung von Eisen, die in Ostafrika zwar seit ca. einem Jahrtausend bekannt war, brachte nie eine so hoch entwickelte Waffen- und Gerätekultur hervor, daß Tier- und Pflanzenwelt ernstlich gefährdet worden wären. Dem Anwachsen der Herden und der übermäßigen Ausbreitung von Ackerflächen wirkten stets Wassermangel und Bodenkargheit entgegen, ebenso Viehseuchen und Krankheiten. Erst mit den Feuerwaffen, die im 19. Jh. zu einer begehrten Handelsware auch im Inneren Ostafrikas wurden, begann die unaufhaltsame Zerstörung der Natur.

Die Reisebücher und Berichte über den Bau der Uganda-Eisenbahn beschreiben noch um die Jahrhundertwende eine ungleich reichere Tierwelt. Vor allem dem Großwild setzte jedoch der organisierte Abschuß durch Elfenbein- und Trophäenjäger und die als Prominentensport verharmloste Tierhatz ernsthaft zu. Ohne das Eingreifen der Kolonialverwaltungen in Form von Jagdgesetzen und der Errichtung von Schutzgebieten wäre der Wildtierbestand Ostafrikas vermutlich schon Anfang dieses Jahrhunderts auf ein klägliches Maß reduziert worden.

Noch vor 1900, zu Zeiten der britisch-ostafrikanischen Protektoratsverwaltung, wurde das erste Wildschutzgebiet auf der Athi-Hochebene eingerichtet, unweit des damaligen Hauptquartiers der Kenya-Uganda-Eisenbahn, wo sich heute der Nairobi National Park befindet. So war es bis Anfang der 60er Jahre nicht ungewöhnlich, daß Löwen oder Leoparden sich in die

Schutz der Natur:
Hinweisschild in
Tsavo West

Vorgärten Nairobis verirrten. Weitere Naturreservate folgten noch vor dem Ersten Weltkrieg; sie wurden nach dem Zweiten Weltkrieg in Nationalparks umgewandelt: Nairobi National Park 1946; Amboseli 1947; Tsavo 1948. Heute hat Kenya mehr als 50 Nationalparks und Tierreservate auf insgesamt 7% der Landfläche, die aus Gründen des internationalen Naturschutzes, ebenso als nationale Naturschätze erhaltungswürdig sind.

Trotz der Einrichtung von Naturschutzgebieten, dem Jagdverbot von 1977 und dem Handelsverbot mit Jagdtrophäen (1978) konnte dem Raubbau an der Natur und der Ausrottung vieler Tier- und Pflanzenarten kein Einhalt geboten werden. Besonders in den letzten drei Jahrzehnten haben die umfängliche Abholzung tropischer Waldgebiete und die Ausweitung landwirtschaftlicher Nutzflächen samt intensiver Viehhaltung zu einer starken Verringerung des Naturlandes geführt. Im Rahmen des weltweit wachsenden Bewußtseins für Umweltprobleme wurde 1974 in Kenya das National Environment Secretariat (NES) eingerichtet, das die Arbeit der einzelnen kenyanischen Ministerien in Fragen der Umwelterhaltung koordiniert. Heute ist das NES zusammen mit dem Forest Department und dem Mines and Geology Department dem Ministerium für Umwelt und Bodenschätze beigeordnet.

Neben der zunehmenden Raumeinengung durch die schnellwachsende Bevölkerung (1965: 11 Mio. Menschen; 1991: 25 Mio.) bedroht auch das weltweite Interesse an Fellen, Häuten, Stoßzähnen, Federn und Rhinozeroshorn den Wildtierbestand. Denn die Trophäen- und Profitsucht rief gutorganisierte, bewaffnete Wilddiebbanden auf den Plan, die mit Rückendeckung anonymer Geldgeber und dank automatischer Waffen binnen kürzester Zeit mehrere Tierarten ausrotteten oder dem Aussterben preisgaben. Die folgenden Daten sprechen für sich:

Das Breitmaulnashorn ist in freier Wildbahn ausgestorben. Die Zahl der Spitzmaulnashörner (ihr Horn wird so teuer wie Gold gehandelt) ist innerhalb der letzten 20 Jahre von 20 000 auf 425 gesunken. Die Weidegründe der Elefanten erstreckten sich 1925 über 90% der Landesfläche Kenyas; 1950 verblieben dem Tier immerhin noch 71%, heute sind es unter 20%. Selbst in den Nationalparks wird ihm wegen seiner Stoßzähne von Wilderern nachgestellt. Im Amboseli, in dem so gut wie nicht gewildert wurde, befinden sich heute 600–700 Elefanten. Im weitaus größeren Tsavo hingegen wurden 1973 noch 35 000 Tiere gezählt; 1987 jedoch ganze 7000!

Gefährdet sind aber auch andere Tiere, wie Wildhunde, mehrere Antilopen- und Affenarten, bestimmte Schildkröten und Amphibien sowie eine Reihe von Vogelarten, weil ihr Lebensraum von Land- und Forstwirtschaft mehr und mehr vereinnahmt wird. Durch Wilderertum sind ferner alle Großkatzen gefährdet, die ihrer Felle, Krallen oder Zähne wegen abgeschlachtet werden, des weiteren Grevyzebras, Antilopen, Netzgiraffen und Colobusaffen, die ihr Leben wegen ihrer Felle, Hörner oder Schwänze lassen müssen.

Um die Tiere zu schützen, werden in den Reservaten neben den Wildhütern *(rangers)* auch spezielle Anti-Wilderer-Einheiten eingesetzt. Neben dem Ministry of Tourism and Wildlife (P. O. B. 30 027, Nairobi) und der East African Wildlife Society (P. O. B. 20 110, Nairobi) beteiligen sich noch eine ganze Reihe privater Organisationen daran, der Naturplünderung ein Ende zu setzen und zu retten, was noch zu retten ist. Meeresschutzgebiete *(marine parks)* und Schonwälder *(forest reserves)* wurden eingerichtet, um das willkürliche Eingreifen des Menschen zu Land und zu Wasser einzuschränken.

Hierzu zählen u. a. auch jene nicht auf der Karte ausgewiesenen Naturreservate mit einer besonderen einheimischen Fauna und Flora, deren Bestand erst teilweise erfaßt wurde: der Baden-Powell Walk nahe Nyeri, benannt nach dem Begründer der Pfadfinderbewegung (1857–1941), der seine letzten Jahre in Kenya verbrachte; der Arabuko Sokoke Forest im Hinterland der Mida-Bucht bei Watamu, der als letztes Refugium für die stark bedrohte Vogelwelt der ostafrikanischen Küstenwälder gilt; der Mbololo Hill (Taita Hills Forest), ein montaner Wald in der Nähe von Voi, dessen zum Teil jahrtausendealter Baumbestand durch moderne Neuaufforstung mit Exotenhölzern bedroht ist.

Des weiteren sucht man mit der Errichtung von Pflanzen-, Fisch- und Reptilienfarmen der Naturplünderung entgegenzuwirken; ihre Zuchtprogramme werden in Absprache mit dem Handel erstellt. Dazu gehören Bio-Ken (P.O.B. 3, Watamu) und Mamba Village (P.O.B. 85 723, Mombasa).

Einen nicht zu unterschätzenden Faktor bezüglich der Naturgefährdung stellen die zum Massentourismus angewachsenen Safari-Unternehmungen dar: Sie führen just in jene Schutzgebiete, die zur Erhaltung der ostafrikanischen Natur eingerichtet wurden. Die in den letzten zwei Jahrzehnten gut ausgebaute touristische Infrastruktur ermöglicht es dem Reisenden, Naturabenteuer mit zivilisatorischen Annehmlichkeiten zu verbinden. Nach dem Verbot der Großwildjagd trat die Jagd mit Fotoapparat und Fernsehkamera an ihre Stelle, und die Touristenströme aus aller Welt nahmen stetig zu. Spätestens mit den Büchern von Joy Adamson und Bernhard Grzimeks Film ›Serengeti darf nicht sterben‹ (1960) waren die Tierparadiese Ostafrikas jedem ein Begriff geworden. Und nicht kultureller Attraktionen oder der Altertumsforschung wegen pilgerte man nach Kenya, sondern um Tiere in freier Wildbahn zu sehen. Eine halbe Million Menschen waren es 1985, 1990 gar belief sich die Besucherzahl auf geschätzte 850 000! Der Tourismus ist neben Kaffee zum Hauptdevisenbringer des Landes aufgerückt. Per Landrover, Ballon, Flugzeug und Schiff, auf Pferde- oder Kamelrücken und zu Fuß besuchen Reisende von heute die Natur- und Wildreservate, um ein Stück ›unberührter‹ Natur zu sehen.

Daß der Erlebnishunger derart vieler Besucher nicht ohne ökologische Folgen bleiben kann, muß einleuchten. Der Kampf um die Erhaltung der Natur kann sich also nicht nur in Feldzügen gegen die Unwissenheit von einheimischen Farmern und Viehzüchtern und in der Ausmerzung der international organisierten Wilderei erschöpfen.

Nationalparks und Naturschutzgebiete

Die Nationalparks in Zentral- und Südkenya

Kenya ist zum beliebtesten Safariland Ostafrikas geworden, wobei unter Safari nicht mehr im ursprünglichen Sinn des Swahili-Wortes eine beliebige Reise verstanden wird, sondern eine abenteuerliche Unternehmung in die afrikanische Naturlandschaft mit einem Einblick in die faszinierende Welt der ›freien Wildbahn‹. Die kenyanische Regierung hat mittlerweile mehr als

50 Nationalparks und Wild- bzw. Naturschutzgebiete zur Erhaltung der ostafrikanischen Pflanzen- und Tierwelt eingerichtet. Nationalparks sind jene Schutzgebiete, die von Menschen nur touristisch genutzt werden dürfen, während in den *national reserves* oder *game reserves* (Natur- oder Wildschutzgebiete) Weide-, Forst- oder Landwirtschaft in beschränktem Umfang erlaubt ist.

Der **Nairobi National Park** (117 km²) ist das älteste Wildschutzgebiet Kenyas. Nur 10 km vom Stadtzentrum Nairobis entfernt, vermittelt er dem Besucher bei einem Tages- oder Halbtagesausflug erste Eindrücke von der ostafrikanischen Savanne und ihrer Tierwelt. Der westliche Teil umfaßt eine bewaldete Savannenlandschaft, die bei einer Höhe von 1700 m mehr Niederschläge erhält als die im Süden gelegene Trockensavanne der Athi-Ebene. Zu dieser Region hin, ebenso zum 320 km² großen Ngong National Park im Südwesten, ist der Park offen; im Westen und Norden jedoch soll ein 40 km langer Zaun verhindern, daß sich Wildtiere in die städtischen Randgebiete und die Industrieregion Richtung Jomo-Kenyatta-Flughafen verirren.

Während der großen und kleinen Regenzeit (März/April bzw. Oktober/November) halten sich die Tiere meist außerhalb der Parkregion auf. Erst mit zunehmender Trockenzeit kehren sie an die ganzjährig gefüllten Wasserstellen zurück. In den mit Kenya-Ölbäumen und Croton bestandenen Waldgebieten leben Büffel, Giraffen, auch Spitzmaulnashörner, Buschbock, Dikdik und andere kleinere Antilopenarten. Die Ebenen des Graslandes besiedeln, vor allem in Wassernähe, vereinzelte Akazien, Pfeilgiftbäume (Akocantha) und Wüstendattelbäume

Plan des Amboseli National Park

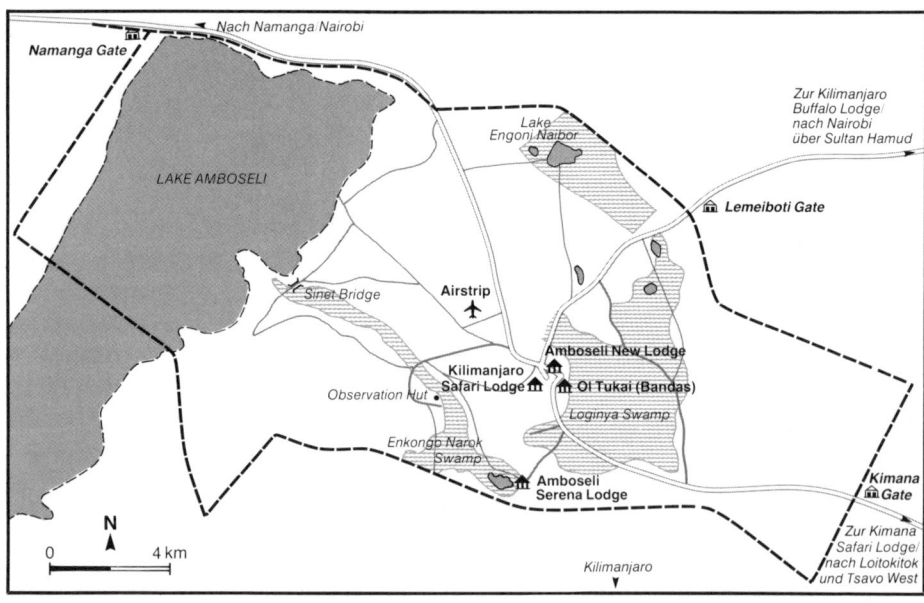

(Balanites). Gnus, Zebras und Gazellen äsen hier, oft unsichtbar gefolgt von Leopard, Gepard oder Löwe. Auch Strauße, Marabus, Reiher, Sekretärvögel und Geier leben in dem Gebiet. Auf einem ausgeschilderten Naturpfad zu von Akazien beschatteten Wasserstellen kann der Besucher das Auto verlassen und Flußpferde und Krokodile im Wasser beobachten oder in deren Nähe Kronenkraniche, Ibisse, Störche, aber auch Impalas und Grüne Meerkatzen sehen.

Im Nairobi National Park gibt es das *orphanage* (Waisenhaus), einen kleinen Zoo, in dem verwaiste und kranke Tiere aus ganz Kenya betreut werden. Es liegt direkt neben dem Haupteingang.

Der **Amboseli National Park** erstreckt sich über ein Areal von 400 km² am Fuße des Kilimanjaro. Ursprünglich war das Wildschutzgebiet Teil des südlichen Maasai-Reservats, das auch Gebiete um Kajiado und Narok umfaßte. In dem weiten Raum lebten Wildtiere und Maasai mit ihren Herden gleichermaßen. 1970 jedoch wurde das Gebiet zwischen dem Trockensee Amboseli und dem Loginya-Sumpf zu einem den Wildtieren vorbehaltenen Reservat erklärt – inzwischen ist es Nationalpark – und damit jeder weidewirtschaftlichen Nutzung entzogen.

Im Zentrum des Tierparks liegen die von den Schmelzwassern des Kilimanjaro gespeisten Sümpfe. Bis zum Eintritt in das aus dem Pleistozän stammenden Amboseli-Becken verlaufen die Zuflüsse unterirdisch. Der Amboseli-See ist meist ausgetrocknet und nur bei starken Regenfällen mit Wasser gefüllt. Zusammen mit Trockensavanne und Akazienwäldern bilden die Sümpfe eine vielgestaltige Lebenswelt für fast alle bekannteren ostafrikanischen Tierarten: Flußpferde, Elefanten, Büffel und viele Wasservogelarten findet man vornehmlich in und um die Sümpfe, während Zebras, Giraffen, Gazellen und Löwen eher in der offenen Trockensavanne zu beobachten sind.

Der **Tsavo National Park** ist mit einer Fläche von 21 000 km² Kenyas größtes Wild- und Naturschutzgebiet, das – nebenbei bemerkt – Ende des letzten Jahrhunderts internationale Schlagzeilen wegen menschenfressender Löwen machte. Obwohl fast alle Tierarten Kenyas im Tsavo vorkommen, begründet sich dessen Ruhm vorwiegend auf die ›roten‹ Elefanten, die ihre rötliche Färbung der eisenoxidhaltigen Lateriterde verdanken.

Der Nationalpark zerfällt in zwei Hälften: Tsavo East (Parkverwaltung bei Voi) nördlich der Bahnlinie und der Autostraße Nairobi-Mombasa und Tsavo West (Parkverwaltung bei Mtito Andei) jenseits der Verkehrsadern. Beide zusammen umfassen vielgestaltige Lebensräume, die von der Gras- und Buschsavanne bis zur Halbwüste (Tsavo East) bzw. bis zu Fluß- und Bergwäldern (Tsavo West) reichen.

Tsavo East (13 000 km²) wird vom Yatta-Plateau beherrscht, einer aus einem großen erstarrten Lavastrom entstandenen Hochebene. Von Voi nach Nordosten erstreckt sich eine Dornbuschsavanne, die in Halbwüste übergeht. Landschaftlich reizvoll sind die 40 km nördlich von Voi gelegenen Lugard Falls am Galana und weiter flußabwärts Crocodile Point. Tsavo East war früher wegen der Elefantenherden bekannt; heute sieht man an Großwild vor allem Löwen, Büffelherden, Zebras, Grantgazellen, Impalas und Giraffen. Die wasserarme Region östlich des Yatta-Plateaus und nördlich des Galana beinhaltet ein Pflanzen- und Tierschutzgebiet, das so weit wie möglich von menschlichen Eingriffen verschont bleiben soll und deshalb für Touristen geschlossen ist.

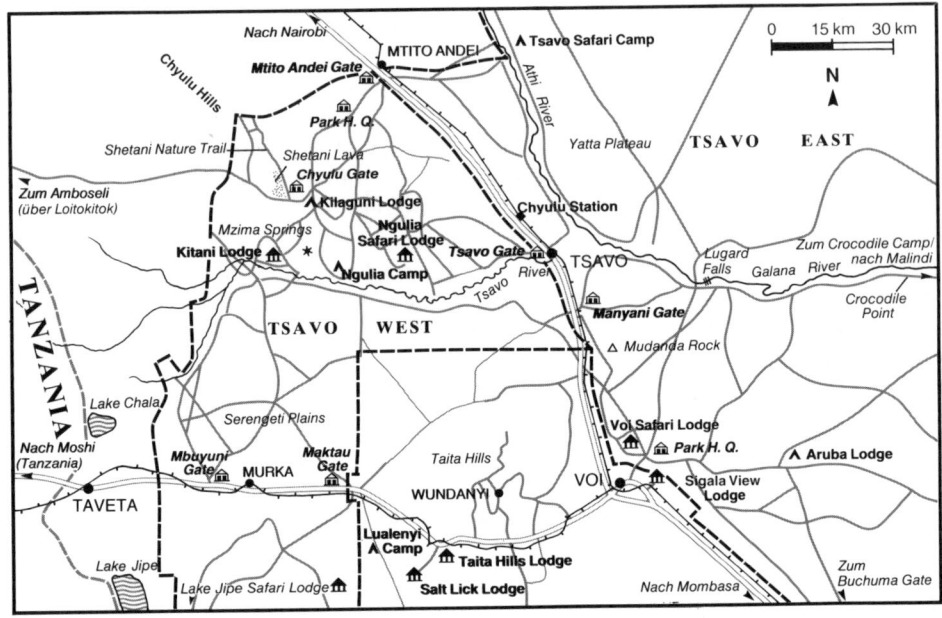

Plan des Tsavo National Park

Tsavo West (7000 km²), hügeliger als Tsavo East, bietet Eindrücke einer vulkanisch geformten Landschaft, die jüngeren Ursprungs ist als das Yatta-Plateau. In der Gegend der Ngulia-Berge beherrschen dunkle Vulkankegel und schwarze, steinhart erstarrte Lavamassen die Szenerie, deren bekannteste Örtlichkeit Sheitani (Swahili: ›beim Teufel‹, ›vom Teufel‹) genannt wird. Unterirdische Wasser aus den Chyulu-Bergen speisen die Mzima Springs, die ›gesunden Quellen‹, die auch zur Wasserversorgung Mombasas genutzt werden. Hier gibt es eine Unterwasserstation, von der aus man Flußpferde und Krokodile beobachten kann.

Nach Süden zu schließt sich die mit Baobabs bestandene Serengeti-Ebene an (nicht mit dem gleichnamigen Nationalpark Tanzanias zu verwechseln), mit dem Jipe-See, einem der größten Feuchtgebiete Kenyas. Wasser- und Watvögel sind hier zu Hause, und alljährlich kommen Tausende von Zugvögeln hinzu. An Großwild begegnen dem Reisenden in Tsavo West neben Büffeln alle Großkatzen sowie Oryx- und Elenantilopen, Grantgazellen, Impalas, Zebras und Maasaigiraffen, Tüpfelhyänen und Warzenschweine.

Das **Maasai Mara Game Reserve** (1800 km²) wurde 1961 als Schutzgebiet eingerichtet und schließt an die große Serengeti-Ebene Tanzanias an (*serengeti* bedeutet in Maa ›weiter Platz‹). Seine natürlichen Grenzen bilden die Loita-Berge im Osten, die Itong-Berge im Norden und das Siria Escarpment im Westen.

Maasai Mara ist berühmt wegen seiner großen Wildherden, deren jährliche Wanderungen man hier beobachten kann. Mit Ende der großen Regenzeit ziehen riesige Gnu-, Zebra- und

Antilopenherden aus der trockenen, versengten Serengeti in die frisch-saftigen Weidegründe des Maasai Mara. Zahlreiche Tiere finden alljährlich dabei den Tod, da sie, vom Instinkt geleitet, die Flüsse Mara, Talek und Sand stets an derselben Stelle überqueren und die nachdrängende Herde sie zwingt, sich in die Fluten zu stürzen. Nach der kleinen Regenzeit im November/Dezember ziehen die Tiere in die Serengeti zurück. Die beste Zeit zur Beobachtung der Herdenwanderung liegt zwischen Juli und Oktober, wenn sich Millionen von Herdentieren, umlauert von Raubkatzen, Hyänen und Schakalen, im Maasai Mara befinden.

Der **Meru National Park** (1800 km²) östlich des Mount Kenya, das landschaftlich abwechslungsreichste Schutzgebiet Kenyas, wurde als Heimat von Joy Adamsons Löwin Elsa bekannt. Ende der 50er Jahre, als die Wildtiere dort schon fast ausgerottet waren, erklärte der Rat der Meru die Region zum Tierschutzgebiet. Sie beherbergt Großwild, vor allem in der mit Akazien bestandenen Savannenlandschaft im Südosten.

Plan des Maasai Mara Game Reserve

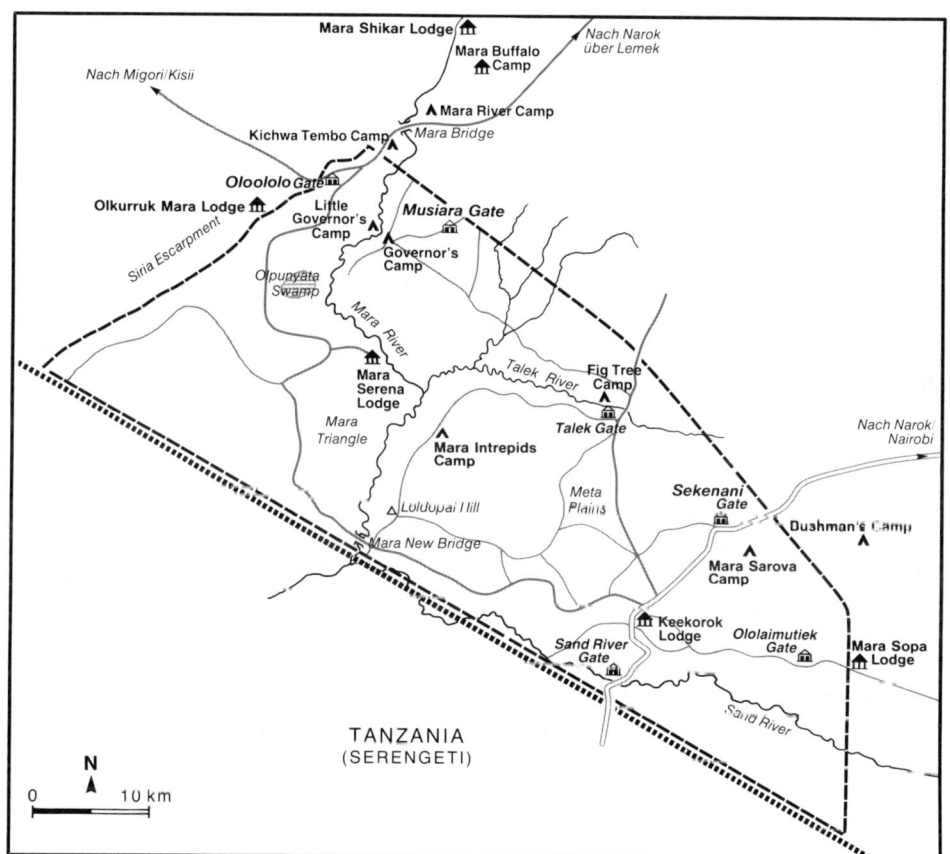

Von 300 m ü. M. in der Niederung des Tana-Flusses steigt die Landschaft nach Norden zu bis in 1000 m Höhe des Nyambeni-Gebirges an. Die Ufer des Tana und der kleineren Wasserläufe sind großenteils sumpfig oder bewaldet und in der Regenzeit gebietsweise überflutet. Hier sind Flußpferde und Krokodile sowie Büffel- und Elefantenherden zu Hause; man sieht Maasai- und Netzgiraffen, Grevy- und Steppenzebras, Oryx- und Kuhantilopen und natürlich Raubkatzen, aber auch Dikdiks, Kongonis und Zwergkudus. In den 60er Jahren wurden im Meru National Park Breitmaulnashörner aus Botswana angesiedelt; leider müssen sie wegen der Wilderer Tag und Nacht bewacht werden.

Touristisch nicht erschlossen sind die im Norden und Nordosten an den Meru National Park angrenzenden Naturschutzgebiete Bisanadi (600 km²), Rahole (1270 km²) und Kora (1790 km²). Im Kora National Reserve versuchte man jahrelang, in Gefangenschaft aufgezogene Großkatzen auszuwildern. Zu den Projektleitern gehörte George Adamson, Ehemann der weltberühmten Joy Adamson (1989 wurde er hier ermordet).

Schutzgebiete an den Rift-Seen

Die Seen im Ostafrikanischen Grabenbruch sind vulkanischen Ursprungs und ihrer landschaftlichen Schönheit wegen ebenso berühmt wie wegen ihres Vogelreichtums.

Der **Lake Naivasha,** der Nairobi am nächsten gelegene See, wird häufig von den Stadtbewohnern als Ziel für Wochenendausflüge genommen. Wegen der extremen Schwankungen seines Wasserspiegels nennt man ihn einen wandernden See. 1988 war er fast ausgetrocknet, und man konnte Crescent Island, die Insel mit dem kleinen Wildreservat, trockenen Fußes erreichen. Am Naivasha-See leben viele der in Ostafrika heimischen Vogelarten, aber auch Zebras, Giraffen, Impalas, Kongonis, Büffel und Flußpferde.

Der nördliche Teil des Sees gehört nicht zur Schutzzone; hier wird am Ufer Obst und Gemüse angebaut, und auch Hotellerie und Sportclubs haben sich angesiedelt. Nur wenig weiter südlich liegt in vulkanischer Landschaft der Hell's Gate National Park (68 km²), die Nyowara-Schlucht mit dem 25 m hohen Felsen Fisher's Tower am Eingang. Geologisch wie ornithologisch ist der Park gleichermaßen von Interesse. In den zerklüfteten Felsen nisten Sperber- und Bartgeier; auch der größte Adler Ostafrikas, der Kaffernadler, ist hier zu Hause. An Großwild kann man Geparden und Leoparden, Antilopen, Gazellen und Zebras begegnen. Die Gewalt der im Park aufschießenden Geysire nutzt man in einem Kraftwerk für geothermische Energieversorgung.

Südöstlich des Naivasha-Sees erhebt sich der Kegel des schlafenden Longonot-Vulkans, umgeben vom Longonot National Reserve (152 km²). Der Longonot, der nach den Legenden der Maasai im vorigen Jahrhundert noch aktiv war, kann über mehrere Routen bestiegen werden. Am Fuß des Berges trifft man auf Großwild der Savanne; andere Wildtierarten leben im Krater. Auch für viele Vogelarten ist der imposante Vulkan ein Zuhause.

Der **Lake Nakuru National Park** (200 km²) wurde 1961 als Vogelschutzgebiet am Nakuru-See (der Name bedeutet in Maa soviel wie ›wirbelnder Staub‹) eingerichtet. Wie der Lake

Flamingos am Lake Nakuru, dem weltberühmten Vogelparadies

Naivasha ist der Nakuru-See starken Wasserschwankungen unterworfen; in den 50er Jahren war er sogar eine Zeitlang ausgetrocknet.

Über 400 Vogelarten beherbergt der Park, und in den Wintermonaten gesellen sich zahlreiche Zugvögel aus Europa hinzu. Weltberühmt ist der alte Kratersee wegen der Flamingos, die zu Millionen seine Strände bevölkern, so daß riesige Flächen weiß und rosa gefärbt scheinen. Die Flamingos ernähren sich von den blaugrünen Algen, die für die Rift-Seen typisch sind und deren Blüte und Vermehrung an eine bestimmte Salzkonzentration des Wassers gebunden ist. In Zeiten geringer Niederschlagsmengen entsteht ein Nahrungsmangel und die Flamingos ziehen zu anderen Seen. Ihre Brutplätze befinden sich nicht am Nakuru-See; lange Zeit rätselte die Fachwelt über ihre Lokalisierung. Inzwischen weiß man, daß die Flamingos am Lake Natron, einem salzhaltigen Rift-See auf tanzanischem Gebiet, brüten.

Auch Großwild kann man im Nakuru National Park beobachten; vor allem Rothschild-giraffen wurden hier in den 70er Jahren heimisch gemacht. Seit kurzem gibt es auch Nashörner.

Das **Lake Bogoria National Reserve** etwa 60 km nördlich von Nakuru umfaßt das Gebiet um den salzhaltigen Kratersee Lake Bogoria, eingebettet in erstarrte Lavaströme und gesäumt von kilometerlangen rosa-weißen Flamingo-Stränden. Die einheimische Bevölkerung mißt den heißen, schwefelhaltigen Quellen am Nordende des Sees heilende Kräfte zu.

Der **Lake Baringo** nördlich des Bogoria-Sees, von den Niederschlägen im hügeligen Umland gespeist, ist ein Süßwassersee. Noch unterliegt er keinen Naturschutzmaßnahmen, mit seiner Gibraltar-Insel zählt er jedoch wie die anderen Rift-Seen zu den Vogelparadiesen. Berühmt ist er nicht nur wegen seines enormen Fischreichtums, sondern auch wegen der Flußpferde, die des Nachts an den Seeufern grasen.

Montane Naturparks

In Kenya gibt es drei Naturschutzgebiete, die die Gebirgswelt Afrikas in unmittelbarer Äquatornähe dokumentieren und bewahren sollen.

Der **Mount Kenya National Park,** der Nairobi am nächsten gelegen Gebirgspark, zieht sich um den heiligen Berg der Kikuyu, den diese Kirinyaga nennen. Die geschützte Zone beginnt in 3000 m Höhe und umfaßt Bergwälder, Seen und Hochmoore, die Gipfel Batian (5199 m) und Nelion (5188 m) samt Point Lenana (4985 m) sowie mehrere Gletscher. In dieser hochalpinen Bergwelt sind Servalkatzen, der Schwarze Panther, das Riesenwaldschwein und die äußerst scheue Bongo-Antilope zu Hause, des weiteren zahlreiche Vogelarten wie etwa der leuchtend grüne Kongopapagei, smaragdfarbene Nektarvögel oder Bergschmätzer.

Der **Aberdares National Park** (770 km²) erstreckt sich vom Ostabfall des Gebirges zum Great Rift Valley nach Osten hin bis zum Salient-Gebiet, wo die berühmten Beobachtungshotels für Wildtiere liegen: Treetops und The Ark. Der größte Teil des Parks liegt über 3500 m hoch, im Nordwesten von der Bergspitze des Ol Doinyo Lasatima (3999 m), im Südwesten vom Gipfel des Kinangop (3906 m) flankiert.

Bergsteigerhotel am
Fuß des Mount Kenya

Elefanten- und Büffelherden halten sich während der Trockenzeit in den feuchteren Gebieten des Bambuswaldes auf und ziehen mit Beginn der Regenzeit ins Hochmoor. An Großkatzen ist die Schwarze Servalkatze hier zu Hause, ebenso eine Löwenunterart, die sich von der Spezies der ostafrikanischen Savanne vor allem durch ihre höhere Angriffsbereitschaft unterscheidet.

Der **Mount Elgon National Park** (170 km²), der am wenigsten für den Tourismus entwickelte Bergpark, liegt an der Ostseite des erloschenen Vulkans Mount Elgon. Seine Schutzzone erstreckt sich zwischen 2500 m und 4200 m Höhe, schließt aber nicht den Gipfel mit ein; dieser gehört zum Staatsgebiet von Uganda.

Savanne, Steineiben- und Wacholderwälder gehören ebenso zum Park wie die Hochmoore, die man zu Fuß durchqueren kann. Interessant sind die Salzhöhlen des Mount Elgon. In der berühmtesten, der Kitum-Höhle, brechen die Elefanten seit Jahrtausenden mit ihren Stoßzähnen Salze von den Wänden. Bis zu 200 m tief, an Abgründen entlang, dringen sie in das dunkle Höhleninnere vor, sich allein auf den Tastsinn ihres Rüssels verlassend. Leider ist auch am Mount Elgon die Elefantenpopulation durch Wilderei ernsthaft gefährdet, trotz erheblicher Bemühungen seitens der Tierschützer.

Die nördlichen Naturschutzgebiete

Samburu National Reserve und **Buffalo Springs National Reserve** (350 km²) liegen, durch eine Brücke verbunden, nördlich und südlich des Uaso Nyiro (›Fluß des braunen Wassers‹). Weiter nordöstlich befindet sich das **Shaba Reserve** (240 km²), bekannt wegen seiner versteinerten Lavaströme, die sich vor 5000 Jahren aus den Nyambeni-Bergen ergossen. (1980 wurde Joy Adamson in diesem Reservat ermordet.)

Zum ehemaligen nördlichen Grenzgebiet gehört auch der **Marsabit National Park** (2100 km²), benannt nach dem waldbedeckten Berg Marsabit, der immergrün aus der schwarzen Lavawüste emporragt. Durch besondere klimatische Gegebenheiten fallen hier mehr Niederschläge als im wüstenhaften Umland, und so konnte im Krater und an den Westhängen des Berges ein tropischer Wald entstehen.

Für die Fahrt nach Marsabit benötigt man eine Genehmigung des Provincial Headquarter. Der Park ist bekannt wegen seiner Elefanten mit übergroßen Stoßzähnen, von denen einer, Ahmed genannt, etwa 65 Jahre alt wurde. In seinen letzten Lebensjahren stellte man einen Tierhüter eigens zu seiner Betreuung ab. Heute steht das 1974 eines natürlichen Todes gestorbene Tier präpariert im Kenya National Museum, Nairobi.

Das **Losai National Reserve** (1735 km²) liegt südlich von Marsabit und schließt eine unzugängliche, wilde Bergwaldregion jenseits der Kaisut-Wüste ein. Man kann das Gebiet nur während der Trockenzeit und nur mit Allradantrieb durchqueren.

Der **Lake Turkana,** der nördlichste der kenyanischen Rift-Seen, liegt inmitten einer vulkanischen, weitgehend vegetationslosen Landschaft, in der die Temperaturen schnell auf 50 °C steigen. Wie viele stehende Gewässer im Ostafrikanischen Grabenbruch ist der Turkana-See abflußlos und wegen des hohen Verdunstungsgrades sodahaltig. Die blauen Algen, die sich unter derartigen Bedingungen besonders vermehren, geben dem Gewässer seine Farbe, die ihm in der Literatur die Bezeichnung Jade, Sea, Jademeer, einbrachte.

Der Turkana-See ist für seinen Fisch- und Vogelreichtum bekannt. Hier sind die Nilbarsche zu Hause, die über 100 kg schwer werden können; bis zu 300 einheimische Vogelarten findet man hier, saisonal auch Zugvögel, die auf dem Flug nach Norden am Seeufer rasten. Berühmt sind ebenfalls die Kolonien der Nilkrokodile an den Seeufern und auf den Inseln.

An der Ostseite des Sees befindet sich der **Sibiloi National Park** (2500 km²) in einer Trockensavannen-Landschaft. Flußpferde, Krokodile, Somalistrauße, Grevyzebras und Oryxantilopen gehören neben vielen anderen Wildarten zu den Sehenswürdigkeiten dieses Naturschutzgebietes. In dieser Gegend machten Richard Leakey und sein Team bedeutende Hominidenfunde, vor allem im Omo-Delta und um Koobi Fora. Einen Teil dieser Funde kann man im Archäologischen Museum von Koobi Fora sehen.

Die Naturschutzgebiete der Küste

Nördlich von Lamu, unmittelbar an der Grenze zu Somalia, befindet sich das noch unerschlossene **Boni National Reserve** (1339 km²) mit dem nach Süden anschließenden **Dodori National Reserve** (877 km²). Im Boni-Reservat liegt ein Küstennaturwald, der von Grundwasser ernährt wird. Zusammen mit dem Dodori-Naturschutzgebiet stellt er ein Refugium für Elefantenherden und die selten gewordenen Topi-Antilopen dar.

Am Unterlauf des Tana liegen das **Arawale National Reserve** (533 km²), das 1974 vor allem für die vom Aussterben bedrohten Hunters Leierantilopen eingerichtet wurde, und das **Tana River Primate National Reserve** (169 km²), dessen Galeriewald den selten gewordenen Tana-River-Mangaben und verwandten Mangabenarten Schutz gewährt.

Das **Shimba Hills National Reserve** im Küstenhinterland südlich von Mombasa beherbergt Kenyas einzige Herden von Pferde- und Rappenantilopen.

Ferner gibt es an der Küste, von Norden nach Süden, das **Kiunga Marine National Reserve,** die beiden Marine Parks von **Malindi** und **Watamu** und südlich von Mombasa bei Shimoni den **Kisite Marine National Park.** In diesen Meeresrefugien entfalten sich Korallengärten und bilden eine bezaubernde Unterwasserlandschaft, in der sich farbenprächtige Fische tummeln.

Erklärung der Fachbegriffe (Glossar)

Abbasiden Kalifendynastie in Baghdad (750–1258), Nachkommen von Abbas, dem Oheim Mohammeds

Acheulean Kulturstufe innerhalb der jüngeren Altsteinzeit, gekennzeichnet durch den Faustkeil

Altsteinzeit Erdgeschichtliche Periode, 1 Mio. bis 500 000 Jahre vor heute

Amu Einwohner der Stadt Lamu, Untergruppe der Swahili

Architrav Architekturelement: der waagerechte, oft einer Säulen- oder Pfeilerreihe aufliegende Hauptbalken, der den Oberbau trägt

Asiaten In Ostafrika seit der Teilung Indiens Bezeichnung für Zuwanderer vom Indischen Subkontinent

Askari (swah.) Wächter, Polizist; gelegentlich auch: Söldner

Athi Von den Kikuyu absorbiertes Volk von Jägern und Sammlern, das um den Mount Kenya lebte

Badhala Bevölkerungsgruppe, die ursprünglich aus Kutch (heute im indischen Unionsstaat Gujarat) und Sindh stammt

Bajuni Teil der Swahili/Shirazi-Bevölkerung der ostafrikanischen Küste; definiert durch ihren Siedlungsbereich nördlich des Tana

Baluchi Bevölkerung des Hochlandes von Baluchistan (Belutschistan), das heute zwischen Iran, Pakistan und Afghanistan aufgeteilt ist

Bantu Große Gruppe von Völkern und Stämmen, vorwiegend in Zentral- und Südafrika. Ihre zahlreichen Sprachen bilden eine eigene Gruppe; zu den Bantu-Sprachen in Kenya gehören Kikuyu, Kamba und Luyia

Barakoa Gesichtsmaske; die traditionelle Verschleierungsart der vornehmen Araberinnen

Baraza (swah.) Versammlung; auch: Versammlungsplatz

Basuba (Suba) Fischer und Bootsbauer am Lake Victoria

Bogen Im Steinbau eine Konstruktionsform, die die Überbrückung größerer Spannweiten ermöglicht. Bei der klassischen Swahili-Moschee kommen Spitz- und Tropfenbogen vor, später auch Kleeblattbogen

Spitzbogen, Kleeblattbogen und Tropfenbogen

Bohra Shiiten indischer Herkunft

Boma Gehöft mit kleinem Kornspeicher und Wohnhaus

Boni Jäger und Sammler im Lamu-Distrikt mit einer ostkuschitischen Sprache

Boom Großer arabischer Segler; s. Exkurs S. 206

Buibui Schwarzer Umhang der Swahili-Frauen (Farbabb. 2)

Burji Kleines Volk mit einer kuschitischen Sprache im nordkenyanischen Gebiet um Marsabit und Moyale. Anfang des Jahrhunderts aus Äthiopien eingewanderte Feldbauern und Weber

Busaidi Herrscherdynastie, die bis heute in Oman regiert. Der berühmteste Busaidi-Sultan, Sayyid Said (1806–56) verlegte 1840 seinen Regierungssitz vom osmanischen Muscat nach Zanzibar

Cash Crop Landwirtschaftliche Kulturen, deren Ertrag nicht der Volksernährung dienen, sondern als Devisenbringer ins Ausland verkauft werden (in Kenya vor allem Tee und Kaffee, aber auch Pyrethrum und Sisal)

Chagga (Waschagga, Jaga) Feldbauern an den Süd- und Osthängen des Kilimanjaro, bekannt für Terrassenfeldbau und Bewässerungsanlagen

Clan In der ethnologischen Systematik eine unilineale Verwandtschaftsgruppe, die oft eine Wirtschafts- und Siedlungsgemeinschaft bildet. Auch: Unterabteilung eines Stammes; oft synonym mit Sippe verwendet

Community In der Ethnologie endogame Gruppe (s. Endogamie) mit gleicher Herkunft und/oder Religion

Dahalo Jäger und Sammler am Unterlauf des Tana und im Lamu-Distrikt; ihre Sprache ist südkuschitisch, enthält aber auch Klicklaute aus den Khoisan-Sprachen (s. dort)

Dhow (Dau) ursprünglich: arabisches Segelschiff; zu den an der ostafrikanischen Küste verwendeten Typen s. Exkurs S. 206

Digo s. Mijikenda

Duka Offener Laden des indischen Typs

Duruma s. Mijikenda

Eisenzeit In Ostafrika Spanne von den letzten Jahrhunderten vor der Zeitenwende bis Ende des 1. Jt.; im Landesinneren noch länger

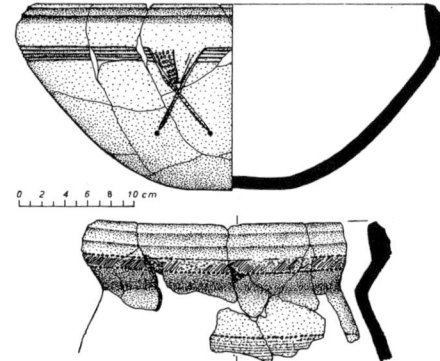

Kwale-Keramik (Eisenzeit)

Elgeyo s. Kalenjin

El Molo Kleines Fischervolk am Turkana-See. Heute weitgehend an die Kultur der benachbarten Samburu angepaßt; sprechen sie nicht mehr ihre ursprüngliche ostkuschitische Sprache, sondern verwenden das ostnilotische Samburu, teilweise auch Turkana

Endogamie Binnenheirat; Wahl des Ehepartners innerhalb der eigenen Gruppe (Ggs.: Exogamie)

Enkang Dorf der Maasai

Epiphyten Aufsitzerpflanzen; Gewächse, die ohne Bodenkontakt den Ästen oder Zweigen anderer Arten aufsitzen, ohne zu schmarotzen (viele Orchideen- und Bromelienarten)

Galerie In der Architektur langer, gedeckter, nach einer Seite hin offener Laufgang

Galla (Oromo-Sprecher) Aus Äthiopien eingewanderte Bewohner Nordkenyas mit ostkuschitischen Sprachen; meist Hirtenvölker (z. B. Boran, Orma), gelegentlich Feldbauern (Burji; s. dort)

Ghanjah Großes Segelschiff; s. Exkurs S. 206

Giryama Bauernvolk aus der Gruppe der Küstenbantu; s. Mijikenda

Gumba Von den Kikuyu absorbiertes Volk, das einst als Jäger und Sammler um den Mount Kenya lebte

Gusii (Kisii) Volk mit einer Westbantusprache; Feldbauern in den Kisii-Highlands nahe dem Victoria-See. Sie sind bekannt für Bildhauerarbeiten aus dem lokalen Seifenstein

Hadhrami Araber aus der Landschaft Hadhramaut im heutigen Jemen

Halwa Süßigkeit aus Kassawa (Maniok)

Herizi Amulett; Behälter für Koransprüche oder magische Zeichen, oft aus Silber

Hori Auslegerkanu an der nördlichen Swahili-Küste

Ibadhiten Nach dem Stifter Abd Allah bin Ibad benannter gemäßigter Zweig der Kharidjiten (sunnitische Schismatiker). Heute in Oman, an der ostafrikanischen Küste und in Südalgerien verbreitet

Idd ul Fitr Islamisches Fest, das den Fastenmonat Ramadhan beendet

Imam (arab.) Führer der Muslim-Gemeinde

Imam von Muscat und Oman Gewähltes Oberhaupt der Ibadhiten in Oman. Seit dem Ende des 18. Jh. ist das traditionelle Imamatsamt säkularisiert; seitdem tragen die Herrscher den Titel ›Sultan von Muscat und Oman‹

Jahazi Kleiner Küstensegler der Swahili; s. Exkurs S. 206

Jamia-Moschee Hauptmoschee einer Stadt, in der sich die Muslime zum großen Freitagsgebet versammeln. Synonyme: Freitagsmoschee, Versammlungsmoschee; in Swahili: Jumaa

Joho Langer, ärmelloser Überwurf der Omani, oft fein mit Goldborte bestickt. Heute Teil der Festtagskleidung der Swahili

Jumaa s. Jamia-Moschee

Jungsteinzeit Erdgeschichtliche Periode, etwa 20 000 Jahre vor heute. In Ostafrika dauerte sie bis in die letzten Jahrhunderte vor der Zeitenwende

Kadhi (arab.) Richter

Kahawa (swah.) Kaffee; Geselligkeitstrank der Küstenbewohner, auch beliebt für zeremoniale und medizinische Zwecke

Kalenjin Sammelbegriff für neun nilotische Völker Kenyas, die sich zusammengeschlossen haben, um politisch eine wirksamere

Honigsammler vom Volk der Okiek (Kalenjin)

Einheit darzustellen: Kipsigis, Nandi, Tugen, Elgeyo, Marakwet, Pokot, Sabaot, Terik und Okiek. Mit Ausnahme der am Mount Elgon siedelnden Sabaot leben die Kalenjin im Westen Kenyas; sie sprechen südnilotische Kalenjin-Sprachen

Kamba (Akamba, Wakamba) Viertgrößtes Volk Kenyas mit einer Zentralbantu-Sprache. Die Kamba leben in Mombasa und Nairobi sowie in den Distrikten Kitui und Machakos östlich von Nairobi. Früher Händler und Elefantenjäger; heute vielfach Hersteller von Schnitzarbeiten für Touristen

Hocker der Kamba

Kambe s. Mijikenda

Kanga Buntbedrucktes, meist baumwollenes Wickeltuch; Teil der traditionellen Frauenkleidung bei den Swahili und bei verschiedenen Ethnien Ostafrikas

Kanzu Knöchellanges Hemd; traditionelles Männergewand der Swahili

Kassawa Knollenfrucht, die zur Stärkemehlgewinnung angebaut wird. Synonym: Maniok

Khoisan Familie afrikanischer Sprachen, die von Hottentotten und Buschmännern gesprochen werden. Charakteristisch ist das Vorkommen von Schnalzlauten

Kikoi Wickelrock, der von einem Knoten oder Gürtel gehalten wird; traditionelles Männergewand der Swahili

Kikuyu Zahlenmäßig stärkstes kenyanisches Volk (47%); in Politik, Handel und Wissenschaften sehr einflußreich. Feldbautreibende Bewohner des Hochlandes von Nairobi; Sprecher einer Zentralbantu-Sprache

Kilemba Farbenfroher Feiertagsturban der Swahili

Kimvita Swahili-Dialekt in Mombasa

Kiosk Als Architekturelement ein pavillonähnlicher Dachaufbau

Kipsigis s. Kalenjin

Kisii s. Gusii

Kiswahili Sprache der Swahili (s. dort)

Klitoridektomie Operative Entfernung der Klitoris; Teil des Initiationsritus für Frauen bei vielen kenyanischen Völkern

Konso Bauernvolk südlich des Tschamo-Sees in Südäthiopien. Sprecher einer ostkuschitischen Sprache; Sozialorganisation nach einem Altersklassensystem

Kuppel In der Architektur die Wölbeform über einer runden oder ovalen Basis

Kuschiten Große Völker- und Sprachenfamilie in Nordostafrika

Laibon Spiritueller und politischer Führer der Maasai

Landhies Arbeitersiedlungen

Laterne Der durchfensterte Aufbau über einer Deckenöffnung zur Beleuchtung eines Raumes mit Tageslicht

Leso Traditionelles Frauengewand vor allem der Swahili, bestehend aus zwei Wickeltüchern (Kanga); auch Doppelkanga genannt

Liwali Statthalter der arabischen Omani-Herrscher an der Swahili-Küste

Luo Zweitstärkste kenyanische Ethnie; traditionell Fischer, Bauern und Viehzüchter am Lake Victoria sowie in den fruchtbaren Ebenen der Provinzen Western und Nyanza. Einflußreich in Politik, Handel und Wissenschaften. Das Luo gehört zu den westnilotischen Sprachen

Luyia (Baluhya) Größere Gruppe von 13 Ethnien (mit Westbantu-Sprachen) im Raum des westkenyanischen Kakamega. Ihr Sammelname, abgeleitet von ›Oluyia‹ (Luyia-Terminus für Hof), ist seit den 40er Jahren geläufig

Maa Sammelbegriff für die zur Gruppe der ostnilotischen Sprachen gehörenden Maasai-Sprachen

Maasai (Massai) Ostnilotisches Volk, meist als nomadische Rinderhirten in den südkenyanischen und nordosttanzanischen Savannen lebend. Sozialorganisation nach Altersklassensystem

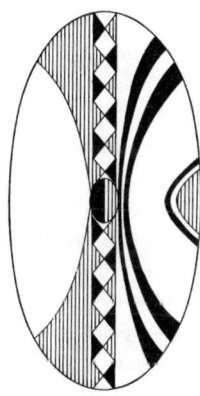

Schildmuster der Maasai (nach Merker)

Madafu (swah.) Kokosmilch

Mahindi (swah.) Knabberei aus geröstetem Mais

Makuti Kokospalmblätter; Dachdeckmaterial für Lehmhäuser an der Swahili-Küste

Mandhry Omani-Clan in Mombasa

Manyatta Kriegerlager der Maasai

Marakwet s. Kalenjin

Maulidi wörtl.: Geburtstag; im engeren Sinne Gedichte über das Leben Mohammeds, die am Geburtstag des Propheten öffentlich rezitiert werden

Maulidi al Nabi Islamisches Fest zum Geburtstag des Propheten; größtes Fest an der Swahili-Küste

›Mau Mau‹ Radikale Freiheitsbewegung in den 50er Jahren (vor allem von den Kikuyu getragen), die sich gegen die Präsenz der Europäer in Kenya richtete

Mazrui Omani-Clan in Mombasa, von 1735–1837 Herrscherdynastie

Mbari (swah.) Clan

Mericani (swah.) Baumwolltuch; die Bezeichnung entstand zu Anfang der Kolonialzeit im Zusammenhang mit den Billigimporten von Baumwolltuch aus Amerika

Meru Sechstgrößtes Volk Kenyas mit einer Zentralbantu-Sprache; kulturell am stärksten den Kikuyu verwandt. Die Meru treiben Feldbau an den östlichen Hängen des Mount Kenya im Meru-Distrikt

Mganga (swah.) Zauberdoktor und Herbalist; Hersteller von Amuletten

Mihrab Gebetsnische in der (Stirn-)Wand einer Moschee; nach Mekka ausgerichtet, zeigt sie die Gebetsrichtung an

Mijikenda Sammelbegriff für neun ethnische Gruppen (Giryama, Kauma, Chonyi, Kambe, Jibana, Digo, Duruma, Rabai und Ribe), die im kenyanischen Küstenhinterland siedeln. Ihr Gebiet reicht von nordwestlich Malindis bis hinunter zur tanzanischen Grenze und besteht größtenteils aus Dornbuschsavanne (Nyika; s. dort); daher ihr früherer – heute abwertender – Name Nyika

Mikeka Rechteckige Matten für den Fußboden; traditionelle Swahili-Flechtarbeit aus Palmfaserstreifen

Mimbar (Minbar) Erhöhte Kanzel einer Moschee aus Holz oder Stein

Minarett In der islamischen Baukunst der Moscheeturm, von dem aus der Gebetsruf an die Gläubigen ergeht

Miozän Zweitjüngste Stufe des Tertiärs, vor 12–9 Mio. Jahren

Misalla Ovale Gebetsmatte der Swahili, aus geflochtenen und zusammengenähten Palmfaserstreifen

Mittlere Steinzeit Erdgeschichtliche Periode, 200 000–50 000 Jahre vor heute

Mji (swah.) Stadt; auch: Stamm (Plural: Miji)

Mogo (swah.) Maniok; auch: geröstete Maniokknabberei

Moran Maasai-Krieger

Moschee Islamisches Sakralgebäude für Gebetsgottesdienste, oft auch Stätte für Gemeindeversammlungen. Größere Moscheekomplexe umfassen diverse Sozialeinrichtungen wie Schulen, Armenhäuser und Krankenanstalten

Straußenei, als Moscheeschmuck sehr verbreitet

Mtaa Wohnviertel der Swahili-Stadt (Plural: Mitaa)

Muezzin Gebetsrufer, der den Muslimen die fünf täglichen Gebetszeiten ankündigt

Musalla Gebetsraum einer Moschee

Mvita Die Swahili, die auf der Insel Mombasa und auf dem umliegenden Festland leben; im engeren Sinne: einer der zwölf ursprünglichen Siedlungsstämme in Mombasa

Mzee (swah. und kikuyu) Wörtlich ›großer, alter Mann‹; Ehrenbezeichnung; Beiname Jomo Kenyattas. Auch als Höflichkeitsanrede verwendet

Nairuzi (pers.) Fest am ersten Tag des Sonnenjahres; Neujahrstag der Swahili

Nandi s. Kalenjin

Naskhi (Neschi) Die gebräuchlichste arabische Schreibschrift; um 900 aus der Kufi-Type entwickelt, die sie im 12. Jh. verdrängte

Ndorobo (Wandorobo) Jäger und Sammler, die in der Nachbarschaft der Maasai leben und deren Sprache sprechen. Bekannt für die Haltung von Honigbienen

Nikha Islamischer Hochzeitsvertrag

Niloten Negride Völkergruppe im Gebiet des oberen Nils; ihre Sprachen bilden eine eigene Familie, untergliedert in westnilotisch (z. B. Luo), ostnilotisch (Maa) und südnilotisch (Nandi)

Njemps (Tiamus, Camus) Volk am Lake Baringo, das vom Fischfang und – in geringem Umfang – vom Ackerbau lebt. Sprecher einer ostnilotischen Sprache

Nyika Die Dornbuschsavanne jenseits des kultivierten Küstenstreifens. Auch: alte (abwertende) Bezeichnung für die unter dem Sammelbegriff Mijikenda (s. dort) zusammengefaßten Ethnien dieser Region

Okiek Jäger und Sammler im Siedlungsbereich der Kalenjin-Völker (s. dort)

Oldowan Geröllgerätkulturen innerhalb der älteren Altsteinzeit (1 Mio. bis 500 000 Jahre vor heute)

Omani Bevölkerung des ostarabischen Sultanats Oman; hier meist: die Omani-Clans, die seit Mitte des 17. Jh. an der Swahili-Küste zu Einfluß gelangten. Bekannte Omani-Clans in Mombasa: Mandhry, Mazrui

Ozi Swahili-Untergruppe südlich des Tana

Palmette stilisierter Palmwipfel; seit der Antike verwendete Grundform der Ornamentik

Palmettenornament der Küste

Panga (swah.) Buschmesser, Haumesser

Pate Untergruppe der Swahili, die auf der Insel Pate leben

Pfeiler In der Architektur Stützglied über rechteckigem oder polygonalem Grundriß; Sonderform: Rundpfeiler (vgl. Säule)

Pilaster Wandpfeiler; der Wand oder einem anderen Bauglied vorgelegter vertikaler Mauerstreifen mit Basis und Kopfstück

Pleistozän Erdgeschichtliche Periode innerhalb des Quartärs, 2 Mio. Jahre vor heute

Pokomo Ackerbautreibendes Volk am Unterlauf des Tana. Sprecher einer Küstenbantu-Sprache; Sozialorganisation nach Altersklassensystem

Pokot s. Kalenjin

Portikus In der Architektur ein seitlich offener oder teilweise geschlossener, überdeckter Raum aus freistehenden oder mit der Mauer verbundenen Säulen, der dem Eingang oder der Fassadenmitte eines Gebäudes vorgelagert ist

Purdah (hindi) wörtlich: Schleier, Vorhang. Verschleierungsart persischen Ursprungs; dient der Seklusion der Frau vom öffentlichen Geschehen. Weltweit von vielen Muslim-Gruppen, aber auch von einzelnen Hindu-Gruppen praktiziert

Qibla Die den Muslimen vorgeschriebene Gebetsrichtung gen Mekka; die Moscheewand, die in diese Richtung weist, heißt Qibla-Wand

Ramadhan Islamischer Fastenmonat

Rendille Kamelnomaden in der Gegend um das nordkenyanische Marsabit. Ihre Sozialstruktur baut auf dem Altersklassensystem auf; die Sprache gehört zur ostkuschitischen Gruppe

Rift, Rift Valley Der Große Ostafrikanische Grabenbruch

Rosette In der (Bau-)Ornamentik ein stilisiertes blütenförmiges, rundes Element

Sabaot s. Kalenjin

Säule In der Architektur senkrecht stehendes Stützglied mit kreisförmigem Querschnitt (vgl. Pfeiler)

Sambuk Großes Segelschiff; s. Exkurs S. 206

Samburu Vorwiegend als Rindernomaden lebendes Volk in der Trockenzone am Turkana-See. Sozialorganisation auf der Grundlage des Altersklassensystems; Sprecher einer ostnilotischen Maa-Sprache

Shafii Eine der vier Rechtsschulen des sunnitischen Islam

Shamba (swah.) Wörtlich: Feld. Kikuyu-Begriff für Land, im übertragenen Sinn etwa: Heimat. Der Begriff meint das von

Familie oder Clan gemeinsam bearbeitete Land und beinhaltet die Zugehörigkeit des einzelnen zu einem Sozialsystem

Sharia Das islamische Recht, das die Beziehungen der Menschen untereinander sowie die Beziehung des einzelnen zu Gott festlegt. Im Unterschied zu westlichen Rechtssystemen sieht es keine Trennung zwischen religiösem und weltlichem Bereich vor

Shela Untergruppe der Swahili, die auf Lamu leben, ursprünglich jedoch von der Insel Manda stammen

Shifta Wörtlich: Viehräuber; im engeren Sinne die Bewegung der Somali im Nordosten Kenyas zur Einforderung sozialer und politischer Rechte, die 1964 in eine Revolte einmündete (1967 niedergeschlagen)

Shihiri Unterste Kaste der Hadhrami-Gesellschaft

Shiiten Angehörige der Shia (arab.: Partei), der Partei des vierten Kalifen, Ali; kleinere der beiden islamischen Hauptgruppen. Im Unterschied zu den Sunniten sehen sie in Ali, Vetter und Schwiegersohn Mohammeds, den legitimen Nachfolger des Propheten und in Alis Nachkommen ihre religiösen Führer (Imam; s. dort)

Shirazi Persisch-arabisch-afrikanische Mischbevölkerung an der Benadir-Küste. Hier meist: Herrscherdynastie in Mombasa von ca. 1300–1573. Berühmtester Shirazi-Herrscher ist Shehe Mvita

Shiva-Linga Phallisches Symbol für die schöpferische Energie des indischen Gottes Shiva

Siwa Zeremonialhorn; eines der traditionellen Herrschaftsattribute der Swahili-Führer

Siyu Untergruppe der Swahili, die auf der Insel Pate lebt

Somali Staatsvolk von Somalia; Hirtennomaden (vorwiegend Kamelhaltung), die außer in Somalia auch in Südäthiopien und Nordkenya leben. Sprecher einer ostkuschitischen Sprache

Spandrille In der Architektur ein Dreieckzwickel als Übergang zwischen einem Bogen und der senkrechten Begrenzung der Maueröffnung

Stuck Leicht formbares, schnellhärtendes Gemisch aus Gips, Kalk, Sand und Wasser. In die Form gegossen oder handgeformt, dient es zur Dekoration von Innenräumen (nicht wetterfest), speziell Wänden und Decken

Sunniten Anhänger der Sunna; größere der beiden islamischen Hauptrichtungen. Grundlage des ethischen Handeln bildet außer dem Koran die Sunna (arab.: Satzung, Tradition), die Sammlung der überlieferten Äußerungen und Handlungen Mohammeds

Supraporte Die oft ausgeschmückte Fläche oberhalb einer Tür

Swahili, Suaheli Islamisierte Mischbevölkerung der ostafrikanischen Küste zwischen Somalia und Mozambique; arabischer, afrikanischer oder indischer Abstammung.

Lamu, Stuckdekor der Swahili

Ihre Sprache (Swahili; auch: Kiswahili) aus der Gruppe der Küstenbantu-Sprachen, ist (vorrangig vor Englisch) offizielle kenyanische Landessprache und wichtigste Verkehrssprache in Ostafrika. Der vornehmlich arabische Wortschatz des Swahili nahm im 20. Jh. zahlreiche englische Vokabeln auf. Heute wird die Sprache nicht mehr in arabischen, sondern in lateinischen Lettern geschrieben

Taita Sammelbegriff für die Völker der Sagala und Dabida, die östlich des Kilimanjaro an der tanzanischen Grenze leben und eine Bantu-Sprache sprechen

Tarab (swah.) Musik. Im engeren Sinne gesungenes, oft improvisiertes Gedicht

Terik s. Kalenjin

Tertiär Erdgeschichtliches Zeitalter, 65 Mio. Jahre vor heute, innerhalb dessen sich Pflanzen und Tiere den heutigen Formen annäherten

Türsturz Architekturelement; der waagerechte obere Abschluß über einer Türöffnung

Tugen s. Kalenjin

Turkana Volk im vergleichsweise armen Norden Kenyas, südlich und westlich des Turkana-Sees. Vorwiegend viehhaltende Nomaden, heute in geringem Ausmaß auch vom Fischfang lebend. Sprecher einer ostnilotischen Sprache

Umma (arab.) Die weltweite Gemeinde der muslimischen Gläubigen

Utamaduni (swah.: Kultur) Die arabische Wurzel ›Medina‹, Stadt aus Stein, verweist auf die Grundlage der Swahili-Kultur, die permanente Niederlassung in Steinhäusern

Vumba Untergruppe der Swahili, die in der Gegend von Vanga und auf der Insel Wasini lebt

Wa-Ungwana (swah.: kultivierter Städter) Angehöriger der Privilegiertenschicht innerhalb der städtischen Swahili-Gesellschaft; in der Regel Mitglied einer alteingesessenen Familie

Yarubi Omanische Herrscherdynastie (1624–1744)

Ziarat Heiligengrab; oft auch Pilgerstätte der Muslime

Zimba Völkerkundlich kaum faßbare Ethnie; in der Literatur bekannt als räuberisches Kannibalenvolk, das Ende des 16. Jh. vom Zambezi-Tal nordwärts drängte und Malindi und Mombasa verwüstete

Zirkumzision Beschneidung der Penis-Vorhaut; Teil des Initiationsritus bei fast allen kenyanischen Ethnien

Ausgewählte Literatur

Sachbücher

Adamson, J.: The peoples of Kenya. London 1967

Allen, J. de V.: Lamu Town. Mombasa o. J.

Andersen, K. B.: African Traditional Architecture. Nairobi 1987

Böhning/Kalter/Sheikh-Dilthey: Ostafrika – Geräte, Waffen, Schmuck. Heidelberg 1972

Dammann, E.: Dichtungen in der Lamu-Mundart des Suaheli. Hamburg 1940

Fedders, A./Salvadori, C.: Peoples and Cultures of Kenya. Nairobi und London 1979

Garlake, P. S.: The Early Islamic Architecture of the East African Coast. Nairobi und London 1966

Ghaidan, U.: Lamu. Nairobi 1975

Huxley, E.: White Man's Country – Lord Delamere and the Making of Kenya. London 1935

Kenia. Luzern/Frankfurt 1980 (Ländermonographie mit großem Fototeil)

Kenya. National State of the Environment Report. United Nations Environment Programme. Nairobi 1987

Kenya's People. Text Book Centre, Nairobi. (Hefte über die wichtigsten Ethnien, auch in Deutsch)

Kenyatta, J.: Facing Mount Kenya. London 1938

Kirkman, J.: The Arab City of Gedi. Oxford 1954

Kirkman, J.: Fort Jesus – A Portuguese Fortress on the East African Coast. London 1974

Leakey, R. E./Lewin, R.: Wie der Mensch zum Menschen wurde. Hamburg 1978

Leakey, R. E./Lewin, R.: Die Menschen vom See. Gütersloh 1980

Leifer, W. (hrsg.): Kenia. Tübingen/Basel 1977 (Ländermonographie)

Merker, M.: Die Masai. Berlin 1904

Mollison, S.: Kenya's Coast. Nairobi 1977

Muriuki, G.: A History of the Kikuyu. 1500–1900. Nairobi 1974

Prins, A. H. J.: The Swahili-Speaking Peoples of Zanzibar and the East African Coast. London 1961

Salim, A. I.: The Swahili-Speaking Peoples of Kenya's Coast. Nairobi 1971

Trimingham, J. S.: Islam in East Africa. Oxford 1964

Were, G. S./Wilson, D. A.: East Africa through a Thousand Years. London 1971

Willcock, C.: Das Afrikanische Rift Valley. Amsterdam 1974

Romane und Reiseberichte

Adamson, J.: Die Löwin Elsa und ihre Jungen. Berlin 1977

Baumann, O.: Durch Massailand zur Nilquelle. Berlin 1894

Blixen, K.: Out of Africa. Deutsch: Afrika, dunkel lockende Welt. Zürich 1990

Hemingway, E.: The Snows of Kilimanjaro. Deutsch: Schnee auf dem Kilimanjaro. Rororo-Taschenbuch

Höhnel, L.: Zum Rudolfsee und Stephaniesee. Die Forschungsreise des Grafen Samuel Teleki in Ost-Äquatorial-Afrika. Wien 1892

Krapf, J. L.: Reisen in Ostafrika ausgeführt in den Jahren 1837–55. Stuttgart 1958

Leakey, R. E.: One Life. Salem, New Hampshire 1984. Autobiographie

Mwangi, Meja: Going down River Road. Deutsch: Nairobi, River Road. Wuppertal 1982

Moorehead, A.: The White Nile. London 1960

Ngugi wa Thiong'o: Weep not, Child

ders.: Petals of Blood. Deutsch: Verbrannte Blüten. Wuppertal 1982

ders.: Matigari. Wuppertal 1991

Patterson, J. H.: The Man-Eaters of Tsavo. New York 1966

Thomson, J.: Durch Massai-Land. Leipzig 1885

Abbildungsnachweis

Farbabbildungen

Erwin Böhm, Freiburg   14, 16, 19, 20, 30, 31, 33, 49, 60, 61, 62
Hel Dilthey, Policoro   25, 47, 53
Wolfgang Fritz, Köln   8, 9, 37
Werner Hunstein, Heidelberg   57
Joschik Kerstin, Frechen   55, 69
Jürgen Lindenburger, Kastl   18, 54
Fritz Prenzel, Gröbenzell   1, 34, 35, 50, 59
Achim Sperber, Hamburg   51, 52, 56, 58
Walter Spiegel, Heidelberg   38–45

Schwarzweißabbildungen in den Kunstdruckbogen

John de V. Allen, Nairobi   45, 46, 47, 51, 52, 53, 59, 60, 61
Erwin Böhm, Freiburg   38, 71, 75, 77
Robert Burkhardt, Sandhausen   13, 56, 57, 58, 76
Wolfgang Fritz, Köln   70
Manfred Gill, Windhoek   93
Kenya Railways, Nairobi   11, 62, 68, 69
Walter Spiegel, Heidelberg   39, 40, 42, 43, 44, 82, 83, 84, 85, 86, 87, 88, 89, 90, 91, 92, 94
Mr. Tajir, Mombasa   17, 18
Sammlung Zintgraf (1906) Portheim-Stiftung, Heidelberg   12, 14, 15, 16, 63, 64, 78, 79, 80, 81

Alle übrigen Aufnahmen stammen von Helmtraut und Munir Sheikh.

Textfotos und Illustrationen

K. B. Andersen, African Traditional Architecture. Nairobi 1977   S. 99
Associated Press, Frankfurt/M.   S. 77
Roderick H. Blackburn, Kenya's People, Okiek. Evans Brothers, London   S. 291
Karl Josef Braun   S. 116, 140 (3), 141 (5), 199, 206 (4), 226
John Cleare, Salisbury/GB   S. 11, 15, 93, 95, 100, 103, 148, 155, 220, 222, 235, 238, 267, 271, 272, 273
A. v. Gagern, H.-J. Koloss, W. Lohse, Ostafrika, Figur und Ornament. 1974   S. 106, 110 (2), 292, 293
P. S. Garlake, The Early Islamic Architecture Of The East African Coast. London 1966   S. 132 (3), 209, 214
J. Kalter, Die materielle Kultur der Massai und ihr Wandel. Bremen 1978   S. 108, 109 (2)
M. Köhler (hrsg.), Richtig reisen Ostafrika. Köln 1988   S. 202
A. Moorehead, The White Nile. London 1971   S. 65
G. Muriuki, People round Mount Kenya. London 1978   S. 97 (4)
L. und D. Phillipson, East Africa's Prehistoric Past. Nairobi 1977   S. 20, 23, 25, 26, 28
D. W. Phillipson, The Later Prehistory of Eastern and Southern Africa, London 1977   S. 290
Achim Remde, Bonn   S. 153, 154, 159
Karl-Otto Sattler, Freiburg   S. 85
Sven Simon, Bonn   S. 82

H. Strelocke, Kunst-Reiseführer Portugal. Köln 1982   S. 38

Ullstein Bilderdienst, Berlin   S. 44 f., 74, 78, 79, 80 (Foto: dpa), 146, 195

Hans Weber, Lenzburg/CH   S. 13, 16, 17, 36, 87, 91, 107, 111, 130, 136, 139, 158, 205, 213, 217, 225, 229, 232, 259 (3), 263, 264, 269, 275, 277, 285, 286

G. S. Were, D. A. Wilson, East Africa through a Thousand Years. London 1971   S. 32, 47, 48, 69 (2), 71 (3)

Alle übrigen Textabbildungen entstammen den Archiven von Autorin und Verlag.

Kartographie: DuMont Buchverlag, Köln

Raum für Reisenotizen

Raum für Reisenotizen

Nandi-Frau. Ethnographisches
Gemälde von Joy Adamson

Praktische Reisehinweise

Wissenswertes vor Reiseantritt

Kurzinformationen von A–Z

Stützpunkte für Exkursionen

Diplomatische Vertretungen

In Deutschland:

Botschaft Kenyas
Villichgasse 17
5300 Bonn 2
✆ 02 28/35 60 41/42

In Österreich:

Honorarkonsulat Kenyas
Hohe Warte 7a
1190 Wien
✆ 02 22/36 51 73

In der Schweiz:

Generalkonsulat Kenyas
Bleicher-Weg 30
8039 Zürich
✆ 01/2 02 22 44

Einreisebestimmungen

Deutsche unterliegen – im Gegensatz zu Schweizern und Österreichern – bei einem Aufenthalt bis zu drei Monaten keinem Visazwang: es genügt der gültige Reisepaß. Bei der Ankunft wird Ihnen ein Visitor's Pass ausgestellt, den Sie während Ihres Aufenthaltes in Kenya stets bei sich führen sollten.

Für Verlängerungen von Visitor's Pass bzw. Visum sind die Immigration Offices zuständig:

Nyayo House
(Ecke Uhuru Highway/
Kenyatta Avenue)
Nairobi

Nkrumah Road/Ecke Digo Road
Mombasa

Gesundheit/Vorsorge

Impfungen: Für Reisende, die direkt aus Europa kommen, besteht in Kenya keine Impfpflicht. In den anderen ostafrikanischen Ländern (Uganda, Rwanda, Burundi) müssen Schutzimpfungen gegen Cholera und Gelbfieber nachgewiesen werden. Die Impfpflicht besteht ebenfalls für Personen, die über andere schwarzafrikanische Länder nach Kenya einreisen. Es ist daher in allen Fällen ratsam, neben den üblichen Impfungen, die man auch zu Hause immer wieder auffrischen muß (z. B. Tetanus und Polio), sich auch gegen Gelbfieber, Cholera und Typhus impfen zu lassen. Die Gelbfieberimpfung (zehn Jahre Schutz) wird in den Gesundheitsämtern oder den Tropeninstituten der Universitäten vorgenommen, während die Choleraimpfung von jedem Arzt durchgeführt werden kann. Für Typhus und Paratyphus gibt es entweder eine Schutzimpfung durch Spritzen oder durch Einnahme von Tabletten.

Malaria und Malariaprophylaxe: Malaria ist eine weitverbreitete fieberhafte Erkrankung, die durch weibliche Stechmücken (Anopheles) übertragen wird. Die wichtigste Prophylaxe ist es, das Gestochenwerden zu verhindern (z. B. in der Dämmerung möglichst den Körper bedecken, unter dem Moskitonetz schlafen, im Freien die Pyrethrumspiralen abbrennen). Die medizinische Prophylaxe wird mit Resochin durchgeführt: Die Einnahme soll mindestens eine Woche vor Reiseantritt begonnen und bis sechs Wochen nach Rückkehr fortgesetzt werden. – In vielen Gebieten sind bereits Resochin-resistente Malariastämme aufgetreten. Als Ergänzung empfehlen sich daher Daraprim, Lariam oder Fansidar.

Bei allen fieberhaften Erkrankungen sollte aber immer ein Arzt konsultiert werden.

Bilharziose ist eine Krankheit, bei der in verseuchten Gewässern lebende Zerkarien (Larven) durch die Haut oder – beim Trinken – durch die Schleimhaut in den Körper eindringen und sich danach im Pfortadersystem zu erwachsenen Würmern entwickeln. Das Baden in unbekannten Gewässern soll deshalb vermieden werden; das Schwimmen im Meer hingegen stellt diesbezüglich kein Risiko dar.

AIDS ist eine Infektionskrankheit, die durch Geschlechtsverkehr und Blutkontakt übertragen wird. Wie in allen andern gefährdeten Ländern, ist es auch in Kenya ratsam, ungeschützte Sexualkontakte generell zu meiden.

Reiseapotheke: Eine Reiseapotheke sollte folgende Medikamente enthalten: sterile Spritzen und Kanülen (abgepackt!), Aspirintabletten (gegen Fieber und Schmerzen), Autan als Insektenschutz, Imodium und Kohletabletten (gegen Durchfälle), Betaisodona-

Salbe (für infizierte Wunden und Verbrennungen), Fenistil-Gel und -Tropfen (gegen Allergien, Insektenstiche und Sonnenbrände) sowie etwas Verbandstoff und Pflaster.

Informationsmaterial

Informationsbroschüren erhält man kostenlos entweder vom

Staatlichen Verkehrsbüro Kenya
Hochstr. 53
6000 Frankfurt
✆ 0 69/28 25 51/52
oder von der Botschaft Kenyas (siehe S. 306). Informationen für Bergsteiger verschickt der

Mountain Club of Kenya/Club House
Wilson Airport
P.O.B. 45741, Nairobi.
✆ 50 17 47

Klima und Reisezeit

Jahreszeiten in unserem Sinne gibt es in Kenya nicht, und die Sonne geht fast das ganze Jahr über um die gleiche Zeit auf und unter (Tageslicht von etwa 6 Uhr morgens bis 19 Uhr). Da die Sonne am Äquator annähernd senkrecht steht, muß man sich vor der direkten Sonneneinstrahlung schützen. Man sollte sowohl für angemessene Kleidung (Baumwollstoffe, weniger enthüllende als bedeckende Kleidung und Kopfbedeckung) als auch für Sonnenschutzmittel und Sonnenbrille sorgen.

Die **Hauptreisezeit** liegt zwischen der Kleinen Regenzeit (Short Rains) im Monat November und der Großen Regenzeit (Long Rains) Ende März bis Juni, fällt also mit dem europäischen

Winter zusammen. Der Juli ist der kühlste Monat und kann vor allem im Hochland empfindlich kalt sein. Die Temperaturen hängen ansonsten im wesentlichen von der Höhe ab. Man sollte jedenfalls nicht versäumen, genügend Wollsachen einzupacken. Dem Autofahrer ist außerdem zu empfehlen, sich vor einer Reise mit dem Wagen über die Witterung des jeweiligen Reisegebietes zu orientieren. Es gibt nicht überall geteerte Straßen.

Insbesondere während der Regenzeit können sich einige Gegenden in einen unpassierbaren Morast verwandeln – wie z. B. die Straße nach Lamu im Bereich der Tana-Mündung. Während der Großen Regenzeit wird auch die East African Safari veranstaltet, die von Karfreitag bis Ostermontag dauert. Diese angeblich schwierigste Auto-Rallye der Welt findet zur Zeit nur auf kenyanischem Territorium statt.

Kurzinformationen von A–Z

Ärztliche Versorgung

Im Gegensatz zu den übrigen ostafrikanischen Ländern ist die medizinische Versorgung in Kenya in ausreichendem Maße gewährleistet. Es gibt Ärzte und Krankenhäuser für alle Fachrichtungen. Arzt- oder Krankenhauskosten müssen in bar beglichen werden. Der Abschluß einer Reisekrankenversicherung empfiehlt sich daher.

Im Falle von Erkrankungen oder Unfällen in abgelegenen Gebieten gewährt der Flying Doctor Service (gegen eine geringe monatliche Mitgliedsgebühr) freien Lufttransport zur nächsten geeigneten Klinik. Adresse: P.O.B. 30125, Nairobi, ✆ 50 13 01 (in den Bürostunden) und 50 12 80 (rund um die Uhr).

Apotheken, die international übliche Medikamente führen, gibt es in den größeren Orten.

Die meisten Blutkonserven werden auf AIDS und andere übertragbare Krankheiten geprüft.

Ausflüge

Für **Unternehmungen zu den Kulturstätten Kenyas** empfiehlt es sich, Kontakt mit der Kenya Museum Society (mit Sitz im National Museum, P.O.B. 40658, Nairobi, ✆ 74 21 61) aufzunehmen oder sich in Mombasa mit einer ähnlichen Vereinigung, den ›Friends of Fort Jesus‹ (mit Sitz im Fort Jesus, P.O.B. 82412, Mombasa, ✆ 31 28 39) in Verbindung zu setzen.

Diese beiden kulturell aktiven Gesellschaften veranstalten immer wieder Ausflüge und Fahrten unter sachkundiger Leitung und bieten außerdem Vortrags- und Filmveranstaltungen über die neuere archäologische und anthropologische Forschung des Landes an.

Weitere Auskünfte findet man in den Touristenbroschüren ›What's on‹ und ›Tourist's Kenya‹, die kostenlos in vielen Hotels und Reisebüros erhältlich sind.

Baden

Die meisten Binnengewässer Kenyas sind bilharzioseverseucht oder von Krokodilen und Nilpferden bewohnt. Vom Baden in Flüssen und Seen ist daher abzuraten. Im Meer ist Baden ganzjährig möglich. Die Wassertemperaturen sinken nie unter 22°C, die Strände sind breit und feinsandig.

Botschaften und Konsulate

für die Bundesrepublik Deutschland:

German Embassy
Harambee Avenue
Embassy House
P.O.B. 30180, Nairobi
✆ 2 66 61/2/3 und 22 70 69/22 13 16

German Consulate
Moi Avenue
Canon Tower
P.O.B. 90171, Mombasa
✆ 2 49 38/39, 2 38 48

für Österreich:

Wabera St.
City House
P.O.B. 30560, Nairobi
✆ 2 82 81/2, 33 32 72
Konsulat in Mombasa, Ralli House,
Nyerere Ave.
✆ 31 33 86/87

für die Schweiz:

Mama Ngina St.
International Life House
P.O.B. 30752, Nairobi
✆ 2 87 35/6

Konsulat in Mombasa
✆ 31 66 84

Essen und Trinken

Spezialitäten der kenyanischen Küche werden dem Touristen nicht überall geboten; außer an der Küste ist der Speisezettel traditioneller Gerichte zudem nicht gerade lang. Schmackhaft und in Restaurants öfter angeboten werden *irio* (verschiedene Sorten von Bohnen mit ganzen Maiskörnern) oder *ugali* (eine Art Polenta aus Maismehl) und außerdem gegrilltes Fleisch.

Aus der indischen Küche haben sich vor allem verschiedene Fleisch-Curries, aber auch mehrere Arten von *chapati* (Fladenbrot) und die mit Fleisch oder Gemüse gefüllten *samosas* eingebürgert, die man in vielen einheimischen Cafés essen kann. Außerdem gibt es eine große Zahl indischer Restaurants und Cafés, die sowohl bei Touristen als auch bei Kenyanern sehr beliebt sind. Reisgerichte, Fleisch-Curries, Gemüsegerichte oder die vielen ›Süß-Süßer-Süßigkeiten‹ werden hier serviert.

An der Küste kann man gelegentlich – insbesondere in den kleineren Restaurants – die ortsüblichen Gerichte kosten, die sich vor allem durch die Verwendung von Kokosmilch auszeichnen. Am bekanntesten ist wohl *kuku ya Paka*, Hähnchen in Kokosmilch gekocht, das zusammen mit *mandazi* (mit Kokosmilch hergestellte Krapfen, die in Öl ausgebacken werden) gegessen wird. Beliebt sind auch verschiedene Kebabs und Schaschlik-Arten.

Die größeren Hotels führen nach Siedlertradition meist eine internationale Küche mit britischem Einschlag, reich an Fisch und Fleisch des Landes und mit einer großen Auswahl von frischem Gemüse und Obst.

Getränke: Tee, Kaffee und verschiedene Fruchtsäfte (wie Maracuja-, Mango- oder Ananassaft) sind überall erhältlich, ebenso die sogenannten Soft Drinks (Coca Cola oder Pepsi) und verschiedene einheimische Limonaden. An alkoholischen Getränken werden neben den eingeführten Weinen und Whisky das einheimische Bier und einheimische Weine (aus Papaya, Maracuja oder Trauben) angeboten. Das Leitungswasser ist im allgemeinen genießbar und abgepacktes Flaschenwasser fast im ganzen Land erhältlich. Im Zweifelsfalle sollte das Trinkwasser abgekocht oder chemisch behandelt genossen werden.

Ethnographische Souvenirs

Sowohl in den Hotels und Souvenirläden als auch auf den Märkten und der Straße wird mit allen möglichen Reiseandenken um Ihre Kaufgunst geworben.

Durch den Massentourismus hat allerdings die Nachfrage nach ›echten und alten‹ Ethnographica bei weitem das Angebot überstiegen, und es hat in den letzten Jahren eine Massenproduktion von ethnographisch orientierten Artikeln eingesetzt, deren Sinnentleerung massiv sichtbar ist und deren Qualität leider nachgelassen hat. Massenweise angebotene Speere, Schilde, Trommeln, Kalebassen und Masken (deren Vorbilder allerdings nicht in Kenya zu suchen sind) bezeugen dies. Welcher Besitzer einer guten Trommel, einer Nackenstütze oder Schnupftabakdose wollte sich schon so ohne weiteres von seinen sehr persönlichen Gegenständen trennen?! Nur Dürreperioden und Hungersnöte, die leider auch Kenya immer wieder heimsuchen, zwingen im allgemeinen zum Verkauf.

Neben ethnographischem Kitsch existieren aber noch ein solides Kunsthandwerk und andere Handwerksarten, die sehr oft in Heimarbeit ausgeübt werden und sowohl von der Regierung als auch von privaten Vereinigungen und Wohlfahrtsverbänden gefördert werden. Geschäfte der Cottage Crafts, Home Industries, der Prison Industries etc. zählen dazu.

Auf den Märkten kann man ebenfalls sorgfältig gearbeitete Korb- und Töpferwaren finden, und das Kenya National Museum unterstützt die Herstellung neugefertigter Ethnographica, die dort auch käuflich erworben werden können.

Nicht nur in Ostafrika, sondern überall in den größeren Städten der Welt findet man heute die Schnitzereien (beispielsweise Tiere oder Kriegerfiguren mit Speer und Schild oder Salatbestecke mit Menschen- oder Tierdarstellungen) der Kamba, die den Kikuyu benachbart sind und deren Angehörige vor allem als Jäger und Händler seit langem mit der Küste in Verbindung standen. Die Tradition ihrer Schnitzkunst war jener ihrer Nachbarvölker ähnlich und umfaßte im letzten Jahrhundert vor allem Stühle, Löffel, Leoparden-Modelle (die man zur Abwehr lebender Leoparden vor die Haustür stellte) oder beschnitzte Kalebassen.

Daß aus dieser relativ unwichtigen Handwerkstradition ein lukratives Geschäft wurde, verdanken die Kamba einem begabten Schnitzer ihres Volkes, Mutisya Munge, der während des Ersten Weltkrieges mit den Zaramo in Tanganyika und ihrer Schnitzkunst in Berührung kam. In seiner Heimat, die trocken und für den Ackerbau wenig geeignet war, ermutigte er andere Männer (Schnitzen war traditionsgemäß immer Männersache), ihren Lebensunterhalt als Schnitzer zu verdienen.

310

Abnehmer waren zunächst nur die europäischen Siedler. Der große Boom für die beliebten Kamba-Schnitzereien nahm seinen eigentlichen Anfang erst während des Zweiten Weltkrieges, als britische Soldaten nach Ostafrika kamen und vermehrt Souvenirs für zu Hause einkauften.

Die Kamba fertigen heute auch viele sogenannte Makonde-Schnitzereien aus Ebenholz an, die als afrikanische Kunst der Gegenwart teuer gehandelt werden. Oftmals wird jedoch anstatt des schweren und teuren Ebenholzes gefärbtes Rosenholz dafür verwendet.

Auch an der Küste ist man sicherlich besser bedient, Gegenstände des zeitgenössischen Handwerks zu erwerben, als sich viel zu teure, überdies oft künstlich gealterte, ›antike‹ Truhen und Kästen, Türbalken, Silberschmuck oder Lamu-Möbel andrehen zu lassen. Sowohl in Lamu als auch in Mombasa lebt eine Schnitzertradition auf, die sich an den Schnitzmustern der Vergangenheit orientiert.

Die Kanga- und Kitenge-Wickelkleidung der Frauen ist bei Touristen nach wie vor beliebt, ebenfalls Kikois und Kanzus, die Kleidung der Männer.

Feiertage

Neujahr; Karfreitag, Ostermontag; 1. Mai; Madaraka, Jahrestag der Selbstverwaltung (1. Juni); Id ul Fitr, das Fest, das den islamischen Fastenmonat beendet (der Zeitpunkt richtet sich nach dem islamischen Festkalender); Kenyatta Day (20. Oktober); Unabhängigkeitstag (12. Dezember), erster und zweiter Weihnachtsfeiertag.

Fotografieren

Fotografieren ist nicht überall erlaubt. Meist weisen Schilder darauf hin. Generell verboten ist das Fotografieren der kenyanischen Flagge, des Präsidenten und der verschiedenen Regierungssitze sowie von militärischen Einrichtungen und Soldaten, von Gefängnissen und Strafgefangenen. Zuwiderhandeln wird mit Geld- und Gefängnisstrafe geahndet. Auch dürfen Sie in den Wildparks meist nur vom Auto aus fotografieren. Wenn Sie Menschen aufnehmen wollen, sollten Sie vorher erst um Erlaubnis fragen. Nicht jeder möchte gern ›abgeschossen‹ werden. Vielfach verlangen Angehörige der Maasai (auch anderer Volksgruppen) Geld für eine Aufnahme. Der Preis hängt im wesentlichen von Ihrem Verhandlungsgeschick ab.

Geld/Devisen

Währung ist der Kenya Shilling (Ksh.), der in 100 Cent unterteilt ist. Um den illegalen Devisenhandel zu unterbinden, verlangen die Behörden, daß Sie Ihre Devisen bei der Einreise deklarieren. Bei der Ausreise werden oft Stichproben gemacht. Halten Sie deshalb die offiziellen Quittungen für eingetauschtes Geld und Ihre restlichen Devisen griffbereit! Kenya Shilling dürfen weder ein- noch ausgeführt werden! Es ist außerdem strafbar, kenyanisches Geld zu vernichten oder zu beschädigen, da sie das Porträt des Präsidenten tragen. Ein Rücktausch übriggebliebenen Geldes ist nur möglich, wenn Sie die Wechselbelege vorzeigen können.

In allen größeren Orten gibt es Banken, die Bargeld oder Travellers' Cheques einwechseln. Die Touristenhotels sind ebenfalls autorisiert, Geld zu wechseln. (Achtung! Jeder Geldwechsel muß in die Devisenerklärung eingetragen werden.)

1 DM = 16 Ksh.

Informationsstellen

Visitor's Information Bureau
(organisiert in erster Linie Safaris)
Moi Avenue, gegenüber dem Hotel Hilton
P.O.B. 54666, Nairobi
✆ 33 10 30
Öffnungszeiten: Montag–Freitag 8.30–17 Uhr,
Samstag 8.30–13 Uhr

Tourist's Kenya
(Beratung und Hilfe in Notfällen)
Union Towers, 1. Stock, Moi Avenue
P.O.B. 40025, Nairobi
✆ 3 38 71 69 oder 33 12 74

Mombasa and Coast Tourist Association
(M.C.T.A.)
Moi Avenue, bei den ›Tusks‹
P.O.B. 99596, Mombasa
✆ 2 54 28
Öffnungszeiten: Montag–Freitag 8–12 Uhr
und 14–16.30 Uhr, Samstag 8–12 Uhr

Auch die Vertretungen der Automobile Association erteilen touristische Auskünfte, z. B. in Nairobi:
Automobile Association (AA)
Argwings Kodhek Road
P.O.B. 40087, Nairobi
✆ 72 03 82

Weitere Tips und Informationen können Sie den Broschüren ›What's on‹ und ›Tourist's Kenya‹ entnehmen, die in vielen Hotels und Reisebüros ausliegen.

Karten

Kartenmaterial erhält man in Nairobi entweder beim Survey of Kenya, Harambee Avenue, beim Public Map Office, City Square (neben dem Kenyatta Conference Centre), oder auch im Fremdenverkehrsbüro neben dem Hilton.

Kleidung

Welche Kleidung Sie auf eine Kenyareise mitnehmen, hängt zum einen von der Jahreszeit ab (s. ›Klima und Reisezeit‹).

Daneben gibt es noch einige allgemeine Empfehlungen:

Ruinen und alte Gemäuer sollte man nur mit geschlossenem Schuhwerk betreten, da sich dort häufig Schlangen aufhalten.

Beim Besuch einer Moschee ist angemessene Kleidung Voraussetzung; d. h. keine schulterfreie Kleidung, keine kurzen Hosen oder Miniröcke.

Am Strand sollte man nicht auf Badehose, Lendentuch oder Bikini verzichten, denn Nackt- oder Oben-ohne-Baden ist bei hoher Strafandrohung verboten.

Museen

In Zusammenarbeit mit dem Nationalmuseum in Nairobi stehen eine Reihe regionaler Museen, deren Aufgabe es ist, jeweils für ihre Region geschichtliches, ethnographisches und naturkundliches Material zusammenzutragen und auszustellen.

National Museum
P.O.B. 40658, Nairobi
✆ 74 21 61

Fort Jesus Museum
P.O.B. 82412, Mombasa
✆ 31 28 39

Lamu Museum
P.O.B. 48, Lamu
✆ 3073

National Museum of Western Kenya
P.O.B. 1219, Kitale
✆ 2 06 70

Meru Museum
P.O.B. 592, Meru
✆ 2 04 82
(Dieses Museum besitzt ein sehenswertes Kräutergärtchen mit einheimischen Heilpflanzen.)

Kisumu Museum
P.O.B. 1779, Kisumu
✆ 4 08 04

Post

Der nationale und internationale Postverkehr Kenyas funktioniert im allgemeinen gut. In allen größeren Orten finden sich Postämter, die meist Montag–Freitag 8 (oder 8.30)–12 und 14–17 Uhr sowie Samstag 8.30–11 oder 12 Uhr geöffnet haben.
Briefe innerhalb Ostafrikas: 5 Shilling
Aerogramme: 4.50 Shilling
Luftpostbriefe nach Europa: 6.50 Shilling
Postkarten: 4.50 Shilling

Preise

Festgelegte Preise haben hauptsächlich europäisch orientierte Geschäfte, Hotels und Restaurants sowie die öffentlichen Verkehrsmittel. In vielen Geschäften, auf Märkten und in Souvenirläden ist es üblich, um den Preis zu feilschen. Bevor man größere Einkäufe tätigt, sollte man sich mit Preisen und Handelstechniken vertraut machen.

In Kenya gibt es Unterkunftsmöglichkeiten für jeden Geldbeutel. Das Angebot reicht von billigen Herbergen (unter 10 DM pro Person) bis zu Luxushotels der oberen Preisklasse. Fast überall findet man ›Boarding & Lodgings‹, Billigunterkünfte, die oft auch als Stundenhotels fungieren. Auch Restaurants gibt es in allen Preislagen.

Sicherheit

Bestimmt fallen Ihnen bald nach Ankunft die vielen polizeiähnlichen Askaris (Wächter) im Hotel, vor Banken und größeren Geschäften sowie in wohlhabenderen Wohnvierteln auf. Sie sind meist Beschäftigte der florierenden Wach- und Schließgesellschaften. Vor Diebstahl werden Sie überall gewarnt. Achten Sie auf Ihre Kameraausrüstung, Handtasche oder das Portemonnaie und fuhren Sie nach Möglichkeit nur die nötigsten Wertgegenstände mit sich.

Auch vor Überfällen – vor allem des Nachts – sollten Sie sich schützen. Spaziergänge und Fahrten bei Dunkelheit können nicht nur der wilden Tiere wegen gefährlich sein.

In Notfällen wenden Sie sich an die diplomatischen Vertretungen Ihres Herkunftslandes (Adressen S. 309).

Sprache

Die zwei Landessprachen Kenyas sind Englisch und Swahili. Seit 1972 ist Swahili offiziell bevorzugt. Englisch spielt jedoch weiterhin als Verwaltungs- und Handelssprache eine große Rolle. Mit ausreichenden Englischkenntnissen hat man daher in größeren Orten und Touristenzentren keine Verständigungsprobleme. Deutsch wird in einigen Küstenhotels gesprochen. Ein bißchen Swahili macht aber überall einen guten Eindruck, und sei es nur: *jambo* = hallo, guten Tag!

Habari	Wie geht's?
Mzuri	gut
Hodi	Darf ich eintreten? (anstatt eines Klopfens an die Tür)
Karibu	willkommen; treten Sie ein!
Kwaheri	auf Wiedersehen
Tafadhali	bitte
Asante	danke (asante sana = vielen Dank)
Ndio	ja
Hapana	nein
Hatari	Achtung!
Simama	Halt!
Sifahamu	ich verstehe nicht
Polepole	langsam
Upesi	schnell
Hapa	hier
Uko	dort
Sasa	jetzt
Bado	später
Leo	heute
Kesho	morgen
Jana	gestern
Nataka	ich möchte
Lete	bringen Sie
Chakula	Essen
Chai	Tee
Kahawa	Kaffee
Maji	Wasser
Maziwa	Milch
Mkate	Brot
Nyama	Fleisch
Samaki	Fisch
Matunda	Obst
Chumvi	Salz
Sugari	Zucker
Baridi	kalt
Moto	heiß
Mkubwa	groß
Kidogo	klein, wenig
Mingi	viel
Ngapi	wieviel? wieviele?
Shilingi ngapi?	Wieviel kostet es?
Kushoto	links
Kulia	rechts
Moja kwa moja	geradeaus
Mbali	weit
Karibu	nah
Wapi	wo
Mama	Frau (Anrede)
Bwana	Herr (Anrede)
Mzee	alter Herr
Duka	Laden
Duka la dawa	Apotheke
Barabara	Straße
Daktari	Arzt
Fundi	Handwerker
Askari	Polizist/Wächter
Simu	Telefon
Choo	Toilette
Na	und
Mimi	ich
Wewe	du, Sie
Yeye	er, sie, es
Hawa	sie

Moja	1
Mbili	2
Tatu	3
Ine	4
Tano	5
Sita	6
Saba	7
Nane	8
Tisa	9
Kumi	10
Kumi na moja	11
Ishirini	20
Thelathini	30
Arobaini	40
Hamsini	50
Sitini	60
Sabini	70
Themanini	80
Tisini	90
Mia	100
Mia mbili	200
Elfu	1000
Elfu mbili	2000

Die Vokale werden wie im Deutschen ausgesprochen. Bei den Konsonanten gibt es folgende Abweichungen: ›ch‹ wie ›tsch‹, ›dh‹ wie englisches ›the‹, ›s‹ wie ›ss‹, ›sh‹ wie ›sch‹, ›v‹ wie ›w‹, ›y‹ wie deutsches ›j‹, ›z‹ wie ein summendes ›s‹. Die Betonung liegt auf der vorletzten Silbe.

Staatsname

Der Name des Staates Kenya beruht auf einem Hörfehler des berühmten Missionars und Forschers Johann Ludwig Krapf, der sich 1849 in Ukambani aufhielt. Er notierte in sein Tagebuch, daß er »den Kilimanjaro und den Kenia oder Kegnia gesehen« habe (den die Kamba in Wirklichkeit Kiinyaa und die Kikuyu Kirinyaga nennen).

Als das Protektorat British East Africa 1920 in Kenya Colony umbenannt wurde, ersetzten die Behörden nur das deutsche ›i‹ durch ein englisches ›y‹, und die fehlerhafte Bezeichnung bürgerte sich – sowohl für das Land wie den Berg – fest ein.

Strom

220–240 V Wechselspannung; deutsche Stecker benötigen einen im Lande erhältlichen Adapter.

Trinkgeld

In Hotels und Restaurants sind etwa 10% des Rechnungsbetrages üblich. Auch Fahrern von Safariunternehmen, Gepäckträgern und Fremdenführern gibt man Trinkgeld. Mit Taxifahrern sollte man dagegen vor der Fahrt einen Festpreis ausmachen.

Uhrzeit

Die kenyanische Ortszeit entspricht Mitteleuropäischer Zeit (MEZ) + 2 Stunden bzw. während unserer Sommerzeit MEZ + 1 Stunde. In Swahili beginnt man die Stundenzählung übrigens mit der ersten Stunde des Tageslichts: sieben Uhr morgens ist also *saa moja* = ein Uhr (*saa moja ya jioni* = sieben Uhr abends).

Umweltschutz

In Zusammenarbeit mit der in Nairobi ansässigen internationalen Umweltbehörde der UNO – dem United Nations Environment

Programme UNEP – wurden Richtlinien zu Schutz und Erhaltung der Umwelt erarbeitet. Viele Selbsthilfegruppen, öffentliche und private Institutionen widmen sich der Erziehung zu bewußterem Verhalten gegenüber der Umwelt oder sind an verschiedenen Umweltprojekten beteiligt. Landerosion und Wüstenbildung versucht man durch bodengerechten Ackerbau sowie umweltschonende Viehhaltung vorzubeugen.

Von Wasserverschmutzung betroffen sind die Gewässer in unmittelbarer Nähe der Industriezentren von Nairobi, Mombasa, Thika, Nakuru und Eldoret sowie die Gewässer des Kilindini Harbour. Die Ökosysteme der Mangrovensümpfe und Korallenriffe im Bereich der Mündungen des Tana und Sabaki sind durch Schlammablagerungen gefährdet, die von diesen Flüssen infolge der Bodenerosion mitgeführt werden.

Auch in den Städten steigt die Luftverschmutzung in zunehmendem Maße. Verursacher sind die größtenteils mit Diesel betriebenen Automobile.

Unterkunft

Um den anwachsenden Touristenstrom bewältigen zu können, sind in den letzten Jahrzehnten viele neue Hotels und Lodges (Hotels in den Nationalparks) gebaut worden. Im Gegensatz zu vielen anderen Ferienländern hat sich eine reizvolle Hotelarchitektur entfaltet, die oft auf einheimische Baustile und -formen zurückgreift.

Teuer und luxuriös sind im allgemeinen die Strandhotels, die Lodges in den Nationalparks und die großen Stadthotels in Nairobi. Buchungen können Sie bei den ortsansässigen Reisebüros oder den Reservierungsstellen der großen Hotelketten vornehmen. (Die Adressen stehen im Telefonbuch.)

Mittelklassehotels findet man in vielen größeren Orten, meist mit annehmbarer Qualität und guter Atmosphäre.

Da es von den Billighotels oft mehrere an einem Ort gibt, lohnen sich Preis- und Qualitätsvergleiche. Auf jeden Fall sollte man die sanitären Einrichtungen der Unterkünfte überprüfen, bevor man sich entscheidet.

In der Zeit von April bis Juni *(low season)* reduzieren sich in vielen Hotels die Preise für Übernachtung und Vollpension.

Auch Gästehäuser von Clubs und religiösen Vereinigungen bieten billige, einfache Unterkünfte an. Jugendherbergen gibt es in Nairobi (Lower Kabete), Mombasa (Kanamani), Malindi und Naivasha. Auskunft:

Kenya Youth Hostel Association
P.O.B. 48661, Nairobi.

Ferienkolonien an der Küste und organisierte Campingplätze verschiedener Kategorien (meist sehr einfach ausgestattet) gibt es außerhalb der Städte, in den Tierparks, in der Nähe der Lodges oder am Eingang zu den Naturparks. Auskunft:

Forest Department
P.O.B. 30513, Nairobi

Automobile Association of Kenya
P.O.B. 40087, Nairobi
✆ 4 68 26

Verhalten im Alltag

Die Kenyaner sind Fremden gegenüber freundlich und hilfsbereit, wenn man ihnen taktvoll und vorurteilsfrei begegnet.

Als Europäer sollte man die Sitten und Gebräuche des Landes respektieren, insbesondere die religiösen Verbote und Vorschriften. Vor allem an der islamischen Küste gilt es, unpassende Kleidung außerhalb von Strand und Hotel zu vermeiden. Nacktbaden ist gesetzlich verboten. Beachten Sie unbedingt die bestehenden Fotoverbote (vgl. Stichwort Fotografieren) und fragen Sie um Erlaubnis, bevor Sie fremde Menschen aufnehmen!

Amtspersonen werden mit ›Sir‹ angeredet. Sie reagieren sehr empfindlich auf westliche Arroganz und Überheblichkeit.

Auf die Pünktlichkeit von Fahrplänen u. ä. ist in Kenya selten Verlaß. Nehmen Sie sich Zeit, wenn Sie mit öffentlichen Verkehrsmitteln reisen.

Verkehrsmittel

Reisen mit dem Auto:

In Kenya herrscht Linksverkehr, und an den Roundabouts (Verkehrskreisel) hat Rechts vor Links Vorfahrt. In den Städten darf man 50 km/h fahren, in den Game Parks 30 km/h und auf den Überlandstraßen 100 km/h. Sicherheitsgurte sind Pflicht.

Normalbenzin und Super sind in jeder größeren Ortschaft erhältlich. Einen kleinen Trinkwasser- und Benzinvorrat sollte man jedoch auf jeder längeren Fahrt mit sich führen.

Führerschein: Der eigene nationale Führerschein hat eine Gültigkeit von 3 Monaten, der internationale gilt ein ganzes Jahr. Zum Automieten muß man mindestens 23 Jahre alt sein und den Führerschein mehr als 2 Jahre besitzen.

Von Nachtfahrten wird abgeraten. (In den Nationalparks besteht Nachtfahrverbot.)

Zustand der Überlandstraßen und Wetterprognosen werden im Anschluß an die Nachrichten im Radio übermittelt. Außerdem kann man sie erfragen bei der Automobile Association:

Nairobi
P.O.B. 40087
✆ 4 68 26

Mombasa
P.O.B. 86250
✆ 2 67 78

Wenn man keine Fahrpraxis auf ungeteerten Straßen hat, ist erhöhte Vorsicht geboten. Man sollte auch auf Straßenschwellen *(road strips)* achten, die in vielen Ortschaften installiert sind, um den Verkehr zu beruhigen.

Mietwagen: Es besteht landesweit ein großes Angebot an Mietwagen aller Typen und Preisklassen, jedoch wird empfohlen, bei bekannten und zuverlässigen Firmen zu mieten, da diese Mitglieder der AA sind, die im Notfall überall Hilfe leisten kann (24-Stunden-Notdienst der AA: ✆ 72 03 82).

Busse und Taxis:

Busse und Sammeltaxis (Matatus) sind die wichtigsten Verkehrsmittel Kenyas. Sie verbinden die Städte und bedienen auch die abgelegenen Gebiete.

Leider sind die Fahrzeuge wenig komfortabel. Insbesondere Fahrten in die Provinz (neben Hühnern, Haushaltsgegenständen und vor allem inmitten vieler Menschen) können strapaziös aber erlebnisreich sein. Die Benutzung eines Matatus (›Dreier‹, weil eine Fahrt mit ihnen früher drei 10-Cent-Stücke kostete) ist sehr billig, aber unbequem und unsicher. Die Wagen sind überladen, schlecht versichert und die Fahrer beachten weder Verkehrsregeln noch Geschwindigkeitsbegrenzungen. Matatus bedienen meist kürzere Routen und verkehren auch in den Städten. Leider sind sie oft die einzig verfügbaren Verkehrsmittel.

Wenn möglich sollte man Busse den Matatus vorziehen, obschon es auch hier große Unterschiede im Fahrkomfort gibt. Recht gute Langstreckenbusse verkehren zwischen Nairobi und Mombasa. Vielfach gilt bei Fernbussen oder Langstreckentaxis noch der zusätzliche Service der Absetzung von Passagieren und Gepäck direkt an der Haustür.

Peugeot-Kombis sind Gruppentaxis mit Fixpreisen. Sie haben verschiedene Standorte in der Stadt und sind für ihre Schnelligkeit bekannt.

Eine Reihe von Reiseagenturen bieten diverse Minibus-Safaris zu den mit öffentlichen Verkehrsmitteln nur schwer erreichbaren Nationalparks an.

In den Städten fährt man mit staatlichen Bussen, Matatus oder Taxis, die in Nairobi durch gelbe Streifen gekennzeichnet sind. Der Preis muß vor Fahrtantritt vereinbart werden (Richtpreise im Hotel erfragen). Darüberhinaus kann man auch für längere Ausflüge Pauschalpreise aushandeln.

Teuer und bequem sind die roten Mercedes (Regierungs)-Taxis, die zu festen Tarifen fahren.

Eisenbahn:
Kenya besitzt ein für afrikanische Verhältnisse relativ gut ausgebautes Eisenbahnnetz. Es gibt drei Klassen. Für die 1. und 2. Klasse ist eine vorherige Reservierung erforderlich. Die Bahnreise vom Westen Kenyas durch das Rift Valley über Nairobi nach Mombasa nimmt doppelt so viel Zeit in Anspruch wie die gleiche Strecke mit dem Auto. Die Höchstgeschwindigkeit des Zuges liegt nämlich bei 55 km/h. Trotzdem ziehen viele die gemächliche Fahrt einer ermüdenden Autofahrt vor.

Flugzeuge:
Regelmäßige Flugverbindungen zwischen Nairobi und Mombasa/Lamu unterhält Kenya Airways. Daneben bieten aber auch kleinere Luftlinien – wie Pioneer, Air Kenya oder Caspair – ihren erstklassigen Service an. Caspair fliegt beispielsweise regelmäßig und zu festen Preisen nach Lamu, Maasai Mara, Turkana-See und Kisumu. Nähere Auskunft erhält man in jedem Reisebüro.

Der Wilson Airport (früher Nairobi Aerodrome), benannt nach Mrs. Wilson, die 1929 mit ihrer Wilson Airways, bestehend aus nur einer einzigen Moth-Maschine, den Grundstock für die spätere East African Airways legte, ist die Basis aller Charterfluggesellschaften und auch des Flying Doctor Service (vgl. Stichwort Ärztliche Versorgung).

Bei Antritt einer Flugreise wird in Kenya eine Flughafensteuer (Airport Tax) erhoben:
mit nationalem Ziel: 50 Ksh.
mit internationalem Ziel: 20 US Dollar oder 12 £ Sterling oder die gleiche Summe in einer anderen konvertierbaren Währung.

Zeitungen und Zeitschriften

Die wichtigsten Tageszeitungen Kenyas erscheinen in englischer Sprache. ›Nation‹ hat die höchste Auflage und gehört dem Ismaelitenführer Aga Khan. ›Standard‹ ist im Besitz des Lonrho-Konzerns und ›Kenya Times‹ ist das Organ der Einheitspartei KANU. (45% der Zeitung sind vor kurzem von der britischen Maxwell-Gruppe aufgekauft worden.) Wöchentlich erscheinen die ›Weekly Review‹ und die auf Touristen ausgerichtete ›Coastweek‹. In Swahili werden die Zeitungen ›Taifa Leo‹, ›Kenya Leo‹ und die Sonntagszeitung ›Chemsha Bongo‹ herausgegeben.

Die ausländische Presse ist vor allem durch englische und amerikanische Zeitungen und Zeitschriften vertreten. Deutsche Zeitungen sind nur in Nairobi, Mombasa und in den Küstenhotels mit mehreren Tagen Verspätung erhältlich.

Zoll

Einführen dürfen Sie alles, was für einen etwa halbjährigen Aufenthalt nötig ist. Dazu zählen auch Kameras, Filme und Kassettenrecorder. Im Zweifelsfall wird man wertvolle Gegenstände in Ihren Reisepaß eintragen, um ihre Wiederausfuhr zu garantieren.

Zollfrei sind außerdem ein halber Liter Alkohol und Parfum sowie 250 g Tabak oder 200 Zigaretten. Jedoch wird auf Geschenke aller Art Zoll erhoben.

Verboten ist die Einfuhr von Schußwaffen und Munition, Pflanzen oder Pflanzenteilen sowie von Pornographie (letztere Bestimmung wird sehr streng ausgelegt).

Bei der Ausreise aus Kenya benötigen Sie für jeden erworbenen Gegenstand aus tierischem Material eine Ausfuhrbescheinigung, die nur von lizensierten Geschäften ausgestellt wird und die Sie auf Verlangen beim Zoll vorlegen müssen. Verboten ist die Ausfuhr von Antiquitäten. Beachten Sie bei der Rückkehr auch die europäischen Zollbestimmungen.

Mitgebrachte Devisen sind bei der Einreise zu deklarieren (s. Stichwort Geld). Kenya Shilling dürfen weder ein- noch ausgeführt noch vernichtet werden. Heben Sie die Quittungen für im Land eingetauschtes Geld auf, denn bei der Ausreise ist ein Rücktausch übriggebliebenen Geldes nur gegen Vorzeigen der Wechselbelege möglich.

NAIROBI

Wichtige Adressen:

Das Informationsbüro Nairobis mit dem Retail Reservations Office befindet sich gegenüber vom Hilton. Hier werden hauptsächlich Safaritouren organisiert.

Visitors' Information Bureau
P.O.B. 54666, Nairobi
✆ 33 10 30
Öffnungszeiten: täglich 8.30–17 Uhr, Samstag 8.30–13 Uhr

Beratung und Hilfe in Notfällen leistet:
Tourist's Kenya
Union Towers, 1. Stock, Moi Avenue
P.O. B. 40025, Nairobi
✆ 3 38 71 69 oder 33 12 74

Die Tagesneuigkeiten und Nachrichten erscheinen in den beiden Zeitungen: ›Nation‹ und ›Standard‹.

Krankenhäuser:

Nairobi Hospital
Argwings Kodhek Road, off Ngong Road
✆ 72 21 60/66

Aga Khan Hospital
3rd Parklands Avenue
✆ 74 25 31

Mater Misericordiae Hospital
South ›B‹, Dunga Road
✆ 55 68 78

Kenyatta National Hospital
Hospital Road, off Ngong Road
✆ 33 48 00

Reisebüros

gibt es sehr viele in Nairobi. Sie sind vor allem in der Innenstadt zu finden, zwischen University Way, Moi Avenue (früher Government Road), Koinange Street und City Hall Way. Hier und in den großen Hotels werden auch Mietwagen vermittelt.

Mietwagenunternehmen:

Avis Car Hire
Moi Avenue, Union Tower Building
P.O.B. 49795
✆ 33 43 17

UTC
Muindi Mbingu Street
P.O.B. 42196
✆ 33 19 60

Car Hire Services
New Stanley Hotel
Fax: 31 42 26

Verkehrsverbindungen:

Busse bedienen – wie die privaten Matatus – das ganze Stadtgebiet; sie sind aber während der Hauptverkehrszeiten überfüllt. Die innerstädtische Busstation ›Tusker‹ befindet sich zwischen Mfangano, Racecourse und Ujoma Street. Der zentrale Überland-Busbahnhof ›Country Bus Terminal‹ liegt an der Landhies

Road, die am östlichen Ende der Haile Selassie Road beginnt. Die wichtigsten Überlandbus-Unternehmen, die u. a. Verbindungen nach Mombasa, Malaba, Kisumu, Kisii, Kakamega, Kitale und Busia unterhalten, haben ihre Büros fast alle in der Accra Road (zwischen Duruma und Kirinyaga Road). Die Abfahrtsplätze der Peugeot-Taxis und Matatus liegen im Bereich der River Road.

Eisenbahnverbindungen gibt es nach Nakuru, Kisumu, Eldoret und nach Malaba. Täglich verkehrt ein Nachtzug mit Schlaf- und Speisewagen nach Mombasa.

Auf dem Kenyatta Airport landen Maschinen aus aller Welt. Von hier haben Sie Flugverbindungen zu allen Flughäfen Ostafrikas.

›Lufttaxis‹ (kleine Propellermaschinen), die die abgelegeneren Gegenden Kenyas bedienen, fliegen vom Wilson Airport ab.

Touristische Einkaufszentren:

Sie konzentrieren sich einmal um die Markthalle mit anschließendem Korbmarkt und in der Koinange Street sowie in dem Viertel zwischen Jamia-Moschee, Biashara Street und Moi Avenue (früher Government Road). Die teureren ›Curio Shops‹ liegen auf der anderen Seite der Kenyatta Avenue. Dort sind aber auch die Läden der Selbsthilfeorganisationen zu finden: Cottage Crafts, Standard Street; der Laden der kenyanischen Frauenorganisation: Maendeleoya Wanawake, Muindi Mbingu Street; YMCA Craft Shop, Uchumi House, Aga Khan Walk. Stoffe gibt es außer in der Biashara Street in der Tom Mboya Street und in der River Road zu kaufen. Ansonsten sind viele Straßen und Passagen von Ständen gesäumt, wo man Holzschnitzereien, Gegenstände aus weißem und rosa Speckstein, Kalebassen (Gefäße aus Kürbis), Musikinstrumente, Töpferwaren, Batiken und Arbeiten

aus Baumrinde oder Maisblättern erstehen kann.

Buchläden gibt es eine Reihe in der Innenstadt; sie führen alle die neueste Reiseliteratur sowie Pläne des Landes. Etwas abseits, hinter dem Norfolk Hotel, liegt der größte Buchladen Kenyas, das Text Book Centre (das auch Verkaufsräume in der von Touristen eher besuchten Ladenstadt Sarit Centre in Westlands unterhält), Kijabe St., P.O.B. 47540, und auf dem Universitätscampus der University Bookshop.

Theater, Museen, Bibliotheken:

Professional Centre
Parliament Road

Kenya National Theatre
Harry Thuku Road

Kenya Cultural Centre
Harry Thuku Road

French Cultural Centre Theatre
Uhuru Highway, Loita Street

Des weiteren gibt es eine ganze Reihe von Theatergruppen, die afrikanische, europäische oder indische Theaterstücke aufführen.

Etwas außerhalb – in Langata – sind die Bomas of Kenya (Langata, Forest Edge Road, P.O.B. 40689, Nairobi, ✆ 89 18 01), wo die Harambee Dancers täglich traditionelle Tänze vorführen. Neben dem Theaterrundbau, dem die Form des afrikanischen Rundhauses zugrunde liegt, befindet sich das Freilichtmuseum mit Haustypen von 16 verschiedenen ethnischen Gruppen Kenyas. Geöffnet: Montag–Freitag 9–17 Uhr, Samstag und Sonntag 13–18 Uhr.

Das Goethe Institute (im Maendeleo House, University Way/Loita Street) veranstaltet Ausstellungen und Vorträge über Themen Ostafrikas und Afrikas (P.O.B. 49468, ✆ 2 46 40/33 67 48).

Kenya National Museum, Museum Hill, geöffnet täglich 9.30–18 Uhr. Montag–Freitag 9.30–12 und 14–16.30 Uhr sind Führungen möglich.

Das Museum beherbergt naturkundliche, prähistorische, und ethnographische Sammlungen; es zeigt Ausstellungen zur Geschichte Kenyas sowie (ethnische) Porträts kenyanischer Krieger von Joy Adamson.

Dem Museum gegenüber liegt Nairobis Schlangenpark, der vor allem Schlangen aus dem ostafrikanischen Raum beherbergt. Einmal wöchentlich werden die Giftschlangen ›gemolken‹, d. h. ihnen wird Gift zur Serumgewinnung abgenommen. Hierbei können Sie zuschauen (geöffnet täglich 9.30–18 Uhr).

Das Eisenbahnmuseum liegt auf dem Gelände des Bahnhofs. Es zeigt Lokomotiven und Waggons aus der Pionierzeit der Uganda-Eisenbahn, darunter auch jenen Wagen, aus dem Inspektor Ryall im Jahre 1900 von einem Löwen herausgezerrt und getötet wurde (Öffnungszeiten: Montag–Freitag 8.30–16.45 Uhr, Samstag 8.30–15.30 Uhr).

1982 wurde im Gebäude der ehemaligen National and Grindlays Bank, Moi Avenue (gegenüber dem Nairobi Hilton) ein Museum mit den National Archives of Kenya und der einmaligen Murumbi-Sammlung von Africana eröffnet. Besichtigung: Montag–Freitag 8–16.30 Uhr.

Das Karen Blixen Museum in dem nach der dänischen Schriftstellerin benannten Stadtteil Karen (ca. 15 km vom Zentrum) ist täglich von 9.30–18 Uhr geöffnet.

Die wichtigsten Bibliotheken sind: Kenya National Library Services, Ngong Road; Kenya National Archives, Mfangano Street; McMillan Memorial Library, Banda Street, mit einer sehr guten Africana-Sammlung. Eine solche besitzt auch die Universitätsbibliothek.

Ausflüge von Nairobi:
Da Nairobi das Zentrum des Landes ist, kann man so gut wie alle Ausflüge von hier aus unternehmen. Es seien im folgenden nur Ausflüge in die nähere Umgebung genannt. Halbtagsausflüge sind z. B. ein Besuch des National Park oder der Bomas of Kenya in Langata. In unmittelbarer Nachbarschaft befindet sich das AFEW Centre (African Foundation for Endangered Wildlife), wo man vor allem die selten gewordenen Rothschildgiraffen sehen kann (P.O.B. 15004, ✆ 89 16 58). Ngong Village im Grenzgebiet von Kikuyu und Maasai ist nicht nur für den ethnologisch Interessierten einen Ausflug wert: Von den 2500 m hohen Ngong-Bergen, auf die man von Ngong aus mit dem Auto hochfahren kann, hat man einen großartigen Blick in das Rift Valley. *Ngong* heißt auf Maa (die Sprache der Maasai) ›Knöchel‹. Ein Riese soll hier einst im Boden versunken sein. Er wurde ganz von Erde und Steinen bedeckt, jedoch die Knöchel der Hand blieben frei und bilden bis heute die Hügelkette.

Landschaftlich schön ist auch eine Fahrt in das Teegebiet von Limuru und die ›Scenic Route‹ entlang mit Blick auf die schlafenden oder erloschenen Vulkane des Longonot und Suswa. – Beliebt ist ebenfalls ein Ausflug zum Süßwassersee Lake Naivasha im Rift Valley mit seinen vielen Vogelarten.

Einen ganzen Tag benötigt man hingegen für eine Fahrt nach Olorgesailie (prähistorische Fundstätte) und Magadhi (100 km von Nairobi entfernt). – Auch für die prähistorischen Fundstätten Kariandusi bei Gilgil und Hyrax Hill bei Nakuru (mit dem Menengai-Krater, 150 km von Nairobi entfernt) braucht man mindestens einen ganzen Tag; desgleichen für einen Ausflug um den Lake Naivasha mit Besuch der geologisch und ornithologisch interessanten Nyowara-Schlucht (Hell's Gate).

Für die Fahrt zum Ol Donyo Sapuk National Park und zu den landschaftlich schönen Fourteen Falls (14 Wasserfälle) sollte man ebenfalls einen ganzen Tag veranschlagen.

MOMBASA

Wichtige Adressen:
Die meisten Reisebüros und Safariunternehmen sowie die Schiffsagenturen befinden sich in der Moi Avenue. Desgleichen das Information Bureau der Mombasa and Coast Tourist Association:

P.O.B. 99596, Mombasa
✆ 2 54 28
Öffnungszeiten:
8–12 und 14–16.30 Uhr
(außer samstags)

Das Büro von Kenya Airways befindet sich gegenüber der Post in der Digo Road,
✆ 9 93 02/2 12 51–9.

Automobile Association (AA)
Moi Avenue
✆ 2 67 78

Hochseeangel-Informationen erhält man bei:
Kenya Association of Sea Angling Clubs (KASAC) P.O.B. 84133, Mombasa

Krankenhäuser:
Coast General Hospital
Kisauni Road
✆ 2 41 11

Aga Khan Hospital
Vanga Road

Katherine Bibby Hospital
Ras Serani Drive
✆ 31 21 90

Verkehrsverbindungen:
Busse bedienen das ganze Stadtgebiet. – Der Busbahnhof Mombasas ist am Mwembe Tayari-Markt (Jomo Kenyatta Avenue). Er bedient alle Richtungen bis auf Malindi und Lamu. Zu diesen beiden Orten fahren die Busse an der Ecke Abdel Nasser Road/ Mackawi Road bei der Nur-Moschee ab.

Überlandbusse fahren täglich zwischen Mombasa und Nairobi, Mombasa und Malindi/Lamu sowie zur Südküste Kenyas.

Vom Moi Airport (ca. 10 km westlich des Zentrums) gibt es 6–8 Flüge am Tage nach Nairobi und tägliche Flüge nach Malindi/ Lamu. – Hier landen viele Jumbo Jets der Touristikunternehmen.

Touristische Einkaufszentren:
Zwischen der Moi Avenue, Nyerere Avenue und Digo Road befindet sich ein Einkaufsviertel mit großen Souvenirläden und Textilgeschäften. Hier bieten auch die vielen Stände auf dem Bürgersteig Kamba-Schnitzereien, Specksteinarbeiten aus dem Westen Kenyas oder Flechtarbeiten der Kikuyu an.

Die Einkaufsstraße für *kangas, kanzus, kofias* und *kikois* ist die bunte Biashara Street mit vereinzelten Schmuck- und Schuhgeschäften dazwischen. Hinter der Kreuzung Biashara Street/Kwavi Road schließen sich

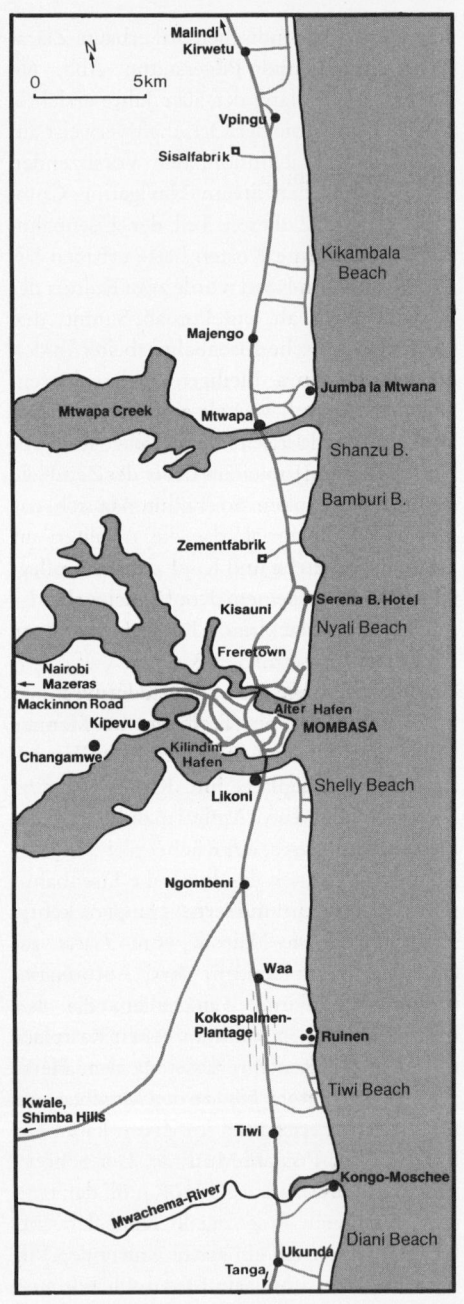

Mombasa und Umgebung

Geschäfte an, die traditionelle Haushaltswaren (Getreideschüsseln, Kokosnußreiben, Taschen aus Palmstroh u. a.) verkaufen.

Der ehemals offene Markt Mwembe Tayari (Kenyatta Avenue), in dem Gebrauchtwaren, Lebensmittel, Amulett- und Heilsubstanzen gehandelt werden, trägt seinen Namen angeblich nach Ainsworth, der an diesem Ort seine Träger unter den Mangobäumen (Mwembe) gemustert haben soll, bevor er das Startzeichen *tayari* (fertig) gab.

In der Altstadt haben die Swahili-Schnitzer sowie auch die Silber- und Goldschmiede ihre Geschäfte und Werkstätten. Korb- und Flechtarbeiten im Küstenstil gibt es außer in der Biashara Street auch neben dem Obst- und Gemüsemarkt (Digo Road), der unbedingt einen Rundgang wert ist.

Der Laden des Home Industries Centre des Christian Council of Kenya befindet sich in der Msanifu Kombo Street, einer Seitenstraße der Moi Avenue.

Ausflüge von Mombasa:

Wer nicht genügend Zeit erübrigen kann, um Gedi oder Lamu einen Besuch abzustatten, hat auch in der näheren Umgebung Mombasas Gelegenheit, Baudenkmäler der Küstenkultur zu besichtigen: An der Südküste wäre beispielsweise die Kongo-Moschee in der Nähe der Diani Beach zu nennen. Nördlich von Mombasa ist vor allem die Ruinenstadt von Jumba la Mtwana aus dem 14. Jahrhundert sehenswert. Die relativ große Zahl an Moscheen läßt eine große Siedlung vermuten, von der bis jetzt schätzungsweise erst ein Viertel freigelegt wurde. Zisternen, Sickergruben und Latrinen zeugen von einer entwickelten

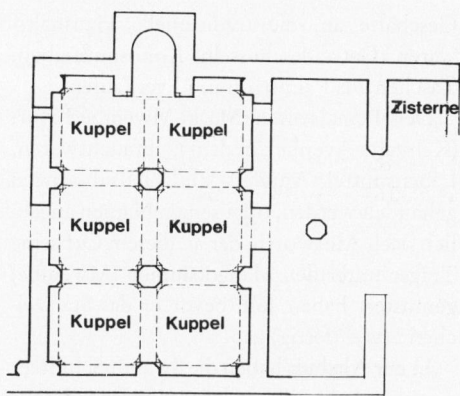

Grundriß einer Moschee in der Ruinenstadt Jumba
la Mtwana

Hygienekultur, wie sie den alten Swahili-
Städten zu eigen war.

Eine kleine Entschädigung für denjenigen,
der Lamu nicht erleben kann, mag vielleicht
ein Nachmittagsausflug zum Serena Beach
Hotel nördlich von Mombasa sein, das in
Architektur und Mobiliar ganz im Stil von
Lamu gehalten ist und fast ein kleines Museum
für sich darstellt.

Wer Rabai und Ribe besuchen möchte,
kann diese leicht über Mazeras erreichen.
Eine asphaltierte Straße führt heute durch
Palmwälder und fruchtbare Hügellandschaft
zu den ersten Orten missionarischen Wir-
kens. Freretown – heute zu Mombasa gehörig
– liegt noch näher und ist in einem Spazier-
gang zu erreichen, seitdem die neue Brücke,
die die Mombasa-Insel mit dem nördlichen
Festland verbindet, für den Verkehr frei-
gegeben worden ist.

Lohnend ist ein Ausflug nach Mackinnon Road an der Eisenbahnlinie Mombasa–
Nairobi. In unmittelbarem Zusammenhang
mit dem Eisenbahnbau entstand dort das ein-

zige im persisch-indischen Stil erbaute Ziarat
(Heiligengrab und Pilgerstätte; Abb. 66)
Kenyas, das Anfang der 50er Jahre errichtet
wurde. Der Name der Ortschaft verweist auf
Sir William Mackinnon, den Vorsitzenden
der British-Indian Steam Navigation Com-
pany, der 1892 diesen Teil der Eisenbahn-
strecke auf eigene Kosten hatte erbauen lassen. Mackinnon Road wurde zum Kultort des
Saiyid Bagh Shah, ein Punjabi-Sunnit, den
ehemalige indische Eisenbahnarbeiter in den
30er Jahren zum Heiligen erklärt hatten.
Saiyid Bagh Shah war als einfacher Kuli am
Bau der Uganda-Eisenbahn beteiligt gewesen.
Um ihn begannen sich im Laufe der Zeit viele
Legenden zu ranken. So erzählt man sich, das
schwere Baumaterial, das die Arbeiter auf
Nacken, Schultern und Kopf zu tragen pflegten, habe über seinem Kopf geschwebt. Er
starb 1902 in Mackinnon Road und soll hier
auch begraben sein.

Zum Ziarat gehören außer dem Grabmal
und der Moschee ein Treffplatz für Männer
neben dem Eingang, außerdem eine Wasserzapfstelle, Ruheplätze im Küstenstil, eine
Koranschule, eine Ambulanzklinik, viele
kleine Gästehäuser, ein Küchenplatz und ein
Taubenhaus. Auch die durch die Eisenbahn-
schienen und die moderne Hauptverkehrs-
straße Mombasa–Nairobi vom Ziarat ge-
trennten Verkaufsbuden, Bars, Autorepara-
turwerkstätten und Tankstellen, die den
Fernfahrern einen willkommenen Rastplatz
bieten, verdanken ihre Existenz dem Heiligengrab. Im Unterschied zu den Moscheen im
Hochland erkennt man im Ziarat kaum ein
Bauwerk der Punjabi-Muslime. Der Schrein
ruht in einem quadratischen Raum, den eine
mit Silberblech beschlagene Kuppel deckt.
Nördlich dient ein einfacher Anbau den Pil-
gern als Gebetsraum; im Osten schließt eine

325

zum Schrein hin geöffnete Moschee an. Der Zaun vor Grabbau und Moschee zeigt nachgebildete Elefantenstoßzähne, von denen jeweils zwei sich an den Spitzen kreuzen; ein Motiv, das häufiger an der Küste zu finden ist. Über den Kreuzungspunkten sitzen stilisierte Kuppelaufsätze. Wandmalereien sucht man im Ziarat vergebens, man findet sie jedoch an den Außenwänden der umliegenden Gästehäuser und Verkaufsstände, Blumen- und Pfauendarstellungen, die in Stil und Motivwahl persisch-indische Herkunft verraten. Sie werden allerdings häufig beim Kalken der Wände übertüncht und stellen deshalb – wie überhaupt alle Wandmalereien in dieser Region – ein kurzlebiges Schmuckelement dar (Abb. 67).

Obwohl der Ziaratbezirk heute fast ausschließlich von afrikanischen Muslimen aufgesucht wird, genießt der Schrein Saiyid Bagh Shahs bei Muslimen, Sikhs und Hindus indischer Abstammung besondere Verehrung: Gelübde aller Art werden hier abgelegt; dabei teilt man stets eine Kokosnuß, deren eine Hälfte man wieder mitnimmt. Wenn ein Wunsch in Erfüllung gegangen ist, kann man zum Dank ein preziöses Tuch in Grün, der heiligen Farbe des Islam, anfertigen lassen oder kaufen und es über den Schrein breiten.

MALINDI

Wichtige Adressen:

In Malindi gibt es mehrere Taxiunternehmen, aber man kann auch viele Ausflüge in die Umgebung mit hoteleigenen Wagen unternehmen oder sich Gruppen der Safariunternehmen anschließen.

Viele Reisebüros und Autovermietungen befinden sich in der Government Road.

Avis
Sitawi House
✆ 2 05 13

Glory
Ngala Building
✆ 2 00 65

Farways
Harambee Road
✆ 2 00 59

Verkehrsverbindungen:

Busse nach Mombasa fahren an der Hauptstation am Westrand des Zentrums (beim Markt) ab, nach Lamu am Platz im Ortszentrum (nahe New Safari Hotel).

Außerdem fliegen Kenya Airways und Air Kenya (neben kleineren Charterfluggesellschaften) von Malindi aus täglich nach Nairobi und Mombasa.

Ausflüge von Malindi:

Das Stadtbild der alten Swahili-Gründung Malindi wird heute überwiegend von deutschen und italienischen Touristen bestimmt. Bekannt ist die Stadt als Zentrum für Surfer und Hochseeangler.

Da Malindi nicht sehr groß ist und von seinem einstigen Ruhm nicht mehr viel zu sehen ist, empfehlen sich für den Wissensdurstigen und Unternehmungslustigen Ausflüge in die nähere und weitere Umgebung Malindis.

Die Ruinenstadt von Gedi (täglich geöffnet von 9–18 Uhr) im Süden von Malindi ist da an erster Stelle zu nennen; wer Lust hat, kann auch noch weiter bis nach Kilifi, wo sich jenseits der Kilifi-Bucht die Ruinen von Mnarani befinden (täglich geöffnet von 9–18 Uhr).

Im Norden – 13 km von Malindi entfernt – liegt Mambrui, ein Ort aus dem 15. Jahrhundert, der vielleicht mit dem Quilimanci der

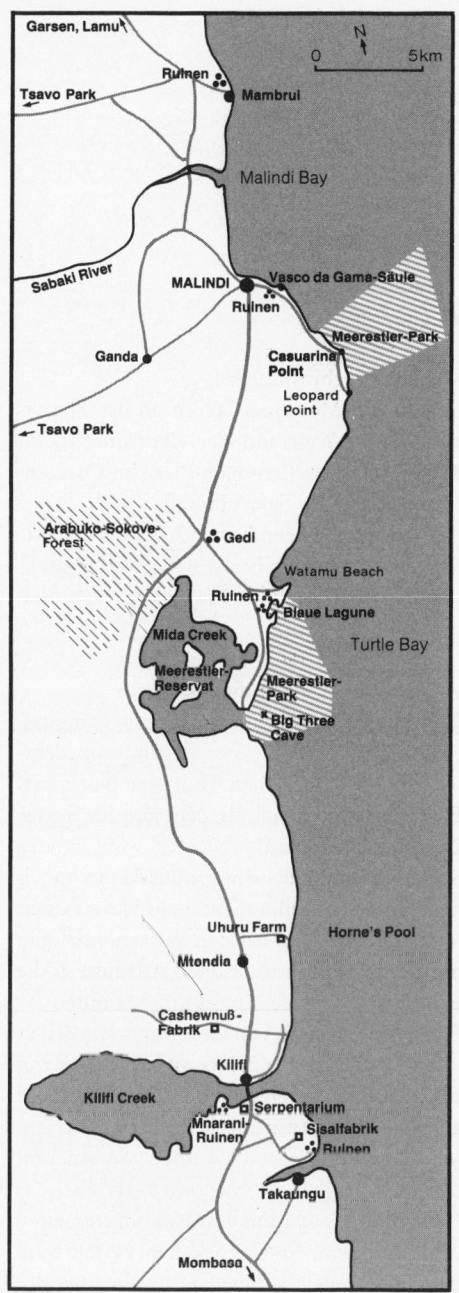

portugiesischen Karten identisch ist. Von den Einwohnern Mambruis wird behauptet, daß sie neben den Leuten von Lamu am erfolgreichsten modernen Neuerungen widerstanden hätten. Im Mambrui steht die 1962 erbaute Riadha-Moschee mit einer Koranschule, die von Muslim-Pilgern aus ganz Kenya besucht wird.

Wer seine Erkundungen noch weiter nach Norden fortsetzen möchte, kann in Ngomeni die Überreste einer alten Befestigung aufsuchen, deren historische Zusammenhänge noch der Enträtselung bedürfen.

Beliebt sind in der Umgebung Malindis auch die vielen natur- und tierkundlichen Attraktionen: so die Meeresnationalparks von Malindi und Watamu oder ›Birdland‹, die größte Vogelzoo-Kolonie Ostafrikas. Ausflüge in die nahe gelegenen Dörfer der Giryama, von denen vor allem Ganda eine alte Besuchertradition hat, bieten sich ebenfalls an.

LAMU

Wichtige Adressen:
Zur Kategorie der teuren Hotels zählen das heruntergekommene Petley's Inn in Lamu-Stadt (P.O.B. 4, ☎ 30 48), das Peponi Hotel in Shela (P.O.B. 24, ☎ 30 29), das 3 km südöstlich von Lamu entfernt liegt und durch einen Bootsservice mit Lamu-Stadt verbunden ist.

Auf Manda Island gibt es auch noch das schön gelegene Luxushotel Ras Kitau (Reservierungen: P.O.B. 41759, Nairobi, ☎ 33 88 38).

Einfachere Hotels in Lamu-Stadt sind das New Mahrus Hotel gleich neben dem Fort

Die Küste zwischen Kilifi und Malindi

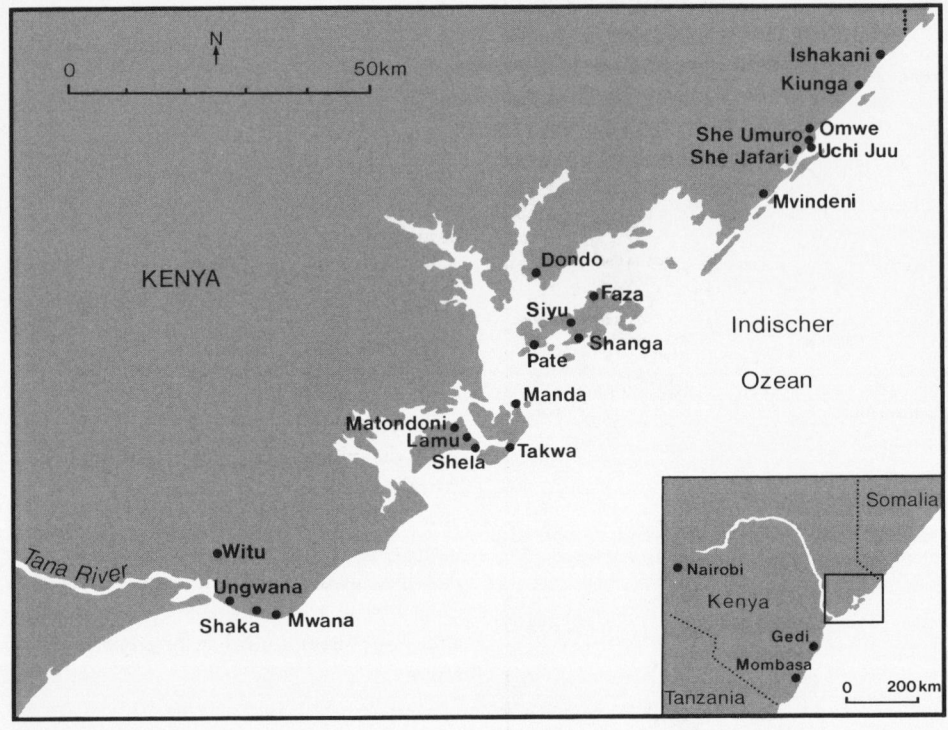

Das Lamu-Archipel

und das Yumbe Guest House neben dem House Museum. Die meisten übrigen Hotels liegen an der Seeseite oder in der Harambee Avenue, der früheren *usita wa mui* (Hauptstraße).

Bevor Sie ihre Reise antreten, ist es empfehlenswert, Unterkunft über eine Reiseagentur oder per Telefon vorzubestellen, weil die Bettenzahl begrenzt ist.

Verkehrsverbindungen:

Wenn die Tana-Mündung überflutet ist, kommt man mit dem Auto nicht nach Lamu. In einem regenreichen Jahr kann die Straße nur wenige Wochen passierbar sein, in einem trockenen Jahr hingegen fast durchgängig. –

Busverbindungen gibt es täglich über Witu, Garsen nach Malindi und Mombasa. Je nach Straßenzustand benötigt der Bus sechs bis acht Stunden Holperfahrt von Malindi aus. Während der Regenzeit muß man sich über Straßenzustand und Abfahrtszeiten der Busse extra erkundigen (Auskunft in den Büros der Buslinien in Lamu-Stadt).

Parkplatz für alle motorisierten Fahrzeuge und Busbahnhof zugleich ist das Mokowe-Ufer auf dem Lamu gegenüberliegenden Festland.

Lamu kann man auch von Mombasa oder Malindi aus mit einer *dhow* oder einem Küstenmotorschiff erreichen.

Buchung in Mombasa:
Farways, Safaricentre Limited
Moi Avenue
✆ 2 33 07/09

in Malindi:
Farways, Safaricentre Limited
Harambee Road
✆ 2 00 59

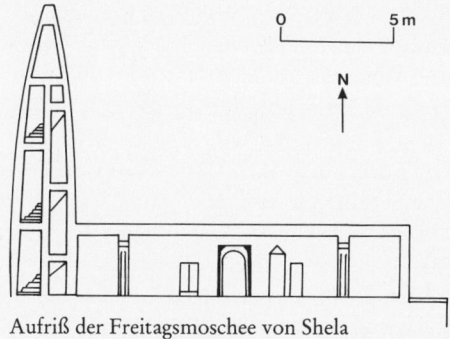

Aufriß der Freitagsmoschee von Shela

Der Flughafen von Lamu befindet sich auf Manda Island, wo kleine Maschinen (für sechs bis zehn Passagiere) landen. Von Manda Island aus fliegen Air Kenya, Prestige Air, Eagle Aviation, und Skyways täglich nach Malindi und Mombasa sowie mehrmals wöchentlich nach Nairobi.

Ausflüge von Lamu:

Auf Lamu-Island kann man schöne Spaziergänge zu Fuß machen – vor allem gegen Abend, wenn die Hitze des Tages nachgelassen hat. Die Felder um Lamu-Stadt bieten sich dafür an oder das Dorf Matondoni, das im Nordwesten der Stadt, etwa zwei Stunden Fußmarsch von Lamu entfernt, liegt. Von seinen Bewohnern werden kleinere *dhows* nach traditionellen Methoden hergestellt. Sie sind für ihre Gastfreundschaft bekannt und für ihre Bereitschaft, jede Möglichkeit zum Feiern wahrzunehmen.

Der Weg nach Shela, einem aus seinem Dornröschenschlaf wiedererwachenden Dorf, führt den Strand nach Süden entlang, am neuen Krankenhaus vorbei, und dauert zu Fuß etwa 40 Minuten. Seinen baulichen Überresten nach muß Shela einmal eine bedeutende Siedlung gewesen sein, zumal Lamu seinen Hafen im 18. und 19. Jahrhundert benutzte. Es gibt hier sechs Moscheen und mindestens zwanzig doppelstöckige Steinhäuser aus dem 18. und 19. Jahrhundert mit reichen Stukkaturen, die sich allerdings teilweise in von Vegetation überwucherte Ruinen verwandelt haben.

Die Freitagsmoschee (Ende 18./Anfang 19. Jahrhundert) besitzt einen sechsschiffigen Gebetsraum und ein 18 m hohes, kegelförmig verjüngtes Minarett mit einer inneren Wendeltreppe. Die neoklassische Gebetsnische trägt das Datum 1245 (nach der Hedschra = 1829 n. Chr.).

Zu allen Dörfern der Lamu-Insel kann man aber auch mit einem Segel- oder Motorboot gelangen oder den Fußmarsch durch einen Eselsritt ersetzen.

Von den archäologischen Stätten auf den anderen Inseln des Lamu-Archipels sind nur noch die Ruinen von Takwa (16./17. Jahrhundert) auf Manda Island relativ gut zu erreichen. Der Besuch des Takwa National Monument dauert von Lamu oder Shela aus etwa einen halben Tag. Man kann in Takwa aber auch übernachten, wenn man sich selbst verpflegt.

Von Ras Kitau führt zwar ein Fußpfad über Land nach Takwa, von dem man aber leicht abkommen kann. Am besten ist es, mit dem

Boot die Mangrovensümpfe zu durchfahren, was allerdings nur bei Flut möglich ist. Außerdem sollte man sich vorbereiten, die letzten Meter an Land zu waten. In manchen Monaten gibt es hier viel Wild – sogar Elefanten – und gelegentlich auch Löwen, die vom Festland herüberschwimmen.

Takwa gleicht im wesentlichen Gedi, ist jedoch nicht so reich gewesen wie dieses. 1951 förderten die Ausgrabungen Überreste einer steinernen Stadt zutage, die von einer Mauer umgeben war. Takwa lag nicht am Meer; es hatte keinen guten Hafen, und seine Lage an der engsten Stelle der Insel mag rein strategisch begründet gewesen sein. Verlassen wurde die Stadt vermutlich deshalb, weil das Grundwasser langsam salzig und ungenießbar wurde. Die Häuserruinen innerhalb der Mauern nehmen über fünf Hektar ein und lassen die alte Stadtanlage mit Höfen, Straßen und Plätzen noch deutlich erkennen. Besonders auffallend ist, daß sich alle Häuser nach Norden hin öffnen.

Fast im Zentrum der Siedlung befindet sich die sogenannte Pfeilermoschee, die eine architektonische Besonderheit unter den ostafrikanischen Moscheen darstellt: aus der Mitte der Nordwand (Richtung Mekka) erhebt sich ein Pfeiler, der von weitem wie ein Schornstein aussieht. Die Bedeutung des Pfeilers ist nicht ganz klar, vielleicht gehörte er zu einem Heiligengrab, das sich an dieser Stelle befand? – Neben der Pfeilermoschee ist in Takwa noch eines der schönsten Säulengräber Kenyas erhalten, dessen Säule über sechs Meter emporragt und seiner Inschrift nach aus dem Jahre

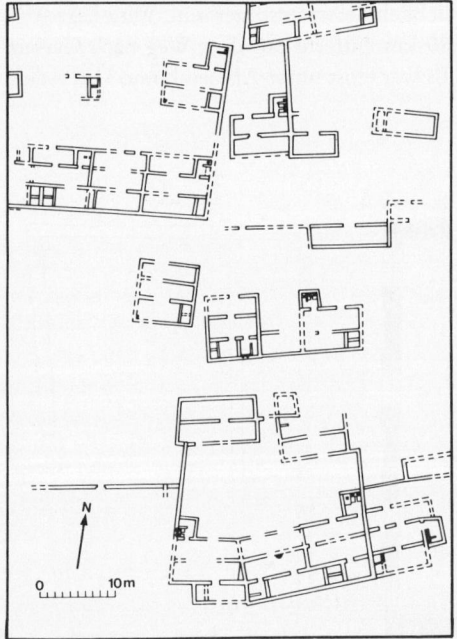

Plan von Takwa

Grundriß der Moschee von Takwa

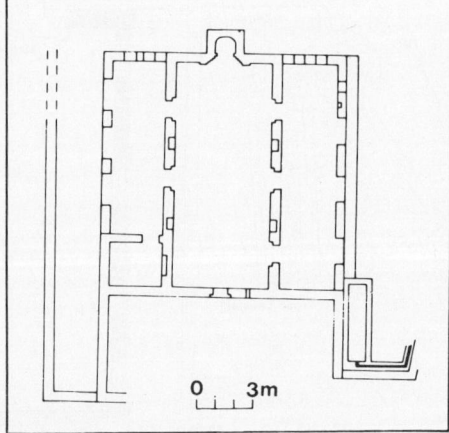

1683 stammt. Das Grab wird heute noch verehrt: zweimal im Jahr fahren die Bewohner
Shelas (deren Vorfahren einst aus Takwa
kamen) mit dem Schiff nach Takwa und beten
an diesem Grab um Regen.

Von der alten Stadt Manda an der Nordspitze der Insel, ist weit weniger zu sehen als in
Takwa.

Wer eine archäologische Exkursion beispielsweise nach Pate, Faza, Shanga und Siyu
unternehmen möchte, sollte sich vorher erst
mit dem Lamu Museum (P.O.B. 48, Lamu,
☎ 3073) in Verbindung setzen oder in Nairobi mit der Lamu Society (P.O.B. 45916,
Nairobi).

Bei den Ausgrabungen der mittelalterlichen
Stadt Shanga in der Nähe von Pate Town wurden vor allem in den letzten Jahren aufsehenerregende Funde gemacht: Aus der Blütezeit
des ostafrikanischen Küstenhandels stammen
200 Häuserruinen, Überreste von 3 Moscheen
und ein großer Friedhof mit über 350 Stein-
gräbern. Darunter jedoch wurden noch fünf

weitere Kulturschichten städtischer Siedlungen entdeckt, deren früheste in das 8. Jahrhundert datiert wird und damit der vorläufig
älteste Beleg städtischer Siedlungsformen an
der ostafrikanischen Küste ist.

Den Stadtkern bildete eine hölzerne Ein-
friedung, die eine Straßenkreuzung, einen
Brunnen, eine kleine unbedachte Hofmoschee
aus hölzernen Stangen sowie einige Werkstätten, z. B. Eisenverhüttungsöfen umschloß.
Außerhalb dieses umfriedeten Stadtkerns
befanden sich die Wohnhäuser mit Abfallgru-
ben. Eine gemischte Bauweise mit Verwendung von Lehm, Holz und Korallensteinen
herrschte vor. Mitunter fand man Pfosten-
löcher, deren Anordnung auf den Bau runder
Lehmhütten deutet.

Um die archäologischen Stätten auf dem
südlichen und nördlichen Festland zu besuchen, sollte man motorisiert und nach Möglichkeit Selbstversorger sein. Witu liegt etwa
80 km entfernt auf dem Weg nach Garsen.
Es war einst unter Ahmed Fumo Loti – dem

Grundriß der Freitagsmoschee von Shanga (14. Jh.)

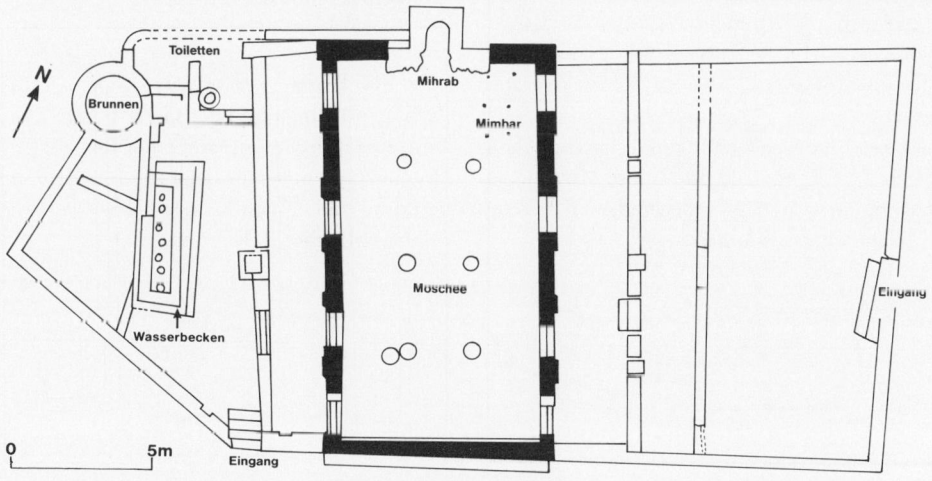

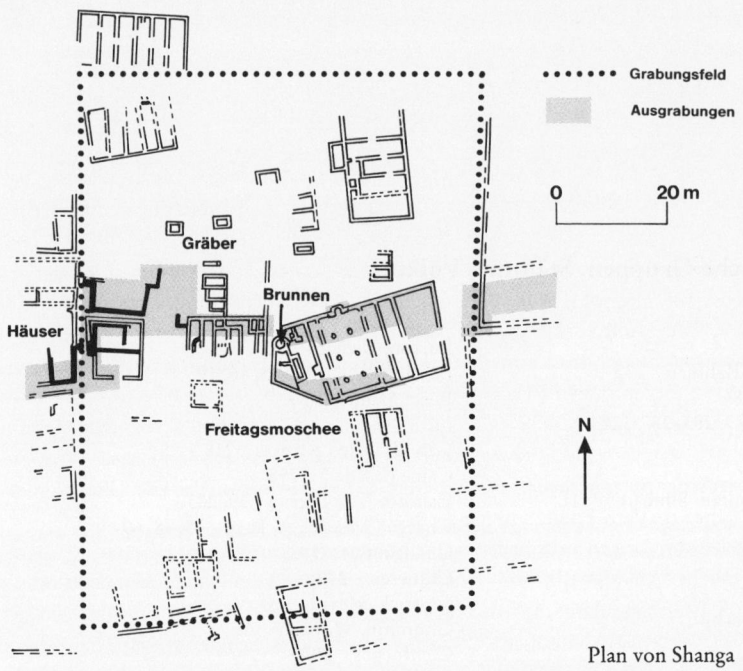

Plan von Shanga

sogenannten Sultan ›Simba‹ (simba = Löwe) – die Hauptstadt des autonomen ›Swahili-Land‹, das sich 1862 von Zanzibar losgesagt hatte. Das Grabmal von Sultan Ahmed ›Simba‹ ist von besonderer Bedeutung, weil es die älteste uns überkommene Swahili-Inschrift in arabischer Schrift besitzt (Abb. 59).

Um Kipini liegen dann die archäologischen Stätten von Ungwana, Shaka und Mwana, die aber nur mit einem geländegängigen Fahrzeug erreicht werden können.

Das gleiche ist der Fall, wenn man von Mokowe aus das 200 km nördlich liegende Kiunga nahe der Grenze zu Somalia besuchen möchte. Wasserknappheit herrscht hier den größten Teil des Jahres über, so daß man selbst für Wasservorräte Sorge treffen muß. Zwischen Kiunga und der Grenze liegt Ishakani, eine Ruinenstadt samt einer Reihe interessanter Grabmale aus dem 15./16. Jahrhundert, und südlich von Kiunga die Ruinen von Omwe (Mambore), Rubu und Sendeni.

Register

Personen, ethnische Gruppen, Stämme, Völker

Orte

DuMont Kunst-Reiseführer

»Richtig reisen«